《中华人民共和国民法典·总则》释义

张新宝　著

中国人民大学出版社
·北京·

序　言*

编纂民法典是中国共产党十八届四中全会提出的重大立法任务，是体现执政为民的根本宗旨，维护最广大人民根本利益的需要；是全面推进依法治国，实现国家治理体系和治理能力现代化的重大举措；是健全社会主义市场经济制度，完善中国特色社会主义法律体系的必然要求。以习近平同志为核心的党中央高度重视民法典编纂和民法总则的制定。全国人大常委会以及全国人大法律委员会、全国人大常委会法工委、参与民法典起草的五个单位等为民法总则的制定做了大量工作。全国人大代表、全国政协委员、法律实务工作者、专家学者和广大人民群众积极参与，贡献了意见、建议和智慧。

民法典的编纂分两步走：第一步是制定民法总则，第二步是制定民法分则各编。2017 年 3 月 15 日，第十二届全国人民代表大会第五次会议通过了《民法总则》。同日国家主席习近平以第六十六号中华人民共和国主席令公布这一法律。《民法总则》将自 2017 年 10 月 1 日起施行，在施行期间暂不废止《中华人民共和国民法通则》。到 2020 年左右，民法分则各编完成立法程序，一部完整的民法典将制定出来。

《民法总则》是民法典的开篇之作，在民法典中起统领作用。《民法总则》既具有现代民法的共性又具有鲜明的中国特色。其共性主要体现在对民事权利的确认与保护、对近现代民事立法和民法理论优秀成果的继受方面。其中国特色主要体现在：（1）坚持正确的政治方向，坚持中国共产党的领导和中国特色社会主义伟大理论；（2）坚持人民主体地位；（3）坚持社会主义核心价值观。

尽管民法姓“民”，是调整老百姓民事关系的法律，但民法又是概念繁多、体系庞大、结构复杂、底蕴深厚的法律。理解民法条文、把握立法本意、适用民

---

* 著名法学家、全国人民代表大会常务委员会副委员长万鄂湘教授为本书作序。

法规定，具有极高的专业性要求。张新宝教授是我国当代主要民法学者之一，长期从事民法学的教学与研究工作，在民法总则、侵权责任法以及网络与信息法等领域有大量优秀作品问世。张教授撰写的《〈中华人民共和国民法总则〉释义》对《民法总则》的 206 个条文进行了以文意解释为主，兼及体系解释和目的解释等方式方法的解读，以期从专家角度帮助读者深入学习和理解《民法总则》这部具有划时代意义的立法。

以上简介，是为序。

萬鄂湘

2017.3.24

新版前言

编纂民法典是中国共产党十八届四中全会确定的一项重大政治任务和立法任务，是以习近平同志为核心的党中央作出的重大法治建设部署。编纂民法典，就是通过对我国现行的民事法律制度规范进行系统整合、编订纂修，形成一部适应新时代中国特色社会主义发展要求，符合我国国情和实际，体例科学、结构严谨、规范合理、内容完整并协调一致的法典。这是一项系统的、重大的立法工程。

1986 年，立法机关制定《中华人民共和国民法通则》（以下简称《民法通则》），这是新中国第一部包含民法总则内容的民事基本法律。十八大以来，按照中央编纂民法典“两步走”的部署，作为编纂民法典的第一步，2017 年 3 月立法机关制定了《中华人民共和国民法总则》（以下简称《民法总则》），同年 10 月 1 日起施行。但是，《民法通则》此时并没有被废止，而是继续有效。

编纂民法典的第二步是制定民法典分则各编，并将已经颁布、实施的《民法总则》纳入民法典，作为民法典第一编“总则”，最终完成民法典的制定。经过三年多的起草编纂，2020 年 5 月 28 日，第十三届全国人民代表大会第三次会议通过《中华人民共和国民法典》（以下简称《民法典》）。这是新中国第一部完整的民法典。

这次立法机关将《民法总则》纳入《民法典》，前者不再以单独的一部法律形式存在，而是作为《民法典》的第一编“总则”。这种立法结构上的重大调整也当然影响到内容的修改。全国人民代表大会常务委员会副委员长王晨对《民法典》第一编“总则”的内容进行了概括说明。[①]

第一编“总则”规定民事活动必须遵循的基本原则和一般性规则，统领民法典各分编。第一编基本保持现行民法总则的结构和内容不变，根据法典编纂体系化要求对个别条款作了文字修改，并将“附则”部分移到民法典草案的最后。第一编共 10 章、204 条，主要内容有：

1. 关于基本规定。第一编第一章规定了民法典的立法目的和依据。其中，

---

① 全国人民代表大会常务委员会副委员长王晨：《关于〈中华人民共和国民法典（草案）〉的说明》，2020 年 5 月 22 日在第十三届全国人民代表大会第三次会议上。

将“弘扬社会主义核心价值观”作为一项重要的立法目的，体现坚持依法治国与以德治国相结合的鲜明中国特色（草案第一条）。同时，规定了民事权利及其他合法权益受法律保护，确立了平等、自愿、公平、诚信、守法和公序良俗等民法基本原则（草案第四条至第八条）。为贯彻习近平生态文明思想，将绿色原则确立为民法的基本原则，规定民事主体从事民事活动，应当有利于节约资源、保护生态环境（草案第九条）。

2. 关于民事主体。民事主体是民事关系的参与者、民事权利的享有者、民事义务的履行者和民事责任的承担者，具体包括三类：一是自然人。自然人是最基本的民事主体。草案规定了自然人的民事权利能力和民事行为能力制度、监护制度、宣告失踪和宣告死亡制度，并对个体工商户和农村承包经营户作了规定（草案第一编第二章）。结合此次疫情防控工作，对监护制度作了进一步完善，规定因发生突发事件等紧急情况，监护人暂时无法履行监护职责，被监护人的生活处于无人照料状态的，被监护人住所地的居民委员会、村民委员会或者民政部门应当为被监护人安排必要的临时生活照料措施（草案第三十四条第四款）。二是法人。法人是依法成立的，具有民事权利能力和民事行为能力，依法独立享有民事权利和承担民事义务的组织。草案规定了法人的定义、成立原则和条件、住所等一般规定，并对营利法人、非营利法人、特别法人三类法人分别作了具体规定（草案第一编第三章）。三是非法人组织。非法人组织是不具有法人资格，但是能够依法以自己的名义从事民事活动的组织。草案对非法人组织的设立、责任承担、解散、清算等作了规定（草案第一编第四章）。

3. 关于民事权利。保护民事权利是民事立法的重要任务。第一编第五章规定了民事权利制度，包括各种人身权利和财产权利。为建设创新型国家，草案对知识产权作了概括性规定，以统领各个单行的知识产权法律（草案第一百二十三条）。同时，对数据、网络虚拟财产的保护作了原则性规定（草案第一百二十七条）。此外，还规定了民事权利的取得和行使规则等内容（草案第一百二十九条至第一百三十二条）。

4. 关于民事法律行为和代理。民事法律行为是民事主体通过意思表示设立、变更、终止民事法律关系的行为，代理是民事主体通过代理人实施民事法律行为的制度。第一编第六章、第七章规定了民事法律行为制度、代理制度：一是规定民事法律行为的定义、成立、形式和生效时间等（草案第一编第六章第一节）。二是对意思表示的生效、方式、撤回和解释等作了规定（草案第一编第六章第二节）。三是规定民事法律行为的效力制度（草案第一编第六章第三节）。四是规定了代理的适用范围、效力、类型等代理制度的内容（草案第一编第七章）。

5. 关于民事责任、诉讼时效和期间计算。民事责任是民事主体违反民事义务的法律后果，是保障和维护民事权利的重要制度。诉讼时效是权利人在法定期间内不行使权利，权利不受保护的法律制度，其功能主要是促使权利人及时行使权利、维护交易安全、稳定法律秩序。第一编第八章、第九章、第十章规定了民事责任、诉讼时效和期间计算制度：一是规定了民事责任的承担方式，并对不可抗力、正当防卫、紧急避险、自愿实施紧急救助等特殊的民事责任承担问题作了规定（草案第一编第八章）。二是规定了诉讼时效的期间及其起算、法律效果，诉讼时效的中止、中断等内容（草案第一编第九章）。三是规定了期间的计算单位、起算、结束和顺延等（草案第一编第十章）。

2017 年 3 月，中国人民大学出版社出版了本人撰写的《〈中华人民共和国民法总则〉释义》一书，受到法律法学界的欢迎。为适应立法上的变化和服务读者的需要，本人对该书进行修订并以《〈中华人民共和国民法典·总则〉释义》为书名出版，万鄂湘副委员长为原书所作序言以及本人所撰写的前言一并保留。

张新宝

2020 年 5 月 29 日

前　言

一、关于《民法总则》的制定与展望

2014年10月23日，中国共产党第十八届中央委员会第四次全体会议通过了《中共中央关于全面推进依法治国若干重大问题的决定》。该决定包含近200项推进依法治国的重大举措，“加强市场法律制度建设，编纂民法典”是其中的重要事项之一。

党中央对制定民法典进行部署，建立了以全国人大常委会法工委牵头（李适时主任负责），最高人民法院、最高人民检察院、国务院法制办、中国社会科学院和中国法学会五个单位参与的民法典起草机制。在多数民法学者意料之外却在中国法治建设进程的情理之中，中国第五次民法法典化“运动”在2015年年初拉开了大幕。

中国法学会（以中国民法学研究会为依托，商法、婚姻法等研究会的学者参与）成立了民法典起草研究领导小组，本届全国人大常委会委员、法律委员会副主任委员、中国法学会副会长张鸣起担任组长。该小组于2015年夏向全国人大常委会法工委提交了《中华人民共和国民法总则（草案建议稿）》。中国社会科学院（以法学研究所为依托）也成立了相应的研究领导小组，随后向全国人大常委会法工委提交了类似的法律草案建议稿。2015年9月中旬，全国人大常委会法工委民法室组织全国主要民法学者第一次对“室内稿”进行了为期三天的讨论。

经过全国人大常委会法工委等部门半年的准备，法律草案渐渐成型。2016年2月，全国人大常委会法工委将草案（征求意见稿）印发地方人大、中央有关部门和部分全国人大代表、法学教学研究机构和一些社会组织征求意见。2016年6月底，全国人大常委会第一次审议《中华人民共和国民法总则（草案）》[以下简称《民法总则（草案）》]。此后官方公布了第一次审议稿，公开征求意见，收到超过6.5万条修改意见和建议。

2016年6月14日，习近平总书记主持召开中央政治局常委会会议，听取全国人大党组《关于民法典编纂工作和民法总则（草案）几个主要问题的请示》的汇报，原则同意请示并就做好民法典编纂和《民法总则（草案）》审议修改工作作出重要指示。2016年10月10日，张德江委员长亲自主持《民法总则（草案）》第一次委员长座谈会，听取中央有关部门和华北省区及北京市有关部门的意见。此后，张德江委员长和李建国副委员长等又在四川等地主持召开类似的座谈会，听取各地有关部门的意见。2016 年 10 月底到 11 月初，全国人大常委会第二次审议《民法总则（草案）》，会后再次将二次审议稿发布在“中国人大网”，征求意见。2016 年 12 月下旬，全国人大常委会第三次审议《民法总则（草案）》，经过全国人大常委会最后一次审议的法律草案还是发布在“中国人大网”上，继续征求意见。2017 年 3 月 15 日，第十二届全国人民代表大会第五次会议通过《民法总则》。同日国家主席习近平发布主席令，颁布这一法律。

这次颁布的《民法总则》是中国民法典的重要组成部分。在未来三年左右的时间里，国家还将制定民法典分则各编，包括物权编、合同编、侵权责任编、继承编和亲属编等。可望到 2020 年前后，我国会有一部完整的民法典。

二、关于《民法总则》的主要内容与特点

《民法总则》共计 11 章、206 个条文。第一章“基本规定”规定了立法目的和立法依据、民事权益受法律保护、民事活动的基本原则、民法的渊源与适用；第二章“自然人”、第三章“法人”和第四章“非法人组织”规定了作为民事主体的自然人、法人和非法人组织的民事权利能力与民事行为能力等事项；第五章“民事权利”对民事主体享有的各种民事权利，包括人身权、物权、债权、知识产权、继承权、股权和其他投资性权利、数据和网络虚拟财产等，作出了列举性规定，同时设定“兜底条款”和多个指引性条文，此外还规定了民事权利的取得以及行使民事权利的原则；第六章“民事法律行为”规定了民事法律行为制度，包括民事法律行为的一般规定、意思表示、民事法律行为的效力以及民事法律行为附条件和附期限；第七章“代理”规定了代理的一般规则、委托代理和代理的终止；第八章“民事责任”对各种民事责任以及承担民事责任的方式等作出了规定；第九章“诉讼时效”规定了普通诉讼时效期间、特别情形诉讼时效期间的起算时间以及诉讼时效的中止、中断，还规定了不适用诉讼时效规定的若干情形，以及人民法院不得主动适用诉讼时效规定、当事人事先约定放弃诉讼时效利益等无效；第十章“期间计算”规定了关于期间计算的规则，同时承认当事人“另有约定的除外”；第十一章“附则”仅有两个条文，分别规定了一些数字表达的确定含义以及该法的施行起始日期。

《民法总则》以及随后的民法典分则各编的制定，对于现存的《民法通则》和其他几部民事法律，“既不完全推倒重来，也不完全照单全收”。从技术路径看，这样的立法介乎编纂法典与法律整理汇编。因此，《民法通则》的许多条文在《民法总则》中被保留下来。最高人民法院多年来作出的相关司法解释也部分被吸收，上升为法律条文。

《民法总则》有以下创新和特色：

（1）这部法律的制定是全面推进依法治国、建设社会主义法治国家的总体战略的重要组成部分。《民法总则》弘扬社会主义核心价值观，保护民事权利，贯彻民事活动遵循平等、自愿、公平、诚信、守法、绿色等基本原则。

（2）这部法律在总结我国长期社会治理经验的基础上，将法人分为营利法人、非营利法人和特别法人，契合我国的整体改革目标，即国家公权力的行使、市场的运行以及社会组织的活动适当分离，分类管理。

（3）在民事主体方面，将合伙企业、个人独资企业等不具有完全独立财产的经营体或者非营利团体作为一类独立的民事主体“非法人组织”加以规定，这在民法理论上和立法实践中都是一项重要的突破。

（4）这部法律强化对民事权利的保护，提升人身权的地位与保护水平，特别注重对信息时代个人信息权利和数据、网络虚拟财产的保护，强调对私有财产权利、知识产权、股权和其他投资性权利的保护。

（5）在借鉴域外民法典立法成果和总结我国近三十年来司法审判经验的基础上，对民事法律行为制度、诉讼时效制度等进行了重构，将“民事法律行为”界定为产生民事权利义务变动的表意行为，而不要求其本质上的“合法性”；完善了诉讼时效制度，将法院不得主动适用诉讼时效规定以及当事人对诉讼时效的相关约定无效等写入法律条文。

（6）建立统一的民事责任制度是《民法通则》的一个创新。这一创新在《民法总则》中得到继承与发展。由于正在形成中的民法典没有设计“债法总则”的相关编章，债法总则的许多必要规则被安排在《民法总则》第五章“民事权利”（有关债权的条文）和第八章“民事责任”的一些条文中。

（7）《民法总则》通过设定大量的指引性条款，将其他法律中涉及民商事事项的规范纳入自己的规范范围，既构建了“民商合一”的立法体系，也建立起与相关社会保障、行政管理类法律之间的内在联系。

三、关于本书的写作与鸣谢

本人作为中国法学会民法典起草研究领导小组成员，受中国法学会领导的指派，作为工作人员全程参与了全国人大常委会三次审议《民法总则（草案）》的会议，参与了张德江委员长在京主持的《民法总则（草案）》座谈会，参与了全国人大法律委员会和全国人大常委会法工委（以及全国人大常委会法工委民法室）多次的《民法总则（草案）》讨论会。在近两年时间里，本人有机会聆听国家领导人、全国人大常委会组成人员、全国人大代表、全国人大常委会法工委领导和工作人员以及法学界不同学科专家学者对制定民法总则的指示、意见和建议，接触到大量讨论稿及相关文件。这一经历，使本人有机会比较准确地把握立法精神，理解相关制度和条文的立法含义。

近十五年来，本人在中国人民大学法学院担任民法学教授，每年都承担本科生的“民法总则”课程教学工作。在长期的教学实践中，本人积累了系统的民法教义学知识，养成了解释法律条文的习惯，提升了解释法律条文的能力。这些资源都将被运用到本书的写作中。

如何给读者提供一本准确、实用、简明的《民法总则》释义书籍，是本人近几个月反复思考、与同行学者和立法部门领导及专家讨教的问题。经过仔细研讨和参考国内外同行学者过去的一些法律释义作品，本人决定从以下几个方面来指引本书的写作：(1) 以民法教义学为基本工具，写成一本中规中矩的条文释义书；(2) 对每章的核心内容进行提示；(3) 对每条的解释分为三个部分，即“本条主旨”“核心概念”“条文详解”；(4) 从每个条文文本中抽象出来的“本条主旨”言简意赅，便于读者从整体上把握每一个条文的主旨；(5)“核心概念”是对本条涉及的基础性概念的解释，以文义解释为主，辅之以其他方法的解释；(6)“条文详解”是对每一个条文的设定意义、有关法律规范的构成要件、该条的适用范围以及与相关条文或其他法律规定的相互关系等进行详细解释；(7) 立法背景资料对于理解本条有参考价值的，予以适当介绍；(8) 对相关法律、司法解释和案例作必要的介绍，服务于对相关条文的理解；(9) 大陆法系国家和地区以及我国当代主要民法学者的相关研究成果，于必要时加以引用；(10) 力求文字的通俗和简洁。

在本书写作过程中，得到中国法学会各位领导、全国人大常委会法工委多位领导，尤其是民法室的各位领导和朋友的热情关怀与指导；得到本门在读博士研究生王道发、汪榆森、任彦、吴婷芳、葛鑫等同学的大力帮助；得到中国法学会各部门的同事和中国人民大学法学院的同事的理解与支持，在此一并致谢！

特别感谢全国人大常委会副委员长、著名法学家万鄂湘教授为本书作序！

张新宝
中国人民大学法学院教授
中国法学杂志社总编辑
教育部“长江学者奖励计划”特聘教授
国家“四个一批”领军人才
国家“万人计划”领军人才

2017年2月11日（元宵节）初稿
2017年3月15日（《民法总则》通过日）定稿

目　录

第一章　基本规定

本章提要

本章没有分节，从第1条至第12条共计12个条文。本章的章名为“基本规定”，实际规定的内容是：第1条规定了立法目的，第2条规定了民法的调整范围，第3条规定了民事主体的合法权益受法律保护，第4～9条规定了民事活动的基本原则，第10条规定了处理民事纠纷的规范渊源，第11条规定了特别法的适用规则，第12条规定了效力范围。

本章规定的民事活动的基本原则包括平等原则、自愿原则、公平原则、诚信原则、守法和公序良俗原则、绿色原则。《民法典》规定的基本原则与《民法通则》第2条以下规定的各项基本原则大致相同，但是删去了等价有偿原则，也不再对“应当遵守国家政策”、不得“破坏国家经济计划”作出规定。

此外，本章将绿色原则确立为基本原则，规定民事主体从事民事活动，应当有利于节约资源、保护生态环境。这样规定，既传承了天地人和、人与自然和谐共生的我国优秀传统文化理念，又体现了中国共产党十八大以来的新发展理念，与我国是人口大国、需要长期处理好人与自然环境和资源生态的矛盾这样一个国情相适应。

第一条

为了保护民事主体的合法权益，调整民事关系，维护社会和经济秩序，适应中国特色社会主义发展要求，弘扬社会主义核心价值观，根据宪法，制定本法。

【本条主旨】本条是关于本法立法目的与立法依据两个事项的规定。

【核心概念】

“本法” “本法”《民法典》。

民法 民法也称为民事法律。狭义的民法仅指民法典，广义的民法既包括民法典，也包括其他一切存在于民法典之外的民法规范。它们共同构成作为一个实体法部门的“民法”。作为实体法部门的民法，调整平等主体之间的人身关系与财产关系。

民法典 大陆法系国家和地区往往制定民法典，集中规定民法的主要法律原则、制度和规范。民法典是成文法国家最重要的法律文件之一，著名的有《法国民法典》(《拿破仑法典》)、《德国民法典》等。《德国民法典》及其法系的民法典在结构上分为总则和分则两个部分：总则规定民法的一般原则和规则，如关于民事主体的规定，关于法律行为和代理的规定，关于时效的规定等。分则是关于民法各主要制度的规定，通常包括物权编、债权编、亲属编、继承编等。

社会主义核心价值观 “核心价值观”，是指在国家、社会和公民生活层面居于核心地位，为主流所倡导和推行、遵循的价值体系。关于我国社会主义核心价值观的表述，在中国共产党自20世纪70年代后期以来的多份重要文件中不断形成和完善。2012年11月中国共产党十八大报告首次以24字概括表述了社会主义核心价值观：富强、民主、文明、和谐，自由、平等、公正、法治，爱国、敬业、诚信、友善。社会主义核心价值观分为三个层次：第一个层次是富强、民主、文明、和谐，这是国家层面的核心价值；第二个层次是自由、平等、公正、法治，这是社会层面的核心价值；第三个层次是爱国、敬业、诚信、友善，这是公民个人层面的核心价值。2016年10月，中共中央全面深化改革领导小组会议通过了《关于进一步把社会主义核心价值观融入法治建设的指导意见》，强调要把社会主义核心价值观融入科学立法、严格执法、公正司法、全民守法的各个环节。

§条文详解§

一、立法目的

“本法”的立法目的分为四个层次。

(1) 保护民事主体的合法权益，调整民事关系。民法或者说民事法律被认为是“权利法”，民法的主要制度和规范是确认与保护民事主体的各种合法权益的，甚至民法分则的结构也是以民事权利的逻辑体系展开的，分为物权编、债权（合同）编、婚姻家庭编和继承编等。所以，民法典的立法目的或者说民法的任务首先是保护合法民事权益。民事权益为民事主体所享有，相对应的是民事义务。一方主体享有民事权益，另一方主体承担民事义务。这种权利义务关系构成“民事关系”，民法对民事关系的主体（自然人、法人、非法人组织）、内容（民事权利和义务）和客体（民事权利和义务共同指向的对象，包括行为和物）进行调整，使民事关系上升为“民事法律关系”。民法通过调整民事关系，实现对民事权益的保护。对于民法具体调整哪些社会关系，《民法典》第 2 条作出了详细规定，即民法调整平等主体的自然人、法人和非法人组织之间的人身关系和财产关系。

（2）维护社会和经济秩序。民法调整民事关系，从微观层面看是为了保护每一个民事主体的合法权益；从宏观层面看，则是为了维护社会和经济秩序。经过民法的调整，民事主体定分止争而安居乐业，社会经济有序良性运转。

（3）适应中国特色社会主义发展要求。从政治层面看，制定《民法总则》和民法分则各编，是服务于中国特色社会主义发展要求这个总目标的。中国特色社会主义的本质特征既充分体现在民法的各项原则、制度和规范中，也受到民法的各项原则、制度和规范的保障。

（4）弘扬社会主义核心价值观。我国民法弘扬社会主义核心价值观，尤其是体现自由、平等、公正、法治、诚信、友善。民法的许多制度和条文，体现了社会主义核心价值观的要求，如第 6 条关于公平原则的规定，第 7 条关于诚信原则的规定，第 8 条关于不得违反法律、不得违背公序良俗原则的规定，第 132 条关于不得滥用权利的规定，第 183 条关于“好人法”的规定，以及第 184 条关于保护见义勇为人的规定等。通过这些民法原则、制度，社会主义核心价值观成为民事主体的行为规范，从而实现弘扬社会主义核心价值观的立法目的。

二、立法依据

我国的法律，一般都开宗明义在第一条规定以宪法为依据（根据宪法）制定。《中华人民共和国宪法》（以下简称《宪法》）第 62 条规定，制定民事基本法律的权力属于全国人民代表大会。《民法典》正是全国人民代表大会根据宪法规定的立法权限和《中华人民共和国立法法》（以下简称《立法法》）规定的立法程序制定的一部民事基本法律。

根据宪法制定法律，有三重含义：其一，制定该法律的立法权是宪法赋予的，在立法权限上符合宪法的规定；其二，制定该法律，其内容符合宪法的原则和精神，不与宪法规定相抵触；其三，将宪法的相关规定具体化为民事法律规范，使之更便于实施。

第二条

民法调整平等主体的自然人、法人和非法人组织之间的人身关系和财产关系。

【本条主旨】本条是关于民法调整对象的规定。

【核心概念】

人身关系 人身关系是民事关系的一种，是人格关系和身份关系的合称，是指民事主体基于相互间一定的人格和身份而形成的法律关系。人格是指作为民事主体的"人"所应当具备的主体性要素的总和，主要包括生命、健康、姓名、名称、隐私、肖像、名誉、荣誉等人格要素。身份的概念在历史上经历了变化的过程，现在主要是指民事主体在亲属法中的相应地位。人身关系主要存在于自然人之间，其他民事主体在一定条件下也可以形成人身关系，例如，法人之于其名称、村委会作为监护人等情形。

财产关系 财产关系是指民事主体间基于财产而形成的法律关系。民法中的财产是指一切具有经济属性的客体，包括积极财产和消极财产。自然人作为主体，永远只能作为目的，不能作为客体，因此，自然人以及自然人特有的人格要素不是财产。财产可以是有形的，如不动产；也可以是无形的，如债。需要注意，人身关系与财产关系是对民事关系的理论划分，在具体生活实践中，人身关系与财产关系可能交织在一起，而非截然分开。

§条文详解§

一、民法调整社会关系的主体为平等主体的自然人、法人和非法人组织

民法调整的是作为平等主体的自然人、法人和非法人组织之间的社会关系，包括自然人与自然人之间、自然人与法人之间、自然人与非法人组织之间、法人之间、法人与非法人组织之间以及非法人组织之间的人身关系和财产关系。自然人、法人、非法人组织作为民事主体，具有平等的法律地位。不平等的法律主体之间形成的社会关系不是民法的调整对象，而应由其他部门法予以调整。平等性是民法最重要的属性。民法作为私法的根基，调整的是具有平等性的社会关系。与此相对应，公法部门调整的社会关系往往具有隶属性。在平等关系中，一方不能单方面地责成对方承担义务或者限制他的权利；而在隶属关系中，这种单方面的责成则恰恰是可能的。[①] 在民法中，这一平等性表现在方方面面。例如，在民

① 卡尔·拉伦茨．德国民法通论：上册．王晓晔，邵建东，程建英，徐国建，谢怀栻，译．北京：法律出版社，2003：5.

事法律行为中，双方或者多方民事法律行为只有在各方的意思表示一致时才能成立，任何一方都不得将自己的意志单方面地强加在其他民事主体身上；在婚姻家庭法中，夫与妻的法律地位完全平等，不存在任何隶属关系。

二、民法调整的是平等民事主体之间的人身关系和财产关系

民法只调整社会关系中的人身关系和财产关系，其他的社会关系应由其他部门法予以调整。对民法的调整对象而言，上述两个特点缺一不可。需要注意的是，在不同的法域，民法所调整的社会关系的范围并不完全相同。对于民法的核心（一般）内容，几乎所有法域的民法都会予以调整：对人格的保护；一般财产法，包括物权关系、合同关系等；侵权责任；亲属法；继承法。但是，对于一些特别领域，在不同法域可能不尽相同。例如，商法、知识产权法等部门法在有些国家就不属于民法。[①] 但是，我国民法不仅在传统上体现为一种“大民法”，而且在本法的规定中也有着充分的体现。例如，《民法典·总则编》第五章关于民事权利的规定中，就将股权和其他投资性权利、知识产权等权利明确予以列举。因此，我国民法调整的范围，是平等民事主体间的人身关系和财产关系，范围十分广泛。

第三条

民事主体的人身权利、财产权利以及其他合法权益受法律保护，任何组织或者个人不得侵犯。

【本条主旨】本条是关于民事主体的合法权益受法律保护的规定。

【核心概念】

民事权利 民事权利是指民事主体享有的以人身利益、财产利益为内容的权利。保护民事权利是民事立法的重要任务。《民法典·总则编》第五章规定了民事权利，这是为了贯彻落实中共中央关于实现公民权利保障法治化和完善产权保护制度的要求，凸显对民事权利的尊重，加强对民事权利的保护，为民法典各分编和民商事特别法律具体规定民事权利提供依据。

人身权利 人身权利是指民事主体享有的以人身利益为内容，与权利人的人身不可分割的民事权利，包括人格权和身份权。人格权是指以人格利益为权利内容的权利，包括生命权、身体权、健康权、姓名权、肖像权、名誉权、荣誉权、隐私权等。身份权是指基于权利人的特定身份产生的民事权利，包括监护权等。

---

① 卡尔·拉伦茨．德国民法通论：上册．王晓晔，邵建东，程建英，徐国建，谢怀栻，译．北京：法律出版社，2003：9－10.

财产权利 财产权利是指以财产利益为内容的民事权利，主要包括物权和债权。物权是指直接对物加以支配并对抗第三人的权利。债权是指特定的债权人一方有权请求作为特定的债务人的另一方为一定行为或者不为一定行为的权利。

其他合法权益 其他合法权益是指民事主体享有的除人身权利和财产权利以外的其他民事性质的受法律保护的利益，例如死者的人格利益。需要注意，"其他合法权益"不包含"人身、财产权利"，因为权利本身就是"合法"的，没有必要再以"合法"来予以修饰。因此，"其他合法权益"应当仅指民事权益中除民事权利以外的合法利益。此外，有一些民事权利既包含一定的人身利益，也包含一定的财产利益，如股权等。这些民事权利仍然属于"人身、财产权利"，而不属于"其他合法权益"。

§条文详解§

一、民事主体的人身、财产权利和其他合法权益受法律保护

保护权利和合法权益是任何一个法治社会的基础。民事主体的人身、财产权利和合法权益受法律保护体现在民法的各个领域。例如，在合同领域，依法成立的合同对合同双方具有拘束力，双方都应履行合同义务。一方不履行合同义务，应当承担违约责任。这是对对方合同权益的保护。在物权领域，任何组织和个人不得侵占、哄抢、破坏他人合法所有的财产。依法进行征收的，应当足额支付相关费用；依法进行征用的，使用后应当返还或补偿。在侵权领域，因过错侵害他人民事权益的，或侵害他人民事权益、法律规定应当承担侵权责任的，侵权人应当承担侵权责任。《民法典·总则编》第五章专章规定了民事权利及其保护。在今后的民法典分则中，还会就各自部分规定更详细的权利保护规范。

法律对民事主体人身、财产权利和合法权益的保护主要体现为当其人身和财产权利、合法权益受到侵害时对其进行救济。权利的救济包括公力救济与私力救济两种。公力救济主要是指司法救济，即由当事人提起民事诉讼予以救济。具体包括以下类型：确认之诉，即请求人民法院确认某种权利是否存在的诉讼；给付之诉，即请求人民法院判决对方履行某种义务，以使自己的民事权益得到保护的诉讼；形成之诉，即请求人民法院通过判决变更或终止现有的某种民事权利义务关系，形成某种新的民事权利义务关系的诉讼。此外，法律也允许权利人自己采取各种合法手段来保护自己的人身、财产权利和合法权益不受侵犯。这种私力救济主要包括正当防卫、紧急避险和自助行为。对于私力救济，民法一般会对其进行一定的限制。防卫过当或紧急避险不当的，需要承担民事责任。自助行为只有在情事紧迫而又不能及时请求国家机关予以救助的情况下才能行使。

二、保护民事主体的人身权利、财产权利和其他合法权益的立法价值

实际上，从更为广泛的意义上看，保障法律主体的权利与利益，是包括民法制度在内的所有法律制度的目的所在。一个法律制度，其所力图达到的理想的法律秩序是：首先，承认某些权利和合法利益；其次，由有权机关以一定程序来确定在什么限度内承认与实现这些权利和合法利益；最后，努力保障在该确定限度内被承认的权利和合法利益。① 本条规定就是为了保障被民法承认的权利与利益最终地、有效地实现。

第四条

民事主体在民事活动中的法律地位一律平等。

【本条主旨】本条是关于民法平等原则的规定。

【核心概念】

民法的基本原则　民法的基本原则，也称为民事活动的基本原则，是指贯穿于民法，对各项民事制度起统率作用的基本准则。民法的基本原则代表整个社会在民事领域的价值共识与价值追求。立法者制定各项民事制度及具体民事法律规范，民事主体从事各项民事活动，司法部门进行具体民事案件的裁判，都须遵守民法的基本原则。在民事法律规范出现法律漏洞时，民法的基本原则可以作为漏洞填补的法律依据。《民法典》规定了平等原则、自愿原则、公平原则、诚信原则、守法原则、绿色原则等六项基本原则。

§条文详解§

一、民事主体法律地位平等的含义

民事主体包括自然人、法人和非法人组织，其法律地位一律平等。民事主体法律地位平等原则的核心是将各民事主体一体对待，不搞差别化待遇。这主要体现在以下方面。

第一，各民事主体资格平等。自然人与自然人之间，不分种族、民族、性别、年龄、职业、家庭出身、宗教信仰、教育程度、财产状况等，一律平等；法人与法人之间，不分类型、规模、经营范围等，一律平等。

第二，在具体的民事活动中，各民事主体的地位平等。民事主体不得强迫其他民事主体从事民事活动。在民事主体之间不存在服从与被服从、一方隶属于另

① 罗斯科·庞德．通过法律的社会控制．沈宗灵，译．楼邦彦，校．北京：商务印书馆，2010：39.

一方等非平等关系。

第三，民事主体在进行民事活动时，所应遵守的规定与受到的限制相同。[①]

第四，各民事主体进行民事活动发生纠纷时，统一适用相同的民事法律，依据民事法律享有平等的权利，受民事法律平等的保护。需要注意，民事主体法律地位平等，并不意味着民事主体享有的民事权利完全相同。有一些专属于自然人享有的民事权利，法人与非法人组织就不能享有。例如，缔结婚姻的权利只能由自然人享有，法人与非法人组织不能享有。

从历史上看，所有民事主体的法律地位一律平等，这一原则受到了近代以来哲学伦理学中“人”的理论的深刻影响。哲学伦理学中“人”的概念，系统地反映在康德的伦理人格主义哲学中。在其看来，正是因为人是伦理学意义上的“人”，所以他本身就具有一种价值，即人不能作为其他人达到目的的手段，人具有其“尊严”。也就是从这一论断中，我们可以自然而然地推导出以下结论：每一个人都有权利要求其他任何人尊重他的人格、不侵害他的权益；而相应的，每一个人对其他任何人也都必须负有这种尊重他人人格以及不侵害他人权利的义务。[②] 正是在这一意义上，每个人都享有相应的权利，每个人都必须负担相应的义务，因此，每个人的法律地位都是平等的。

二、民法对特殊人群的倾斜保护与民法上的实质平等

民事主体法律地位平等，并不意味着所有民事主体的“同质化”，不意味着所有的民事主体都是完全相同的“原子”而没有任何区别。随着经济社会的发展，民法以及民法理论越来越意识到一种“绝对意义上的平等”需要以一种“相对意义上的平等”来予以补充。因此，在现代民法中，如果民事主体之间由法律事先预设的平等地位出现了明显的倾斜，则民法将以法律规范的形式予以“纠正”，使该民事主体之间的地位重新实现平等。例如，《民法典》第128条即规定：“法律对未成年人、老年人、残疾人、妇女、消费者等的民事权利保护有特别规定的，依照其规定。”

对民法的这一调整手段的理解，要把握以下三点。

第一，这一调整的目的仍然是实现平等。民法主动地对民事主体的法律地位以法律规范的形式予以调整，其目的是实现新的平等。而对于其他部门法而言，虽然民法也调整不平等主体之间的法律关系，但是其调整的目的往往不是实现新的平等，因为平等性原本就不是其追求实现的目标。

第二，这一调整是通过法律规范实现的。如果出现了需要予以调整而重新实现平等地位的情形，民法的调整手段是通过法律规范直接予以规定。如果民事法

---

① 迪特尔·施瓦布．民法导论．郑冲，译．北京：法律出版社，2006：85.

② 卡尔·拉伦茨．德国民法通论：上册．王晓晔，邵建东，程建英，徐国建，谢怀栻，译．北京：法律出版社，2003：46-47.

律规范没有明确予以规定，则法官在具体案件中不宜使用自主裁量权径直予以调整。例如，在侵权责任领域，对于同一起侵权事件，不论侵权人是一个亿万富翁还是一个普通百姓，其所应承担的侵权责任都是相同的。这也说明，民法对民事主体间不平等的地位进行调整，是一种非常态的做法，而不是常态做法。另外，仍需注意，民法的这一调整往往不依赖于行政部门，而竞争法等经济法部门虽然也会对失衡的市场关系进行调整，但是其往往会依赖于行政部门的执法。

第三，民法的这一调整是针对“一类民事主体”，而不针对“一个民事主体”。这也是前述第二点的必然要求。只有在某类民事主体与某类民事主体之间的法律地位出现了显著的不平等时，民法才会通过法律规范予以调整。例如，在消费者（一类民事主体）与经营者（另一类民事主体）之间的法律地位出现了不平等时，民法以法律规范的形式对消费者作出特别的保护。如果仅仅是一个民事主体与另一个民事主体在民事活动中的法律地位出现了不平等的状况，则民法一般不予以干涉，除非这种不平等已经达到了对公平正义造成严重破坏的程度，必须根据公平原则予以纠正。例如，《民法典》第 151 条即规定：“一方利用对方处于危困状态、缺乏判断能力等情形，致使民事法律行为成立时显失公平的，受损害方有权请求人民法院或者仲裁机构予以撤销。”

第五条

民事主体从事民事活动，应当遵循自愿原则，按照自己的意思设立、变更、终止民事法律关系。

【本条主旨】本条是关于自愿原则的规定。

【核心概念】

意思自治 意思自治是指民事主体依据自己的理性判断与自身意愿，从事民事活动，管理自身事务。意思自治是私法的重要支柱，也是私法区别于公法的重要特征。意思自治在民法中具有充分的体现，例如合同自由、遗嘱自由、婚姻自由等。但是，意思自治不是绝对的，而是应当在法律允许的范围内进行。在我国立法上，一般将“意思自治”表述为“自愿原则”，二者在内涵上是一致的。

§条文详解§

一、自愿（意思自治）原则的具体内容

自愿原则是民事主体从事民事活动的基本原则之一，对其予以理解需要把握以下几个层面。

第一，民事主体依其自身意愿自主参与民事活动。任何人不得强迫、干预、

禁止民事主体进行民事活动。这尤其体现在民事主体实施民事法律行为上。民事主体以其自己的意思表示实施民事法律行为。如果该意思表示不真实，则该民事法律行为的效力就会出现瑕疵。例如，《民法典·总则编》就分别规定了因欺诈、胁迫等而实施的民事法律行为可以予以撤销。由此，也可以发现，意思表示，或者说通过意思表示实施民事法律行为，是民事主体自愿从事民事活动的基本方式，也是自愿原则的主要体现。

第二，民事主体自己负责。民事主体基于自身的理性判断对其行为作出选择，也要对其行为产生的后果承担责任。任何民事主体必须对自己的行为负责，也只对自己的行为负责。例如，当事人签订合同，则其必须履行该合同中规定的给付义务，如果其不履行合同义务，也仅由其自身承担合同责任，而不能要求其他民事主体承担。当然，民事主体也可以通过一定的民事法律关系，以合意的方式将本应由自己承担的责任“转移”给其他民事主体。例如，民事主体通过购买商业保险，由保险公司在保险责任范围内对于本应由该民事主体承担的责任予以承担。不过，这种责任的“转移”必须是建立在各方当事人自愿达成合意的基础上，这其实也是自愿原则的一种体现。

第三，民事活动不问动机。一般情况下，民事主体无须向任何人解释其从事特定民事活动的动机，除非存在权利滥用等特殊情形。民事活动不问动机是为了确保意思自治的实现，否则，民事主体从事的民事行为就有可能因违反公平原则而受质疑。① 例如，在买卖合同中，如果要求买方必须说出为何选择该卖方的动机，则其他卖方很有可能主张其受到了歧视与不公正待遇。

第四，国家不为个人设计生活。意思自治的目的就是将国家的力量排除出私人生活的领域，使每一个人都成为自己生活的设计者。这是尊重和保障人权、促进人的全面发展的必然要求，也是经济社会正常发展的微观基础。

第五，民事主体的意思表示优先于民事法律的任意性规范而适用。这是国家不为个人设计生活的必然要求。民法规范中既有强制性规范，也有任意性规范。其中强制性规范体现了国家基于对社会秩序、公共利益等的考量而对私人生活保留的必要干预。但任意性规范对于民事活动仅仅具有辅助意义，不应干预民事主体的意思表示，因此，意思表示优先于任意性规范而适用。当然，任意性规范的意义不容忽视。一方面，当事人在从事民事法律行为时，基于效率的考量，往往不会对这些行为进行详细的规定；另一方面，当事人一般都相信法律已经对这方面的细节作出了公正的规定。② 在这个意义上说，民法中的任意性规范是私法自

① 迪特尔·梅迪库斯．德国民法总论．邵建东，译．北京：法律出版社，2013：8－9.

② 卡尔·拉伦茨．德国民法通论：上册．王晓晔，邵建东，程建英，徐国建，谢怀栻，译．北京：法律出版社，2003：43.

治不可或缺的重要基石：一方面，要求当事人对于所有行为的细节都事先作出约定既无可能也无必要；另一方面，如果民法中没有任意性规范对这些细节予以事先规定，那么当事人根本就不敢实施任何民事法律行为，因为其缺少一种他将会被依法公正对待的心理预期。

二、“自愿”或“意思自治”的限制

自愿原则不是绝对的，而是有一定的限制的。第一，民事主体按照自己的意思设立、变更和终止民事法律关系需要具备相应的民事行为能力。没有民事行为能力的民事主体无法形成意思表示，也就无法按照其自己的意思设立、变更和终止民事法律关系。其参与民事活动，由其监护人代理。限制民事行为能力的民事主体只能形成与其行为能力相当的意思表示，只能在其相应行为能力的范围内设立、变更和终止民事法律关系，超出部分由其监护人代理。第二，民事主体按照自己的意思设立、变更和终止民事法律关系必须在法律允许的范围内进行。民事主体进行的民事活动违反法律、行政法规强制性规范的，不能完全按照民事主体自己的意思设立、变更和终止民事法律关系。例如，违反法律中效力性强制规范的合同无效，在民事主体之间不能设立该合同关系。

第六条

民事主体从事民事活动，应当遵循公平原则，合理确定各方的权利和义务。

【本条主旨】 本条是关于公平原则的规定。

【核心概念】

民事活动　民事活动，是指民事主体实施的、受到民法调整和评价并产生相应民事法律后果的法律活动。[①] 民事活动包含三个要件。第一，其是由民事主体实施的。其他法律主体实施的行为不属于民事活动。第二，民事主体实施的该行为受到民法的调整和评价，是一种具有民法意义的活动。并非民事主体实施的所有行为都需要由民法来予以调整和评价，只有其中的一部分（通常是重要的那部分）才需要民法予以调整和评价。例如，通常所说的属于“法外空间”的行为就不是这里所说的民事活动。第三，民事活动会产生相应的民事法律后果。这种法律后果通常表现为民事法律关系的设立、变更、消灭。需要注意，民事活动既包括民事法律行为，也包括民事事实行

---

① 有关“民事活动”概念的进一步讨论，可参见李建华．论民事活动——兼论我国未来民法典总则结构的设计．法制与社会发展，2000（2）。

为，甚至在一定程度上包括民事违法（侵权）行为。[①]

§条文详解§

一、依据公平原则合理确定各方的权利和义务

公平原本是一个道德概念，表示道德上合适的对待。内涵公平的概念虽然具有一定的模糊性。但是，公平被普遍认为是法律中理解正义的关键。[②] 民法中的公平原则是指以利益的均衡作为价值判断标准来合理分配各民事主体之间的权利义务关系。

民法中的公平原则体现在但不限于以下方面：

第一，各方享有的权利与承担的义务应当大致均衡。这是静态的公平。民事主体从事民事活动的常态应当是活动的结果促进各方利益的增长，而不能是一方只享有权利、完全不承担义务，而另一方只承担义务、完全不享有权利。因此，民事主体在民事活动中应当合理确定各方的权利、义务，不得完全排除对方的主要权利，不得科以对方过重的责任。如果当事人不遵守公平原则，民法将赋予其不利益。[③]

第二，当客观情况发生显著变化，导致民事活动的后果将会变得极不公平时，民事主体可以要求协商变更原权利义务关系，以更合理地确定各方的权利和义务。这是动态的公平。

《民法典》第585条第2款规定，“约定的违约金低于造成的损失的，人民法院或者仲裁机构可以根据当事人的请求予以增加；约定的违约金过分高于造成的损失的，人民法院或者仲裁机构可以根据当事人的请求予以适当减少”。

二、民法对不公平状况的矫正

本条主要规范从事民事活动的当事人应当合理确定各方的权利和义务。但是，由于人性不可避免的利己主义，在具体的民事活动中，很有可能出现当事人违反公平原则的情况。此时，民法就要进行调整，对这一不公平状况进行纠正。纠正的过程包括：一方面，民法事先以法律规范的形式对于可能出现的不公平情形规定纠正的途径。纠正途径既包括直接规定“公平原则”（本条），也包括规定体现公平原则的具体法律规范，例如《民法典》第151条关于显失公平的民事法

---

① 例如，在产品侵权责任中，买卖产品显然属于民事活动，但这一“销售具有缺陷的产品”的行为同时也是一种侵权行为。

② 布莱恩·H. 比克斯. 牛津法律理论词典. 邱昭继，等译. 北京：法律出版社，2007：71.

③ 例如，《民法典》第506条规定：“合同中的下列免责条款无效：（一）造成对方人身伤害的；（二）因故意或者重大过失造成对方财产损失的……”

律行为可撤销的规定。另一方面，人民法院在具体的民事案件中对于不公平的状况以判决的形式予以纠正。需要注意，这一纠正通常是依据民事法律规范的明确规定进行的，但是在极端情况下，如果民事法律规范事先并没有作出相应的规定，为了避免极端不公平情形的出现，法官也可以直接依据“公平原则”对此进行纠正。

公平原则包含着民法对正义的不懈追求。正义是十分复杂的，但却是民法以及所有法律部门所追求的终极目标。正义的内涵无法十分明确地予以厘清，但正义的轮廓却为每一个人的内心所知晓。如果出现了令正义感难以容忍的情形，民法在公平原则的指导下，就会予以调整。需要注意，“民法对不公平状况进行矫正”也是本条规定的“公平原则”的题中应有之意，因为脱离了法律强制力的保障（民法的矫正），仅要求民事主体自身以道德自觉的形式遵守公平原则，只会是一个不能实现的美好愿望。

第七条

民事主体从事民事活动，应当遵循诚信原则，秉持诚实，恪守承诺。

【本条主旨】本条是关于诚信原则的规定。

【核心概念】

诚信原则 诚信原则，也称诚实信用原则，是指民事主体应当具有基本的善意，本着讲诚实、守信用的态度从事民事活动。诚信原则被称为民法的“帝王条款”，各国民法大都予以明文规定。例如，《德国民法典》第 242 条规定，“债务人须依诚实信用，并照顾交易惯例，履行其给付”。《瑞士民法典》第 2 条规定，“无论何人行使权利履行义务，均应依诚实信用为之”①。我国法律中，除本条明确规定诚信原则外，还有其他法律，如《消费者权益保护法》第 4 条，作了类似规定。

§条文详解§

一、诚信原则的主要内容

诚信原则作为民法的基本原则，体现在民法的方方面面，包括但不限于以下几点。

第一，秉持诚实。民事主体从事民事活动，应当以诚实的主观状态进行。诚

---

① 更多的关于民法诚信原则的立法例，可以参见梁慧星．民法总论．2 版．北京：法律出版社，2004：46。

实的主观状态即体现为民法上的善意。为了鼓励和保障民事主体秉持诚实，民法中的许多制度都体现了保护善意的民事主体、不保护恶意的民事主体的价值倾向。

第二，不为欺诈行为。基于被欺诈作出民事法律行为的，被欺诈一方可以请求人民法院或者仲裁机构予以撤销；以欺诈侵害其他民事主体的合法权益的，应当承担侵权责任。

第三，恪守信用、尊重交易习惯。民事主体对于相对方应该保有基本的善意，尊重对方的合理信赖，不能言而无信，而应恪守信用，对于双方之间形成的交易习惯应该予以尊重。

第四，不得规避法律和曲解合同条款。民事主体应当遵守法律，在法律允许的范围内从事民事活动，不得规避法律的相关规定。合同双方对于合同条款应当基于诚信原则进行解释，不能恶意曲解。在《民法典》第 142 条关于对意思表示解释的规定中，不论是对于有相对人的意思表示进行解释还是对于无相对人的意思表示进行解释，虽然在解释的侧重点上有差异，但是都应该严格遵守诚信原则进行解释。此外，在判断民事法律行为中的无效部分是否会影响其他部分的效力时，在斟酌各种因素之后，也会从诚信原则的考量角度对可分性的成立与否予以最终判断。

第五，对于附条件的民事法律行为，当事人应当以诚实信用的态度，让条件自然地成就或不成就。如果当事人违反诚信原则，为了自己的利益不正当地阻止条件成就或者促使条件成就，则法律会相应地拟制为条件不成就或条件成就。

二、法律规定诚信原则作为基本原则的主要考量

法律规定诚信原则，主要基于以下方面的考量。

第一，诚信原则是维护良好的社会和经济秩序的必然要求。一个社会需要良好的道德基础才能健康地发展，一个不诚实、无信用的社会必然是混乱的。诚实信用是经济活动正常开展的重要保障，各方讲诚实、守信用，则交易成本得到降低，交易安全得到保障，经济秩序井然有序。

第二，诚实信用是民法中平等理念的必然要求。既然民事主体的地位都是平等的，那么一方就不能凌驾于另一方，而必须保有基本的善意与对方展开民事活动，尊重对方并尊重其合理信赖。

第三，诚信原则是市场经济活动中的道德准则。在市场经济条件下，每一个有劳动能力的人都应当通过市场交换获取经济利益。法律不允许通过损害他人权益或者损害社会公共利益、国家利益的方式来为自己牟取利益。① 民法规定诚信

---

① 梁慧星．民法总论．2 版．北京：法律出版社，2004：46.

原则，就是为了维护、保证市场经济活动中最基本的道德准则。

第八条

民事主体从事民事活动，不得违反法律，不得违背公序良俗。

【本条主旨】本条是关于民法中不得违反法律、不得违背公序良俗原则的规定。

【核心概念】

法律　法律有广义与狭义之分。广义的法律泛指一切有权创制规范性文件的国家机关制定和认可的规范性文件。狭义的法律在我国专指全国人民代表大会及其常务委员会制定的规范性文件。其中，全国人民代表大会制定的法律为基本法律。根据我国《立法法》第 8 条的规定，民事基本制度只能制定法律。此外，全国人大常委会有权解释法律，全国人大常委会的法律解释同法律具有同等效力。

公序良俗　“公序良俗”是“公共秩序”和“善良风俗”的简称。一般认为，公共秩序主要指公共利益，善良风俗主要指社会公德。从比较法上看，《法国民法典》第 6 条规定了公序良俗原则，《德国民法典》则仅表述为善良风俗，在英美法上类似的概念是公共政策。

§条文详解§

一、民事活动不得违反法律

民事主体依照自己的意思从事民事活动，但是也必须受到一些必要的限制，主要体现为不得违反法律，不得违反公序良俗。民事活动不得违反法律，主要是指不得违反法律的强制性规定。为了维护国家利益和社会公共利益，法律禁止从事一些行为，这是对私人生活必要限度的调整。民事主体对此必须予以遵守。与此不同的是非强制性规定，即任意性规定。其规范旨趣在于补足当事人意思表示的不足，利于纠纷的解决，而非为当事人设定强制的行为模式。因此，对于任意性规范而言，无所谓违反与否。甚至在一定程度上，如果赋予任意性规范过多的效力强度，反而会使我们落入国家干预私人生活的不良境地。

对于本条中的“法律”应当作广义的理解，即包括所有有权机关颁布的规范性文件。对广义上的法律的违反，原则上都会给当事人带来不利后果，这也是本条规定“不得违反法律”的意义所在。唯应注意，这并不是说对任何规范性文件中的强制性规定的违反都一定会产生直接导致行为无效的最严重后果。违反不同层级的规范性文件所导致的后果是不尽相同的，只有违反法律、行政法规的强制性规定，才会导致民事法律行为原则上无效；违反其他的强制性规定，则产生其他的不利后果。但是，绝不会产生以下情况：对强制性规定的违反不但不产生任何负面评价，反而会由此获得法律上的利益。

二、民事活动不得违背公序良俗

不得违反公序良俗，是指民事主体从事民事活动不得破坏公共秩序，不得悖于善良风俗。公共秩序、善良风俗简称“公序良俗”。本条是我国民事立法史上第一次明确规定“公序良俗”的概念。判断民事主体是否违反公序良俗，首先要求确定存在何种公序良俗。公序良俗的概念内涵具有一定的模糊性，并且其内容也有可能随着社会的变迁而出现变化。但是，需要指出，有一些公序良俗是亘古不变的，例如对乱伦的禁止，不诉诸暴力等。其中有许多已经转化为法律的明确规定。还有一些公序良俗是在特定社会中具有高度共识的，例如禁止虐待动物。对于共识度较低的公序良俗，则需要具体情况具体分析。在个案的判断中，应当考量多种因素，例如当事人所属的民族与地域、普通人的感受、生活的经验等。在判断过程中，应当避免多数人暴政。[①] 需要注意，正是由于公序良俗概念的一定的模糊性，而违背公序良俗的后果又是如此严重（如《民法典》第 153 条第 2 款），因而在个案中对公序良俗的认定应当本着十分谨慎的态度，既发挥公序良俗概念的益处，也避免公序良俗概念滥用所可能带来的不利影响。

第九条

民事主体从事民事活动，应当有利于节约资源、保护生态环境。

【本条主旨】本条是关于民法绿色原则的规定。

【核心概念】

生态文明建设和五大发展理念 2012 年 11 月，中国共产党十八大从新的历史起点出发，作出“大力推进生态文明建设”的战略决策，从十个方面绘出生态文明建设的宏伟蓝图。2015 年 5 月 5 日，《中共中央国务院关于加快推进生态文明建设的意见》发布。中国共产党第十八届中央委员会第五次全体会议强调，实现“十三五”时期发展目标，破解发展难题，厚植发展优势，必须牢固树立并切实贯彻创新、协调、绿色、开放、共享的发展理念。在民事领域，“五大发展理念”要求民事主体进行民事活动时，应当节约资源、保护生态环境，以实现其中的“绿色”发展理念。

倡导性原则规定 倡导性原则规定，也称为“倡导性规范”，是指在民法文本中倡议某种价值导向的规范，对民事主体的行为起到鼓励、导向作用，但是一般不发生裁判上的效力。在民事主体严重背离民法所倡导的价值时，可以适用公

---

① 戴孟勇．论公序良俗的判断标准．法制与社会发展，2006（3）．

平原则（《民法典》第6条）和守法原则（《民法典》第8条）进行衡量，以作出裁判上的评判。

§条文详解§

一、本条是一条倡导性的原则规定

本条是一条倡导性的原则规定，倡导民事主体的民事活动应有利于节约资源、保护生态环境。民事主体应当选择低能耗、环境友好的生产、生活方式，以实现节约资源、保护环境、绿色发展的理念。尽管没有与本条原则直接对应的法定义务和责任，但我国民法倡导节约资源、保护生态，将从法的价值方面引导民事主体的行为选择。

二、绿色原则的落实

本条作为倡导性的原则规定，其落实的路径有三条：其一，从价值观、行为方式等方面引导民事主体自觉节约资源、保护生态环境。其二，为一些节能环保的法律法规和政策之制定提供上位法的立法依据。如部分城市推行阶梯电价、阶梯水价即属此类情形。其三，为民法分则，尤其是合同编、侵权责任编的制定提供价值和方向上的指导。比如关于违约责任的确定和承担，在某些情形中可考虑资源消耗与环境保护因素；侵权责任编将破坏生态的行为纳入侵权责任范畴并规定生态环境修复和生态环境损害赔偿制度。

第十条

处理民事纠纷，应当依照法律；法律没有规定的，可以适用习惯，但是不得违背公序良俗。

【本条主旨】本条是关于处理民事纠纷，适用哪些规则以及它们之间的先后顺序的规定。

【核心概念】

习惯　习惯主要是指民事习惯，即民事主体所知悉并实践的生活和交易习惯。习惯的存在，以长期实践以及一般人普遍承认作为成立基础。《瑞士民法典》、我国台湾地区“民法”等都将习惯作为民事法律渊源之一。

法理　法理，也称条理、自然的法原则、法的一般原则，是指自法律精神演绎而出的一般法律原则，为谋社会生活事务不可不然之理。法理的基本功能在于补充成文法与习惯法的不足，使司法者以立法者的角度来寻找具体案件中所应适用的规则，以实现对民事纠纷的合理处理。[①]

§条文详解§

一、法律是民法的主要法律渊源

法律是指全国人民代表大会及其常务委员会制定的规范性文件。处理民事纠纷，首先应当依照法律的规定。这里的“法律”，主要是指民事法律。我国是成文法国家，法律必须优先得到适用。低位阶的法规，一般不是处理民事纠纷的规范渊源。但是，依法律之授权制定的相关行政法规、司法解释，用以处理民事纠纷，应当也属于此处规定的“依照法律”。

二、习惯也是民法的法律渊源

在法律没有规定时，可以适用习惯。这是我国民事立法首次明确地将“习惯”作为处理民事纠纷的正式法律渊源。《民法通则》没有作此规定。1985 年颁布的《涉外经济合同法》（1999 年失效）第 5 条第 3 款首次明确规定：“中华人民共和国法律未作规定的，可以适用国际惯例”。其后，《合同法》第 61 条明确了交易习惯在合同解释中可以作为解释的依据之一。但是，本条是第一次明确地规定“习惯”可以作为民法的正式法律渊源。理解这一条，需要把握以下两个方面。

1. 习惯是民法重要的、必要的法律渊源

有学者认为，随着立法的不断完善，而且现代社会变迁迅速，习惯的形成并不容易。习惯作为一种法律渊源，已经逐渐丧失其重要性。[②] 本书作者对此表示反对。本书作者认为，习惯在历史上与在当今时代，都是民法重要的、必要的法律渊源。

第一，从历史上看，民法的法律渊源长期以习惯法作为主体。

直到 18 世纪至 19 世纪初，欧洲各国为了谋求法律的统一，才开始大规模地编纂法典，将民法规范悉数网罗列入。1804 年的《拿破仑民法典》、1811 年的《奥地利民法典》，都有否定习惯法的效力的倾向。直到 19 世纪历史学派逐渐兴起，排除了成文法万能的思想，因此，1907 年《瑞士民法典》第 1 条才明确规定习惯法对于成文法具有补充的效力。[③] 由此可见，在历史脉络上，习惯法经历了占据主导地位——否定习惯法作为法律渊源——重新肯定其补充作用的过程。因此，习惯与成文法并不存在内容上的本质不同，因为大部分的成文法本身就源

---

①② 王泽鉴．民法概要．2 版．北京：北京大学出版社，2011：13.

③ 史尚宽．民法总论．北京：中国政法大学出版社，2000：9. 李宜琛．民法总则．北京：中国方正出版社，2004：8－9.

自之前的习惯。

第二，习惯作为法律渊源具有正当性。

习惯，是社会生活中作为一个群体的民事主体所共同承认并遵守的准则。如前所述，长期实践与普遍承认是习惯能够成为民法法律渊源的两个要求。一方面，既然习惯是长期实践的，那么就说明其原则上具有一定的生命力与合理性。我们肯认人都是具有理性的，因此，如果一种做法对于各方都没有利益，或者只对于某小部分主体具有利益而给其他主体造成显著的不利益，那么我们就有理由相信具有理性的“人”这一民事主体不会在较长的时间内不断地去实践这一做法。由此，这一做法也就无从成为一项“习惯”。实际上，民事主体在实践习惯做法的过程中，也已经表达了其态度——以实践这一行为的方式支持这一做法的持续。从某种意义上来看，习惯被实践的过程，类似于成文法被订立的过程。二者都是不同意见汇合、交锋、比较、胜出的结果。只不过对于成文法而言，这一过程是借由语言、辩论、讨论、表决的形式，习惯则诉诸行为这一具有实践性的方式。另一方面，习惯既然是被普遍承认的，就说明民事主体具有“承认、服从”这一做法的主观意识。换言之，在依习惯处理民事纠纷时，对于各方当事人而言，不会出现“事后立法”的情况。因此，依一项被多数民事主体所共同长期实践的且为当事人所知悉并普遍承认的做法——“习惯”，来解决“这些”民事主体之间的民事纠纷，应当是合理的。

第三，习惯作为民法渊源具有必然性。

一方面，这是人类理智具有局限性的必然结果。人不仅不能预知将来，甚至对于“现在”，也不能完全理解。面对这一经验的、具体的、复杂的社会生活以及由此产生的社会关系，人类凭借着其理性将此转换成一个理念的、抽象的、（相对）简单的法律规范以及由此形成的法律体系。这二者的一一对应，在大部分情况下或许是可能的，但要说能够完全实现，则是一种明显的夸大了。我们必须承认：我们无法以有限的成文法来实现对一个无限的社会生活的完全规范。事实上，概念法学派的破产也从一个侧面印证了这一点。另一方面，当今的社会是迅速变迁的社会。不同于以往人类社会的缓慢演进，可以说，当今的人类社会处于一种日新月异的状态。各种新鲜的、不为曾经的成文法所规定、难以为成文法的解释所纳入的事物，层出不穷。如果我们以一种保守的思想恪守成文法，那么等待我们的只能是手足无措的局面。成文法的优点在于确定性，其缺点则在于滞后与僵硬。面对社会生活的不断变化，民法必须寻求一些途径来克服成文法的这种僵硬性。因此，本书作者主张，如果说在成文法刚刚完成对以往习惯法的成文化，而且社会生活的变迁仍旧是缓慢的情形下，认为习惯法应该被抛弃还勉强有几分道理的话，那么，在当今如此迅速变化的社会生活中，仍然认为习惯法应该被全然否定就不能不说是一种过于保守的想法了。

第四，没有必要否认习惯作为民法的补充性法律渊源。

只要我们稍微考察一下法律制度的现实，就可以发现习惯仍然在法律生活中发挥着十分重要的作用。从国际上看，国际商业惯例是国际经济法的重要法律渊源。《国际贸易术语解释通则》《跟单信用证统一惯例》《海上运输货物保险条款》等“习惯”，仍然在国际贸易活动中发挥着重要的、不可或缺的作用。① 此外，对于国际公法而言，相较于国际条约，习惯更是其最为主要、重要的法律渊源。从国内看，尤其在涉及身份关系的领域，习惯对于民事主体的行为仍然具有举足轻重的影响。例如，虽然法律规定子女可以随父姓，也可以随母姓，但是习惯上我国大部分人都会选择从父姓。因此，从父姓可以被认为是一种习惯。如果甲在其出生后父母双亡，现甲的祖母与外祖母对于甲的姓名出现了争议，此时，就应当从习惯，认为甲应该从父姓。

此外，我们应当注意到，民法调整的是平等主体之间的人身关系与财产关系，这些法律关系往往都仅对民事主体个体产生利害影响，在大多数情况下并不会涉及公共秩序、公共利益的问题，因此，相较于在其他部门法（例如刑法、行政法等）中，在民法中承认习惯作为法律渊源的地位，并不会造成十分严重的后果。

2. 在将习惯作为民法的法律渊源时，应当持较为谨慎的态度

必须注意到，本条虽然规定习惯可以作为民法的法律渊源，但是具有两项限制。

第一，习惯是补充性的法律渊源。

本条明确规定，只有在法律没有规定的情况下才可以适用习惯。因此，任何主张习惯可以对抗已经存在的成文法律的观点②，都是走得太远了。适用习惯的前提是，没有法律的规定。此外，“可以”适用习惯并不意味着必须适用习惯。在法律没有规定的情况下，是否适用习惯需要在具体案件中综合判断，判断的因素包括是否有相关的习惯存在、适用相关的习惯是否合理等。

习惯是否存在需要证明。当事人对于是否存在习惯应当予以证明，此外，人民法院也应当依职权查明是否存在习惯。习惯的存在需要满足两个条件：一是存在长期的实践，实践可能具有地域性，习惯仅在其被长期实践的区域产生法律效力；二是一般民众的普遍确信，即在该习惯被长期实践的区域内的一般民众普遍认为该习惯是具有一定约束力的习惯，有些习惯虽然长期被实践，但是在民众间并未形成其具有约束力的普遍确信，这样的习惯也不应据以处理民事纠纷。

---

① 王传丽．国际经济法．3版．北京：法律出版社，2012：10.

② 李宜琛．民法总则．北京：中国方正出版社，2004：8－9.

第二，在适用习惯处理民事纠纷时，不得违背公序良俗。

习惯违背公序良俗主要包括两种情况：一是存在陋习，二是存在于较小区域的习惯违背较广区域的公序良俗。一般而言，在同一区域内，长期实践的习惯与该区域内的公共秩序、善良风俗是并行不悖的，体现的都是该区域内的价值共识。但是，有一些陋习是违背公序良俗的，即虽然民众的一般道德愿望是好的，但在实践中没有真正践行，而是长期实践一种有违内心良知的习惯。其实质是民众内心的应然愿望与民众的实然实践之间的落差。此外，有一些习惯存在于较小的区域，但是其违背较广区域，甚至全国范围内存在的公共秩序或善良风俗。

需要注意，虽然本条没有明确规定适用习惯处理民事纠纷不得违反法律的精神、原则和基本制度，但是应当作此理解：虽然对于有些事项法律没有进行明确规定，但是如果适用习惯会违背法律原有的立法精神、违反法律确定的基本原则或破坏法律设置的基本制度的，则不得适用该习惯。理由在于，一方面，这是习惯不得对抗法律这一原则的必然要求；另一方面，本条已经明确规定习惯不得违背公序良俗，而法律的精神、原则和基本制度显然比公序良俗更为重要，根据举轻以明重的原理，习惯不得违背公序良俗，自然更不能违背法律的精神、基本原则与基本制度。

第十一条

其他法律对民事关系有特别规定的，依照其规定。

【本条主旨】 本条是关于民商事特别法与民事普通法之效力关系的规定。

【核心概念】

民商事特别法　民商事特别法是指民法典以外的就平等民事主体之间的人身关系和财产关系作出规定的法律规范。社会生活千姿百态，一部民法典不可能将其全部纳入，因此，在民法典之外，存在民商事特别法。在我国，典型的民商事特别法包括《专利法》《商标法》《著作权法》《票据法》《证券法》《企业破产法》《海商法》等法律中的民事性规范。民商事特别法并不限于狭义的法律，也包括其他规范性文件中的民事性规范。民商事特别法一般规定民事特别事项。

民事普通法　民事普通法即指民法典。我国民法典包括总则编、物权编、合同编、人格权编、婚姻家庭编、继承编、侵权责任编。民法典就平等主体之间基本的、最重要的人身关系和财产关系作出了规定，是民事活动最重要的依据，也是民事裁判最主要的法律渊源。民事普通法一般规定民事基本事项。

§条文详解§

一、民商事特别法优先适用

本条规定，其他法律对民事关系另有特别规定的，依照其规定。对此的理解需要综合把握法律适用的一般原理，即特殊法优于普通法、上位法优于下位法、新法优于旧法。

第一，民法典没有规定的事项，其他法律进行了特别规定的，适用其他法律的规定。这里的法律应作广义的理解，泛指一切有权机关制定的规范性文件。例如，《票据法》就民事主体之间的票据关系进行了规定，在处理票据纠纷时，应当适用《票据法》的有关规定。

第二，就同一事项，民法典进行了一般规定，其他法律在此基础上进行了特别规定，二者并不矛盾的，适用其他法律的特别规定。

第三，就同一事项，民法典进行了一般规定，其他法律也作了规定，但是二者存在矛盾。此时应当区分不同的规范性文件类型具体分析。根据《立法法》的规定，由于民法典是由全国人民代表大会制定的，因而如果全国人民代表大会制定的其他法律的规定与民法典的规定存在矛盾的，适用两者中较新的规定与二者中的特别规定。如果二者间是新的一般规定与旧的特别规定的关系，不能确定如何适用，则由全国人民代表大会常务委员会裁决。除全国人民代表大会制定的法律之外，其他规范性文件的规定与民法典的规定存在矛盾的，适用民法典的规定。

二、本条规定《民法典》与民商事特别法的关系的原因

本条规定中的其他法律，主要是指民商事特别法。本条之所以作出规定，是因为《著作权法》《专利法》《保险法》等民商事特别法既涉及民事法律关系，也涉及行政法律关系，还有一些涉及特殊商事规则，这些法律很难也不宜被纳入民法典。因此本条明确了《民法典》与民商事特别法的关系。

第十二条

中华人民共和国领域内的民事活动，适用中华人民共和国法律。法律另有规定的，依照其规定。

【本条主旨】本条是关于民法之地域效力的规定。

【核心概念】

法律的地域效力　法律的地域效力，也称法律属地主义，是指立法机关制定

的法律在该机关管辖的地域范围内适用。在我国，全国人民代表大会及其常务委员会制定的法律、国务院制定的行政法规在全国范围内适用；地方人民代表大会及其常务委员会、地方政府制定的地方性法规、地方政府规章，仅在该地适用。

法律的对人效力　法律的对人效力，也称法律属人主义，是指某有权机关制定的法律对该机关管辖下的人产生效力。法律的地域效力与对人效力往往和国际私法问题联系在一起，各国通过制定国际私法规范来规定民事领域准据法的适用问题。

§条文详解§

一、我国民法的地域效力

本条规定，在中华人民共和国领域内的民事活动，适用我国法律。这是民法属地主义的体现。现代社会，人员流动日益频繁，在一个社会中可能有来自各个国家、地区的民事主体，如果每个民事主体都适用其所属国家、地区的民事法律，既无操作的可能，也会引起社会秩序的混乱。而且，法律主要调整行为，重要的是民事主体的民事活动，而非民事主体的身份属性。因此，民法的适用以属地主义为原则，也是民法中平等原则的必然要求。

二、我国民法地域效力的例外规定

本条同时规定，法律另有规定的，依照其规定。这主要是指依照《中华人民共和国涉外民事关系法律适用法》（以下简称《涉外民事关系法律适用法》）的有关规定。

根据《涉外民事关系法律适用法》的相关规定，涉外民事关系的法律适用遵循以下规则。

（1）自然人的民事权利能力、民事行为能力，适用经常居所地法律。（2）自然人从事民事活动，依照经常居所地法律为无民事行为能力，依照行为地法律为有民事行为能力的，适用行为地法律，但涉及婚姻家庭、继承的除外。（3）宣告失踪或者宣告死亡，适用自然人经常居所地法律。（4）法人及其分支机构的民事权利能力、民事行为能力、组织机构、股东权利义务等事项，适用登记地法律。（5）法人的主营业地与登记地不一致的，可以适用主营业地法律。法人的经常居所地，为其主营业地。（6）人格权的内容，适用权利人经常居所地法律。（7）代理适用代理行为地法律，但被代理人与代理人的民事关系适用代理关系发生地法律。当事人可以协议选择委托代理适用的法律。（8）当事人可以协议选择信托适用的法律。当事人没有选择的，适用信托财产所在地法律或者信托关系发生地法律。（9）当事人可以协议选择仲裁协议适用的法律。当事人没有选择的，适用仲裁机构所在地法律或者仲裁地法律。（10）结婚条件，适用当事人共同经常居所地法律；没有共同经常居所地的，适用共同国籍国法律；没有共同国籍，在一方当事人经常居所地或者国籍国缔结婚姻的，适用婚姻缔结地法律。（11）结婚手续，符合婚姻缔结地法律、一方当事人经常居所地法律或者国籍国法律的，均为有效。（12）夫妻人身关系，适用共同经常居所地法律；没有共同经常居所地的，适用共同国籍国法律。（13）夫妻财产关系，当事人可以协议选择适用一方当事人经常居所地法律、国籍国法律或者主要财产所在地法律。当事人没有选择的，适用共同经常居所地法律；没有共同经常居所地的，适用共同国籍国法律。（14）父母子女人身、财产关系，适用共同经常居所地法律；没有共同经常居所地的，适用一方当事人经常居所地法律或者国籍国法律中有利于保护弱者权益的法律。（15）协议离婚，当事人可以协议选择适用一方当事人经常居所地法律或者国籍国法律。当事人没有选择的，适用共同经常居所地法律；没有共同经常居所地的，适用共同国籍国法律；没有共同国籍的，适用办理离婚手续机构所在地法律。（16）诉讼离婚，适用法院地法律。（17）收养的条件和手续，适用收养人和被收养人经常居所地法律。收养的效力，适用收养时收养人经常居所地法律。收养关系的解除，适用收养时被收养人经常居所地法律或者法院地法律。（18）扶养，适用一方当事人经常居所地法律、国籍国法律或者主要财产所在地法律中有利于保护被扶养人权益的法律。（19）监护，适用一方当事人经常居所地法律或者国籍国法律中有利于保护被监护人权益的法律。（20）法定继承，适用被继承人死亡时经常居所地法律，但不动产法定继承适用不动产所在地法律。（21）遗嘱方式，符合遗嘱人立遗嘱时或者死亡时经常居所地法律、国籍国法律或者遗嘱行为地法律的，遗嘱均为成立。（22）遗嘱效力，适用遗嘱人立遗嘱时或者死亡时经常居所地法律或者国籍国法律。（23）遗产管理等事项，适用遗产所在地法律。（24）无人继承遗产的归属，适用被继承人死亡时遗产所在地法律。（25）不动产物权，适用不动产所在地法律。（26）当事人可以协议选择动产物权适用的法律。当事人没有选择的，适用法律事实发生时动产所在地法律。（27）当事人可以协议选择运输中动产物权发生变更适用的法律。当事人没有选择的，适用运输目的地法律。（28）有价证券，适用有价证券权利实现地法律或者其他与该有价证券有最密切联系的法律。（29）权利质权，适用质权设立地法律。（30）当事人可以协议选择合同适用的法律。当事人没有选择的，适用履行义务最能体现该合同特征的一方当事人经常居所地法律或者其他与该合同有最密切联系的法律。（31）消费者合同，适用消费者经常居所地法律；消费者选择适用商品、服务提供地法律或者经营者在消费者经常居所地没有从事相关经营活动的，适用商品、服务提供地法律。（32）劳动合同，适用劳动者工作地法律；难以确定劳动者工作地的，适用用人单位主营业地法律。劳务派遣，可以适用劳务派出地法律。(33) 侵权责任，适用侵权行为地法律，但当事人有共同经常居所地的，适用共同经常居所地法律。侵权行为发生后，当事人协议选择适用法律的，按照其协议。(34) 产品责任，适用被侵权人经常居所地法律；被侵权人选择适用侵权人主营业地法律、损害发生地法律的，或者侵权人在被侵权人经常居所地没有从事相关经营活动的，适用侵权人主营业地法律或者损害发生地法律。(35) 通过网络或者采用其他方式侵害姓名权、肖像权、名誉权、隐私权等人格权的，适用被侵权人经常居所地法律。(36) 不当得利、无因管理，适用当事人协议选择适用的法律。当事人没有选择的，适用当事人共同经常居所地法律；没有共同经常居所地的，适用不当得利、无因管理发生地法律。(37) 知识产权的归属和内容，适用被请求保护地法律。(38) 当事人可以协议选择知识产权转让和许可使用适用的法律。当事人没有选择的，适用《涉外民事关系法律适用法》对合同的有关规定。(39) 知识产权的侵权责任，适用被请求保护地法律，当事人也可以在侵权行为发生后协议选择适用法院地法律。

第二章　自然人

本章提要

本章及后面的第三章和第四章是关于民事主体的具体规定。本章主要规定作为民事主体的自然人的民事权利能力和民事行为能力、监护、宣告失踪和宣告死亡、个体工商户、农村承包经营户等事项。

本章第一节基本上承继了《民法通则》第二章第一节的内容，但是作了以下完善：一是增加了保护胎儿利益的规定：涉及遗产继承、接受赠与等胎儿利益保护的，胎儿视为具有民事权利能力。二是下调了限制民事行为能力的未成年人的年龄标准。这样规定是为了更好地尊重未成年人的自主意识。第二节规定的监护制度，在民法学体系中基本上属于分则“婚姻家庭编”的内容，但是《民法典》仍然遵循《民法通则》的传统，将监护制度规定在总则编“自然人”一章中。这一节有以下亮点：一是规定了民政部门作为监护人的几种情况（第31条、第32条），二是规定被监护人的父母可以通过遗嘱指定监护人（第29条），三是强调了指定监护人时应当尊重被监护人的真实意愿和根据最有利于被监护人的原则在具有监护人资格的人中指定监护人（第31条），四是规定了具有完全民事行为能力的成年人可以以书面形式确定自己（未来部分或者全部丧失行为能力后）的监护人（第33条）。本章第三节有关宣告失踪和宣告死亡的规定，与《民法通则》第二章第三节的规定略同。第四节关于个体工商户和农村承包经营户的规定也基本上承继了《民法通则》第二章第四节的内容但作了进一步的完善。本章没有规定个人合伙，这是因为《民法典·总则编》第四章专门规定了“非法人组织”。合伙（企业）作为“非法人组织”的重要组成部分，获得了独立于自然人、法人的民事主体资格，第四章对此作出了比较具体的规定。

第一节　民事权利能力和民事行为能力

第十三条

自然人从出生时起到死亡时止，具有民事权利能力，依法享有民事权利，承担民事义务。

【本条主旨】 本条是关于自然人之民事权利能力的起始和终止时间的规定。

【核心概念】

自然人　民法上的自然人是具有自然生物属性的人，从出生开始就获得了民事主体资格。借助生殖辅助技术出生的人（如“试管婴儿”），同样属于自然人。近代以来的民法承认自然人为当然的民事主体，具有民事权利能力，得依法享有民事权利，承担民事义务。

出生　出生是指自然人生命开始的事实。具体就民法上的出生而言，出生是指胎儿与母体的分离。民法上的“出生”有以下要求：一是胎儿与母体分离；二是分离时为活体，即出生时有生命。

死亡　死亡是指自然人生命终止的事实，自然人作为一个活体存在消失。民法上的死亡概念，经历了呼吸停止说、心跳停止说及脑电波消失说等阶段，现在一般认为脑电波消失时自然人死亡。法律上的“死亡”概念，依赖于权威、主流的临床医学死亡概念。

民事权利能力　民事权利能力是指民法赋予自然人和法人等作为民事主体的资格。民事主体因具有民事权利能力而可以行使具体的民事权利和承担具体的民事义务。就自然人的民事权利能力而言，具有平等性。民事权利能力与民事权利有紧密的联系，民事权利必须以民事权利能力为前提，两者是不可分离的。即使胎儿的继承权也是以拟制的民事权利能力为前提的，并不能说明民事权利能力与民事权利分离。①

① 孙鹏．民事权利与民事权利能力不可分．政治与法律，1996（1）．

§条文详解§

一、自然人是最重要的一类民事主体

自然人的民事主体资格具有广泛性，即任何人从出生开始都要作为民事主体参与民事活动，不论其主观上是否愿意都要受到民事法律关系的调整。在民法上，自然人一旦出生就自动获得民事权利能力。民事权利能力就是自然人的生存资格。只要符合法律的规定，法律普遍地赋予任何自然人以民事权利能力，不作任何区别对待。民事权利能力不仅是自然人作为生命个体的重要象征，也是自然人作为民事主体享有广泛的并且受法律保护的自由的基础。正因为自然人享有民事权利能力具有普遍性，所以任何自然人在民事权利能力的内容和效力上也是具有平等性的。除了具有普遍性和平等性，自然人的民事权利能力还具有不可处分性，法律不承认自然人自愿转让、抛弃自己的民事权利能力行为的效力，否则，与社会最基本的价值取向相违背。

二、民事权利能力的起止时间由法律规定

法律明确规定了自然人民事权利能力起始和终止的时间。由法律规定自然人民事权利能力的时间，是由民事权利能力自身性质决定的，因为民事权利能力是自然人生存和发展的必要条件，自然人不可能随意处分自身的民事权利能力，也不能决定自己的民事权利能力起始和终止的时间。依据本条规定，自然人在出生时就获得民事权利能力。这意味着自然人之民事权利能力起始的时间就是自然人的出生时间。在自然人死亡时，自然人的民事权利能力归于消灭。这意味着自然人之民事权利能力的终止时间就是自然人的死亡时间。这是法律的强制性规定，其他任何个人或组织不能决定自然人之民事权利能力的起始和终止时间。

三、民事权利能力是享有民事权利和承担民事义务的“资格”

民事权利能力是自然人具体享有民事权利和承担民事义务的必要条件。民事权利能力是以具体的民事权利、义务为内容的，与民事权利、义务密切相关，两者不可分离。没有民事权利能力，就不能享有民事权利和承担民事义务。民事权利能力是人具有人格的具体表现，且权利能力是民法适用对象（主体）所共同应具备的条件，且为必要充分条件。[①] 民事权利能力不同于在特定民事法律关系中享有的具体权利或者承担的具体义务。民事权利能力是一个抽象的概念，在一般情形下，自然人的民事权利能力只与出生、死亡事实密切相关，与自然人的年龄、精神状况等具体特征无关。但是也有人认为，自然人除一般权利能力外还有

---

① 曾世雄．民法总则的现在与未来．北京：中国政法大学出版社，2001：82.

特别权利能力[1]，例如，自然人结婚的权利能力就必须达到法定的年龄才能享有。对于特殊民事权利能力的理解，还有人认为，自然人营业资格应人人具有，当属于一般权利能力的范畴，对于从事特殊营业的资格限制，属于特别权利能力，亦应加以规定。[2] 实际上，结婚能力与特殊营业的资格限制都应当属于特殊民事权利的范畴。

在特定民事法律关系中，自然人实际地享有民事权利和承担民事义务，除了具备民事权利能力，还需要具备民事行为能力。自然人要以自己的行为从事民事活动，才能转化为实际的民事权利和义务。民事权利能力具有普遍性，不受任何限制和剥夺，但是在特定民事法律关系中，民事权利的享有和民事义务的承担是以意思表示为基础的。

四、自然人概念与“公民”“市民”概念的关系

自然人与“公民”“市民”具有密切的联系，但是也存在重大的区别。自然人没有国界之分，而公民具有国界之别。一国自然人的具体范围可以包括本国公民、外国公民和无国籍人。公民与自然人不同，公民仅指具有特定国籍的人。自然人和公民都是法律概念，而公民是和公法上的权利、义务紧密相连的概念。质言之，自然人是一个私法上的概念，而公民是公法上的概念。《民法通则》使用“公民”概念，将公民代替自然人，并不是很科学，故《合同法》予以纠正，使用“自然人”，《民法典》沿袭使用“自然人”概念。而“市民”具有两重含义：一是指市民社会的主体，与私法紧密相关。二是指属地群体概念，可以作为居民使用，与农民相对。具体来说，市民就是具有城市户籍或者常住于城市或者城区的群体人员。随着我国城乡的均衡发展以及城镇化水平的提高，城乡差异的概念必将逐步消失。

第十四条

自然人的民事权利能力一律平等。

【本条主旨】本条是关于自然人之民事权利能力一律平等的规定。

【核心概念】

平等 平等是人和人之间被同等对待的关系形式，人人享有合理均等的社会资源。由于作为个体的不同人之间存在差异，所以绝对的公平是不存在的，只有相对的平等。现代社会的发展历史就是不断提高平等水平的过程。平等的具体性

---

① 史尚宽．民法总论．北京：中国政法大学出版社，2000：86.

② 杨震．民法总则“自然人”立法研究．法学家，2016（5）．

质以及实现程度受制于特定经济社会以及文化意识的发展水平。

法律上的平等 法律上的平等，是指法律平等地确认和保护自然人享有权利、承担义务，任何人不允许享有超越于法律之上的特权。具体来说，法律上的平等就是在法律规定的权利、义务范围内，任何人都被无差别对待。需要指出的是，我国法治建设是以马克思主义的唯物历史观为基础的，与资产阶级国家的法律平等观具有本质的区别，除了经济基础完全不同，我国的法律平等观更加注重实质平等和形式平等相统一。

§条文详解§

一、宣示宪法规定的在法律面前一律平等的原则

本条属于民法中的宣示性规范，与《宪法》关于平等的规定形成呼应。《宪法》第 33 条①规定了在法律面前一律平等的原则。具体而言，公民在法律面前一律平等，是宪法规定的，公民具体享有权利、承担义务必须遵循的一项基本准则。这一准则主要包含两层含义：一是法律确认全体公民享有同等权利和承担同等义务；二是法律平等保护公民的权利，任何侵犯公民权利的行为都要受到严厉惩罚。

二、自然人的民事权利能力一律平等体现民事主体在民事活动中的法律地位一律平等原则

自然人的民事权利能力一律平等是民事主体在民事活动中的法律地位一律平等原则的首要之义，这就要求自然人平等地享有民事权利和承担民事义务。平等观念是民法得以孕育和发展的理念前提，在民法中也是一项基本原则。我国民法规定民事主体在民事活动中的法律地位一律平等原则，就是要突出民事主体在实施民事法律行为时具有平等的法律地位，任何人不能把自己的意志强加给别人，也不能牺牲别人的利益来实现自己的利益。平等的法律地位是市场经济健康发展的制度基石，也是发展社会主义市场经济的根本要求。自然人的民事权利能力一律平等，是宪法上规定的“在法律面前人人平等”原则在民法上的集中体现和表达，也是民法上的宪法精神的表现之一。

三、自然人的民事权利能力一律平等的含义

“民事权利能力一律平等”，是指民法平等地赋予自然人实施民事法律行为的地位和资格。它集中体现了民事法律关系的本质特征，是民事法律关系区别于其他法律关系的主要标志。具体而言，自然人都平等地拥有民事主体资格，都平等地享有法律上规定的民事权利能力，不受民族、种族、性别、年龄、职业、职

---

① 《宪法》第 33 条第 2 款规定：“中华人民共和国公民在法律面前一律平等。”

务、家庭出身、宗教信仰、教育程度、财产状况等的限制。民事权利能力的平等，是机会的平等。它赋予了自然人同样的参与民事活动的机会，在实际结果上不一定平等。[①] 民法仅以平等的假定作为自己设计制度规范的前提，而并不是以追求最后结果的平等作为自己的任务。

第十五条

自然人的出生时间和死亡时间，以出生证明、死亡证明记载的时间为准；没有出生证明、死亡证明的，以户籍登记或者其他有效身份登记记载的时间为准。有其他证据足以推翻以上记载时间的，以该证据证明的时间为准。

【本条主旨】 本条是关于确定自然人的出生时间、死亡时间的证书和证据及其效力的规定。

【核心概念】

出生证明　出生证明，是指证明出生事实的书面文件。出生证明具体记载自然人的出生信息以及其他重要内容。出生证明既是医学上的重要记录文件，也是法律实践中具有法律效力的书面文件。

死亡证明　死亡证明，是指用于证明自然人死亡事实的书面文件。死亡证明具体记载自然人的死亡事实的信息以及其他重要内容。依据自然人死亡的具体情形，由不同的机构出具死亡证明。自然人在医疗卫生单位死亡的，由医疗卫生单位出具死亡医学证明。死亡证明是具有法律效力的重要书面文件。

户籍登记　户籍登记，也称为户口登记，是指公安机关制作的、用以记载和留存自然人基本信息的书面文件。户籍登记一般以户为单位，并对户之内全体成员的基本信息予以统一登记，具体包括自然人姓名、出生年月、民族、婚姻状况、与户主的关系等。在传统社会中，家庭是社会生活的基本单位，因而传统户籍制度中，户与血缘、土地紧密相连，立户授田，户著于地。[②] 在民法上，它是确定自然人作为民事主体法律地位的基本法律文件。

§条文详解§

一、确定出生时间和死亡时间在民法上的意义

确定出生时间和死亡时间具有重大的民法意义。自然人的民事权利能力始于出生、终于死亡，出生时间和死亡时间分别代表自然人之民事权利能力开始和终

---

① 王利明．民法．北京：中国人民大学出版社，2007：63.

② 姚秀兰．论台湾户籍法律制度及其借鉴．环球法律评论，2005（2）.

止的时间。例如，在财产继承问题上，被继承人的死亡时间就是继承事实开始发生法律效力的时间，遗产的最终价值就是从被继承人死亡时间开始计算的。总之，自然人的死亡时间决定了民事主体资格的终止时间、原权利义务关系变更的时间以及继承关系开始发生的时间。

二、证书证明效力与户籍登记或者其他有效身份登记的证明效力之间的优先顺序

出生证明、死亡证明的证明效力优先于户籍登记或者其他有效身份登记的证明效力。需要指出的是，这里的其他有效身份登记可以包括身份证、外国人的护照以及外国领事馆出具的有关身份证明等。其他足以推翻以上证书记载时间的证据具有最优先的证明效力。在诉讼活动中，相关当事人如果以户籍上登记或者其他有效身份登记记载的出生时间和死亡时间作为证据对相关事实进行证明，是具有法律效力的。如果其他利害关系人对此存有异议，并且能够举证证明出生证明与死亡证明记载的出生时间和死亡时间与户籍或者其他有效身份登记记载的内容不同，则出生证明和死亡证明不但具有法律效力，而且可以推翻户籍登记或者其他有效身份登记记载的出生时间和死亡时间。质言之，在出生证明与死亡证明记载的出生时间和死亡时间与户籍登记或者其他有效身份登记记载的内容不一致时，以出生证明和死亡证明的记载为准。如果相关当事人举出其他具有效力的证据证明出生时间和死亡时间的真实情形的，则可以推翻出生证明、死亡证明和户籍登记或者其他有效身份登记记载的出生时间和死亡时间，以其他证据证明的出生时间和死亡时间为准。

三、证书记载内容的证明效力具有可推翻性

出生时间和死亡时间的证明问题，属于事实判断问题，在事实判断上实行推定效力，无论是出生证明、死亡证明还是户籍登记或者其他有效身份登记记载的事实，都属于推定的事实，只要有充分的证据证明出生时间和死亡时间，就可以推翻上述证明记载的事实。在我国继承法中还规定了“推定死亡”，即相互有继承关系的几个人在同一事件中死亡，如不能确定死亡先后时间的，推定没有继承人的人先死亡。死亡人各自都有继承人的，如几个死亡人辈分不同，推定长辈先死亡；几个死亡人辈分相同，推定同时死亡，相互不发生继承。① 在实践中，与他人的出生时间或者死亡时间事实存在利害关系的人对于他人的出生时间或者死亡时间有异议的，具有举证推翻的责任，而对证据效力最终的判断主体是人民法院。

---

① 《民法典》第1121条第2款.

第十六条

涉及遗产继承、接受赠与等胎儿利益保护的，胎儿视为具有民事权利能力。但是，胎儿娩出时为死体的，其民事权利能力自始不存在。

【本条主旨】本条是关于在特定情况下法律拟制胎儿具有民事权利能力的规定。

【核心概念】

胎儿 胎儿，是指妊娠8周以后的胎体。胎儿在民法上具有特殊的意义。关于胎儿是否具有民事权利能力也是一个热点问题。

法律上的拟制 法律上的拟制，是指将本来不符合某种规定条件的行为（状态等）视为同一行为（状态）并按照同一规定处理。拟制胎儿的民事权利能力具体是指在特定情况下法律将本来就没有民事权利能力的胎儿视为具有民事权利能力进行规制和调整，将发生与具有民事权利能力一样的法律效力。拟制是将两种完全不同的事物视为同一而赋予相同的法律意义或法律效果，拟制是不可推翻的。[①]

§条文详解§

一、法律拟制胎儿具有民事权利能力的意义

胎儿的民事权利能力是法律拟制的产物，因此，各国立法皆用“视为有权利能力”表明其拟制性。[②] 法律拟制胎儿的民事权利能力，就是要全面充分地保护胎儿的利益。在立法过程中，有人提出，将本条直接规定为胎儿享有继承权等民事权利就很明确，没有必要写成“视为具有民事权利能力”。其实，直接规定胎儿的民事权利而不规定拟制胎儿民事权利能力的做法，违背了民法关于民事权利能力和民事权利之间关系的基本逻辑。如果仅规定胎儿的民事权利，就不能说明胎儿这些民事权利产生的前提和来源，而事实上法律对胎儿之具体民事权利内容的规定属于不完全列举，只有规定拟制胎儿的民事权利能力才能从根本上体现法律保护胎儿利益的意图，即全面保护胎儿的利益。

关于对胎儿利益的法律保护依据，主要有下面三种主流观点：第一，生命法益说。生命法益保护说的提出者是德国学者普朗克（Planck）。他认为，“胎儿利益虽非权利，但属于生命法益，任何人均有权享有。因为生命是先于法律而存在，是人性之表现与自然创造之一部。生命所表现者，是生物自体之本质，生物

---

① 王学棉．论推定的逻辑学基础——兼论推定与拟制的关系．政法论坛，2004（1）．

② 杨震．民法总则“自然人”立法研究．法学家，2016（5）．

自体因此而获取其内容，任何人对生命法益均享有权利，自得主张不受任何妨害或阻碍。任何对人类自体之妨碍或剥夺，皆构成对生命法益之侵害”①。第二，权利能力保护说。针对生命法益保护说，德国一些学者认为，关于对胎儿利益的保护，将判决理由诉诸“自然”或“创造”，未必严谨，所以，学者致力于在实体法上寻找依据，其主要是证明“胎儿”具有权利能力。② 第三，人身权延伸保护说。人身权延伸保护说是由我国学者杨立新提出的，他认为，“法律在依法保护民事主体人身权的同时，对于其在诞生前或死亡后的人身法益，给予延伸的民法保护”③。总的来说，在拟制胎儿民事权利能力的框架内，民法更能全面保护胎儿的利益，也符合民法的基本逻辑。在实践中，侵犯胎儿合法权益的行为频繁发生，需要法律对此作出有力的回应。民法拟制胎儿的民事权利能力，对胎儿的利益进行全面保护，符合社会现实。

二、我国法律对胎儿具有民事权利能力的拟制与对胎儿利益的保护

我国法律对胎儿利益的保护首先在继承法领域得到了具体的表现，例如遗产分割时，应当保留胎儿的继承份额。胎儿出生时是死体的，保留的份额按照法定继承办理。这就是说，胎儿出生后，如果是活体，即现实地享有继承权，能够继承为其保留的继承份额；如果是死体，则不发生享有继承权的事实，为其保留的继承份额，应由被继承人的其他法定继承人分割和继承。有人认为，胎儿享有继承权，意味着民事权利与民事权利能力是可以分离的。④ 事实上，这不能证明民事权利和民事权利能力可以分离，而恰恰说明民事权利和民事权利能力不可分离，只是胎儿的民事权利能力由法律拟制而已，民事权利还是以民事权利能力的存在为前提的。

对胎儿利益的保护还可以包括接受赠与、遭受损害时的损害赔偿权以及诉讼利益的保护等。保护胎儿的遗产继承利益是世界各国立法的共识。这些权利能否实现，要视胎儿出生时是否为活体。只有在胎儿出生时为活体者才可以行使该项权利，即以胎儿活着出生为条件。胎儿如果出生时为活体，则当然享有这些权利，这些权利都变成现实的权利，否则，由于胎儿不具有现实的民事权利能力，因而这些权利自始没有发生。

三、胎儿脱离母体时为死体的有关事项处理

娩出是指与母体相分离。娩出包括生出的活体婴儿和分离出来的死体。如果胎儿脱离母体时是“死体”，则其民事权利能力自始不存在。在继承领域，为其

---

① 王泽鉴．民法学说与判例研究：第4册．北京：中国政法大学出版社，1998：261.

② 鲁佳．略论胎儿利益的民法保护．黑龙江省政法管理干部学院学报，2011（2）.

③ 杨立新．人身权法论．北京：中国检察出版社，1995：281.

④ 于德香．析民事权利和民事权利能力可以适当分离．政治与法律，1992（2）.

保留的继承份额应由被继承人的其他法定继承人分割。其他的权利则视为自始不发生效力。需要指出的是，民法是在原则上不承认胎儿具有民事权利能力的一般前提下，在特定的适用范围内有限制条件地承认胎儿被视为具有民事权利能力，其主要意旨在于保护胎儿的利益。这是法律的强制性规定。

第十七条

十八周岁以上的自然人为成年人。不满十八周岁的自然人为未成年人。

【本条主旨】 本条是关于自然人之成年年龄的规定。本条规定自然人的成年年龄是18周岁。

【核心概念】

成年人　成年人，与“未成年人”相对，是指达到法律规定的成年年龄的自然人。在我国法律规定中，年满18周岁的自然人就是成年人。成年人只与自然人的年龄相关，与智力状况等要素无关。从民事行为能力的角度进行分析，达到成年且智力、精神健全的人，才是完全民事行为能力人。

§条文详解§

一、宪法和刑法上的“成年”意义

公法与私法规定成年制度的意义是不一样的。《宪法》第34条规定：“中华人民共和国年满十八周岁的公民，不分民族、种族、性别、职业、家庭出身、宗教信仰、教育程度、财产状况、居住期限，都有选举权和被选举权；但是依照法律被剥夺政治权利的人除外。”宪法规定成年人主要在于规制主体对政治权利的享有和行使。达到成年年龄是公民开始享有和行使宪法上之政治权利的能力基础。宪法赋予公民民主权利，最根本的条件就是公民自身具有完整和健全的理解、表达能力。这也是保障民主制度目的不会落空的基本要求。如果公民未达一定的年龄，通常意义上就没有足够的知识积累和经历经验去理解民主生活、政治生活的基本内涵，可能连最基本的宪法意识都不具备。如果强行赋予他们相应的政治权利，不但浪费相应的政治资源和机会，而且会侵害民主制度本身。在刑法领域，有些罪名的成立只限于成年人，不具有刑事责任能力的未成年人即使实施了危害社会的行为，也不构成犯罪或者受到刑罚。即使在未成年人构成犯罪的情形下，未成年人犯罪也没有成年人犯罪获刑重。①

---

① 《刑法》第17条第3款规定：“已满十四周岁不满十八周岁的人犯罪，应当从轻或者减轻处罚。”

二、民法上的“成年”意义

一个人一旦达到有理智的年龄，可以自行判断维护自己生存的适当方法，从这时候起他就成为自己的主人。[①] 而民法规定成年制度的意义就在于规制对自然人之民事行为能力的判断以及实施民事法律行为的效力，保障行为主体自身以及其他自然人的合法权益。在民法上，民事权利能力具有平等性和普遍性，但是是否具有完全的民事行为能力存在重大的差异。判断自然人是否具有完全的民事行为能力的一个最重要标准就是自然人的年龄。达到成年且智力、精神健全的人是完全民事行为能力人。成年人实施的民事法律行为一般都具有法律效力，行为主体应当受其法律行为的制约。例如成年人签订的合同，只要不违反法律的强制性规定和社会公共利益，就具有法律效力。从侵权责任能力上进行分析，成年的自然人对自己的行为具有完全的意思能力，一般而言具有完全的侵权责任能力，在法律规定需要承担侵权责任的情形下，应当承担侵权责任。在具体人格权的行使中，有些行使方式也需要自然人达到成年。例如，姓名权中的变更权，自然人成年后，可以变更自己的姓名，根据自己的意愿选择自己满意的名字，只要根据法律的程序和要求进行变更，变更后的姓名就可以发生法律效力。

三、部分国家对成年年龄的具体规定简介

世界各国根据本国自然人的生理、智力发育状况、特殊习俗以及经济社会的发展水平，对成年人法定年龄的规定各不相同。如奥地利、意大利等国为 21 周岁，日本、瑞士为 20 周岁，法国、英国为 18 周岁。我国宪法、刑法以及民法规定的成年年龄为 18 周岁。年满 18 周岁的自然人为成年人，不满 18 周岁的自然人为未成年人。近年来，各国成年年龄总体上呈现出从高到低的发展趋势。例如，2013 年韩国法定的成人年龄从 20 周岁降至 19 周岁。各国降低成年年龄，一方面是由于随着社会经济发展，未成年人的生理和智力发育成熟速度加快，如果以过去的成年年龄来衡量将不符合社会发展的现实；另一方面，民事政策和社会习惯的客观变化将在一定程度上也会影响到成年年龄的降低，例如，某些国家为了鼓励生育而降低成年年龄，在法律制度上鼓励自然人早婚早育。

第十八条

成年人为完全民事行为能力人，可以独立实施民事法律行为。

十六周岁以上的未成年人，以自己的劳动收入为主要生活来源的，视为完全民事行为能力人。

---

① 杜江涌．现代民法中自然人制度的反思与重塑．当代法学，2004（4）．

【本条主旨】本条有两款。第1款是关于成年人民事行为能力的规定。第2款规定“以自己的劳动收入为主要生活来源”的16周岁以上的未成年人在法律上被“视为”完全民事行为能力人。

【核心概念】

民事行为能力 民事行为能力，是指民事主体能以自己独立的行为享有民事权利、承担民事义务的资格。质言之，民事行为能力为民事主体现实地享有民事权利和承担民事义务的必要条件。自然人的民事行为能力分三种类型：完全民事行为能力、限制民事行为能力、无民事行为能力。法人的行为能力由法人的特定机关或代表行使。民事权利能力与民事行为能力是紧密联系的：民事权利能力是民事主体资格的象征，也是民事行为能力的法定前提；民事行为能力则是与自然人的意思能力相关，是民事权利能力内容转化为现实的基本要素。

完全民事行为能力人 完全民事行为能力人，是指能够通过自己独立的行为行使民事权利和承担民事义务的自然人。世界各国法律规定，智力和精神状况正常的成年人为完全民事行为能力人。我国民法一直规定，18周岁以上的成年人，具有完全民事行为能力，可以独立进行民事活动，是完全民事行为能力人；16周岁以上不满18周岁的自然人，以自己的劳动收入为主要生活来源并且维持当地群众一般生活水平的，也视为完全民事行为能力人。此处的“视为”是指法律拟制，也就是本来没有达到一般的法定条件，但是法律特别规定与达到一般的条件具有同样的法律效果。

§条文详解§

一、“成年”与“完全民事行为能力”的关系

“成年”与“完全民事行为能力”之间既相互联系又相互区别。成年是从年龄的范畴对自然人进行界定，一般与自然人的生理以及心智发育存在直接的联系，是一个事实概念。而完全民事行为能力是根据自然人的意思能力大小进行界定的概念，是衡量自然人的行为能否发生法律效力的前提条件，是一个法律概念。在一般情形下，各国法律都会认为成年人通常具有完全民事行为能力。尽管各国关于成年的年龄存在区别，但是各国法律并不将成年与完全民事行为能力作严格的区分。实际上，在严格意义上，成年只是界定和判断自然人是否具有完全民事行为能力的一个方面，即使自然人达到成年年龄，但是由于精神疾病的缘故在认知方面存在重大缺陷的，也能认定其不具有完全民事行为能力。相反，即使自然人未达到成年，只要达到一定的年龄，并且具有独立的收入能力，法律也不能一概否定其具备完全民事行为能力。由此可知，在民法上，成年并不绝对意味着完全民事行为能力，还需要结合精神状况、智力水平以及收入状况等综合因素

作出判断。

二、“独立实施民事法律行为”的含义

“独立实施民事法律行为”，是指自然人通过自己独立的意思表示进行民事活动。在主观方面，民事主体具有相应的意思表示能力，能够正确认识自己之行为的意义、性质和后果。在客观方面，民事主体能够独立地以自己的行为享有法律规定的民事权利和承担相应的义务、责任。成年人一般可以独立地实施设立、变更、终止民事权利和民事义务的行为。独立实施的民事法律行为要具有法律效力需要具备以下条件：首先，成年人具有完全民事行为能力，是一个智力和精神状况正常的自然人。其次，成年人的意思表示是真实的，不存在意思表示不自由和不一致的情形。最后，不违反法律、行政法规的强制性规定和公序良俗。

三、16周岁以上的未成年人被“视为”完全民事行为能力人的情形

法律作出这种“视为”规定主要是对一般完全民事行为能力制度形成补充。如果绝对贯彻18周岁以上为具有完全民事行为能力，可能就无法考虑到那些16周岁以上已经可以以自己的能力独立获取经济收入而维持当地一般生活水平的情形，如果法律宣告其行为无效，则会侵害交易秩序的稳定。

该款中的“以自己的劳动收入为主要生活来源”主要是指16周岁以上不满18周岁的自然人能够以自己的劳动取得收入，并能维持当地群众的一般生活水平。

该款中的“视为”完全民事行为能力人也不是绝对的。针对特定情形，该“视为”的内容就不能成立。质言之，年满16周岁、以自己的劳动收入作为生活主要来源的，视为完全民事行为能力人，与年满18周岁的完全民事行为能力人在个别的民事权利行使上是存在区别，例如针对立遗嘱行为，就不能视为完全民事行为能力人。在立法过程中，有些参与立法的人员认为，劳动收入只是代表一个人的偿还能力，而不代表对自己的民事法律行为具有主观的控制能力，以是否劳动、是否有收入来判断16周岁以上的未成年人是否具有完全民事行为能力不公平、不合适。实际上，就一般的民事法律行为而言，年满16周岁的未成年人与成年人两者作为完全民事行为能力人是没有区别的，而且大部分的民事法律行为都是与财产有关的行为，法律作出这种补充性的规定合乎立法习惯，也符合社会现实。

第十九条

八周岁以上的未成年人为限制民事行为能力人，实施民事法律行为由其法定代理人代理或者经其法定代理人同意、追认；但是，可以独立实施纯获利益的民事法律行为或者与其年龄、智力相适应的民事法律行为。

【本条主旨】 本条规定了限制民事行为能力人的年龄以及其实施民事法律行为的四种情况。

【核心概念】

限制民事行为能力人 限制民事行为能力人是指不能完全辨认自己行为意义、性质以及后果的自然人。限制民事行为能力人独立通过意思表示进行民事法律行为的能力受到一定的限制。在我国，限制民事行为能力人包括8周岁以上的未成年人和不能完全辨认自己行为意义的成年人两种。

纯获利益的民事法律行为 纯获利益的民事法律行为是指纯粹获取经济利益而不负担相应民事义务的民事法律行为，例如，接受奖励、无负担的赠与、报酬的行为。是否属于纯获利益的民事法律行为，需要根据法律上的受利标准进行判断。对于限制民事行为能力人的纯粹获利，既有一定的经济利益衡量，也有严格的法律上义务负担的考量。严格来说，这里的纯获利益行为除享有一定的经济利益外，还要求限制民事行为能力人不负担任何民事义务。有些行为从最终的经济利益衡量，限制民事行为能力人可能获得一定的交易利润，但是如果在该行为中限制民事行为能力人不是完全不负担民事义务，该行为也不能构成实质意义上的纯获利益民事法律行为。除此之外，纯获利益的行为不能违反法律与公序良俗原则的规定，例如不能进行受贿行为。

§条文详解§

一、限制民事行为能力人制度的意义

民法规定自然人限制民事行为能力制度主要是为了对限制民事行为能力人进行保护，同时兼顾保护善意相对人及利害关系人的利益。民法对限制民事行为能力人进行限制的依据主要是年龄和智力、精神状况。在一般情形下，无民事行为能力年龄与完全民事行为能力年龄之间的自然人可以被认定为限制民事行为能力人。这个年龄段的自然人已经在生理和智力发育方面达到一定的成熟程度，具有相当的社会经历和经验，对自己的民事法律行为也有相当的认知和辨别能力。

二、限制民事行为能力人可以实施四种情形的民事法律行为

第一，限制民事行为能力人实施的民事法律行为需要其法定代理人代理的，由其法定代理人代理。例如，12周岁的儿童参与诉讼活动，由其法定代理人代理参与诉讼活动，才能产生法律效力。第二，限制民事行为能力人实施的民事法律行为，需要经其法定代理人同意、追认才能发生法律效力。例如，12周岁的儿童购买价值较大的物品，这些完全超出儿童个人日常需求的物品的买卖行为，

则需要经其法定代理人的同意、追认，才能发生法律效力。第三，限制民事行为能力人实施纯获利益的民事法律行为例如接受奖励的行为，是有效的民事法律行为。第四，限制民事行为能力人实施与其年龄、智力相适应的民事法律行为是有效的民事法律行为。判断限制民事行为能力人进行的民事法律行为是否与其年龄、智力、精神健康状况相适应，可以从行为与本人生活相关联的程度，本人根据其智力或精神状况能否理解其行为并预见相应的行为后果，以及行为标的数额等方面认定。例如，12 周岁的儿童购买学习文具用品的行为，属于此类行为。

第二十条

不满八周岁的未成年人为无民事行为能力人，由其法定代理人代理实施民事法律行为。

【本条主旨】本条是关于无民事行为能力人的年龄以及其民事法律行为由其法定代理人实施的规定。

【核心概念】

无民事行为能力人 无民事行为能力人是指不能辨认自己行为意义、性质以及后果的自然人。无民事行为能力人是不具有以自己独立的意思表示进行民事法律行为能力的自然人。无民事行为能力人包括不满 8 周岁的未成年人和不能辨认自己行为的精神病人。精神病人如果完全没有判断能力和自我保护能力，不知其行为后果的，可以被认定为不能辨认自己行为的人。

法定代理人 法定代理人是指基于法律的规定而能够以他人名义独立与第三人实施民事法律行为的民事主体。法定代理人与被代理人之间一般有法律上规定的血缘或亲权关系，这种特定的血缘或亲权关系正是法定代理产生的客观基础。实践中，最常见的法定代理主要有以下几种情形：(1) 父母基于法律规定作为其未成年子女的法定代理人；(2) 配偶一方基于法律规定作为非完全民事行为能力人的另一方的法定代理人；(3) 成年的兄、姐基于法律规定作为其未成年的弟、妹的法定代理人；等等。无民事行为能力人的法定代理人一般是其监护人。法定代理制度的目的在于保证非完全民事行为能力人可以通过代理行为的补充来实施民事法律行为。其主要适用对象是未成年人和精神病患者。法定代理人的代理权限范围是由法律明确规定的，而且一般都属于普通代理。

§条文详解§

一、设定低龄儿童为无民事行为能力人制度的意义

法律设定低龄儿童为无民事行为能力人制度的意义，主要在于保护无民事行

为能力人的利益，同时兼顾善意相对人和相关利害关系人的利益，如果一概否定无民事行为能力人的民事法律行为的效力，则不利于保护善意相对人和相关利害人的利益。相反，如果不加选择地承认无民事行为能力人的行为的效力，也不利于保护无民事行为能力人的利益。

民法设定法定代理制度保证非完全民事行为能力人可以通过代理行为的辅助，参与民事法律关系。法定代理人与被代理人之间往往存在法律规定的血缘或亲权关系，这种特定的血缘或亲权关系正是法定代理产生的客观基础。基于此种事实，法定代理人对被代理人的基本情况比较熟悉，因而更能周全保护无民事行为能力人的利益。在实践中，依据习惯，无民事行为能力人实施的细小行为，根据实际情况，并不要求法定代理人代理行为的辅助就可以发生法律效力。无民事行为能力人的标准及为此规定的法定代理制度，是法律保护弱者利益的体现，是对民事行为能力欠缺者进行救济而设立的制度。只要无民事行为能力人实施的细小行为符合习惯的规定，而且习惯自身符合民法渊源的要求，也不违反效力性强制性规定和社会公共利益，就可以承认其效力。

二、下调无民事行为能力的未成年人的年龄标准至8周岁

法律将8周岁作为划分无民事行为能力人的标准是有特定原因的。近年来，随着我国生活水平的提高、义务教育的普及，未成年人也频繁地参与民事活动。因无民事行为能力的未成年人的年龄标准过高而引发的民事案件日益增多。尤其是随着网络购物活动的迅猛发展，买卖双方的购物纠纷也越来越多。其中关于未成年人网络购物行为是否具有 定的法律效力问题，也摆在了人们面前。法律既要保护作为买方的无民事行为能力的未成年人的利益，又要平衡保护作为卖方的商家的利益。为了维护交易秩序和保护信赖利益，同时也为了保护未成年人的合法权益，根据我国的实际国情，下调无民事行为能力的未成年人的年龄标准已经成为大部分人的共识。而且，8周岁以上的儿童已经掌握一定的文字和语言，对于自己的行为的意义、性质以及后果有相对独立的判断和辨识能力。

第二十一条

不能辨认自己行为的成年人为无民事行为能力人，由其法定代理人代理实施民事法律行为。

八周岁以上的未成年人不能辨认自己行为的，适用前款规定。

【本条主旨】本条有两款规定。第1款是关于不能辨认自己行为的成年人为无民事行为能力人，由其法定代理人代理其实施民事法律行为的规定。第2款规定不能辨认自己行为的8周岁以上未成年人适用第1款的规定，是一个“准用条款”。

【核心概念】

不能辨认自己行为 不能辨认自己行为是指不能正确认知自己行为的意义、性质以及后果。不能辨认自己行为与年龄一样，构成了判断是否属于无民事行为能力人的重要条件，但无民事行为能力人的构成不需要二者都具备，年龄和认识判断能力是“或”的关系，只要二者具备其一即认定为无民事行为能力人。质言之，成年人不具有正确认知自己行为的意义、性质以及后果的能力，也可以被认定为无民事行为能力人。

§条文详解§

一、设定成年无民事行为能力人制度的意义

民法设立此等规定具有双重价值，主要是保护成年无民事行为能力人的利益，附带保护交易相对人的利益。这两种利益关系具有一定的一致性，但是在一定情形下，也是存在一定冲突的，因此，民法需要确立先后优先性，作为处理冲突情形的基本准则。成年无民事行为能力人对于自己的行为没有准确的辨识、判断能力，因而成年无民事行为能力人对自己利益的安排并不是在充分考虑成熟后作出决定的，如果法律赋予其行为当然的有效性，不仅间接损害了成年无民事行为能力人的利益，而且会对于法律自身所努力构造的社会秩序产生冲击。当然，法律设立成年无民事行为能力人制度的首要价值在于保护成年无民事行为能力人的利益，而保护交易相对人利益只是附带性的价值目标。当两个价值取向产生冲突时，应当首先选择保护成年无民事行为能力人的利益。

二、辨认自己行为的能力之判断依据

“辨认自己行为”的能力，一是取决于年龄，二是取决于智力发育状况或精神健康状况。“辨认自己行为”的能力是自然人之意思能力的重要内容，意思能力是对自己的行为所发生的何种效果的预见能力，自然人有无意思能力，属于事实判断问题。我国现行立法技术对心智正常人采取年龄主义划线，即对于达到一定年龄者即认定其有行为能力。而对成年的无民事行为能力人采取个案审查制。年龄只是判断意思能力的形式标准，具体来说，年龄只是判断自然人之智识能力的一个表面标准。基于这样的认识，法律不能将年龄作为划分无民事行为能力人的唯一标准，否则就不能灵活应对社会的现实状况，不能实现民法上设立民事行为能力制度的根本宗旨。

三、8周岁以上的未成年人不能辨认自己行为的，适用前款规定

本条第2款是第1款的“准用规定”，适用的对象是8周岁以上的未成年人，即8周岁以上不满18周岁的未成年人；适用的条件是“不能辨认自己的行为”。

在实践中，即使是8周岁以上的未成年人，但是智力和精神状况存在严重缺陷，根本不具有正常和应有的辨识能力的，如果也机械地不认定他是无民事行为能力人，他本人以及交易相对人的利益都不能得到周全保护。无民事行为能力人的行为的效力通常来说是需要其法定代理人的代理行为来成就的，缺乏法定代理人的代理行为，无民事行为能力人的行为的效力就不能得到法律的认可。法定代理人的代理行为一方面起到直接补充无民事行为能力人的行为的效力的作用，另一方面是法定代理人监护职责的重要组成部分。

第二十二条

不能完全辨认自己行为的成年人为限制民事行为能力人，实施民事法律行为由其法定代理人代理或者经其法定代理人同意、追认；但是，可以独立实施纯获利益的民事法律行为或者与其智力、精神健康状况相适应的民事法律行为。

【本条主旨】本条是关于不能完全辨认自己行为的成年人为限制民事行为能力人的规定。此等限制民事行为能力人的民事法律行为，分四种情况处理。

【核心概念】

不能完全辨认自己行为　不能完全辨认自己行为是指自然人对自己行为的意义、性质和后果具有一定识别和判断能力，但是此种能力和水平具有一定的限制，并没有达到完全正常的水平。不能完全辨认自己行为的限制民事行为能力人实施民事法律行为，是否与其智力、精神健康状况相适应，可以从行为与本人生活相关联的程度、本人依其精神状况能否理解其行为并预见相应的行为后果，以及行为的性质以及标的数额等方面认定。

§条文详解§

一、限制民事行为能力的成年人可以实施四种情形的民事法律行为

本条规定需要分别四种情况加以讨论。第一，限制民事行为能力的成年人原则上由其法定代理人代理实施民事法律行为，只有其法定代理人代理，才能构成有效的民事法律行为。例如，不能完全辨认自己行为的22岁精神病人丁参与诉讼活动，由其法定代理人委托诉讼代理人参与诉讼活动，才能产生法律效力。第二，限制民事行为能力的成年人实施的民事法律行为，原则上需要经其法定代理人同意、追认才能发生法律效力。例如，不能完全辨认自己行为的22岁精神病人戊购买价值较大的物品，这些完全超出其个人日常需求的物品的买卖行为需要经其法定代理人同意、追认，才能发生法律效力。第三，限制民事行为能力人实施纯获利益的民事法律行为例如接受奖励的行为，是有效的民事法律行为。第

四，限制民事行为能力的成年人实施的与其智力、精神健康状况相适应的民事法律行为是有效的民事法律行为，例如不能完全辨认自己行为的22岁精神病人甲购买日常生活用品的行为是有效的。同样的，限制民事行为能力的成年人在一定情形下，不能作出物权法上的抛弃行为，质言之，抛弃的处分行为一般不具有法律效力。例如，22岁的精神病人乙将自己价值5万元的劳力士金表丢向路边，被丙拾得。在这种情形下，乙的行为不构成抛弃行为，乙仍然对自己的金表享有所有权，基于所有权的追及效力，丙应当予以返还。丙的返还行为不是基于不当得利，也不构成无因管理。

二、智力和精神健康之间的关系

智力和精神健康之间既相互联系，又存在一定的区别。智力和精神状况都是自然人的健康状况的主要内容，缺失任何一方面，都很难说属于正常的范畴，而且智力的认知水平在一定程度上也会影响精神的健康状况，例如，对事物的某方面缺乏全面的理解和认识，如果该事项与自然人的精神利益密切相关，就会影响自然人的精神状况。相反，精神方面的疾病也会对自然人的智力水平产生重大影响，很难想象一个患有严重精神疾病的自然人能够参与正常学习和工作，从而能够正常获取知识，因此，精神健康是可以影响一个人的智力水平的。尽管两者之间有一定的联系，但是其间也存在一定的区别。智力状况低下是指人们认识和判断外部客观事物存在缺陷，不能进行理性分析和信息整合储存等。精神健康状况不好则是指自然人无法认识自我，甚至难以应付正常的生存和生活压力，不能正常参与社会关系和社会活动。当然，精神健康状况是一个心理层面的概念，每个人对精神健康状况不好的理解都是存在差异的，但是作为民法上的精神健康状况是一个严谨而明确的概念，就是指一种足以影响自然人之意思能力的精神疾病。以间歇性精神病为例：间歇性精神病人的发病时间不具有稳定性。在没有发作时，间歇性精神病人的精神状况与正常人的精神状况没有区别，病人对自己的行为具有正常的辨识能力。而在疾病发作的时候，病人部分或者完全丧失辨识行为的能力，是非完全民事行为能力人。

第二十三条

无民事行为能力人、限制民事行为能力人的监护人是其法定代理人。

【本条主旨】 本条是关于无民事行为能力人、限制民事行为能力人之法定代理人的规定。

【核心概念】

监护人 监护人是指对无民事行为能力和限制民事行为能力的人的人身、财产和其他合法权益履行监督、保护责任的人。监护人自身应当具有完全民事行为能力，并且符合法律规定的条件和要求。

§条文详解§

一、设定法定代理制度的意义

民法设立法定代理制度具有重大意义。法定代理人是指基于法律的规定而能够以他人名义独立与第三人实施民事法律行为的民事主体。法定代理人与被代理人之间一般会存在法定的血缘或亲权关系。在实践中，被代理人的监护人往往就是法定代理人。法定代理制度的根本宗旨在于补充无民事行为能力人和限制民事行为能力人的能力，从而使其能够正常地参加民事活动，享有民事权利，承担民事义务。

二、法定代理的特征

法定代理具有两个特征：一是代理权的产生以法律规定为依据，二是被代理人必须是无民事行为能力人和限制民事行为能力人。我国现行民事立法不区分亲权和监护，因此，根据法律的规定，法定代理人的代理权是根据亲权和监护权而产生的。法定代理制度主要是为未成年人和精神病人而设立的代理方式。法律明确规定法定代理人的代理权限范围。一般来说，法定代理属于全权代理，在权限范围上没有特殊的限制。在被代理人需要参与诉讼活动时，由法定代理人代为实施诉讼行为。民事诉讼活动中的法定代理与民事活动中的法定代理是一致的。民事法律行为和民事诉讼行为的法定代理人在大部分情形下是同一的，但是民事法律行为的代理权是基于民事实体法而产生的，而民事诉讼行为的代理权是基于民事诉讼法而产生的。

三、监护人作为法定代理人

法律规定监护人作为法定代理人是依据社会现实作出的设计。监护人的职责主要包括人身监护和财产监护两个方面。担任被监护人的法定代理人是监护权的主要内容之一。被监护人可以进行纯获利益的民事法律行为以及与他的年龄、智力、精神健康状况相适应的民事法律行为，其他民事法律行为由他的法定代理人代理，或者征得他的法定代理人的同意、追认。在被监护人的合法权益受到侵害或者与人发生争议时，可由监护人代理其进行诉讼。可以说，监护人的职责与法定代理人的职责存在很多一致的地方，而且监护人一般与被监护人之间存在密切的联系，对被监护人的实际状况更为了解，由监护人担任法定代理人更能保护被代理人的利益。

四、法定代理人的主要事项

此处规定中的法定代理人的主要事项有：第一，代理实施民事法律行为；第二，同意被监护的限制民事行为能力人实施超过其意思能力范围的民事法律行为；第三，追认被监护的限制民事行为能力人实施超过其意思能力的民事法律行为。追认前的被监护的限制民事行为能力人实施的超过其辨别能力的民事法律行为处于效力待定的状态，在追认后就变成有效的民事法律行为。法定代理人如果要对被代理人的行为进行追认，应当将明确的追认意思送达给交易相对人，只有追认的意思到达交易相对人时，被代理人的民事法律行为才开始真正生效，并对交易当事人产生法律拘束力。

第二十四条

不能辨认或者不能完全辨认自己行为的成年人，其利害关系人或者有关组织，可以向人民法院申请认定该成年人为无民事行为能力人或者限制民事行为能力人。

被人民法院认定为无民事行为能力人或者限制民事行为能力人的，经本人、利害关系人或者有关组织申请，人民法院可以根据其智力、精神健康恢复的状况，认定该成年人恢复为限制民事行为能力人或者完全民事行为能力人。

本条规定的有关组织包括：居民委员会、村民委员会、学校、医疗机构、妇女联合会、残疾人联合会、依法设立的老年人组织、民政部门等。

【本条主旨】本条有三款规定。第1款是关于申请认定特定成年人为无民事行为能力人或者限制民事行为能力人的规定。第2款是关于申请被认定为无民事行为能力或者限制民事行为能力的特定成年人恢复为限制民事行为能力人或者完全民事行为能力人的规定。第3款是对第2款中“有关组织”的列举规定。

【核心概念】

学校 学校是指接受知识教育或者学习专业技术的机构。

医疗机构 医疗机构是指依法成立的从事医疗救护活动的专业机构，包括医院、疗养院等专业机构。在我国，医疗卫生机构应当依据法律、行政法规成立，具有合法资质和条件。

妇女联合会 妇女联合会简称“妇联”，是指主要从事保护妇女权益工作的机构。

残疾人联合会 残疾人联合会是指以保护残疾人的合法权益为主要职能的专门机构。残疾人联合会是法定的机构，其职能和地位由法律明确规定。

依法设立的老年人组织 依法设立的老年人组织是指主要以保护老年人的合

法权益为主要内容的专业机构。

民政部门　民政部门是指国务院或者地方政府管理有关社会行政事务的职能机构。

§条文详解§

一、设定申请变更、恢复民事行为能力制度的意义

民法设立无民事行为能力人或者限制民事行为能力人申请变更以及恢复制度具有重大的意义。自然人被宣告为无民事行为能力人或者限制民事行为能力人后，将设立监护人，由监护人代理其从事民事法律行为。此一制度还能保障财产利害关系人的合法权益，维护社会秩序的稳定。

无民事行为能力人或者限制民事行为能力人申请变更以及恢复民事行为能力只能由人民法院作出。因为自然人之民事行为能力申请变更制度涉及被申请人、申请人以及其他人的利益，故应当由具有司法权威并且中立的法院作出最后裁定。如果交由行政机关或者其他社会组织来作出最后的裁定，极有可能损害被申请人的合法权益，因为这些机构都不具有法院所具有的被动和中立的特征，而且在一定情形下有自己特定的利益和立场。

二、适用特别民事法律程序

我国《民事诉讼法》第187条至第190条系统规定了相关的程序，具体内容如下：第一，申请认定公民无民事行为能力或者限制民事行为能力，由其近亲属或者其他利害关系人向该公民住所地基层人民法院提出。申请书应当写明该公民无民事行为能力或者限制民事行为能力的事实和根据。第二，人民法院受理申请后，必要时应当对被请求认定为无民事行为能力或者限制民事行为能力的公民进行鉴定。申请人已提供鉴定意见的，应当对鉴定意见进行审查。第三，人民法院审理认定公民无民事行为能力或者限制民事行为能力的案件，应当由该公民的近亲属为代理人，但申请人除外。近亲属互相推诿的，由人民法院指定其中一人为代理人。该公民健康情况许可的，还应当询问本人的意见。人民法院经审理认定申请有事实根据的，判决该公民为无民事行为能力人或者限制民事行为能力人；认定申请没有事实根据的，应当判决予以驳回。第四，人民法院根据被认定为无民事行为能力、限制民事行为能力的公民或者他的监护人的申请，证实该公民无民事行为能力或者限制民事行为能力的原因已经消除的，应当作出新判决，撤销原判决。

第二十五条

自然人以户籍登记或者其他有效身份登记记载的居所为住所；经常居所与住

所不一致的，经常居所视为住所。

【本条主旨】本条是关于自然人之住所的规定。

【核心概念】

居所 居所是指暂时居住的处所，在法律上居所具有临时性。在我国，一个人离开户籍所在地而较长时间居住的地方，被称为经常居住地。经常居住地的最后连续居住时间必须是一年以上，住院治疗的除外。

住所 住所是指法律为使诸多民事法律关系集中固定和连接于一处而确定的自然人的地址，是民事主体进行民事活动的主要场所。我国户籍登记或者其他有效身份登记记载的居所就是住所。自然人由其户籍所在地迁出后至迁入另一地之前，无经常居住地的，仍以其原户籍所在地为住所。自然人的住所登记于户籍登记簿以及身份证等有效身份证明上。户籍登记簿是重要的法律文件，主要用来确定一个人的法律地位、身份以及其他信息。因此，总的来说，住所可以和自然人的姓名等信息相结合，成为识别自然人身份的标志，同时成为与自然人密切相关的民事法律关系的连接点。可见，我国民法中的住所是与户籍制度密切相关的。但是也有学者认为，我国学理及立法将住所制度与户籍制度相关联，是基于住所制度、户籍制度与迁徙自由的关系的考虑，住所制度应摆脱户籍制度而成为独立的民法制度。① 目前，户籍制度是较为成熟的人口管理制度，住所与户籍制度衔接，符合我国的现实国情。应当注意的是，我国现在仍然有大量无户籍人口，自然人没有户籍登记的，其经常居住地被视为住所。

§条文详解§

一、民法规定住所的意义

住所的确定，使民事法律关系固定于一处，有利于确定权利、义务和解决纠纷。如婚姻登记、失踪、继承开始、债务履行地、票据权利的行使、审判管辖、书状送达、国籍的取得和恢复，以及国际私法上关于法律的适用等问题，都需要以住所为标准来解决。

民法规定自然人的住所，具体来说有以下法律意义：

（1）住所可以确定自然人失踪、死亡的日期和具体地方。认定自然人是否失踪或者死亡，应以其是否离开住所地下落不明为前提。

（2）住所决定具体的婚姻登记机关。自然人结婚，男女双方应当共同到一方当事人常住户口所在地的婚姻登记机关办理结婚登记。②

---

① 李永军，王伟伟．民法上的住所制度考．政法论坛，2009（6）．

② 《婚姻登记条例》第4条的规定。

（3）住所决定个体工商户登记管理和债务履行的地点。如自然人以个人名义申请登记的个体工商户，用家庭共有财产投资，或者收益的主要部分供家庭成员所有的，其债务应以家庭共有财产清偿。

（4）在特定情形下，住所决定未成年人、无民事行为能力或限制民事行为能力的精神病人的监护人。没有合适监护人的，监护人由被监护人住所地的居民委员会、村民委员会或者民政部门担任。

（5）住所可以成为确定民事诉讼案件管辖的依据之一，以及确定民事法律文书送达地，例如，“对公民提起的民事诉讼，由被告住所地人民法院管辖；被告住所地与经常居住地不一致的，由经常居住地人民法院管辖”。“同一诉讼的几个被告住所地、经常居住地在两个以上人民法院辖区的，各该人民法院都有管辖权。”① “因合同纠纷提起的诉讼，由被告住所地或者合同履行地人民法院管辖。”②

（6）住所在合同条款中也很重要。合同的内容由当事人约定，一般包括以下条款：“（一）当事人的名称或者姓名和住所……”③

（7）住所是决定涉外民事法律关系法律适用的属地标准。在国内结婚并定居国外的华侨，如定居国法院以离婚诉讼须由婚姻缔结地法院管辖为由不予受理，当事人向人民法院提出离婚诉讼的，由婚姻缔结地或一方在国内的最后居住地人民法院管辖。④

二、无民事行为能力人和限制民事行为能力人的住所

在一般情形下，无民事行为能力人和限制民事行为能力人的住所也是以其户籍所在地的居所为准。但是，在现实中，如果他们的住所与其监护人的住所存在分离现象，而他们又与监护人维持共同生活的状态，则监护人的住所是被监护人的经常居所，在这种情形下，可以视之为被监护人的住所。这样也方便了在实践中对被监护人住所的确定，使被监护人以及其他利害关系人的利益得到更好保护。

---

① 《民事诉讼法》第 21 条的规定。

② 《民事诉讼法》第 23 条的规定。

③ 《民法典》第 470 条的规定。

④ 《最高人民法院关于适用〈中华人民共和国民事诉讼法〉的解释》第 13 条的规定。

第二节 监 护

第二十六条

父母对未成年子女负有抚养、教育和保护的义务。

成年子女对父母负有赡养、扶助和保护的义务。

【本条主旨】 本条有两款规定。第 1 款是关于父母对未成年子女之监护内容的规定。第 2 款是关于成年子女对父母之监护内容的规定。

【核心概念】

父母 父母是父亲和母亲的合称。父母是与子女相对应的，除了具有天然的血缘关系，也存在重要的亲权关系。在民法上，父母是未成年子女最主要的监护人，具有特殊的身份意义，需要承担法定的权利、义务（职责）。“成年子女对父母负有赡养、照顾和保护的义务”中的“父母”，特指年老的或者无民事行为能力或者限制民事行为能力的父母。

未成年子女 未成年子女是指未达到成年年龄标准的子女。在民法上，未成年子女具体是指未满 18 周岁的子女。判断是否构成未成年子女是以户籍登记的出生日期为主要标准的。

成年子女 成年子女是“未成年子女”的对称，是达到法定成年年龄标准的子女。成年子女与未成年子女的划分仅以年龄为分界线，与主体的智力、精神健康状况无关。成年子女和未成年子女都与父母存在紧密的血缘及亲权关系。

抚养 抚养是指长辈对晚辈的抚育和教养。抚养关系具有长期稳定性，而且在具体内容上具有综合性，不但要在生活上予以抚育，而且需要在精神方面进行教化。抚养主体与被抚养主体之间往往具有血缘或者亲权关系，因此，抚养一般无须附加任何条件，是长辈与晚辈之间自觉和自发的关系。

教育 教育是指教化和培育。教育主要是在精神层面对教育对象进行培育。在教育的过程中，未成年子女在智力、知识等方面获得增长，能够形成独立和正确的价值观、人生观，能够更好地认识自我和外部世界。

保护 保护是指竭力维护和照顾，使未成年子女的合法权益不受外界的侵害。保护的对象主要是未成年子女的人身、财产权益，最终的目的是保持未成年子女之合法权益的完整。

赡养　我国的监护制度是广义的监护，不仅将亲权与监护合二为一，而且将赡养义务也纳入其中。[①] 赡养主要是指成年子女在生活上对自己父母的照顾和帮助。赡养的具体方式是成年子女在经济上给予父母帮助，维持必要的生活水平。在父母丧失劳动能力的情形下，赡养的意义就更为突出了。除此之外，成年子女还需要在精神和情感方面对自己的父母进行扶助，让父母的合法权益得到周全保护。精神赡养是亲属法规范中的重要内容，事关老年人权益的保障与和谐社会秩序的维护。老年人的精神赡养权既是一项道德权利，又是一项法定权利。[②]

§条文详解§

一、设定监护制度的意义

监护制度主要是为了保护未成年人和无民事行为能力或者限制民事行为能力的成年人的人身、财产及其他合法权益而设立的一项民事法律制度。监护人在履行监护职责过程中享有一定的监护权利，监督和保护无民事行为能力人或限制民事行为能力人。监护制度的设立完全是为了保护被监护人的合法民事权益，同时兼顾保护交易相对人和利害关系人的利益，而监护人自身并不是最后的利益承受者。例如，监护人为被监护人的利益得管理和使用其财产。在管理财产的过程中，监护人只享有管理权，没有收益权。[③] 可见，监护制度的主要作用是，在被监护人的民事行为能力存在缺陷的情况下，帮助其实现权利能力的内容，从而保护其自身利益不受损害。

当前，民法设立成年子女对父母的监护制度，在现实国情下具有很大的必要性。我国已经进入老龄化社会，随着老年人数量的不断增多，对老年人的照顾和保护问题已经亟须民法作出明确的规定和调整。民法如果仅将对成年人的监护局限于对成年精神病人的监护，显然无法充分发挥监护制度的作用。而且随着年龄的增长，老年人的生理和心理机能都会明显下降，老年人的智力和精神状况的相应恶化直接影响了他们的民事行为能力和生活能力。如果民法在这种情形下还将他们作为完全民事行为能力人对待，对老年人的利益可能会造成损害，而且不利于对其他社会主体利益的保护。

---

① 杨震．民法总则“自然人”立法研究．法学家，2016（5）．

② 蒋悟真．精神赡养权法治保障的困境及其出路．现代法学，2014（4）．

③ 王利明．民法总则．北京：中国法制出版社，2006：90.

二、关于监护的性质

关于监护的性质在学说上有义务说①、权利说②和职责说③，这三种学说都有其合理性。从强制力以及负担性进行观察，监护人对被监护人承担的监护是一种强制而不可推卸的义务，监护人如果不履行义务，就要承担相应的法律责任。从身份权的角度进行分析，监护人对被监护人的监护内容也可以是一种权利，是基于身份关系获得的监护权利，在监护过程中，监护人和被监护人都是在享有利益。从监护行为最后利益的承受进行分析，监护行为最后利益的承受者并不是监护人自己，而是被监护人。在这种情形下监护行为可以被认为是管理行为。监护的内容在于保护被监护人的身体和财产权益。民法设立监护制度的唯一目的是保护被监护人的利益，而不是保护监护人的利益，也不允许监护人在监护过程中谋求私利。监护在内容上更是一种职责，是权利与义务的有机统一。监护人能够依法对被监护人履行监护的各项职责就是他的权利。④ 从这个角度上看，监护人既享有职权（权利），又负有责任（义务）。本条是从义务角度对监护进行界定的。

三、监护义务的内容

本条分两种情况规定监护义务的内容：父母对于未成年子女负有抚养、教育和保护的义务；成年子女对于父母负有赡养、扶助和保护的义务。

第二十七条

父母是未成年子女的监护人。

未成年人的父母已经死亡或者没有监护能力的，由下列有监护能力的人按顺序担任监护人：

（一）祖父母、外祖父母；

（二）兄、姐；

（三）其他愿意担任监护人的个人或者组织，但是须经未成年人住所地的居民委员会、村民委员会或者民政部门同意。

【本条主旨】 本条有两款。第1款是关于父母作为未成年子女的一般和当然监护主体的规定。第2款是关于未成年人的父母死亡或者没有监护能力情形下其他主体作为监护人的范围和顺序的规定。

---

① 徐国栋．试论完善我国监护制度问题．西北政法学院学报，1987（2）．

② 王卫国．民法．北京：中国政法大学出版社，2007：70.

③ 王利明．民法．北京：中国人民大学出版社，2007：72.

④ 王家福，等．民法基本知识．北京：人民日报出版社，1987：66.

【核心概念】

监护　监护是指民法上所规定的对于无民事行为能力人和限制民事行为能力人的人身、财产及其他合法权益进行监督、保护的一项制度。监护从其本质上讲，是对缺乏民事行为能力人的监督和照顾制度。设立监护的目的主要是保护无民事行为能力人和限制民事行为能力人的合法权益，从而维护社会秩序的稳定。

监护能力　监护能力是指为监督和保护无民事行为能力人、限制民事行为能力人的合法权益而应当具备的能力。监护能力包括三层含义：一是具有民事行为能力，二是具有保护能力，三是具有对被监护人进行管教的能力。[①]

祖父母　子女将父亲的父母称为祖父母，又称爷爷奶奶。

外祖父母　外祖父母是指子女对母亲的父母的称谓，又称外公外婆。

兄　兄是指兄弟之间年纪较大的一个。作为未成年人之监护人的兄特指成年的兄。

姐　如果女孩早些时候出生，晚出生的弟弟或者妹妹，就应当称其为“姐”。作为未成年人之监护人的姐特指成年的姐。

§条文详解§

一、父母是未成年人的监护人

父母与其未成年子女具有最近的血亲关系，最负有抚养、教育和保护的义务，最方便对其未成年子女进行监督，也最能无私地保护其未成年子女的利益，故法律规定父母是其未成年子女的监护人。一般情况下，只要父母具有完全民事行为能力，就当然成为其未成年子女的法定监护人。父母依法共同行使监护职责。

二、父母之外的其他主体作为监护人

民法设立父母之外的民事主体作为监护人具有重大的意义。这一方面体现了民法将父母作为未成年人之当然监护人的目的；另一方面也周全考虑了在父母已经死亡或者不具有监护能力的情形下对未成年人受监护利益的保护，体现了民法的一定社会保障作用。民法规定与未成年人并不存在近亲属或者旁系血缘关系的其他主体担任监护人的内容，更是体现了民法保护未成年人的人文关怀。民法规定祖父母、外祖父母作为未成年人的监护人具有现实意义。现在一个比较普遍的现象就是，农民工进城以后，孩子往往是放在家里，由祖父母或外祖父母看护。在没有祖父母、外祖父母的情形下，由成年的兄、姐作为未成年人的监护人也是

---

① 马永龙．我国监护制度中的几个问题．政法论坛，1994（2）．

普遍存在的。

“其他愿意担任监护人的个人或者组织，但是须经未成年人住所地的居民委员会、村民委员会或者民政部门同意”中的其他的个人或者组织包括叔、伯、姑、姨、舅等其他个人或者组织。其他的个人或者组织作为监护人须具备四个条件：(1) 未成年人的父母已经死亡或者没有监护能力；(2) 祖父母、外祖父母以及兄、姐已经死亡或者没有监护能力；(3) 其他的个人或者组织具有完全民事行为能力，社会组织担任监护人应当具备的信誉、财产状况等条件，可以由相关法律具体规定；(4) 依据法律规定的条件和程序产生，即须经未成年人住所地的居民委员会、村民委员会或者民政部门同意。其他的个人或者组织无疑扩大了监护人的范围，有利于在当前监护人选择面不宽的情况下扩大选择范围。

第二十八条

无民事行为能力或者限制民事行为能力的成年人，由下列有监护能力的人按顺序担任监护人：

（一）配偶；

（二）父母、子女；

（三）其他近亲属；

（四）其他愿意担任监护人的个人或者组织，但是须经被监护人住所地的居民委员会、村民委员会或者民政部门同意。

【本条主旨】本条是关于成年人监护的监护人的范围和顺序的规定。

【核心概念】

配偶　配偶又称“夫妻”，经过合法程序缔结夫妻关系的双方互为配偶。夫妻关系由于其特定属性，可以衍生出其他亲属关系。配偶关系因婚姻的合法成立而生效。在我国法律中，以准予登记、取得结婚证的时间，为配偶关系的开始时间。配偶关系因发生法定的婚姻终止事由而消灭。法定的婚姻终止事由包括：(1) 一方死亡；(2) 双方离婚。对于应否将配偶列入亲属范围，各国的立法例和法学家的主张不尽相同。例如，1896年《德国民法典》不以配偶作为亲属的范畴；现行日本民法典则把配偶列入亲属范畴；有些国家在法律上虽无明文规定，但在解释上认为配偶属于亲属。

其他近亲属　其他近亲属是指除配偶、父母以及子女之外的近亲属，包括兄弟姐妹、祖父母、外祖父母、孙子女、外孙子女。主要包括一些直系和旁系亲属成员。

§条文详解§

一、设定非完全民事行为能力成年人监护的意义

设定无民事行为能力或者限制民事行为能力的成年人监护，目的是对无民事行为能力或者限制民事行为能力的成年人的人身、财产及其他合法权益进行监督和保护。该制度的规范思路在于先将成年精神病人、智障人士通过特别程序宣告为无民事行为能力人或限制民事行为能力人，再通过法定顺序确定或在有争议的情况下由有关机关指定监护人。①

该监护制度的设立目的完全是保护被监护人的合法民事权益，同时兼顾保护交易相对人和利害关系人的利益。无民事行为能力或者限制民事行为能力的成年人具体是指完全不能或者不能完全辨认自己行为的成年精神病人、智障人士。不能辨认自己行为的精神病人、智障人士是无民事行为能力人，由他的法定代理人代理民事活动。不能完全辨认自己行为的精神病人、智障人士是限制民事行为能力人，可以进行与他的精神健康状况相适应的民事活动；其他民事活动由他的法定代理人代理，或者征得他的法定代理人的同意。限制民事行为能力的成年人还可以实施纯获利益的民事法律行为。纯获利益的民事法律行为不会附加不利负担，因此，不需要限制民事行为能力的成年人具备相应的民事行为能力。法律为成年精神病人、智障人士设立监护制度，从而为其设立法定代理人，使其正常参与社会生活。另外，社会上的其他主体也会与成年精神病人、智障人士发生利益联系，例如交易关系等，成年精神病人、智障人士的监护制度可以补充成年精神病人、智障人士的民事行为能力，从而保障交易相对人的信赖利益，维护社会秩序的稳定。

二、非完全民事行为能力成年人监护的特殊性

无民事行为能力或者限制民事行为能力的成年人较之于未成年人在监护内容上具有一定的特殊性，因为无民事行为能力或者限制民事行为能力的成年人其实大部分属于精神病患者或者智力障碍患者的范畴，因此，监护人应当照顾到无民事行为能力或者限制民事行为能力的成年人之精神医护的需求，具体而言，将无民事行为能力或者限制民事行为能力的成年人送至精神医院进行精神疾病的治疗，同时应当配合医疗机构对无民事行为能力或者限制民事行为能力的成年人的精神状况实施跟踪和呵护。如果无民事行为能力或者限制民事行为能力的成年人因为精神疾病而失去生活自理能力，还要对他们的日常生活进行细致的照顾。如果无民事行为能力或者限制民事行为能力的成年人的行为对他人的合法权益构成

---

① 李国强．我国成年监护制度运行中的问题及其立法修改趋向．当代法学，2014（6）．

一定的威胁，监护人还要尽到善良管理人的注意义务，确保无民事行为能力或者限制民事行为能力的成年人不对他人实施侵权行为。总的来说，对精神病患者的人身监护，以保障其本人及社会安全为目的，并促进其恢复健康。

三、担任非完全民事行为能力成年人之监护人的顺序

在众多监护主体中，配偶是无民事行为能力或者限制民事行为能力的成年人的第一顺序监护人，父母、子女是无民事行为能力或者限制民事行为能力的成年人的第二顺序监护人，其他近亲属是无民事行为能力或者限制民事行为能力的成年人的第三顺序监护人，其他愿意担任监护人的主体属于第四顺序的监护人。其他愿意担任监护人的主体只有在位于前面顺序的监护人不存在或者不适合担任监护人的情形下，才能担任最终的监护人。在此基础上，其他愿意担任监护人的个人或者有关组织必须具备完全民事行为能力。被监护人住所地的居民委员会、村民委员会或者民政部门还要对其监护能力进行严格审查。如果被监护人具有一定的民事行为能力，还要尊重被监护人的真实意愿，遵循最有利于被监护人的原则，对其他愿意担任监护人的个人或者有关组织提交的能够证明其具有监护能力的书面材料进行实质审查。

第二十九条

被监护人的父母担任监护人的，可以通过遗嘱指定监护人。

【本条主旨】

本条是关于被监护人的父母可以通过遗嘱为被监护人指定监护人的规定。

【核心概念】

遗嘱 遗嘱是指遗嘱人生前基于真实的意思表示依据法律规定的方式和条件，对其可以合法处分的财产或者其他事项作出安排和处置，并于遗嘱人发生死亡事实时正式生效的民事法律行为。遗嘱是典型的要式行为、死因行为及单方无相对人的行为。[①]

遗嘱指定监护 遗嘱指定监护是指定监护的一种，是指被监护人的父、母亲通过遗嘱给自己未成年的子女或者成年但是无民事行为能力或者限制民事行为能力的子女指定监护人的情况。遗嘱指定监护符合遗嘱自由原则。

---

① 郭明瑞，张平华．遗嘱解释的三个问题．法学研究，2004（4）．

§条文详解§

一、遗嘱指定监护的构成要件

本条规定的遗嘱指定监护之构成，需要符合以下条件：(1) 指定者，即作出指定监护的意思表示者，为被监护人的父、母亲。(2) 以遗嘱的方式表达指定监护的意思。(3) 需要监护的被监护人是无民事行为能力或者限制民事行为能力的子女。(4) 被指定作为监护人的，需要具有监护能力。(5) 指定监护在遗嘱生效时生效。

二、遗嘱指定监护人属于监护设立的指定方式

未成年人的父母可以通过遗嘱指定未成年人的监护人。这在本质上属于指定方式的一种。在这种情形下，遗嘱生效的实质、形式要件与一般遗嘱的没有区别，但是应当受到尊重被监护人意愿和最有利于被监护人原则的限制，否则，就与监护制度自身应有的功能、属性相违背。在遗嘱指定监护发生效力时，被指定的监护人应当履行自己的监护职责，依据约定和法律规定对被监护人的合法权益做到尽职保护。

尊重被监护人的真实意愿和最有利于被监护人的原则，是遗嘱指定监护制度应当恪守的两大原则。尊重被监护人的真实意愿和最有利于被监护人的原则在根本上都体现了对被监护人利益的保护，但是在具体的情形下，可能存在一定的矛盾。虽然被监护人具有一定的意思能力，对自己的利益和行为具有一定的辨识、判断能力，虽然也正是由于意思能力不足的事实，才有受监护人监护的必要，但是，监护的最终目的是维护被监护人的利益，因此，当父母指定的监护人不一致时，如果被监护人有足够的能力进行判断和选择，应当首先依据被监护人的主观意愿选择监护人。如果被监护人没有足够的能力进行判断和选择，则最终应当依据客观上最有利于被监护人的原则确定监护人。

第三十条

依法具有监护资格的人之间可以协议确定监护人。协议确定监护人应当尊重被监护人的真实意愿。

【本条主旨】本条是关于协议监护设立方式的规定。

【核心概念】

协议　协议是指民事主体之间就相互之间的民事权利义务关系或者利益安排，基于意思表示真实而达成一致的书面证明。协议书是社会生活双方或者多方

主体就特定事项经过协商而形成一致意见的证明，是具有证据效力的。

尊重被监护人的真实意愿 尊重被监护人的真实意愿是指依据被监护人的意志进行选择。这体现了民法中的意思自治原则。未成年人，特别是达到限制民事行为能力年龄的未成年人，具有一定的判断和识别能力，对于其能够自主决定的事项，立法应尊重其意愿，这样才能更好地保护未成年人的合法权益。

§条文详解§

一、协议确定监护的意义

协议确定监护是指通过约定确定监护人的方式。具体而言，就是具有监护资格的多个监护人之间就监护人的确定产生争议时，他们以协商的形式确定其中一位为监护人的方式。当然，如果就监护人的确定产生争议，还可以通过指定等方式来确定，但是通过协议的方式确定监护人更有利于被监护人的利益，因为在协议的过程中，其他监护人为了保障被监护人的利益，可以向最后的监护人提出有利于被监护人的条件和要求。监护人毕竟附有身份属性，一般与被监护人存在血缘或者婚姻的亲属关系。只有在就监护人的确定产生争议时，才有必要以协议方式来最后确定监护人。在实际生活中，就监护人的确定产生争议一般包括多个具有监护资格的主体都想履行监护职责而无法确定监护权的归属的情形，也包括多个具有监护资格的主体都不想履行监护职责，因而同样无法确定监护权的最后归属的情形。协议只是解决监护人确定问题的具体方式之一，如果最后无法达成协议，还需要相关组织以指定的方式来确定最后的监护人。在协议确定监护人的过程中，各个具有监护资格的主体还应该尊重被监护人的意愿。这里的“尊重”的适用要根据被监护人是无民事行为能力人还是限制民事行为能力人而有所区别。无民事行为能力的被监护人不具有法律上表达意愿的能力，故无须征得其同意。被监护人是限制民事行为能力人的，则应当征得其“同意”和“主动选择”，以符合被监护人的“意愿”。如果被监护人希望其中一人来担任自己的监护人，那么各个具有监护资格的监护人应当尊重被监护人的意愿，优先让被监护人心目中的理想主体来担任最后的监护人。当然，尊重被监护人意愿还包括被监护人特别排斥的具有监护资格的人不应当担任最后的监护人。

二、确定监护人的协议的性质

确定监护人的协议是一种具有人身属性和内容的合同，不同于交易领域有关财产流转的合同。确定监护人的协议没有财产内容，与当事人的财产权利或者财产利益无关，只是关乎监护人的确定。但是，它是多个民事主体意思表示一致的产物，也是当事人合意的表现形式。由于确定监护人的协议具有身份属性，因而不能随意将监护权转移给第三人，也不能由第三人随意代为履行监护职责。而判断确定监护人的协议的履行是否适当最主要的标准是，被监护人的真实意愿以及是否最有利于被监护人的利益。

三、协议确定监护的适用条件及效力

协议确定监护的适用条件是多个具有监护资格的主体就监护人的确定产生争议。在通过协议确定监护人后，就会产生特定的法律效力：协议确定的监护人应当对被监护人履行监护职责；应当依法管理被监护人的财产，保护其财产不受侵犯；代理被监护人从事民事法律行为；除为被监护人的利益外，不得处理被监护人的财产。监护人依法履行监护的权利，受法律保护。监护人违反监护职责或侵害被监护人的合法权益的，应承担相应的法律责任；给被监护人造成财产损失的，应当赔偿损失。如果被监护人因侵权行为需要承担民事责任的，应当由监护人承担，被监护人有财产交由监护人代管的，应从被监护人的财产中支付，不足部分，应由监护人承担。具体而言，监护人的职责有：第一，保护被监护人的身体健康；第二，照顾被监护人的生活；第三，管理和保护被监护人的财产；第四，代理被监护人进行民事活动；第五，对被监护人进行管理和教育；第六，在被监护人的合法权益受到侵害或者与人发生争议时，代理其进行诉讼。

第三十一条

对监护人的确定有争议的，由被监护人住所地的居民委员会、村民委员会或者民政部门指定监护人，有关当事人对指定不服的，可以向人民法院申请指定监护人；有关当事人也可以直接向人民法院申请指定监护人。

居民委员会、村民委员会、民政部门或者人民法院应当尊重被监护人的真实意愿，按照最有利于被监护人的原则在依法具有监护资格的人中指定监护人。

依照本条第一款规定指定监护人前，被监护人的人身权利、财产权利以及其他合法权益处于无人保护状态的，由被监护人住所地的居民委员会、村民委员会、法律规定的有关组织或者民政部门担任临时监护人。

监护人被指定后，不得擅自变更；擅自变更的，不免除被指定的监护人的责任。

【本条主旨】本条有四款。第1款是关于监护人的确定有争议时如何处理的规定。第2款是关于监护人的指定应遵循的原则的规定。第3款是关于被监护人的合法权益无人保护的状态下由指定主体担任临时监护人的规定。第4款是关于不得擅自变更被指定的监护人的规定。

【核心概念】

指定监护　指定监护是指具有法定监护资格的人之间就担任监护人产生争

议时，由监护事项的有权主管机关进行指定的监护。具体而言，在没有法定监护人，或者对担任监护人有争议时，由有关部门或人民法院指定监护人。[①] 指定监护本质上仍然属于法定监护的范畴，因为指定监护的对象必须在符合法律条件的监护人范围之内。指定监护的适用前提是对担任监护人产生争议。这里的争议，于未成年人，是指其父母以外的监护人范围内的人争抢担任监护人或互相推诿都不愿意担任监护人；于成年精神病人智力障碍患者，则是指监护范围内的任何人之间的争议。

监护资格 监护资格是指具有对被监护人履行监护职责的法律地位。监护资格的获取是有法律明确规定的，监护资格只是表明特定的民事主体具有担任监护人的可能性，要成为最后真正的监护人，还需要经法定的设立方式。一般具有监护资格的主体是与被监护人存在人身关系的自然人和有关组织，可以基于血缘关系或婚姻关系获得监护资格，也可以是经由法律的明确规定而享有一定的监护资格。

指定监护人 指定监护人是指在具有监护资格的多个具有监护能力的主体中通过指定方式最后确定的监护人。

最有利于被监护人的原则 最有利于被监护人的原则是指最有利于被监护人的人身利益和财产利益的原则。

临时监护人 临时监护人是指在指定监护人产生之前，对被监护人承担暂时监护职责的主体。临时监护人具有过渡的作用，并不是完整意义上的监护人，只是法律在真正的监护人产生之前，为避免被监护人的合法权益得不到周全保护而设置的特定角色。

§条文详解§

一、指定监护的意义

指定监护在整个监护制度中具有重要的意义。指定监护是解决担任监护人争议的有效方式。通过指定监护的方式，一方面可以解决协议确定不了监护人的纠纷，另一方面也可以避免发生当事人直接以诉讼方式请人民法院确定监护人的局面。指定监护是一种高效率的处理担任监护人争议的方式，而且在有关组织的监督下，指定监护能最大限度地保障被监护人的利益。

二、指定监护的适用条件及效力

只有在具有监护资格的民事主体对担任监护人产生争议的时候，才可以适用指定监护。有关组织依照法律规定指定监护人，以书面或者口头通知了被指定人

---

① 许小澜．完善监护人设立形式刍议．法学杂志，1997（6）．

的，应当认定指定成立。被指定人不服的，应当在接到通知的次日起 30 日内向人民法院起诉。逾期起诉的，按变更监护关系处理。

监护人被指定后，不得自行变更。擅自变更的，由原被指定的监护人和变更后的监护人承担监护责任。有关组织既可根据当事人的请求行使指定监护人的权力，除人民法院外，又可根据所掌握的情况主动为争议所涉及的被监护人指定监护人，直至依法作出指定的决定并通知被指定人。有关组织为被监护人在其近亲属中指定监护人虽然不受顺序的限制，但必须遵守一条原则——对被监护人有利，亦即应充分考虑将被指定的监护人的监护能力。对于监护人的监护能力，应当根据监护人的身体健康状况、经济条件以及与被监护人在生活上的联系状况等因素确定。这一原则也是人民法院在审理相关纠纷案件过程中指定监护人时必须遵循的。

三、依据最有利于被监护人的原则确定指定监护人

依据最有利于被监护人的原则在具有监护资格的人中指定监护人，体现了设立监护制度保护被监护人的立法宗旨。是否"最有利于被监护人"，通常根据个案的具体情况作出判断，一般考虑以下因素：(1) 是否与被监护人的利益存在冲突或者存在潜在的冲突；(2) 被指定的人员是否有足够的时间、精力处理监护事务；(3) 被指定的人员的生活经验；(4) 被指定的人员的健康状况；(5) 被指定的人员与被监护人在情感上的接受程度；等等。

四、临时监护人的职责

临时监护人的监护职责与一般监护人的没有本质的区别，只是由于其暂时担任监护人的性质，在确定监护人后，应当将被监护人的监护事项详细地向最后确定的监护人进行告知，确保被监护人的利益得到充分保护。

第三十二条

没有依法具有监护资格的人的，监护人由民政部门担任，也可以由具备履行监护职责条件的被监护人住所地的居民委员会、村民委员会担任。

【本条主旨】 本条是关于没有依法具有监护资格的人的情形下，由民政部门、居民委员会、村民委员会担任监护人的规定。

【核心概念】

被监护人住所地　被监护人的户籍所在地的居所为住所，经常居所与住所不一致的，经常居所视为住所。

§条文详解§

一、由民政部门担任监护人

在没有依法具有监护资格的人的情况下，法律规定由民政部门担任监护人。“没有依法具有监护资格的人”是指没有合格的法定监护人，而且无法指定适当的监护人。如果存在合格的法定监护人或者可以从其他近亲属中指定适当的监护人，则不适用本条的规定。

此处的“民政部门”是指被监护人住所地县级人民政府的民政部门及其派出机构。在本条规定的“没有依法具有监护资格的人”的情况下，民政部门担任监护人处于“优先”和“兜底”的位置，而不是处于与“具备履行监护职责条件的被监护人住所地的居民委员会、村民委员会”担任监护人平行或可任意选择的位置。

二、由具备履行监护职责条件的被监护人住所地的居民委员会、村民委员会担任监护人

本条还规定，在没有依法具有监护资格的人的情况下，“也可以由具备履行监护职责条件的被监护人住所地的居民委员会、村民委员会担任”。理解这一规定要注意两个方面：其一，“具备履行监护职责条件的被监护人住所地的居民委员会、村民委员会担任”监护人处于次要、备选的位置，而处于主要和“兜底”位置的是民政部门担任监护人。其二，被监护人住所地的居民委员会、村民委员会担任监护人应当是“具备履行监护职责条件”的，包括该居民委员会或者村民委员会有比较健全的组织机构、有能够履行监护职责的人员等条件。

三、民政部门或者被监护人住所地的居民委员会、村民委员会担任监护人的职责

民政部门或者被监护人住所地的居民委员会、村民委员会在担任监护人时，和其他自然人担任监护人一样，都是一般的民事主体。不能因为这些组织体具有其他行政或者公共服务职能，就在性质上否认它们的民事主体属性。这就意味着担任监护人的组织体应当具有相应的民事权利能力和民事行为能力。反过来说，这也是民法除了规定营利法人和非营利法人，还规定特别法人的意义所在。居民委员会、村民委员会具有基层群众性自治组织法人资格，可以从事为履行职能所需要的民事活动。监护行为属于重要的民事活动范畴，当然需要居民委员会和村民委员会具备完备的民事权利能力、民事行为能力。另外，民政部门以监护人身份进行监护活动时，也属于特别法人的民事主体范畴。由被监护人住所地的居民委员会、村民委员会或者民政部门担任监护人，是一种法定的监护方式，具有强制性。有关组织在必须担任监护人的情形下，不能以任何理由推卸自身应当履行的监护职责，否则需要承担相应的法律责任。有关组织履行的监护职责与一般自然人履行的监护职责一样，具体包括：(1) 保护被监护人的身体健康；(2) 照顾被监护人的生活；(3) 管理和保护被监护人的财产；(4) 代理被监护人进行民事活动；(5) 对被监护人进行管理和教育；(6) 在被监护人的合法权益受到侵害或者与人发生争议时，代理其进行诉讼。

第三十三条

具有完全民事行为能力的成年人，可以与其近亲属、其他愿意担任监护人的个人或者组织事先协商，以书面形式确定自己的监护人，在自己丧失或者部分丧失民事行为能力时，由该监护人履行监护职责。

【本条主旨】本条是关于成年人事先书面约定监护人的规定。

【核心概念】

意定监护　意定监护系指基于当事人的意思表示而成立，并就监护人的选定、监护事务与监护（代理）权限等，由当事人自己决定的委任监护合同。易言之，本人在能力完全时，通过委任合同，预先为自己能力不足时的生活（尤其是老年生活）作出安排，以确保年老时的生活符合自己的意愿。如能力完全的人预先选任了受托人，当自己的能力不足以处理日常生活、医疗事务或者财产事务时，受托人成为监护人，代理本人（被监护人）管理事务。[①] 从监护的主要内容上看，构建现代成年监护制度的核心在于将成年监护制度与被监护人的行为能力"脱钩"[②]。《中华人民共和国老年人权益保障法》（以下简称《老年人权益保障法》）第 26 条第 1 款[③]在立法上首先确立了意定监护的方式。

完全民事行为能力的成年人　完全民事行为能力的成年人是指 18 周岁以上、智力和精神状况均正常的可以独立进行民事活动的自然人。一般情形下，是指智力水平和精神状况均正常的成年人。正常成年人对自己的行为有完全的辨认能力。

§条文详解§

一、设定意定监护的意义

该条是对民法上意定监护的规定。民法上确定事先书面约定监护人的方式具

---

① 李霞．成年监护制度的现代转向．中国法学，2015（2）．

② 焦富民．民法总则编纂视野中的成年监护制度．政法论丛，2015（6）．

③ 《老年人权益保障法》第 26 条第 1 款规定："具备完全民事行为能力的老年人，可以在近亲属或者其他与自己关系密切、愿意承担监护责任的个人、组织中协商确定自己的监护人。监护人在老年人丧失或者部分丧失民事行为能力时，依法承担监护责任。"

有重大的现实意义。多年来我国一直坚持计划生育的基本国策，保持了比较正常的人口增长水平，许多家庭的子女都是独生孩子。随着社会老龄化的发展，许多随着年龄增长而丧失或者部分丧失民事行为能力的成年人，可能需要多样化的监护方式来保障其从事正常的民事法律行为，以保护其合法权益。成年子女固然是最佳选择，但是有的家庭在只有一个孩子的情形下，无法得到正常的监护，因此，由法律明确规定事先约定监护人的方式，由具有完全民事行为能力的成年人选择其近亲属、其他愿意担任监护人的个人或者组织担任监护人，是完全迎合现实社会的发展要求的。而且，成年监护制度出现了明显的现代转向——意定监护制度的利用者泛成年人化，即凡是成年人都可利用意定监护制度。[①]

如果法律不作出明确的规定，当事人之间事先书面约定监护人的方式的合法性就会遭到质疑，甚至还会损害当事人的信赖利益。在这种情形下，民法对事先书面约定监护人的方式予以确认，并且予以完整的控制和规制，会起到保护民事主体的监护利益的作用。相反，如果法律不对此监护设立方式予以明确规定，在实践中，那些在法律上应当承担监护责任的法定主体会滥用类似协议来逃避自己的监护职责，反而不利于对被监护人利益的保护。

二、意定监护协议的性质

民事主体之间事先书面约定监护人的协议不同于关于财产流转的合同，因为关于监护人的约定不具有财产属性，它是关涉民事主体之人身或者身份利益的协议。但是此种协议在当事人意思表示一致的基础上才可以发生效力，而且相关约定的内容不能违反法律的强制性规定、社会公共利益和社会公德的基本要求。除了实质内容应当合法和正当外，在形式上也必须采书面的形式，而且应当提交给有关组织审查和备案。此种协议关系到相关组织例如民政部门的相关职责履行，因此交由它们审查和备案，也是为了方便管理和监督。在约定的具体内容上，双方当事人应当就监护的具体条件和要求作出明确的约定，无论是有偿的监护还是无偿的监护，都应当本着最有利于被监护人的原则来约定双方的权利、义务的内容。如果约定的内容模糊，人民法院在审查约定内容的效力时，也应当恪守最有利于被监护人的原则对争议的约定内容作出解释，优先保护被监护人的合法权益。

事先书面约定监护人的协议在本质上是被监护人处分自己受监护自由权利的表现。在一般情形下，具有监护资格的主体就担任监护人产生争议时，尚且可以相互协商确定最后的监护人，而现在民法确立了被监护人事先约定监护人制度，是尊重被监护人意愿的具体表现。具有完全民事行为能力的成年人有对自己将来

① 李霞．成年监护制度的现代转向．中国法学，2015（2）．

的利益作出事先安排的权利，而且他们是自己利益的最佳判断者和保护者，对于到底谁适合担任监护人是最有发言权的。在书面的约定协议生效后，该协议就具有优先效力，如果协议确定的监护人没有出现死亡或者丧失民事行为能力以及其他不能或者不适合担任监护人的情形，应当由其担任唯一的监护人。在这种情形下，法律规定的监护人范围内的主体就不能依据法律规定主张担任监护人。当然，当事先协议确定的监护人在履行监护职责时出现不利于被监护人之利益的情形时，法律规定的其他具有监护资格的民事主体可以向人民法院申请撤销监护人的资格，人民法院在审查相关事实和证据后，如果发现监护人继续履行监护职责确实不利于被监护人之利益的，应当作出撤销监护人资格的判决。撤销监护人资格的具体情形或者协议解除的事由也可以由当事人之间事先约定，如果约定的事实条件成就，那么事先约定监护人的协议就不再具有法律效力，意定监护人的资格就被撤销。如果被监护人没有其他的事先安排，则依据法律规定的监护设立方式来确立监护人。

在我国未成年人监护制度中，监护人可以将监护职责全部或者部分委托给他人，但这不属于意定监护，因为设立委托是监护人的而非被监护人的意思表示，而且委托的内容是部分而非全部监护事务。[①] 实际上，意定监护和委托监护也是存在差异的，不同的地方在于协议的主体：意定监护是监护人与被监护人之间的协议，而委托监护是监护人之间的协议。

第三十四条

监护人的职责是代理被监护人实施民事法律行为，保护被监护人的人身权利、财产权利以及其他合法权益等。

监护人依法履行监护职责产生的权利，受法律保护。

监护人不履行监护职责或者侵害被监护人合法权益的，应当承担法律责任。

因发生突发事件等紧急情况，监护人暂时无法履行监护职责，被监护人的生活处于无人照料状态的，被监护人住所地的居民委员会、村民委员会或者民政部门应当为被监护人安排必要的临时生活照料措施。

【本条主旨】本条有四款。第 1 款是关于监护人职责的规定。第 2 款是关于监护人履行监护职责产生的权利受法律保护的规定。第 3 款是关于监护人不履行监护职责或者侵害被监护人合法权益的，应当承担法律责任的规定。第 4 款是关于紧急情况下为被监护人安排临时生活照料措施的规定。

---

① 李霞．成年监护制度的现代转向．中国法学，2015（2）．

【核心概念】

监护职责 监护职责是指监护人对被监护人的人身、财产权益进行监督与保护的权利、义务和责任的集合。对未成年人的监护，主要是保护未成年人的身心健康及财产权益。对精神病患者或智力障碍患者的监护，主要侧重于促进其恢复身心健康，保护被监护人的人身、财产权益不受侵犯，维护社会秩序的稳定。

不履行监护职责 不履行监护职责是指对被监护人应当履行的监护职责不予履行，致使监护目的落空的行为。

侵害被监护人合法权益 侵害被监护人合法权益是指在监护过程中，监护人损害被监护人的财产权利和人身权利，致使被监护人的财产、人身利益受到损害。

突发事件等紧急情况 突发事件等紧急情况是指突发公共卫生事件、其他突发严重自然灾害等紧急情况。

§条文详解§

一、监护人职责的主要内容

监护人的职责包括：(1) 保护被监护人的身体健康；(2) 照顾被监护人的生活；(3) 管理和保护被监护人的财产；(4) 代理被监护人进行民事活动；(5) 对被监护人进行管理和教育；(6) 在被监护人的合法权益受到侵害或者与人发生争议时，代理其进行诉讼。

二、监护人利益的保护

民法规定保护监护人权利的首要意义是保护被监护人的利益，其次意义才是保护监护人自身的利益。两种利益保护是存在先后顺序的。民法的整个监护制度是围绕被监护人的利益保护而构建的，也是民法中保护弱者理念的体现。质言之，当被监护人和监护人在监护关系中的利益产生冲突时，优先保护被监护人的利益。在大部分情形下，被监护人的利益和监护人的利益是一致的，不会产生剧烈的冲突。这是因为民法在确定监护人时已经坚持了尊重被监护人的意愿的理念，并贯彻最有利于被监护人的原则。如果担任监护人不利于被监护人，一般已经被排斥在监护人的范围之外。可见，最有利于被监护人原则始终贯穿于监护人产生、履行监护职责的行为以及监护权终止等各个环节。而且从监护权系属一项私法上的权利来看，被监护人的利益和监护人的利益也是不矛盾的。一方面，监护人行使监护权系为被监护人的利益服务，而非为自己谋求利益；另一方面，我国法律认可被监护人应服从监护人之监护权的行使。[1] 民法规定监护人不履行监护职责或者侵害被监护人权利应当承担侵权责任，只是从反面证成监护人在监护关系中的权利和责任具有高度的统一。

但是，这并不意味着监护人自身的权利是不重要的，如果履行监护职责会损害监护人在监护关系外的固有权利，监护人的利益也是受法律保护的。即使在监护关系范畴内，监护人的权利也应当受到足够的保护，否则，被监护人的利益也无从保障。例如，未成年人的隐私权与监护人的知情权并不总是处于冲突状态，而是和谐与冲突并存。未成年人作为独立的法律主体，客观上拥有个人隐私，并应该享有法律赋予的隐私权；未成年人的监护人为了履行监护职责，有权在一定范围内了解未成年人的隐私，同时负有保护未成年人隐私、维护未成年人隐私权的责任。[2]

另外，在特殊情况下，监护人有辞任或拒任权。若监护人由于智力、体力的相对欠缺或其他客观原因而难以履行或适当履行，法律应赋予其辞任或拒任权。[3]

三、监护人的法律责任

监护人不履行监护职责或者侵害被监护人的合法权益的，应当承担相应的法律责任。监护人承担的法律责任，大多属于侵权责任。被监护人的受监护权利和利益属于侵权责任法的保护客体，应当受侵权责任法的保护。监护人与被监护人之间的监护关系不是基于合同而产生的法律关系，而是基于法律规定而发生的具有人身特征的法律关系。被监护人享有的受监护利益属于法定的利益，在特殊情形下，监护人与被监护人之间的监护关系是由双方当事人事先书面约定的，但是该约定的效力最终也是法律赋予的，由其产生的监护关系最终受法律规制和保护。协议约定只是规定了监护人的产生，但是具体的效力还是由法律规定的。基于监护关系，监护人对被监护人的合法权益负有特定的注意义务，应当以善良管理人的注意标准来保护被监护人的合法权益。监护人如果不履行监护职责或者侵害被监护人的权利，应当承担一般的侵权责任。监护人不履行监护职责，或者侵害了被监护人的合法权益，其他有监护资格的人或者组织向人民法院起诉，要求监护人承担民事责任的，按照普通程序审理；要求变更监护关系的，按照特别程序审理；既要求监护人承担民事责任，又要求变更监护关系的，分别审理。

四、为被监护人安排必要的生活照料措施

在发生突发公共卫生事件（如新冠肺炎）和其他突发严重自然灾害等紧急情

---

① 王利明．民法．北京：中国人民大学出版社，2007：72.

② 刘金霞．未成年人隐私权与监护人知情权：和谐、冲突与法律规制．法学杂志，2007（4）.

③ 孟勤国，蒋慧，黄鹏．论监护的性质及监护人的权益．法学，1996（11）.

况下，依本条第 4 款的规定，被监护人的生活处于无人照料状态，被监护人住所的居民委员会、村民委员会或者民政部门应当为被监护人安排必要的生活照料措施，安排临时居住场所、饮食供给和可能的医疗照料。

第三十五条

监护人应当按照最有利于被监护人的原则履行监护职责。监护人除为维护被监护人利益外，不得处分被监护人的财产。

未成年人的监护人履行监护职责，在作出与被监护人利益有关的决定时，应当根据被监护人的年龄和智力状况，尊重被监护人的真实意愿。

成年人的监护人履行监护职责，应当最大程度地尊重被监护人的真实意愿，保障并协助被监护人实施与其智力、精神健康状况相适应的民事法律行为。对被监护人有能力独立处理的事务，监护人不得干涉。

【本条主旨】本条有三款。第 1 款是关于监护人具体履行监护职责应当遵守的原则以及处分被监护人财产的限制的规定。第 2 款是关于未成年人的监护人履行监护职责时具体应当注意的事项的规定。第 3 款是关于成年人的监护人履行监护职责时具体应当注意的事项的规定。

【核心概念】

被监护人利益 在监护关系中，被监护人享有自己支配的并受法律保护的利益。这种利益是被监护人为了自身的生存和发展而对于一定对象的各种客观需求。在一般意义上，被监护人的利益具体包括个人物质生活和精神生活方面需要的满足以及自我发展的实现需要等。在民法的范畴内，被监护人的利益则包括财产利益和人身利益。

被监护人的财产 被监护人的财产是指被监护人所有的物权性财产、债权性财产和知识产权，例如，被监护人拥有的房子、货币等具体物质。从权利的角度上看，被监护人的财产权一般是指民法上的权利，具有一般的权能属性：一方面是依法对自己的财产享有占有、使用、收益和处分的权利；另一方面则是任何人不经财产所有人的许可不得使用该财产，否则就是非法侵犯权利。

年龄 年龄是指自然人以出生为起点到计算时止所跨越的生存时间长度，通常以年岁为单位表示。年龄是自然人的重要识别信号，在民法上有特殊的意义，与结婚、民事行为能力等有密切的联系。因此，正确计算年龄具有十分重要的意义。

智力状况 智力状况是指自然人基于大脑的物理构造和生物机能而具有的认识和判断外部客观事物的能力状况。具体而言，经过正常的大脑发育和后天学习，人们能对外界事物的关系进行理性分析和信息整合储存等。智力状况直接决定了自然人的意思能力的大小，在民法上有特殊的意义。在判断自然人之民事行为能力和责任能力时，智力状况是重要的依据。

§条文详解§

一、最有利于被监护人的原则

最有利于被监护人的原则是民法监护制度的核心原则，也是最基本的原则。该原则贯穿于监护权产生、监护人确定、监护职责履行以及监护权终止等各个环节。监护人的监护行为如果违背该原则，就不会发生法律效力。民法确立该原则最主要的目的是保护被监护人的合法权益。最有利于被监护人的原则也是监护人与被监护人之间利益关系的“平衡器”，能够均衡地保护监护人的利益和被监护人的利益。被监护人的利益在民法上具有双重性质：一方面是被监护人的私人利益，它是与公共职责或者公共利益无涉的利益形式；另一方面，监护制度本身就是民法保护社会弱者理念的体现，从这个意义上说，被监护人的利益与社会利益存在密切的联系。这一点又可以从监护制度本身附带社会保障目的的属性得到体现。正是由于被监护人的利益具有双重性质，民法确立最有利于被监护人的原则，本身具有调适私人利益和公共利益的作用。

二、除为被监护人的利益外，不得处分被监护人的财产

依据《民法典·总则编》的规定，无论是未成年人的监护人还是成年人的监护人，都应当以最有利于被监护人原则为准则，在履行监护职责过程中，保护被监护人的利益。在履行监护过程中，被监护人的财产应当与监护人保持一定的分离，不能任由监护人以保护被监护人的利益为名义，随意处分被监护人的财产。被监护人的财产是民法的重点保护对象，也是维持被监护人的人格独立的物质保障。作为独立的民事主体，被监护人不会因为监护人履行监护职责而失去财产所有权，更不能因此而失去对自己财产的处分权。对于监护人而言，法律必须明确的是他不是被监护人的财产的所有权人，也不具有无限制和无条件的处分权。质言之，监护人与被监护人对各自的财产不会因为监护关系的存在而发生混同，各自对自己的财产独立享有所有权。

这里的“为被监护人的利益”主要是指，由于被监护人应当履行法律或者约定的义务，或者承担一定的民事责任，监护人依据该情形的要求，代被监护人履行义务或者承担责任。例如，被监护人的侵权行为致人损害需要承担赔偿责任，监护人就可以以被监护人的财产代被监护人承担赔偿责任。为被监护人的利益，首要之义就是应当做到不能损害被监护人的利益，如果给被监护人造成损害或者不利负担，无论该行为产生何种或者多少经济利益，都不能认定对被监护人有

利。本书作者认为，为被监护人的利益实际上就是法律上对被监护人有利，应当采取限缩的解释，将利益归入法律上的权利、义务内容，不能仅以经济利益大小进行衡量，否则会使监护人处分被监护人之财产的行为变成纯粹的经济交易，这与监护制度的本质完全背道而驰，最终也不利于保护被监护人的利益。最有利于被监护人原则的最起码要求就是不能损害被监护人的利益，或者给被监护人产生不利负担，因此，对“为被监护人的利益”作严格的解释，是最有利于被监护人原则的重要体现。

这里的“处分”行为包括事实上和法律上的处分，监护人由于被监护人的日常生活需要对被监护人的财产进行处分，并不在此处讨论的范围。处分的行为应当对被监护人的财产在整体上具有重大影响，会给被监护人的财产造成权利的灭失或者价值上的重大减损，例如，买卖被监护人的房子等。法律一般不允许监护人对被监护人的重大财产作出处分，只有在极个别的情况下，即如果不作出处分，被监护人的财产就会造成重大损失或者潜在的重大损失时，才允许监护人处分被监护人的财产，以保全被监护人的财产价值不受影响。即使监护人对被监护人的财产进行处分，也应当受到限制，例如，监护监督机关可以对监护人的处分行为进行监督，或者与被监护人有利害关系的相关当事人有一定的异议请求权。如果被监护人具有判断自己利益的意思能力，监护人应当尊重被监护人的真实意愿。监护人如果不是为被监护人的利益处分被监护人的财产，造成被监护人遭受财产损失的，应当予以赔偿。

三、协调正确履行监护职责与尊重被监护人的真实意愿之间的关系

在成年人监护中，监护人履行监护职责与保障被监护人的自由是一对基本矛盾。在特定情形下，被监护人具有一定的意思能力，质言之，被监护人具有一定的行为自由的能力。被监护人有限的行为自由也应当在法律上得到保护。在被监护人的意思能力范围内，如果被监护人对监护人的监护行为有异议，认为监护行为不利于自身的利益保护，可以否定监护人的监护行为的法律效力或者要求监护人对其监护行为作出变更。但是，判断监护行为是否适当，应当由有关组织或者人民法院作出最后的判断。在民法的成年人监护中，调和监护人履行监护职责与保障被监护人自由的基本矛盾的根本原则，是最有利于被监护人的原则。

第三十六条

监护人有下列情形之一的，人民法院根据有关个人或者组织的申请，撤销其监护人资格，安排必要的临时监护措施，并按照最有利于被监护人的原则依法指定监护人：

（一）实施严重损害被监护人身心健康的行为；

（二）怠于履行监护职责，或者无法履行监护职责且拒绝将监护职责部分或者全部委托给他人，导致被监护人处于危困状态；

（三）实施严重侵害被监护人合法权益的其他行为。

本条规定的有关个人、组织包括：其他依法具有监护资格的人，居民委员会、村民委员会、学校、医疗机构、妇女联合会、残疾人联合会、未成年人保护组织、依法设立的老年人组织、民政部门等。

前款规定的个人和民政部门以外的组织未及时向人民法院申请撤销监护人资格的，民政部门应当向人民法院申请。

【本条主旨】 本条有三款。第1款是关于撤销监护人资格之情形的规定。第2款是关于有关个人和组织的具体范围的规定。第3款是关于民政部门应当兜底申请撤销监护人资格的规定。

【核心概念】

撤销监护人资格 撤销是指使特定事实或者行为不再具有法律效力。具体而言，由于监护人不再具有法定的监护资格或者条件，为了保护被监护人的利益，由人民法院对原来的监护人的地位或者资格予以取消。

临时监护措施 临时监护措施是指监护人资格被撤销后，为了保护被监护人的利益，由有关组织暂时采取的保护被监护人的合法权益的方法。安排必要的临时监护措施主要是在人民法院确定新监护人之前，为了避免原监护人对被监护人，特别是对未成年人造成进一步伤害。

严重损害被监护人身心健康的行为 严重损害被监护人身心健康的行为是指对被监护人的身心健康利益造成严重损害的行为。在实践中，对于某行为是否严重损害被监护人的身心健康，需要从行为的性质、情节以及权威机构鉴定的损害后果等方面进行判断。

怠于履行监护职责 怠于履行监护职责是指监护人不履行或者不适当履行自身的监护职责。具体而言，监护人具有监护能力并且在客观上不存在无法履行监护职责的具体情形，而不履行、不适当或者不及时履行自己的监护职责。

危困状态 危困状态是指被监护人处于危急、困难等状态。此处的危困状态不局限于被监护人在经济上处于不利的地位，更指在身心健康以及其他方面权利处于受损害或者受损害威胁的状态。

未成年人保护组织 未成年人保护组织是指专门从事保护未成年人合法权益的社会组织。未成年人是社会的弱势群体，其合法权益应当受到法律的强化保护。

§条文详解§

一、设定撤销监护人制度的意义

监护人撤销制度是民法上监护制度的重要内容，在基本价值取向上与民法设立监护人制度是一致的，根本目的是保护被监护人的合法权益。具体而言，民法设定撤销监护人制度，就是撤销对被监护人不利的监护人的资格，重新选择对被监护人有利的监护人，使监护制度的目的最终能够得到实现，维护监护行为在保护被监护人之利益方面效力的延续性。需要指出的是，为了保护被监护人的利益，在实践中，父母、子女、配偶等民事主体虽然被人民法院撤销了监护人资格，但是应当依法继续负担被监护人的抚养费、赡养费、扶养费。这是他们的法定义务，与是否被撤销监护人资格没有关系，不能以被撤销监护人资格为由主张免除这些法定义务。

二、撤销监护人的程序

监护人有出现撤销其监护人资格的情形时，由有关人员或者组织向人民法院申请撤销监护人的监护人资格。人民法院审理时应当征求未成年人现任监护人和有表达能力的未成年人的意见，形成调查评估报告。在此基础上，人民法院根据具体的事实和证据，作出最后的裁决。

法院在撤销监护人资格的同时，为了保护被监护人的利益，应当在具有监护资格的民事主体中指定新的监护人。这一方面可以周全保护被监护人的利益，另一方面可以节约资源，有效率地为被监护人选定新的监护人，否则需要重新启动确定监护人的程序，浪费社会资源。

第三十七条

依法负担被监护人抚养费、赡养费、扶养费的父母、子女、配偶等，被人民法院撤销监护人资格后，应当继续履行负担的义务。

【本条主旨】本条是关于依法负担被监护人抚养费、赡养费、扶养费的父母、子女、配偶等被人民法院撤销监护人资格后，应当继续履行负担义务的规定。

【核心概念】

抚养费 抚养费是指父母对未成年子女负担的维持未成年子女正常生活所必需的相关费用。抚养费一般包括子女生活费、教育费、医疗费等费用。

赡养费 赡养费是指成年子女对无劳动能力的或生活困难的父母负担的维持

其正常生活所必需的相关费用的给付义务。

扶养费　扶养费是指婚姻关系双方之间相互供养对方维持一定的生活水平所负担的相关费用的义务。

§条文详解§

一、继续履行抚养费、赡养费、扶养费的负担义务的意义

我国的监护制度与亲属制度存在密切的联系，监护制度在一定程度上是亲权制度的延展，很多依法具有监护资格的人往往与被监护人之间存在血缘或者婚姻关系。尽管如此，监护制度与亲属制度之间还是存在一定的区分，两者不能完全等同。当父母、子女、配偶作为监护人时由于出现法定的撤销监护资格的事由，被人民法院撤销监护资格，父母、子女、配偶在法律效果上只是丧失监护资格，不能再履行监护职责，但是他们与被监护人之间的亲属关系没有因为监护人资格被撤销而消灭，因此，父母、子女、配偶仍然应当继续承担基于亲属关系产生的抚养费、赡养费、扶养费负担义务。

父母、子女、配偶继续履行抚养费、赡养费、扶养费的负担义务对于被监护人与新的监护人都具有重大的意义。父母、子女、配偶继续履行抚养费、赡养费、扶养费负担义务可以维持被监护人的基本生活水平，保障被监护人健康生活和正常发展。对于新的监护人而言，父母、子女、配偶继续履行抚养费、赡养费、扶养费负担义务是其正常履行监护职责的重要保障。例如，在履行监护职责过程中，对于为保障被监护人正常的生活所需要支付的必要费用，如果被监护人没有足够财力，可能会使监护人自身的利益由于正常履行监护职责而遭受损害。在这种情形下，父母、子女、配偶继续履行抚养费、赡养费、扶养费负担义务，可以有效补充被监护人的财力，从而减少监护人的财产损失。

二、监护人与父母、子女、配偶在法律地位上的区别

监护人对被监护人的财产负有相当于财产代管人的职责，但是监护人在履行监护职责过程中为了被监护人的利益造成自身损害的，可以对被监护人的财产作出一定的处理，或者要求对被监护人承担法定抚养费、赡养费以及抚养费的民事主体承担相应的赔偿责任。

此外，父母、子女、配偶继续履行抚养费、赡养费、扶养费的负担义务是法定义务，没有法定的事由不可能随意被免除。如果因为监护人资格被撤销就可以免除继续履行抚养费、赡养费、扶养费的负担义务，无疑加剧了监护制度运行的道德风险，不仅背离了监护制度的根本目的，也与履行抚养费、赡养费、扶养费是法定义务的性质完全不符合。

第三十八条

被监护人的父母或者子女被人民法院撤销监护人资格后，除对被监护人实施故意犯罪的外，确有悔改表现的，经其申请，人民法院可以在尊重被监护人真实意愿的前提下，视情况恢复其监护人资格，人民法院指定的监护人与被监护人的监护关系同时终止。

【本条主旨】 本条是关于恢复监护资格的规定。

【核心概念】

监护关系 监护关系是指监护人与被监护人之间依据法律规定产生的，以保护被监护人的合法权益为内容的民事法律关系。在监护关系中，监护人对被监护人的监护职责是主要的内容。监护关系是一种比较特殊的法律关系，监护人的权利也是义务，但是最终的利益归属于被监护人。

§条文详解§

一、设定恢复监护资格制度的意义

民法设定恢复监护资格制度意在灵活处理被撤销监护人资格的未成年人的父母或者被撤销监护人资格的成年子女确有悔改表现的情形。该制度适用于被监护人的父母或者成年子女。对未成年人而言，父母对于其不仅具有监护人的意义，更重要的是未成年人的精神和情感的寄托人。基于血缘或者抚养关系，未成年人的父母对未成年子女的实际情况比较了解，即使之前可能因为法定的事由被撤销监护权，但是如果撤销的事由消失后，法律也应当鼓励未成年人的父母继续担任监护人。对于需要被监护的父母而言，成年子女与其有同样关系，法律应当作同样的考量。该制度也是监护制度中最有利于被监护人原则的表现之一。当然，在适用该制度时，应当以尊重被监护人的真实意愿作为前提，即使被撤销的监护人确有悔改表现，但是被监护人不愿意该监护人恢复监护资格的，仍然不能恢复其监护资格，应当由现在的监护人继续履行监护职责。另外，对被监护人实施故意犯罪的，不能适用该制度。例如，如果父母具有以下行为，则不能恢复监护人资格，具体包括：（1）性侵害、出卖未成年人的；（2）虐待、遗弃未成年人6个月以上、多次遗弃未成年人，并且造成重伤以上严重后果的；（3）因监护侵害行为被判处5年有期徒刑以上刑罚的。[①]

---

① 《最高人民法院、最高人民检察院、公安部、民政部关于依法处理监护人侵害未成年人权益行为若干问题的意见》第40条第2款.

恢复监护资格制度不但确保了监护制度的根本意旨的实现，而且照顾了亲属法上未成年人与父母、成年子女和父母的亲权或亲属利益的实现。未成年子女与父母、成年子女和父母之间除了监护的权利义务关系，还有亲权或亲属关系，后者也是民法关注的焦点。基于亲权或亲属关系，民法设置未成年人父母和成年子女的恢复监护制度在正当性上是充分的，尽管可能牺牲了监护关系的稳定性，但是亲权或亲属利益在法律价值上是优先于监护关系的稳定性所代表的利益的。

二、恢复监护资格的条件与程序

被撤销监护资格的监护人确有悔改情形，具体是指法定的撤销事由消失。在实践中，被撤销监护资格的未成年人的父母或者成年子女提出恢复监护人资格的申请后，人民法院在受理后，在确有悔改情形的事实判断上，一般需要严格审查，需要结合被监护人以及有关人员和组织的意见，作出最后的判断。在一般情形下，确有悔改情形可以包括：（1）积极关心和保护被监护人的身心健康；（2）积极保护被监护人的财产权利和人身权利，在法定的一般监护职责内，尽力保护被监护人的利益。被监护人是自己利益的最佳判断者，如果被监护人也确实相信被撤销监护资格的监护人适合恢复监护，对自己履行监护职责，则被撤销监护资格的监护人恢复监护资格就获得了基本条件。但是，还需要结合有关人员和组织的意见，才能作出最后判断。有关人员和组织与监护人的生活联系得比较紧密，对被监护人的情况和被撤销监护资格的监护人也比较了解，因此，对确有悔改情形的真实性可以作出比较准确的判断。从严格意义上看，为了保护被监护人的利益，人民法院应当慎重和严格适用该制度，因为它会产生推翻新的监护关系的法律效力，而且随意变更监护关系，也不利于被监护人的利益。人民法院应当严格审查事实和证据，在内心确立较高的门槛，否则，不应当作出恢复监护人资格的裁决。

在人民法院作出的恢复监护人资格的判决生效后，之前被撤销监护资格的未成人父母或者成年子女就自动重新获得了对被监护人的监护资格，而人民法院指定的新监护人与被监护人的监护关系同时终止。在监护关系终止后，人民法院指定的新监护人应当向已经恢复监护资格的未成年人的父母或者成年子女全面交接监护事项，并就被监护人的新情况和需要注意的事项，向未成年人的父母或者成年子女详细说明。如果人民法院指定的新监护人没有履行该项注意义务，对被监护人的利益造成损害的，新监护人应当对被监护人承担侵权责任。之前被撤销监护资格的未成年人的父母或者成年子女在恢复监护资格后，应当积极履行法定的监护职责，保护被监护人的利益。

第三十九条

有下列情形之一的，监护关系终止：

（一）被监护人取得或者恢复完全民事行为能力；

（二）监护人丧失监护能力；

（三）被监护人或者监护人死亡；

（四）人民法院认定监护关系终止的其他情形。

监护关系终止后，被监护人仍然需要监护的，应当依法另行确定监护人。

【本条主旨】本条有两款规定。第1款是关于监护关系终止的规定。第2款是关于监护关系终止后另行确定监护人的规定。

【核心概念】

监护关系终止 监护关系的终止是指监护人与被监护人之间关于监护的权利、义务和职责关系归于消灭。监护关系终止后，监护人不需要再履行保护被监护人之合法权益的职责，被监护人也没有权利要求监护人对自己履行监护职责。

丧失监护能力 丧失监护能力是指监护人不再具有监督和保护被监护人的合法权益的能力，例如，监护人成为无民事行为能力人或限制民事行为能力人。丧失监护能力是一种客观事实，监护人丧失监护能力就意味着其不适宜担任被监护人的监护人，因为此时监护人已经不能实现监护制度的目的。认定监护人的监护能力丧失，应当根据监护人的身体健康状况、经济条件，以及与被监护人在生活上的联系状况等因素确定。

§条文详解§

一、监护终止的情况

本条第1款规定了监护关系终止的四种情况。

（1）被监护人取得或者恢复完全民事行为能力。这就意味着被监护人已经完全可以独立按照自己的意思表示进行民事法律行为，对于自己的利益保护也有完全的认识和判断能力，就不再需要监护人的监护行为进行辅助。具体来说，自未成年人成年之日起，监护关系终止；当精神病人痊愈时，由人民法院作出撤销监护的裁决，监护关系终止。

（2）监护人丧失监护能力。这意味着监护人自己的民事行为能力出现了缺失。在这种情形下，监护人对自己的利益都没有认识和判断能力，更无法保护被监护人的利益。如果法律在监护人丧失监护能力的情形下不作出终止监护关系的规定，本身就与监护制度的根本目的相违背，对被监护人的利益也可能会造成损害。

（3）被监护人或者监护人死亡。这意味着被监护人或者监护人失去民事主体资格，也就是失去民事权利能力。被监护人或者监护人不具备民事权利能力时，就不可能实施民事法律行为，因此，就没有适用监护制度的必要，或者不可能对行为人的民事行为能力进行补充和辅助。

（4）人民法院认定监护关系终止的其他情形。这是指存在其他客观情形，致使监护关系归于或者应当归于消灭。例如基于抚养关系而产生监护关系的，在抚养关系终止后，监护关系在法律上也应当归于消灭，但是需要由人民法院作出判断和裁定。

二、监护关系终止的法律效果

监护关系终止后就会发生法律上的效力。监护关系终止后，监护人就不再拥有监护人的资格，在具体权利、义务上，就不再履行监护职责。而被监护人同样不再享有被监护人的权利，不能再要求已经终止监护关系的监护人对自己履行监护职责，只能自己独立实施民事法律行为，或者要求新的监护人履行监护职责，以保护自己的合法权益。监护关系的终止与监护人撤销存在一定的差别：监护关系的终止是基于客观事实的变化而监护关系消灭，监护人资格的撤销与监护人履行监护职责的主观意思密切相关，最后的结果只是使监护人的监护资格被撤销。当然，两者之间也会有联系：当人民法院撤销监护人的监护资格时，监护人与被监护人的监护关系最终也是归于消灭。具体而言，监护人不宜继续担任监护人或者监护人不履行监护职责的，人民法院可以根据有关人员或者组织的申请，经查明属实，撤销监护人资格，监护关系终止。

监护关系终止后，被监护人仍然需要监护的，应当依法另行确定监护人。在另行确定监护人的过程中，法律规定具有监护资格的民事主体都可以成为新的监护人。至于产生监护人的方式，可以由监护人之间协议确定，也可以由有关组织或者人民法院指定而确定。无论采取何种方式产生监护人，监护人都应当严格依据最有利于被监护人的原则，履行监护职责，保护被监护人的合法权益。

第三节　宣告失踪和宣告死亡

第四十条

自然人下落不明满二年的，利害关系人可以向人民法院申请宣告该自然人为失踪人。

【本条主旨】 本条是关于自然人宣告失踪之条件的规定。

【核心概念】

下落不明　下落不明是指不知道要寻找的人的具体位置。具体而言，就是指特定的人失去了音讯，其他人不知道他的确切踪迹，也没有线索去寻找的状态。自然人最后离开自己居住的地方后，去向不明，并且与外界无联系，杳无音讯。

宣告失踪　宣告失踪是指经利害关系人申请，由人民法院依据法定条件和程序，将下落不明满法定期间的人宣告为失踪人的制度。

§条文详解§

一、设定宣告失踪制度的意义

为结束因自然人长期下落不明所造成的不利影响，民法上设立宣告失踪制度：在符合法定条件和程序的基础上，在法律上宣告下落不明人为失踪人，从而为其设立适当的财产代管人，通过代管人的法律行为，对失踪人的财产进行管理，以保护失踪人与相对人的财产权益。在本质上，它是一种对不确定的特定事实状态进行具有法律意义的确认，根本的目的在于消除失踪人之财产关系不确定的状态，保护失踪人的切身利益，同时兼顾利害关系人的利益，使债权人的债权得到实现，维护社会经济秩序的稳定。

二、宣告失踪的程序

民法上宣告失踪具有特定的程序。

（1）申请。申请人民法院宣告自然人失踪，必须具备三个条件：第一，存在自然人下落不明的事实满 2 年。依生活习惯，家庭成员偶有下落不明时，其财产通常即由亲属代为管理，短期内影响不大。如法律不规定自然人下落不明须经一定期间方可申请宣告其失踪，则一旦有人“下落不明”，利害关系人即可申请对其财产实行代管，恐易滋生事端及为恶意当事人所利用。为此，规定失踪宣告须下落不明达一定期间并经法定程序进行，比较符合我国国情。[①] 2 年的具体计算方法是从自然人最后离开自己的住所地或居所地或者有关机关确定的下落不明之日起，连续不中断计算满 2 年；而战争期间下落不明的，从战争结束之日起计算；因意外事故下落不明的，从事故发生之日起计算。第二，必须是与下落不明的自然人有利害关系的民事主体向人民法院提出申请。利害关系人包括失踪自然人的配偶、父母、成年子女、祖父母、外祖父母、成年兄弟姐妹以及其他与之有民事权利义务关系（如债权债务关系以及人寿保险合同受益人的法律地位）的人。第三，必须采用书面形式提出申请，不能是口头形式。申请书应写明失踪的具体时间、事实，申请人的请求，以及公安机关或者其他有关机构关于该失踪人下落不明的书面证明。公安机关或者有关机关出具的下落不明的书面证明只是个形式证据，并不对实质内容负有绝对的真实责任。

（2）管辖。宣告自然人失踪的案件，由失踪人住所地的基层人民法院管辖。这样便于受诉人民法院就地调查和了解被申请人下落不明的事实，也便于人民法院在程序上对下落不明的自然人发布公告。

（3）公告。人民法院受理宣告失踪案件后，应当对下落不明的自然人发布公告。法律规定的公告期为 3 个月。公告期间在本质上是寻找该自然人下落或者等待其重新出现的期间。公告是人民法院审理宣告自然人失踪案件的必经程序。

（4）判决。公告期满，该自然人仍然处于下落不明状态的，人民法院应依法确认申请该自然人失踪的事实存在，并依法作出宣告该自然人为失踪人的判决。如果判决宣告为失踪人，应当同时指定失踪人的财产代管人。如公告期内该下落不明的自然人重新出现或者查明下落，则人民法院应依法作出判决，驳回申请。

三、宣告失踪的实体法效果：财产代管

在被宣告失踪后，失踪人的财产由其配偶、成年子女、父母或者其他愿意担任财产代管人的人代管。没有以上人选、以上人选没有代管能力或有争议的，由人民法院遵循有利于失踪人及其利害关系人的原则指定代管人。在一般情形下，无民事行为能力人、限制民事行为能力人被宣告失踪的，他们的监护人就是财产代管人。

失踪人的财产代管人，有权从失踪人的财产中支付失踪人所欠的税款、债务及应付的其他费用，包括支付失踪人应付的赡养费、抚养费、扶养费和因代管财产所需的管理费等必要的费用，以及履行失踪人被宣告失踪前签订的合同及其他义务等。

---

① 尹田．论宣告失踪与宣告死亡．法学研究，2001（6）．

代管人管理失踪人的财产，应尽善良管理人的注意义务，不得侵害失踪人的合法权益，失踪人的财产代管人不履行代管职责或者侵害失踪人财产权益的，失踪人的利害关系人可以向人民法院请求财产代管人承担民事责任。失踪人的其他利害关系人还可以同时申请变更财产代管人。

第四十一条

自然人下落不明的时间自其失去音讯之日起计算。战争期间下落不明的，下落不明的时间自战争结束之日或者有关机关确定的下落不明之日起计算。

【本条主旨】 本条是关于自然人宣告失踪之开始计算方法的规定。

【核心概念】

失去音讯 失去音讯也称为失去音信，是指有关自然人与近亲属或者利害关系人失去联系，没有了具体的踪迹。

战争期间 战争期间是指处于战争状态的时间段，具体来说，就是自战争开始之日起到结束之日止之间的时间段。

§条文详解§

一、自然人下落不明的时间从该自然人失去音讯之日起开始计算

从自然人失去音讯之日起开始计算，实际上就是指下落不明的时间应从自然人离开最后居住地后没有音讯之日起计算。自然人没有音讯的判断标准是个需要证据判断的事实。例如，生活中最后一个人看到自然人出现的时间，或者其他最后能够证明自然人踪迹的证据。自然人失去音讯之日的事实是一个需要证据证明的法律事实，并不是绝对意义上的客观真实。以自然人自己最后的住所地作为判断自然人下落不明的场合标准，是按照一般的社会经验设定的标准，事实上，自然人的住所地与自然人最后失踪的地点没有必然的联系，但是在一般情形下，自然人都会以自己的住所地作为最后的停留地。在这个问题上，有学者认为，关于宣告失踪与宣告死亡制度的适用条件，和《民法通则》的规定差别很大，不再以自然人最后离开"住所地"为程序的启动要素，而是以"自然人失去音讯"为判断标准，这一改变就使"宣告失踪与宣告死亡"和"住所"失去了制度衔接的关键性要素——住所地。[①] 但是，自然人的住所地毕竟是自然人比较稳定的停留地，如果长时间没有回归自己的住所地，往往也是自然人下落不明的客观表现。民法规定，利害关系人包括配偶、父母、成年子女、祖父母、外祖父母、成年兄

① 杨震．民法总则"自然人"立法研究．法学家，2016（5）．

弟姐妹以及与被宣告失踪的人有民事权利义务关系的公民和法人，作为申请宣告失踪的主体，在一定程度上，也能真实地反映自然人失踪的事实，因为这些申请主体与失踪人在日常工作生活中保持紧密的联系，对失踪人的情况尤其行踪都比较了解，由他们作为申请主体，在一般情形下可以证明自然人离开自己住所确有一段时间的事实。可见由他们作为申请主体具有合理性，符合社会生活的一般经验。相反，如果由其他主体作为申请主体对自然人申请宣告失踪，可能就会存在判断不明的情况，一方面会损害被宣告失踪人的合法权益，另一方面也无助于对真正利害关系人之利益的保护。

二、战争期间下落不明的，下落不明的时间自战争结束或者有关机关确定的下落不明之日起计算

由于战争期间是一个比较特殊的时间段，而且在战争中失踪，如遇战争延长，则于战争继续中不得为死亡宣告，事实上颇为不便。[①] 在宣告失踪制度中存在同样的情形。基于对各种复杂因素的考量，在事实层面很难具体判断自然人下落不明的具体日期，法律就统一规定自战争结束之日起开始计算。这一方面方便了利害关系人对开始日期的计算，另一方面也便于法院作出判决，无须在开始之日的计算上花费过多的精力。当然，如果在战争期间有关机关能够确定自然人下落不明的具体日期，则以有关机关确定的日期为开始计算时间。一般军事人员下落不明的日期由军事机关确定，而非军事人员下落不明的日期由民政部门确定。

第四十二条

失踪人的财产由其配偶、成年子女、父母或者其他愿意担任财产代管人的人代管。

代管有争议，没有前款规定的人，或者前款规定的人无代管能力的，由人民法院指定的人代管。

【本条主旨】 本条有两款。第1款是关于失踪人之财产代管人由近亲属或者其他愿意担任财产代管人的人担任的规定。第2款是关于人民法院指定财产代管人的规定。

【核心概念】

财产代管人 财产代管人是指对失踪人的财产依法负有管理义务的民事主体。财产代管人在宣告失踪制度中具有重要的意义，是实现宣告失踪制度根本目

① 史尚宽．民法总论．北京：中国政法大学出版社，2000：96.

的的民事主体。财产代管人具有暂时财产管理人的性质，如果失踪人重新出现，其便不能继续履行代管职责。

代管能力 代管能力是指财产代管人代管被宣告失踪人之财产的条件和资格。财产代管人应当具有完全民事行为能力，并且能够做到最有利于被宣告失踪人的利益，同时兼顾利害关系人以及交易相对人的利益。

§条文详解§

一、财产代管人的确定

宣告失踪是对特定事实状态的具有法律效力的确认，其制度价值在于救济和处理因自然人下落不明而导致的财产关系不确定的状态。通过宣告下落不明的自然人为失踪人，人民法院可为其设立合适的财产代管人，保护和管理失踪人的财产，处理应了结的债权债务，从而保护失踪人和利害关系人的利益，同时维护社会秩序的稳定。

本条第1款规定，失踪人的配偶、成年子女、父母或者其他愿意担任财产代管人的人，可以担任其财产代管人，代管其财产。本条第2款规定，代管有争议，或者没有前款规定的人，或者前款规定的人无代管能力的，由人民法院指定的人代管。人民法院应从有利于保护失踪人及其利害关系人的合法权益、有利于财产的管理出发，为失踪人指定财产代管人。

二、财产代管人的法律地位

自然人被宣告失踪后，其民事权利能力并不丧失，只是其有关财产关系上的权利、义务由财产代管人代为行使和履行。因此，财产代管人的法律地位与不完全民事行为能力人的法定代理人的法律地位实质上具有一定的相似性。财产代管人对失踪人的财产进行管理时，法律对其职责有明确规定的，适用其规定；法律没有明确规定的，可以参照适用法律有关法定代理人之职责的规定。

在财产代管人的诉讼地位方面，由于存在失踪人下落不明的特定情势，为方便诉讼，在有关失踪人的债权行使或者债务清偿的纠纷或诉讼中，可以将财产代管人直接列为原告或者被告。具体而言，失踪人的财产代管人拒绝支付失踪人所欠的税款、债务和其他费用，债权人提起诉讼的，人民法院应当将代管人列为被告。失踪人的财产代管人向失踪人的债务人要求偿还债务的，可以作为原告提起诉讼。

尽管如此，财产代管人没有自己特殊的实质利益，其实施的一切行为都是为了维护被宣告失踪人及其他民事主体的财产利益。

第四十三条

财产代管人应当妥善管理失踪人的财产，维护其财产权益。

失踪人所欠税款、债务和应付的其他费用，由财产代管人从失踪人的财产中支付。

财产代管人因故意或者重大过失造成失踪人财产损失的，应当承担赔偿责任。

【本条主旨】 本条有三款规定。第 1 款是关于财产代管人应当尽职管理的规定。第 2 款是关于财产代管人对于失踪人所欠税款、债务和其他费用的处理的规定。第 3 款是关于财产代管人造成失踪人财产损失时应当承担责任的规定。

【核心概念】

妥善管理　妥善管理是指以善良管理人的注意义务标准进行管理，例如，保管贵重字画时应当注意防潮、防虫蛀。

财产权益　财产权益是指以财产利益的价值为内容，直接体现财产利益属性的民事权益。财产权一般是以金钱多少来计算具体的价值，而且可以进行交易流转，在法律上受到保护。财产权既包括物权与债权，也包括知识产权中的财产权利。

税款　税款是指为了特定的公共目的，通常由税务机关向社会主体无偿征收的费用。税款以货币为特定形式，具有法定性和义务性。

债务　债务是指债务人依约定或法定的内容应为或者不为特定行为的义务。债务在法律上是一种义务。这里的债务特指失踪人作为债务人承诺在未来特定的日期偿还给债权人的本金及利息的不利负担。

其他费用　其他费用是指法律明确规定的与失踪人之利益密切相关的特定性质的支出性费用，包括赡养费、扶养费、抚养费和因代管财产所需的管理费等必要的费用。

故意　故意是指行为人预见到损害后果的发生并希望或放任该结果发生的心理状态。故意可以分为直接故意和间接故意。[①]

重大过失　重大过失表现为行为人的极端疏忽或极端轻信的心理状况，疏于特别的注意义务往往属于重大过失[②]，例如，财产代管人极度疏忽，忘记追偿到期债权，给失踪人造成财产损失。

---

① 张新宝．侵权责任法．4 版．北京：中国人民大学出版社，2016：35.

② 同①37.

§条文详解§

一、财产代管人应当妥善管理失踪人的财产，维护其财产权益

财产代管人代管失踪人的财产，应当如同管理自己的财产，尽到必要的注意义务，妥善为代管行为。如果代管是有偿的，则财产代管人应当尽到善良管理人的注意义务。

（1）保护失踪人的财产不受侵害或者其他损害。财产代管人应当谨慎履行代管义务，妥善管理失踪人的财产，适当行使代管权。如果有人对失踪人的财产进行恶意侵占，则财产代管人应当采取合理措施进行抵御，保护失踪人的财产不受侵犯。对于失踪人的特殊财产，例如易于变质的物质财产，财产代管人应当采取必要的措施进行维护，或者进行变价处分，保存价值。

（2）财产代管人拒不履行、怠于履行代管职责，或者在代管期间丧失管理能力，已无力履行代管职责，或利用代管财产的便利侵害失踪人的财产权益的，利害关系人可以向人民法院申请变更财产代管人，人民法院在查清事实后可依法作出变更财产代管人的裁决。

（3）在代管结束时，财产代管人应当向有关人员报告代管财产的情况，移交财产、收益、账簿等。财产代管人代管失踪人的财产是否为有偿行为，法律没有作出明确规定，宜依照习惯和个案的具体情况处理。

二、财产代管人的赔偿责任

本条规定，财产代管人因故意或者重大过失造成失踪人财产损失的，应当承担赔偿责任。这是一种过错责任，其责任构成要件包括损害、因果关系以及过错。具体而言：（1）损害。此处的损害特指财产损失，既包括积极形式的损失，例如现有财产的减少，也包括消极形式的损失，例如应当增加的财产没有增加。（2）过错。如果财产代管是无偿的，则财产代管人因故意或者重大过失造成失踪人财产损失的，应当承担赔偿责任。如果财产代管是有偿的，则财产代管人需要尽到善良管理人的注意义务。财产代管人没有尽到善良管理人的注意义务，致使失踪人的财产遭受损失的，应当承担赔偿责任。（3）因果关系。失踪人的财产损失与财产代管人的过错存在相当的因果联系。具体而言，财产代管人的过错与失踪人的财产损失之间是一种引起与被引起的关系。

第四十四条

财产代管人不履行代管职责、侵害失踪人财产权益或者丧失代管能力的，失踪人的利害关系人可以向人民法院申请变更财产代管人。

财产代管人有正当理由的，可以向人民法院申请变更财产代管人。

人民法院变更财产代管人的，变更后的财产代管人有权要求原财产代管人及时移交有关财产并报告财产代管情况。

【本条主旨】 本条有三款。第 1 款是关于利害关系人申请变更财产代管人的规定。第 2 款是关于财产代管人申请变更代管人的规定。第 3 款是关于变更财产代管人后代管事务交接的规定。

【核心概念】

代管职责 代管职责是财产代管人对失踪人的财产进行管理和保护的权利、义务的总称。

变更财产代管人 变更财产代管人是指以新的财产代管人替代旧的财产代管人。在一般情形下，只有基于法律规定的特定事由，由具有申请变更权利的主体经过法定的程序，才能对原来的财产代管人进行变更。

正当理由 正当理由是指合适和合法的事由。法律规定将正当理由作为财产代管人自己申请变更的实质原因，该实质事由与失踪人的利益保护存在紧密联系，并且也与财产代管人自己的利益存在联系，最后是否成为正当理由，由人民法院最终判断。

§条文详解§

一、设定变更财产代管人的意义

民法规定变更财产代管人主要在于保护失踪人的财产利益。财产代管人的代管职责履行情况以及代管能力大小直接关系到失踪人的财产利益是否得到充分的保护。财产代管人管理失踪人的财产，应以善良管理人的标准行使代管权，不得损害失踪人的合法权益。如果确实出现财产代管人不尽职或者代管能力有瑕疵，而继续进行代管行为对失踪人的财产利益可能造成直接损害的情况，就与法律设置失踪人的财产代管的意旨就完全违背了。因此，变更财产代管人制度是宣告失踪制度的重要组成部分，都是为了保护失踪人的财产利益。当然，财产代管人变更制度也兼顾了利害关系人以及财产代管人的利益保护。利害关系人认为财产代管人的代管行为并不利于其自身利益而且不利于失踪人的利益的，基于保护自己利益的需要，可以提出变更财产代管人的申请。财产代管人认为代管行为与自身的利益产生冲突，或者基于正当理由认为自己没有能力继续实施代管行为的，为了保护失踪人以及其他利害关系人的利益，也有权申请变更财产代管人。另外，变更财产代管人制度也有利于维持交易秩序的稳定，保护交易相对人的信赖利益。财产代管人在履行债务时出现不诚信行为，不但会使失踪人的利益遭受损害，也会使交易相对人的信赖利益遭受损害，而财产代管人的变更恰恰可以改变这种行为，发挥保护交易相对人和失踪人之利益的作用。

二、变更财产代管人的程序

失踪人的财产代管人有正当理由，例如无力履行代管职责，申请变更财产代管人的，人民法院比照特别程序进行审理。失踪人的财产代管人不履行代管职责、侵害失踪人的财产权益或者丧失代管能力的，失踪人的利害关系人可以向人民法院请求财产代管人承担民事责任，适用普通程序。如果利害关系人同时申请人民法院变更财产代管人的，变更之诉比照特别程序单独审理。

三、原财产代管人的移交和报告义务

人民法院变更财产代管人的，变更后的财产代管人有权要求原财产代管人及时移交有关财产并报告财产代管情况。及时移交有关财产和报告财产代管情况不仅是原财产代管人的法定义务，也是变更后的财产代管人代管好失踪人之财产事务的基础条件。原财产代管人如果不及时移交有关财产并报告财产代管情况，造成失踪人财产损失的，应当承担赔偿损失。但是这里只局限于原财产代管人故意或者重大过失的情形。原财产代管人如果仅具有一般的过失，则不需要承担赔偿损失。同样的，变更后的财产代管人自己故意或者重大过失不及时接收原财产代管人移交的有关财产，或者不认真听取原财产代管人报告的财产情况，造成失踪人财产损失的，也应当承担赔偿损失。

第四十五条

失踪人重新出现，经本人或者利害关系人申请，人民法院应当撤销失踪宣告。

失踪人重新出现，有权请求财产代管人及时移交有关财产并报告财产代管情况。

【本条主旨】 本条有两款。第 1 款是关于撤销失踪宣告的规定。第 2 款是关于失踪人重新出现后有权要求返还财产的规定。

【核心概念】

失踪人 失踪人是指下落不明满一定期间，经利害关系人申请，由人民法院依据法定条件和程序宣告为失踪状态的自然人。尽管被宣告失踪，但是失踪人依然具有民事权利能力和民事行为能力。因此，财产代管人在法律地位上并不是失踪人的代理人，而且代管的权限范围仅限于失踪人的财产事务。

§条文详解§

一、撤销失踪宣告制度的意义

民法设置撤销失踪宣告制度的根本目的在于保护被宣告失踪人重新出现后的财产利益。由于宣告失踪制度本身不是宣告失踪人失去民事权利能力或者民事行为能力，失踪人的民事权利能力和民事行为能力不受宣告制度的影响，其作为财产权利的主体资格以及支配能力也没有受到影响。而且，民法设置宣告失踪制度的目的也是保护失踪人的利益，背后也有失踪人重新出现，恢复到失踪前的状态的期待。因此，从这个意义上说，失踪宣告制度只是一个暂时性的过渡制度。撤销失踪宣告制度对于失踪人自身而言在本质上也是恢复其正常行使财产权利的制度，毕竟，在法律上失踪人才是代管财产真正的所有权人。只有失踪人自己行使财产权利，才能最大限度地保护自己的财产权利。对于财产代管人而言，他毕竟不是代管财产的所有权人，只是出于保护失踪人的财产利益之需要，由法律赋予他代管的权利，而且代管的权利也要受到相关利害关系人的限制，财产代管人并没有最终享有代管财产行为的利益。代管并不是真正意义上的权利，而是一种职责，甚至责任的属性更为明显。在失踪人重新出现后，失踪人恢复对代管财产的管理，也意味着财产代管人之财产代管责任的解脱，从这个意义上说，撤销失踪宣告制度对于财产代管人也是具有一定积极意义的。

二、失踪人重新出现是申请撤销失踪宣告的前提条件

失踪人重新出现，可以理解为失踪人重新出现或者有人确切知道他的下落。重新出现是失踪人以自己的行踪形式出现，是一种自觉的积极行为。而有人确切知道失踪人的下落，是其他人了解失踪人的行踪，不一定是失踪人以自己的行为表现出来，即使失踪人不知道自己正处于下落不明状态，只要他人开始知道失踪人的踪迹，也可以理解为失踪人重新出现。

三、撤销失踪宣告的程序

撤销失踪宣告要经过以下基本程序。

（1）申请。必须是本人或者与失踪人有利害关系的民事主体向人民法院提出申请。利害关系人包括失踪人的配偶、父母、成年子女、祖父母、外祖父母、成年兄弟姐妹以及其他与之有民事权利义务关系（如债权债务关系）的人。

（2）管辖。撤销宣告自然人失踪的案件，由失踪人住所地的基层人民法院管辖。这是因为失踪人住所地的人民法院对于之前宣告失踪的事实比较了解，而且便于相关当事人为诉讼行为。

（3）判决。人民法院应当依据相关证据，判断失踪人重新出现的事实。如果是失踪人本人提出撤销失踪宣告申请的，人民法院只要确认申请人的身份与失踪人为同一人即可。如果是利害关系人提出申请的，人民法院应当严格依据证据确认被申请撤销失踪宣告的人重新出现的事实存在，才可以依法作出撤销失踪宣告的判决。人民法院撤销失踪宣告的判决一经送达当事人，就发生法律效力。

四、财产代管人的财产移交与报告义务

撤销后，财产代管人的财产代管权归于消灭，应当结束代管行为，将代管财产交给被撤销失踪宣告的人并且报告财产代管情况。具体而言，失踪人在法律上仍然具有民事权利能力和民事行为能力，作为民事主体的资格并未丧失，只是存在下落不明的事实状态，因此，财产代管人在法律上只能以失踪人的名义管理财产，而不能把失踪人的财产与自己的财产混同，更不能将失踪人的财产占为己有。财产代管人如果得知该失踪人重新出现或确知他并未失踪，其应将管理财产的权利归还于失踪人。

第四十六条

自然人有下列情形之一的，利害关系人可以向人民法院申请宣告该自然人死亡：

（一）下落不明满四年；

（二）因意外事件，下落不明满二年。

因意外事件下落不明，经有关机关证明该自然人不可能生存的，申请宣告死亡不受二年时间的限制。

【本条主旨】本条有两款。第1款是关于宣告死亡之条件的规定。第2款是关于意外事件情形下宣告死亡的特殊条件的规定。

【核心概念】

宣告死亡　宣告死亡是指自然人离开自己的住所，下落不明的状态达到法定期限，经利害关系人申请，由人民法院依据法定条件和程序宣告其死亡的法律制度。宣告死亡的目的主要在于解决与失踪人相关的所有民事法律关系的问题，保护利害关系人的切身利益。

意外事件　意外事件是指非因当事人的故意或过失而偶然发生的事故。意外事件与不可抗力具有包含关系，不可能将二者完全区别开来。[①]

有关机关　这里的“有关机关”是指有权确认失踪人死亡事实并且其确认具有法律效力的国家机关。一般情形下，有关机关包括公安机关等国家机关。

① 张新宝．侵权责任法．4版．北京：中国人民大学出版社，2016：72.

“有关机关”在不同危难事件中表现为不同的机构[①]，但是必须具有一定的公信力和权威性。

§条文详解§

一、设定死亡宣告制度的意义

宣告死亡的目的主要在于解决与失踪人相关的所有民事法律关系的问题，侧重于保护利害关系人的切身利益。宣告失踪则主要解决失踪人的财产关系不确定的问题，侧重于保护失踪人的财产利益。宣告死亡制度旨在解决与被申请人有关的所有民事权利义务关系，包括人身关于和财产关系；而宣告失踪制度只是解决与被申请人有关的财产关系，并不是解决所有民事法律关系。因此，宣告死亡制度涉及的利益范围要大于宣告失踪制度涉及的利益范围。

二、宣告死亡的法定条件

本条第 1 款是关于宣告死亡之法定条件的一般规定，即：（1）下落不明满 4 年的。无论失踪人的年龄存在多大差异，均一体适用该法定期间。我国法律不因失踪人的自然状态不同而区别对待，而是同等保护，较为合理。[②]（2）因意外事件下落不明满 2 年的。下落不明满 4 年，应当从该自然人失去音讯之日起计算，而因意外事件下落不明满 2 年，应当从事故发生之日起计算。

第 2 款是关于意外事件情形下宣告死亡的特殊条件的规定。因意外事件下落不明，经有关机关证明该自然人不可能生存的，申请宣告死亡不受下落不明满 2 年时间的限制。

三、宣告死亡的具体程序

1. 申请

宣告失踪人死亡，必须由利害关系人向下落不明的自然人的住所地或最后居住地的基层人民法院提出宣告死亡的申请。申请书应当写明下落不明的事实、时间和请求，并附有公安机关或者其他有关机关关于该自然人下落不明的书面证明。对于利害关系人的申请，人民法院应当进行审查，认为手续在形式上不完备的，驳回申请，否则，应当受理并予以审理。申请宣告死亡的利害关系人的顺序是：（1）配偶；（2）父母、子女；（3）兄弟姐妹、祖父母、外祖父母、孙子女、外孙子女；（4）其他有民事权利义务关系的人。必须按此顺序申请，在先顺序的主体优先于在后顺序的主体，同顺序的人权利平等。需要指出的是，因被申请人的死亡宣告引起变化的人身关系，主要是被申请人的配偶的婚姻关系。法律赋予

---

①② 龚兵．论宣告死亡的构成要件．法学杂志，2010（2）．

配偶以最优先的顺序就是为了保护被申请人的配偶的婚姻关系。其他利害关系人一般不能绕开被申请人的配偶自己抢先申请宣告下落不明的主体死亡。但是，配偶的申请优先权也不是绝对的，如果被申请人的配偶故意不作为而损害其他利害关系人的利益，则为了维护实质正义，配偶申请宣告死亡的优先权应当受到限制。因此，在符合法定情形时，被申请人的配偶故意不申请宣告死亡而影响其他利害关系人的利益或者不申请宣告死亡客观上会给其他利害人的合法权益造成严重损害的，由其他利害人对此事实予以证明，可以由人民法院认定配偶不再享有申请优先权，后顺序的申请人可以申请宣告死亡。

2. 公告

人民法院受理宣告死亡案件之后，必须发出寻找下落不明人的公告。宣告死亡的公告期间为 1 年。因意外事件下落不明，经有关机关证明该公民不可能生存的，宣告死亡的公告期间为 3 个月。公告期间是寻找下落不明的自然人或者等待其重新出现的法定期间。人民法院应当严格执行法定期间，不得随意缩短或者延长。

3. 判决

在宣告死亡的公告期间，下落不明的自然人重新出现，或者确知其音讯的，人民法院应当作出驳回申请的判决。公告期间届满，下落不明人仍未重新出现，人民法院应当作出宣告该自然人死亡的判决。尤其需要指出的是，宣告死亡必须由人民法院作出，才能具有法律效力，其他组织和个人都无权宣告自然人死亡。

四、因意外事件下落不明的特殊处理

本条第 2 款是关于因意外事件下落不明，并且有关机关证明该自然人不可能生存情形的特殊规定。此类意外事件可以是登山遇雪崩而掉下山崖等情形，在经过搜救仍未发现踪迹时，等待两年没有必要，只要有关机关证明其不可能生还即可。例如，某人在泥石流意外事件中失踪，经过多日抢救还是没有找到该人，搜救部门作出该自然人不可能生存的证明，则在法律上不需要按照意外事件宣告死亡规定的下落不明满 2 年的一般要求，就可以依据法律规定宣告该自然人死亡。被申请宣告死亡的自然人因遇到意外事件下落不明，经有关机关证明其不可能生存的，法院的公告期间为 3 个月。

第四十七条

对同一自然人，有的利害关系人申请宣告死亡，有的利害关系人申请宣告失踪，符合本法规定的宣告死亡条件的，人民法院应当宣告死亡。

【本条主旨】 本条是关于协调对同一自然人同时申请宣告死亡和宣告失踪之处理办法的规定。

【核心概念】

利害关系人　利害关系人是指与被宣告死亡的自然人的宣告死亡事实有密切利益关系的有关主体。申请宣告死亡的利害关系人的顺序是：（1）配偶；（2）父母、子女；（3）兄弟姐妹、祖父母、外祖父母、孙子女、外孙子女；（4）其他有民事权利义务关系的人。其他有民事权利义务关系的人具体是指与被申请人有民事权利义务关系的人，例如被申请人的债权人和债务人，被申请人的其他亲属等。宣告死亡必须按此顺序申请，在先顺序的主体优先于在后顺序的主体，同顺序的人权利平等。需要指出的是，检察机关可以作为国家利益的代表申请宣告死亡。这是因为现实生活中有时自然人长期下落不明，利害关系人因各种原因不申请宣告死亡，致使权利、义务不确定状态长期存在，从而国家利益有遭受损害的危险。[①]

§条文详解§

一、宣告失踪与宣告死亡的关系

（1）在实践中，有可能会存在有的利害关系人针对同一自然人在法院判决宣告其为失踪人后申请宣告该失踪人死亡的情形。在这种情形下，从失踪之日起满4年的，人民法院应当受理宣告死亡申请，宣告失踪的判决即是该自然人失踪的证明，计算的开始日期以此为准。

（2）宣告失踪不是宣告死亡的必经程序。自然人下落不明，符合申请宣告死亡的法定条件的，利害关系人可以不经申请宣告失踪而直接申请宣告死亡。而下落不明的事实更不必以宣告失踪的判决书来确认。如果自然人下落不明的事实已满法定期间，但利害关系人只申请宣告失踪的，即使符合宣告死亡的条件，人民法院也只能作出宣告失踪的判决，而不能作出宣告死亡的判决。

二、死亡宣告申请的效力优于失踪宣告申请的效力

宣告死亡制度对被申请人而言将产生重大的效力：在被宣告死亡后，被申请人将丧失民事权利能力和民事行为能力，在法律上也将丧失民事主体资格。在关于同一自然人的宣告死亡和自然死亡可能存在分离的情形下，法律效力并不是完全等同的，即在宣告死亡之后，自然人于未自然死亡期间实施的民事法律行为仍然具有法律效力。但是，这只是特殊情形下宣告死亡效力的例外规定。法律规定

---

① 龚兵．论宣告死亡的构成要件．法学杂志，2010（2）．

宣告死亡制度主要还是为了保护被申请人的利害关系人的利益，而宣告失踪制度并不会消灭失踪人的民事权利能力和民事行为能力，主要还是为了保护宣告失踪人的利益。由于保护利益的性质和范围存在差别，所以法律规定死亡宣告申请的效力优先于失踪宣告申请的效力。

第四十八条

被宣告死亡的人，人民法院宣告死亡的判决作出之日视为其死亡的日期；因意外事件下落不明宣告死亡的，意外事件发生之日视为其死亡的日期。

【本条主旨】本条是关于宣告死亡之日期确定的规定。

【核心概念】

判决 判决是指人民法院依照法律规定的条件和程序，对审理终结的案件，就当事人之间的民事实体权利、义务的争议，或者就确认具有法律意义的事实，作出的决定。民事判决书是民事判决的正式书面形式。自然人的死亡事实是具有民事法律意义的事实，属于民事判决的范畴。

死亡的日期 自然人死亡事实发生效力的时间。

判决作出之日 法院就死亡事实作出决定并形成书面判决的时间。

§条文详解§

一、人民法院宣告死亡的判决作出之日视为其死亡的日期

在一般情形下，民法规定人民法院宣告死亡的判决作出之日视为被宣告死亡人的死亡日期。后者是以判决宣告之日为其死亡的日期。判决作出之日是不同于判决宣告之日的。宣告判决有两种方式：一种是当庭宣判，另一种是定期宣判。当庭宣判的，应当在 10 日内发送判决书；定期宣判的，宣判后立即发给判决书。[①] 而判决作出之日是以判决书落款处的日期为准。判决作出之日与判决的生效之日也是不同的：判决书只有在送达当事人后并且经过一定的法定上诉期间后无人上诉，才可以发生法律效力。宣告死亡的判决书除发给申请人外，还应当在被宣告死亡的人的住所地和人民法院所在地公告。

二、因意外事件下落不明宣告死亡的，意外事件发生之日视为其死亡的日期

因意外事件被人民法院判决宣告死亡的，其死亡日期为意外事件的发生之日。确定意外事件发生之日为死亡日期，有利于在实践中与一般的下落不明作出

---

① 《民事诉讼法》第 148 条第 2 款.

区分，更有利于对被宣告死亡之人的民事法律关系进行确定，还有利于人民法院节约司法资源，避免要确定因意外事件被宣告死亡的自然人的下落不明的开始时间而产生的麻烦。

第四十九条

自然人被宣告死亡但是并未死亡的，不影响该自然人在被宣告死亡期间实施的民事法律行为的效力。

【本条主旨】本条是关于自然人被宣告死亡但实际未死亡期间实施的民事法律行为之效力的规定。

【核心概念】

民事法律行为　民事法律行为是民事主体基于独立的意思表示，设立、变更、终止民事权利和民事义务的行为。民事法律行为在外在形式上可以是口头形式、书面形式以及其他形式，例如默示。

§条文详解§

一、宣告死亡仅仅是从法律上推定为死亡，并不一定是客观、真实的死亡

自然人的自然死亡和宣告死亡是完全不同的概念，在民法上也会产生不同的效力。自然死亡会使自然人的民事权利能力和民事行为能力产生绝对消灭的效力。而宣告死亡只是使自然人的民事权利能力和民事行为能力发生相对消灭的效力。

宣告死亡仅仅是从法律上推定为死亡，并不一定是客观、真实的死亡。根据推定的效力，在宣告自然人死亡后，如果被宣告死亡的人重新出现，或者有人明确知道他还健在，经过法定程序，则会产生撤销死亡宣告的效力。

二、宣告死亡不影响自然死亡前的民事法律行为的效力

自然人被宣告死亡但是并未死亡期间，其实施的民事法律行为不受宣告死亡判决的影响，具有法律效力。自然人在被宣告死亡但并未自然死亡期间，为了满足日常生活的需要，可以进行民事活动，其实施的民事法律行为只要不违反社会公共利益以及法律的强制性规定，即为有效的民事法律行为，不受宣告死亡的影响。

宣告死亡和自然死亡的时间不一致的，宣告死亡所引起的法律后果仍然有效，但自然死亡前实施的民事法律行为与被宣告死亡引起的法律后果相抵触的，则以其实施的民事法律行为为准。

第五十条

被宣告死亡的人重新出现，经本人或者利害关系人申请，人民法院应当撤销死亡宣告。

【本条主旨】本条是关于被宣告死亡的人重新出现时撤销死亡宣告的规定。

【核心概念】

重新出现 被宣告死亡的自然人重新出现，也称为“生还”，是指被宣告死亡的自然人在宣告死亡判决生效后，其踪迹重现出现在住所地人民法院管辖的地域范围内，或者有人已经知道被宣告死亡的人的生存音信。

§条文详解§

一、设定撤销死亡宣告制度的意义

撤销死亡宣告制度侧重于保护被宣告死亡之人的利益，同时也兼顾相关利害人的利益。在一般情形下，在死亡宣告被撤销后，被宣告死亡之人的民事法律关系或者民事权利、义务内容都会得到恢复。但是，被宣告死亡之人的有些人身利益与善意第三人发生联系时，如果一概予以恢复，则会损害善意第三人的利益。在这种情形下，法律倾斜于保护善意第三人的利益，因为这部分利益在性质上类似于信赖利益，属于社会公共利益的组成部分。

二、撤销死亡宣告的要件

撤销死亡宣告的法律要件有三项：（1）存在被宣告死亡之人尚存活的事实。具体而言，就是被宣告死亡之人重新出现，既可以表现为本人直接出现的积极形式，也可以表现为别人已经确知他的音信的消极形式。无论何种形式，都是被宣告死亡之人存活事实的表现，即使在宣告死亡后，他人确知被宣告死亡之人在宣告死亡后的确切死亡时间，也不能理解为被宣告死亡之人重新出现。重新出现的核心内容在于被宣告死亡之人存活的事实，而且是当时仍然存活事实的确认。（2）由本人及利害关系人申请，利害关系人的范围与宣告死亡申请人的范围相同，但是没有顺序限制。本人和利害关系人都可以申请撤销死亡宣告，即使同时进行诉讼，人民法院在受理后可以合并审理。与申请宣告死亡不同，申请撤销死亡宣告的利害关系人不受顺序限制，只要在法定的利害关系人范畴，都可以进行申请。（3）由人民法院作出撤销死亡宣告的判决。宣告死亡的判决是由人民法院作出的，在法律上具有权威性和公信力，任何个人和其他组织都不能随意撤销或者改变人民法院的判决。从根本上说，这是因为宣告死亡的判决不仅关系被宣告死亡之人的切身利益，而且关系利害关系人以及善意第三人的切身利益。由人民法院作出最后的撤销死亡宣告的判决最能维护各方主体之间的利益平衡。

在程序上，人民法院需要对被宣告死亡之人重新出现的事实和证据进行审查，确认自然人的身份，并且作出撤销死亡宣告的判决。

第五十一条

被宣告死亡的人的婚姻关系，自死亡宣告之日起消除。死亡宣告被撤销的，婚姻关系自撤销死亡宣告之日起自行恢复。但是，其配偶再婚或者向婚姻登记机关书面声明不愿意恢复的除外。

【本条主旨】本条是关于死亡宣告、撤销死亡宣告对婚姻关系之影响的规定。

【核心概念】

婚姻关系　婚姻关系是指男女双方基于真实的意思表示，依据法律规定的条件和程序，到婚姻登记机关进行登记，并领取结婚证而产生的民事法律关系。婚姻关系是家庭关系的重要组成部分，具有特定的权利、义务内容。婚姻关系是一种民事法律关系，婚姻关系中夫妻一方享有的权利，他方或者第三方不得侵害，侵害婚姻关系的行为人应当承当侵权责任。[①]

自行恢复　自行恢复是指不附加任何条件和程序，也不受他人意志影响，即时回复到原来状态。

再婚　再婚是指再次结婚，具体是指在前段婚姻关系已经终止的情形下，依据法律规定的条件和程序，再次与他人缔结婚姻关系，发生夫妻之间权利义务关系的民事法律行为。

§条文详解§

一、宣告死亡对被宣告死亡之人的婚姻关系的影响

宣告死亡制度与被宣告死亡之人的配偶的婚姻关系存在紧密的联系。被宣告死亡之人的配偶也是申请宣告死亡的第一顺序人，较之于其他申请人具有优先申请的效力。婚姻关系是重要的人身利益，在法律上应当受到优先保护。自然人在被宣告死亡后，就不再具有民事权利能力和民事行为能力，也就是失去了继续成为婚姻关系当事人的资格。在这种情形下，消灭被宣告死亡之人的婚姻关系，有利于保护其配偶的婚姻利益，在一定意义上就是在保护其配偶的婚姻自由。

被宣告死亡的人的婚姻关系自死亡宣告之日起消灭。被宣告死亡的人与其配

---

① 覃有土，陈雪萍．侵害婚姻关系之诉探析．法学家，2004（3）．

偶的婚姻关系消灭的效力与死亡宣告判决书的效力是同时发生的，死亡宣告判决书就是婚姻关系消灭的证明。在宣告死亡判决生效后，配偶可以主张分割与被宣告死亡的人的婚姻共同财产，在取得自己个人财产份额的同时，还可以就被宣告死亡之人的个人财产部分，主张财产继承。

二、死亡宣告被撤销的，婚姻关系自撤销死亡宣告之日起自行恢复

撤销死亡宣告之效力的发生之日是由死亡宣告的判决作出之日决定的。死亡宣告被撤销的，婚姻关系自撤销死亡宣告之日起自行恢复。在婚姻关系恢复上，不需要受法律规定之外的其他条件和程序的限制，也不需要经过其他个人或者组织的批准，就可以自行重新发生效力。夫妻之间还是受婚姻家庭法规定的关于夫妻之间的权利、义务内容的限制。

三、不自行恢复的情况

（1）如果配偶已再婚，新产生的婚姻关系受到法律保护，不可以自行恢复原来的婚姻关系。此外，配偶再婚后又离婚或者再婚后配偶他方又死亡的，也不能自行恢复婚姻关系。

（2）自行恢复婚姻关系除了受其配偶再婚的事实限制，还要受到配偶的婚姻意思自由的限制。如果其配偶不愿意恢复原来的婚姻关系，则婚姻关系也不当然发生自行恢复的效力。配偶如果不愿意恢复婚姻关系，应当符合法律要求的形式和程序。一般而言，配偶需要向婚姻登记机关作出书面声明不愿意恢复婚姻关系，并且由婚姻登记机关对此予以确认，否则不利于婚姻关系的信赖利益保护。如果仅是口头声明不愿意恢复，而且婚姻登记机关不予以确认，意味着配偶在之后可以根据自己的利益选择随意反悔，主张与被撤销宣告死亡之人的婚姻关系利益。这显然是违背诚信原则的。作为自行恢复婚姻关系的例外规定，配偶不愿意恢复婚姻关系的自由受法律保护，但是也需要对这一适用作出严格的限制。应当指出的是，配偶在胁迫、欺诈等情形下作出的不愿意恢复婚姻关系的意思表示，是没有法律效力的，但是应当由配偶就此事实进行举证，才可以推翻人民法院已经作出的配偶不愿意恢复婚姻关系的判决。

第五十二条

被宣告死亡的人在被宣告死亡期间，其子女被他人依法收养的，在死亡宣告被撤销后，不得以未经本人同意为由主张收养关系无效。

【本条主旨】 本条是关于死亡宣告被撤销后有关其子女的收养关系仍然有效的规定。

【核心概念】

收养　收养是指将他人子女依据法律规定的条件和程序收为自己养子女的民事法律行为。收养的结果就是要创设亲子关系，使收养人和被收养人之间产生拟制血亲关系，具有父母子女间的身份和权利、义务，同时，解除被收养人与生父母之间的权利义务关系。[①] 在法律上，收养子女与婚生子女具有同等的法律地位。收养人称为养父母，被收养人则称为养子女，而被收养人的生父母则称为本生父母。对本生父母而言，被收养人则称为出养子女。

收养关系　收养关系是指基于法定的收养行为发生，以等同于本生父母与出养子女之间的权利、义务为内容的民事法律关系。我国保护合法的收养关系。养父母与养子女之间的权利和义务，适用婚姻家庭法对父母子女关系的规定。

§条文详解§

一、自然人被宣告死亡之后发生的子女被依法收养的情况

在自然人被宣告死亡之后，如果其子女没有其他亲人的照顾，法律规定将收养制度作为衔接，可以起到重要的保护未成年人利益的作用。收养关系和亲生的父母子女关系一样，都是法律保护的身份关系，并且受到同等保护。养父母对养子女负有抚养的义务，而成年养子女对养父母也负有赡养的义务。

收养是法律认可的亲权关系拟制方式，在民法上具有特定的意义，属于一种民事法律行为。收养关系是婚姻家庭关系的重要构成部分，养子女和亲生子女一样，在家庭关系中享有一定的权利并承担一定的义务，例如，接受家庭长辈的抚育和照顾，有权继承养父母的财产，同时对养父母也须承担赡养义务。收养行为在本质上是一种涉及人身利益的契约行为，能够产生一定的民事权利义务关系，因此应当符合法律规定的条件和程序，其中，收养人、被收养人以及送养人都受到严格的条件限制。除了严格的法定条件，收养关系的当事人应当在自愿、平等、协商的基础上，达成书面收养协议，并且按照法律规定的程序报收养关系的主管机关进行收养登记后，收养关系才能产生法律效力。

收养行为一旦生效，便产生两个方面的法律效果：一是在收养人和被收养人之间产生法定的父母子女权利义务关系，二是被收养人与其生父母之间的亲权关系以及基于此的其他亲属关系同时归于消灭。

收养不同于寄养。寄养是父母因特殊情况暂时不能直接履行对子女的抚养义务，把子女临时寄托在他人家中抚养的委托行为。寄养行为不发生法定的父母子女权利义务关系的变更，被寄养儿童与受托人之间不产生父母子女之间的权利义

---

① 夏吟兰．民法典体系下婚姻家庭法之基本架构与逻辑体例．政法论坛，2014（5）．

务关系。

收养也不同于抚养。根据民法的有关规定，抚养是父母照顾和抚育其子女的一种法定义务。抚养只是父母与子女之间亲权关系的外在表现形式，不会引起亲权本身的变化，而收养属于引起亲权关系实质变更的要式行为。

二、死亡宣告被撤销后，不得以未经本人同意为由主张收养关系无效

由于宣告死亡在民法中只是一种推定制度，因而如果被宣告死亡之人重新出现，经本人或者利害关系人的申请，可以撤销宣告死亡。被撤销死亡宣告之人有子女的，父母子女的权利义务关系应当恢复，但子女已被他人依法收养的，不得以未经本人同意为由主张收养关系无效，但收养人和被收养人同意的除外。这也是为了保护善意第三人的信赖利益和人身利益。该条保护的收养关系必须是依法产生的，即符合法律规定的条件和程序的收养才能受到保护。如果存在程序瑕疵，例如仅有事实上的收养关系，则不受保护。对于该类型的收养关系，被撤销死亡宣告之人可以主张恢复与其子女的亲权关系。

第五十三条

被撤销死亡宣告的人有权请求依照本法第六编取得其财产的民事主体返还财产；无法返还的，应当给予适当补偿。

利害关系人隐瞒真实情况，致使他人被宣告死亡取得其财产的，除应当返还财产外，还应当对由此造成的损失承担赔偿责任。

【本条主旨】本条有两款。第1款规定被撤销死亡宣告的人有权请求返还财产。第2款规定利害关系人隐瞒真实情况导致他人被宣告死亡而取得财产的返还和赔偿责任。

【核心概念】

补偿 补偿是指对已造成的损失，以金钱的形式予以适当的分担。补偿在内容上就是一种由法律明确规定的支付一定金钱的法定义务，具有强制性和法定性。[①]

赔偿责任 民事赔偿责任是指行为人侵犯他人民事权利或者不履行特定义务造成损失的，依据法律规定或者约定应当承担的支付一定数额金钱的法律后果。赔偿责任是民事责任的一种类型，具有强制性，最终的目的就是对已经造成的权利损害和财产损失给予恢复和补救。

① 张新宝．侵权责任法．4版．北京：中国人民大学出版社，2016：79.

§条文详解§

一、被撤销死亡宣告的人有权请求返还财产或者获得适当补偿

在自然人被宣告死亡后，自身的财产由于没人监管，有可能存在被第三人侵占的情形。在撤销宣告死亡后，自然人重新获得了民事权利能力和民事行为能力，可以就自己的财产主张权利。第三人如果侵占了被撤销宣告死亡之人的财产，则应当予以返还财产。如果第三人与利害关系人串通，将被宣告死亡之人的财产低价转移，此时被撤销死亡宣告之人可以要求侵占财产的第三人返还财产。如果第三人是善意的，在买卖财产时并不知道该财产属于被宣告死亡之人所有，并且支付了合理的对价，则此时所有权发生了转移，被撤销宣告死亡的人不能请求善意第三人返还财产，只能就损失向利害关系人请求赔偿。

在宣告死亡后，由于被宣告死亡之人的民事主体资格丧失，就发生了继承的效果。如果没有遗嘱，则按照法定继承的方式对遗产进行分割，各个继承人就能获得分割财产的所有权。但是，失踪人被宣告死亡只是法律上的推定结果，当其重新出现时，就应当撤销死亡宣告。撤销死亡宣告就会使继承人的继承权丧失基础，故继承人应返还所继承的财产，使其恢复到未继承时的状态。因继承法而取得财产的民事主体应当返还财产或者给予适当补偿。如果继承人继承得到的财产还是保持原物状态，则应当返还原物。如果原物不存在或者返还原物的成本过大，则应当对被撤销死亡宣告之人给予合理的补偿。这里的补偿应当只限于现有财产的补偿，一般来说，继承人在持有或者消费继承得来的财产时，也会付出必要的费用，或者在正常的消费之内，这部分损耗，因继承人并没有恶意，且纯粹是基于物本身的性质而发生的，故应当属于合理的费用范畴，继承人不应当就此部分进行偿还。而且，继承人的财产本身就是合法继承得来的，如果要求他完全返还或者补偿，就不符合民法上的公平原则。因此，这里的补偿并不是完全的返还，而是合理的价值返还。

二、利害关系人隐瞒真实情况非法取得财产的返还和赔偿责任

相关利害关系人隐瞒真相，致使被申请人因被宣告死亡而受到损失的情形也是撤销死亡宣告在法律效力考量方面的重要内容。在这种情形下，相关利害关系人应当对被死亡宣告的自然人承担赔偿责任，而且承担的是一种过错责任。相关利害关系人一般具有恶意隐瞒真相的情形，在主观上具有可责难性。因此，相关利害关系人不但不能获得已经取得的利益，而且应当对被宣告死亡之人的损失给予赔偿。利害关系人隐瞒真相致使他人被宣告死亡所承担的财产侵权责任，除了要返还在侵权行为中获得的财产原物（包括孳息）外，还要对被宣告死亡之人的其他财产损失承担赔偿责任，当然，该其他财产损失应当与

利害关系人的侵权行为存在因果关系。在主观过错上，利害关系人隐瞒真实情况，属于有恶意的情形。在客观行为上，它既可以表现为积极伪造被宣告死亡之人下落不明的证据，也可以表现为明知被宣告死亡之人的下落而不告知，造成当事人被宣告死亡的事实。

第四节　个体工商户和农村承包经营户

第五十四条

自然人从事工商业经营，经依法登记，为个体工商户。个体工商户可以起字号。

【本条主旨】 本条是关于个体工商户概念的规定。

【核心概念】

登记　登记是指把有关法定事项以特定的形式登录记载在册籍上，并产生特定的法律效果的行为。登记行为在民法上有特定的意义，产生一定的法律效力。登记具有私法属性，从商法上看，个体工商户登记属于商主体的登记，就是商事登记。具体来说，商事登记，一般是指商业当事人为设立、变更或终止商主体资格，依照法律规定的内容和程序向登记主管机关提出登记申请，登记主管机关予以核准并登记注册的法律行为。[①] 可见，登记在民商法上与主体资格的设立、变更与终止存在密切的联系。

工商业经营　工商业经营，是指生产产品以及提供服务，以获取经济利润的营利性活动。

个体工商户　有经营能力并依照法律规定的条件和程序，经市场监督管理部门登记，从事工商业经营活动的自然人。个体工商户应当在法律和法规允许的范围内，从事经营活动。

字号　字号是指自然人除名字之外其他具有法律意义的名称。在市场监督管理机关依法注册登记时，字号是企业名称的重要组成部分。企业名称的四个要素中，字号与行政区划、行业、组织形式共同构成了完整的企业名称，并且字号具有区别性的意义，其他三个要素可能和别的企业名称的相同，但是字号是不可能

① 覃有土．商法学．北京：中国政法大学出版社，1999：24.

一样的。基于字号的属性，学界也有人主张建立“字号权”，实现商业名称权中人身权和财产权的分离。[1]

§条文详解§

一、个体工商户的法律地位和意义

个体工商户是我国非公有制经济市场主体的重要组成部分，具有活跃市场经济和提供就业机会的作用。个体工商户为社会提供了大量的就业就会，对于社会稳定发挥了积极作用。个体工商户不是一类独立的民事主体，而是包含在自然人这类民事主体之中，但是，民法对自然人中个体工商户进行特别规定，主要目的在于宣示个体工商户作为民事主体开展经营活动在法律上具有特定的价值和意义。个体工商户不但开展一般的民事活动，而且是以工商业经营活动作为主要任务。质言之，个体工商户作为自然人类的民事主体不但具有一般的民事权利能力和民事行为能力，而且作为商事主体，在法律规定和核准登记的经营范围内，具有特殊的工商经营权，可以实施自主经营活动，自负盈亏。个体工商户还可以依据法律规定的条件和程序申请商标专用权。在符合条件的情况下，经批准，可以刻图章和起字号并在银行开立独立账户，甚至也可以向银行申请贷款。在遭受权利侵害时，可以以独立的字号进行起诉，主张法院保护权利。

二、个体工商户的主要法律特征

个体工商户具有如下主要法律特征：

（1）个体工商户是从事工商业经营活动的自然人或家庭。自然人可以以个人为单位，也可以以家庭为单位从事工商业经营活动，这些都属于个体工商户。依据我国法律的规定，一般的民事主体只要具备一定的条件，都可以成为个体经营户，但是国家机关工作人员等受到一定的限制。

（2）自然人从事工商业经营活动必须依据法定条件和程序核准登记。个体工商户的登记主管机关一般是县以上市场监督管理机关。个体工商户只有经核准登记，并取得营业执照后，才可以开始经营活动。在实践中，如果个体工商户出现转业、合并、变更登记事项或歇业的情形，也应办理相应的登记手续。

（3）个体工商户只能在法律、政策允许个体经营范围内进行活动。个体工商户的营业能力受到法律、行政法规的限制，不能在经营范围之外实施经营活动。

三、个体工商户的依法登记

个体工商户经当地市场监督管理机关核准登记，领取营业执照后才能开展经

---

① 聂卫东．商业名称的法律保护．法律科学，1999（3）．

营活动。在依法核准登记的范围内，个体工商户依法产生从事工商业经营的民事权利能力和民事行为能力。而且，经过依法登记，就意味着个体工商户的经营活动权利受法律保护。尤其是，个体工商户对其经营的资产和合法收益，享有完整的所有权。在依法享有权利的同时，个体工商户在开展生产经营活动时必须遵守国家的法律和行政法规，例如应照章纳税，服从市场监督管理机关的依法管理等。个体工商户实施违法经营行为的，必须承担民事责任和其他法律责任。在民事诉讼活动中，起字号的个体工商户，应以营业执照登记的户主为诉讼当事人，在诉讼文书中明确注明系某字号的户主。

四、个体工商户的字号

个体工商户的字号具有以下特征和作用：

（1）字号具有独特识别性。字号能够使个体工商户之间产生相互区别的效力。个体工商户只准使用一个字号，在登记主管机关管辖的区域范围内不得与已登记注册的同行业企业字号相同或近似。

（2）字号具有显著性。个体工商户在起字号时，应突出其显著性。如果不具有显著性，则很难被社会公众熟知，也很难成为代表性的标志。

（3）字号具有一定的经济价值。个体工商户在经营活动中提供质量良好的产品和服务，就能获得市场的认可，从而建立起一定的商誉。再经过一定时间的积淀，字号往往就会变成具有市场价值的品牌，在转让时，就会直接转化为经济利益，因此，字号在特殊情形下是具有一定的经济价值的。还有的学者认为，广义知识产权应当包括商号权，但此处的商号指的是集财产权与人身权于一体的企业名称（厂商名称）。[①] 虽然字号权与知识产权具有一定的相似处，但是知识产权应当只限于专利权、商标权、著作权三种，不宜作扩张解释。

（4）字号受到特定区域和行业的限制。字号经登记主管机关核准，就变成个体工商户独占的符号，甚至可以成为使用或者转让的对象，但是其独占的属性应当受到一定区域和行业的限制。

第五十五条

农村集体经济组织的成员，依法取得农村土地承包经营权，从事家庭承包经营的，为农村承包经营户。

【本条主旨】本条是关于农村承包经营户之概念的规定。

---

① 刘春茂．中国民法学·知识产权．北京：中国人民公安大学出版社，1997：2.

【核心概念】

农村集体经济组织成员 农村集体经济组织成员是指组成农村集体经济组织的自然人。

农村土地承包经营权 农村土地承包经营权是指承包人对其依法承包的农村土地享有的占有、使用、收益和一定处分的权利。

农村承包经营户 农村承包经营户是指农村集体经济组织的成员依法取得农村土地承包经营权，从事家庭承包经营的农户。

§条文详解§

一、农村承包经营的意义

农村承包经营户从基本生产资料而言，属于集体经济部分。[①] 农村承包经营户对农村经济发展具有重要作用，盘活了农村经济，也提高了农民的收入。我国基本经济制度是以公有制有主体，多种所有制经济共同发展。农村土地权属及其配置不仅具有重要的政治意义，而且具有重要的经济意义。民法规定农村承包经营户的意义在于，明确其作为自然人类型下的民事主体，具有独立的民事权利能力和民事行为能力，而且享有独立的法定经营权。农村承包经营户一方面能够独立地享有和行使农村土地承包经营权，提高生产效率，满足自己的生活需要；另一方面可以实施市场交易行为，获取更大的经济利益。

二、农村承包经营户的主要权利义务关系

农村承包经营户有法律规定的对内、对外的权利义务关系，具体包括：

(1) 农村承包经营户作为经济组织成员享有特定的权利，具体包括所承包土地及其他生产资料的占有使用权、生产经营计划权、产品收益分配权、土地转包权等综合的民事权利。

(2) 农村承包经营户享有对土地、山林、水面、滩涂等生产资料的生产经营权等各项权利。家庭承包经营不必限定于商品经营，经营内容是农村承包经营户的私权行使。[②]

(3) 农村承包经营户的法律地位，从签订农业承包合同时开始产生。作为承包方的农村承包经营户与作为发包方的集体经济组织是具有平等的法律地位。双方在农业承包合同的基础上平等地享有合同约定的及法律规定的各项民事权利，平等地履行合同约定的及法律规定的各项民事义务。

---

① 王胜明．试论个体工商户、农村承包经营户．中国法学，1986（4）．

② 杨震．民法总则“自然人”立法研究．法学家，2016（5）．

第五十六条

个体工商户的债务，个人经营的，以个人财产承担；家庭经营的，以家庭财产承担；无法区分的，以家庭财产承担。

农村承包经营户的债务，以从事农村土地承包经营的农户财产承担；事实上由农户部分成员经营的，以该部分成员的财产承担。

【本条主旨】 本条有两款规定。第 1 款是关于个体工商户债务承担的规定。第 2 款是关于农村承包经营户债务承担的规定。

【核心概念】

个体工商户的债务 个体工商户的债务是指个体工商户在从事经营活动时所负担的给付义务。

个人经营 个人经营是指以个人财产进行营利活动，自负盈亏的经营方式。

个人财产 个人财产是指纯粹属于个人所有、独立于家庭共有财产的财产。

家庭财产 家庭财产是指属于家庭共有的财产，受全体家庭成员支配和使用。

农村承包经营户的债务 农村承包经营户的债务是指农村承包经营户在从事经营活动时所负担的给付义务。

§条文详解§

一、个体工商户的个人经营与家庭经营：债务承担

个体工商户可以是个人经营，也可以是家庭经营的。这就意味着，一个自然人可以依法以多个个体工商户的字号进行经营活动，也可以是一个家庭的不同成员依法以不同的字号进行经营活动，或以同一个字号开展经营活动。尽管存在多种形式，在财产责任承担上，主要以经营主体作为判断标准。质言之，个人经营和家庭经营的区分才是厘清个体工商户财产责任的关键。个人经营的个体工商户以个人财产作为唯一的经营基础，并且由个人对经营活动完全自负盈亏，无论是分配利润还是负担债务都归个人。而家庭经营的个体工商户以家庭共同共有的财产作为唯一的经营基础，并由家庭全体成员对经营活动承担盈亏。具体来说，以个人名义申请登记的个体工商户，以家庭共同财产作为投资资金的，或者投资收益的主要部分供家庭成员消费的，则产生的债务由家庭共有财产清偿；家庭全体成员共同出资、共同经营的，其债务由家庭共有财产清偿。如果无法区分个人经营和家庭经营的，个体工商户的债务以家庭财产承担。

二、农村承包经营户的家庭经营：债务承担

农村承包经营户只能由家庭经营部分成员经营并由家庭财产承担债务，具体来说，就是以家庭共有财产对债务承担无限责任。但是，在一些情形下，事实上由农户部分成员经营的，以该部分成员的财产承担。农村承包经营户多为家庭生产经营共同体。[①] 农村承包经营户作为农村集体经济组织的成员，本身是以家庭为最小单位，即使一户只有一个自然人，也只能以户作为基本单位。

法律规定农村土地的承包方式以家庭承包为主要方式，是为了赋予农民长期而有保障的土地使用权，维护农村土地承包当事人的合法权益，促进农业、农村经济发展和农村社会稳定。家庭承包的承包方一般是农村承包经营户，主要出于以下考虑：第一，以家庭、农户为单位进行承包相较于以农民个人为单位进行承包，操作更为简便易行，在效率上也更高。第二，在农村地区，家庭成员间的联系仍然较为紧密，以家庭为单位进行承包更为适宜。同时，以家庭为单位进行承包也有利于家庭成员间形成更为紧密的联系。而紧密的家庭联系，对于农村社会经济发展是具有重要促进作用的。第三，以家庭为单位进行承包，可以兼顾效率与公平。一方面，每个集体经济组织成员之间的承包土地的权利是平等的，每人可以承包的土地面积与质量等级原则上是相当的，这就保证了公平。另一方面，每个集体经济组织成员之间的劳动力状况是不同的。男与女、老与少的实际劳动能力是不同的。以家庭为单位进行承包，可以在相当程度上平衡个人劳动力的这种不同。家庭内劳动能力较强的个人可以帮助劳动能力较弱的个人经营承包的土地，而且不必重新订立农村土地承包经营权流转等合同。这有利于提高经济效益。因此，农村承包经营户的设立，归根结底是为了更好地保障农民个人的合法权益。

农村承包经营户的债务，以家庭财产承担无限责任，但是应当保留家庭成员的生活必需品和必要的生产工具。这样可以保障农村承包经营户最基本的生活水平，而且有利于加大资本对农业生产活动的投入，提高农业生产效率，促进农村经济的发展。

---

① 杨震．民法总则“自然人”立法研究．法学家，2016（5）．

第三章　法　人

本章提要

本章是关于法人制度的规定，从第 57 条到第 101 条共计 45 个条文。本章分为四节：第一节对法人制度的一般性事项进行规定，第二节对营利法人作出规定，第三节对非营利法人作出规定，第四节“特别法人”对机关法人、农村集体经济组织、合作经济组织以及基层群众性自治组织作为法人的资格等事项作出规定。

在民法典起草过程中，关于法人的分类是一个争议比较大的问题。部分学者主张，按照大陆法系，特别是《德国民法典》和我国台湾地区“民法”关于法人分类的基本标准，将私法人分为“财团法人”和“社团法人”。这一观点也得到代表民办教育、民办医疗机构的部分立法参与者的支持。但是，立法机关始终坚持营利法人与非营利法人的基本分类，并在第三次审议稿中增加了“特别法人”一节，以与《民法通则》规定的“机关法人”相对应。

《民法典·总则编》遵循《民法通则》关于法人分类的基本思路，适应社会组织改革发展要求，按照法人设立目的和功能等方面的不同，将法人分为营利法人、非营利法人和特别法人三类（《民法典·总则编》第三章第二节、第三节、第四节）。对营利法人和非营利法人，《民法典》只列举了几种比较典型的具体类型。对于现实生活中已经存在或者可能出现的其他法人组织，可以按照其特征，分别归入营利法人或者非营利法人。

第一节　一般规定

第五十七条

法人是具有民事权利能力和民事行为能力，依法独立享有民事权利和承担民事义务的组织。

【本条主旨】 本条是关于法人之定义的规定。

【核心概念】

法人的权利能力　民法赋予法人作为民事主体参加民事法律关系，取得民事权利、承担民事义务的资格。法人自成立之时起具有民事权利能力。法人的权利能力是由其所依据设立的法律、法人的章程等确定。

法人的行为能力　法律赋予法人作为民事主体独立实施民事法律行为的能力。法人的民事行为能力与权利能力在范围上是一致的。

法人借助其机关（代表机构）的自然人之行为能力，实施自己的行为。

法人"组织体说"　"组织体说"的代表人物米休得等人认为：法人是一种区别于其内部成员意志和利益的组织体。法人的本质是承担权利、义务内容的社会实体。法人利益的实现依赖于其内部机关和成员的具体行为，但是法人本身是行为结果的独立承担者。同时，法人是独立承担一定社会功能的组织体。法人组织体说是我国法人制度理论的通说，也与立法规定的本质特征相一致。

§条文详解§

一、我国法律对法人的界定，采用了"法人实在说"中的"组织体说"

法人实在说是对法人性质界定的一种基础学说，也是现在有关法人性质理论的通说。我国民事立法的规定在内容上实际就是采用了"法人实在说"中的"组织体说"。

法人实在说主张法人在本质上是与自然人一样的社会实体，既不是法律虚构拟制的产物，也并不是没有独立的意思和利益。法人实在说可以分为有机体说、组织体说和社会作用说。"组织体说"认为，法人是独立的组织体，具有区别于其成员个体的独立意思和利益。从民事法律关系上看，法人是独立的法律关系主体，能独立承担法律规定的权利、义务。

作为组织体的法人有以下特征：（1）法人作为民事主体本身就是社会关系的基本单位。法人作为民事主体和自然人一样具有广泛性，参与社会生活，实施民事法律行为。（2）虽然法人不与自然人一样具有生物属性和自然肉体的存在，但是不意味着法人不具有产生民事权利能力和民事行为能力的现实基础。法人也具有一定的权利能力和行为能力，也具备独立实施意思表示的意思能力。当然，法人的民事权利能力和民事行为能力和自然人的相比还是会存在一定差异，例如，自然人的结婚能力，法人就不具有。（3）法人在内部具有完备的机构，保障法人得以顺利实施民事法律行为。内部组织就是法人的重要组成部分，联系着法人的本质属性，与法人本身是不可分离的。法人的内部机构本身不是法人的法定代理人或者代表人，而是法人作为组织体的构成部分。

二、法人具有民事权利能力和民事行为能力

法人依据法律规定，具有独立的民事权利能力和民事行为能力，并且两者在范围上是一致的。法人与自然人之间存在一定的联系，在某种意义上，法人是自然人基于特定目的，依据法定条件和程序依法设立的民事主体，承载着一定的自然人一定的利益需求。但是，法人的民事权利能力范围，与自然人的是不同的。而且，不同类型的法人之间在民事权利能力上也是不同的。总的来说，法人的民事权利能力受以下三方面的限制：（1）性质上的限制。基于自然人的生物属性而专属于自然人的民事权利能力内容，法人都无法享有。例如生命权、健康权、自由权、缔结婚姻的权利以及受抚养权等，法人因自然属性无法享有。（2）法律、法规的限制。法律规范基于特别目的，也会对特定类型的法人的民事权利能力范围进行限制。例如，机关法人不能作为债务的保证人，这也是法律保护国有资产的体现。（3）目的事业的限制。特定类型的法人都会受到其成立时的目的事业限制。法人的民事权利能力范围，以其目的事业为受限标准。在一般情形下，登记设立的法人，如果其目的事业范围有明确登记的，则以登记的范围为准。法人超出经营范围与他人所订立的合同一般是有效的，但是违反专营、专卖以及法律中效力性的强制性规范除外。

法人的民事行为能力具有以下特点：（1）与法人的民事权利能力在始期与终期上一致。与自然人不同，法人的民事行为能力与其民事权利能力同时产生、同时消灭，两者的始期与终期完全一致。而自然人基于出生取得民事权利能力，而其民事行为能力会随着年龄变化而发生变化，只有达到法律规定的年龄才能具有限制民事行为能力或者完全民事行为能力。同时，自然人的民事行为能力也会受到智力和精神健康状况的影响。例如，自然人可能因为患有精神病而成为无民事行为能力人，而此时其民事权利能力并未受到影响，更未消失。（2）范围不同。法人只要具有民事行为能力就属于完全民事行为能力，民事权利能力直接决定了民事行为能力的内容。因此，法人之民事行为能力的范围始终与其民事权利能力的范围相一致。而自然人中的无民事行为能力人或限制民事行为能力人，受限于意思能力的差异，其民事权利能力和民事行为能力的范围是不一致的。(3) 民事法律行为能力的实现方式不同。法人以自己独立的意思表示参与民事活动，实施民事法律行为，是由代表机构进行的。代表机构代表法人进行意思表示，产生的法律效力由法人承受。在营利性法人中，代表机构就是法定代表人。法定代表人必须是具有完全民事行为能力的自然人，在以法人的名义实施民事法律行为时，法定代表人所作的意思表示，就是法人本身的意思表示，而不是法定代表人个人的意思表示。由于两者具有同一性，因而法人必须当然地承受法定代表人意思表示的法律效力。而自然人由于意思能力的欠缺，致使民事权利能力与民事行为能力范围的不一致时，一般利用监护人或者代理人制度来弥补民事行为能力的不足，从而使自己顺利地参与民事法律关系。

三、法人依法独立享有民事权利和承担民事义务

“独立”具体是指法人可以以自己的意思表示实施民事法律行为，有自己完整的意思形成、表示、执行和监督机构，这些机构和法定代表人都只是法人的组成部分，而且法人是独立的最终利益承担者。法定代表人在以法人的名义实施民事法律行为时，法定代表人所作的意思表示就是法人本身的意思表示，而不是法定代表人个人的意思表示。因此，法人必须当然地承受法定代表人之意思表示的法律效力。法人不仅享有参与民事活动带来的利益，作为独立的民事责任承担者，还要独立履行民事义务，并且承担由此产生的责任，具体包括：(1) 法人须对法定代表人的行为负责；(2) 法人对职员的职务行为负责；(3) 法人应当承担法定代表人或者其他职员开展经营或者职务活动所产生的合同责任和侵权责任。

第五十八条

法人应当依法成立。

法人应当有自己的名称、组织机构、住所、财产或者经费。法人成立的具体条件和程序，依照法律、行政法规的规定。

设立法人，法律、行政法规规定须经有关机关批准的，依照其规定。

【本条主旨】本条有三款。第 1 款规定法人应当依法成立。第 2 款规定法人成立的要件。第 3 款是关于设立法人须经批准的指引性规定。

【核心概念】

法人的设立　法人的设立是以法人的成立为特定目的，依据法律规定的条件和程序所进行的一系列行为。法人的设立与成立是相互独立的不同行为，在民法上各自具有特定的法律意义。法人的设立行为是民事法律行为，而法人的登记行为是具体行政行为。从时间先后看，只有依据法定条件完成了相关设立行为，才能进行法人登记，取得法人资格。法人设立是法人成立的前期行为，而法人成立是法人设立的结果。

法人的成立 法人的成立是指某种以成立法人为目的的设立组织经历设立阶段的准备行为，符合法律规定的法人条件，进行成立登记，获得法人资格的行为。法人的成立是法人最终获得民事权利能力和民事行为能力的法律事实。法人的成立应当符合法律规定的程序要求，否则也不能成立。

准则主义 准则主义是指法人的设立不需要得到行政管理机关的审批，只要符合法律规定的条件就可登记成立。依据准则主义，设立法人必须符合法律规定的条件和程序。法律规定是法人能够成立的根本依据。只要符合规定条件的，就可以登记为法人，否则，不得登记为法人。

许可主义 许可主义是指法人的设立除了必须符合法律规定的基本条件外，还要经过有关机构的审查和批准。在一般情形下，国家对特定类型法人的设立，采取许可主义，以便于国家能够实现对特定类型法人的控制和管理。许可设立主义又称为核准设立主义。[①]

法人的财产 法人的财产是指法人可以独立根据自己的意思表示在法定范围内进行占有、使用、收益和处分的财产。法人的财产一般是对营利法人的要求，核心部分是其所有的财产和知识产权等。

法人的经费 法人的经费是指法人参加民事活动、承担民事责任或者实现某项特定目的的事业所必须具备的支出性费用。法人的经费一般是对非营利法人或者特别法人的要求。经费一般以货币形态表现，在本质上仍属于财产。

§条文详解§

一、法人应当依法成立

法人应当依法成立，是指法人的成立应当依据具体的法律与行政法规。例如公司的成立应当依据《公司法》以及《公司登记管理条例》，事业单位法人的成立应当依据《事业单位登记管理暂行条例》，社会团体法人的成立依据《社会团体登记管理条例》，等等。任何具体类型的法人都应当依据专门的特定法律、行政法规的相关规定成立。

二、法人设立的一般条件

设立法人的一般条件包括：名称、组织机构、住所、财产或者经费。具体来

---

① 江平．法人制度论．北京：中国政法大学出版社，1994：113.

说，法人的名称在形式上可以将特定的法人与其他法人区别开来，也可以将法人与其成员区别开来，从而表现法人的独立人格。法人必须具备一定的组织机构，如权力机构、执行机构和监督机构等，这是实现法人团体意志，独立享有民事权利和承担民事义务的组织保障。法人从事生产经营活动或者其他活动，就必须具有自己固定的场所。法人拥有必要的财产或者经费，是其享有民事权利和承担民事义务的物质基础，也是其得以独立承担民事责任的财产保障。①

法人成立的具体条件和程序，依照法律、行政法规的规定。这就是说，法人的成立还需满足法律、行政法规规定的其他条件。例如，在我国设立公司，必须依照公司法制定公司章程。② 再如，申请成立社会团体，应当依据《社会团体登记管理条例》向登记管理机关提交社会团体章程。③ 需要指出的是，法律或行政法规通常会对属于同一类型的不同形式的法人的设立的具体条件和程序作出不同的规定。有限责任公司由50个以下股东出资设立。④ 而设立股份有限公司，应当有2人以上200人以下为发起人，其中须有半数以上的发起人在中国境内有住所。⑤ 可见，有限责任公司和股份有限公司设立时对投资人的人数要求是不同的。再例如，设立商业银行的注册资本最低限额为10亿元人民币；城市合作商业银行的注册资本最低限额为1亿元人民币；农村合作商业银行的注册资本最低限额为5 000万元人民币。⑥ 即使同一类型的法人，由于具体形式的不同，设立时要求的注册资本最低限额也是不同的。

三、部分法人的设立需要批准

有些法人的设立除了需要符合法律、行政法规规定的条件，还需要经过批准。该类型法人的设立就是采取了许可主义。许可主义的设立方式体现一个国家对特定类型法人的设立所坚持的立法态度，即是鼓励自由设立法人还是对法人设立采取严格的控制，其背后往往有特定的国家政策考量作为支撑。

具体来说，我国社会团体法人的设立，分别采用两种不同的原则；不需要办理法人登记的，其设立方式采用特许主义，是指法人的设立需要有专门的法律命令，在特许主义下设立的法人称为“特许法人”，如妇女联合会、工会等；需要办理法人登记的，因其一般要经过主管部门的审查同意，才能进行登记行为，其设立采用的是行政许可主义，如各种协会、学会等。在手续上，它们的设立需要提交上级机构批准设立的文件、自身组织架构的说明以及规章制度等书面文件，

---

① 王利明．民法．北京：中国人民大学出版社，2007：103.

② 《公司法》第11条．

③ 《社会团体登记管理条例》第11条．

④ 《公司法》第24条．

⑤ 《公司法》第78条．

⑥ 《商业银行法》第13条．

交由民政部门核准登记。

第五十九条

法人的民事权利能力和民事行为能力，从法人成立时产生，到法人终止时消灭。

【本条主旨】本条是关于法人之民事权利能力和民事行为能力的产生时间和消灭时间的规定。

【核心概念】

设立中的法人 设立中的法人是指以取得法人资格为目的，从设立人基于意思自由共同订立成立法人的协议时起，至法人登记完毕取得法人资格或者设立失败清算完毕时止的一种具有过渡性意义的非法人组织。设立中的法人在民法上具有特定的意义，承担一定的权利义务。

清算阶段的法人 清算期间，被清算的法人称为清算法人，也可以称为清算阶段的法人。清算法人的法人人格并未完全丧失，但民事权利能力受到极大限制，即只能从事与清算有关的活动，不得再从事其他业务活动。

§条文详解§

一、法人的民事权利能力和民事行为能力从法人成立时产生

法人的民事权利能力和民事行为能力从法人成立时产生。对于依法设立的营利法人而言，由法人登记机关完成登记行为，发给法人营业执照之日起，就获得了法人资格。法人营业执照签发日期为营利法人的成立日期。[①] 营利法人的营业执照签发之日就是法人民事权利能力和民事行为能力开始产生的时间。

其他类型的法人依法需要办理法人登记的，则从登记之日起成立，并获取法人资格；依法不需要办理法人登记的，则从成立之日起获取法人资格。其他类型的法人依法获取法人资格之日，就是其民事权利能力和民事行为能力开始产生的时间。

设立中的法人具有如下特征：(1) 以取得法人资格为目的。设立中法人的根本目的就是获得法人资格。无论最后的结果如何，设立中的法人所进行的一切行为基本上都是围绕着获得法人资格而展开。(2) 设立中的法人是具有过渡性的组织体。如果法人成立，则设立中的法人属于法人设立与法人成立之间的过渡性组织体，具有一定的存续时间。虽然不具有法人资格，但是不意味着它不产生任何

---

① 《公司法》第7条.

法律关系。设立中的法人所实施的行为都是为了获取法人资格，这些行为在法律上都有特定的意义和效力。(3) 设立中的法人在本质上是一种非法人团体。设立中的法人作为法人成立前的一种预备状态，意味着其不能作为法人来实施民事法律行为，否则，法人的成立便失去了意义。

二、法人的民事权利能力和民事行为能力至法人终止时消灭

法人终止时，法人的民事权利能力和民事行为能力消灭。对于依法需要办理注销登记的，自法人注销登记之日起，法人的民事权利能力就归于消灭。法人依法不需要办理登记的，清算终结时，法人终止，其民事权利能力就归于消灭。在法人终止之前，处于清算阶段的法人仍具有独立的民事权利能力和民事行为能力，只是其权利能力范围受到了限制，即只能从事与清算有关的活动，不得再从事其他行为。具体来说，由依法成立的清算组织依据其职权清理并消灭法人的全部财产关系。清算时应成立清算组织，清算组织依据职权清理法人的财产，结束法人的全部法律关系。在清算终结后，依法需要办理注销登记的，应由清算组织向登记机关办理注销登记并公告，完成注销登记和公告，法人就归于消灭；依法不需要办理注销登记的，则清算终结时，法人就归于终止。

三、清算法人的民事权利能力与民事行为能力

对于清算法人的性质，我国民法实际上是采取了“同一人格（法人）说”。该说认为，法人出现终止原因并不等同于法人资格的消灭，只有清算事务终结时法人资格才归于消灭。实际上，清算法人与终止原因出现前的法人在本质上是相同的，只是其权利能力范围受到了一定的限制，不能再从事经营活动或者其他性质的活动，但是为了实现清算目的，清算法人还必须以原法人的名义，对外进行活动。

在法人清算期间，法人资格仍然存在。从诉讼主体的角度上分析，清算法人同样具有独立的诉讼权利能力和诉讼行为能力，这就是说，自法人出现终止原因至其终止期间其民事诉讼主体资格依然存续。基于法人在清算阶段其民事权利能力依然存续的基本观点，以清理出现终止原因的法人的债权债务为目的成立的清算组织，在性质上应确定为清算法人在清算阶段的法人机关，而非原法人机关的当然延续。在具体诉讼活动中，由清算组织的负责人代表清算法人参加诉讼，清算组织的负责人与清算法人之间的行为具有同一性。综上，法人出现终止原因后，只要其未经依法清算，其法人资格依然存续，其仍应作为具体诉讼案件的当事人参加诉讼活动，并独立承担民事责任。

第六十条

法人以其全部财产独立承担民事责任。

【本条主旨】 本条是关于法人以其全部财产独立承担民事责任的规定。

【核心概念】

法人的全部财产 法人的全部财产是指可以以经济价值进行计算，并且法人可以占有、使用、收益、处分的利益存在。财产包括无形财产和有形财产。而财产权既包括物权与债权，也包括知识产权中的财产权利。法人是以其全部财产作为基础开展民事活动的。法人的财产是法人具有民事权利能力和民事行为能力的物质基础[①]，也是法人对外独立承担民事责任的重要条件。一般来说，法人的财产主要来源于投资人的投资以及独立经营所得。

独立承担民事责任 独立承担民事责任就是指法人以其全部财产作为物质基础，承担在民事活动中所发生的债务以及侵权责任等。“独立”是指任何法人的民事责任只能由它自己承担，投资者和法人组织内部的成员不承担法人的民事责任。这里的民事责任既包括民事义务（如履行债务）也包括承担责任。

§条文详解§

一、独立承担民事责任是法人区别于其他非法人组织的重要标志

独立承担民事责任，是区别法人和其他非法人组织的重要标志。法人的全部财产的唯一所有权人是法人自己。法人依靠自己独立支配的财产，能够以自己的名义，独立承担自己在民事活动中所产生的民事责任。具体而言，对于自己所负担的合同债务和侵权责任，法人能以独立支配的全部财产承担无限清偿责任。一般而言，法人应当对其法定代表人的行为以及职员的职务行为承担民事责任。如果法定代表人的行为和职员的职务行为产生合同义务（责任）或者侵害他人合法权益造成损害的，则法人应当独立对外承担民事责任。这里的民事责任既包括民事义务（如履行债务）也包括承担责任。

法人的独立责任是针对外部关系而言，其投资人或者其他主体并不承担责任。以营利法人为例，投资人在实质上是以自己的出资为限对法人承担责任。投资人承担的只是有限责任。有限责任是营利法人内部责任的特征。两者之间是相互联系的，法人的独立责任是法人的投资人承担有限责任的基础，而有限责任也是独立责任的延展。这里“有限”的含义不是指作为责任人的法人仅以其部分资

---

① 王利明．试论企业法人的独立财产．中国法学，1986（6）．

产对外承担责任，而应当以其全部财产对外承担责任。在法人的全部财产不足以承担全部民事责任时，法人的权利人仍不得将责任转移至其投资人。法人的独立责任是由法人的独立人格所决定的。在民法上，任何民事主体均应以其全部资产承担民事责任。法人相对于自然人而言，具有自己的独立财产，并且此种财产与其投资人和成员的财产是分开的。从根本上说，法人具有自己独立的人格，而且与其成员的人格也是相互分离的。这是法人独立承担民事责任的理论基础。

在特殊情况下，法律会规定"揭开法人面纱"，让投资人等主体承担法人应当承担的责任。例如，公司股东滥用公司法人独立地位和股东有限责任，逃避债务，严重损害公司债权人利益的，应当对公司债务承担连带责任。[①] 需要说明的是，公司股东在这里承担的责任是侵权责任，其构成要件是：(1) 公司股东在客观上利用了公司的独立责任侵害公司债权人的利益；(2) 公司股东在主观上具有故意或者重大过失；(3) 公司股东的行为与公司债权人的损失之间存在因果关系。法律规定"揭开法人面纱"在实质上并不是要否定公司的独立责任制度，而是为了实现实质正义，对公司独立责任制度作补充和必要矫正。

二、本条的"责任"既包括民事责任也包括民事义务

就本条规定而言，"责任"既包括违反义务应当承担的民事责任，也包括履行义务本身。一般来说，责任是违反义务或者侵害他人合法权益所应当承受的法律后果。在民事义务和民事责任间还有一个转换的过程，对于法人而言，无论是民事义务还是民事责任，都是其独立承担责任的全部内容，例如，法人所应当履行的合同债务，在未违约之前，它就是典型的合同义务；如果不履行或者不适当履行，则在性质上变为违约责任。法人的独立责任效力所涵盖的不局限于违约责任，还包括履行债务本身。在侵权责任法领域，法人的独立责任，也不限于侵权责任，还包括为保护他人的利益以及社会公共利益的注意义务。

第六十一条

依照法律或者法人章程的规定，代表法人从事民事活动的负责人，为法人的法定代表人。

法定代表人以法人名义从事的民事活动，其法律后果由法人承受。

法人章程或者法人权力机构对法定代表人代表权的限制，不得对抗善意相对人。

【本条主旨】本条有三款。第 1 款是关于法人的法定代表人的规定。第 2 款是关

---

① 《公司法》第 20 条第 3 款.

于法定代表人以法人名义从事民事活动或者其他执行职务的行为的法律效果由法人承受的规定。第 3 款是关于法人章程或者法人权力机构限制法定代表人代表权的，不得对抗善意相对人的规定。

【核心概念】

法定代表人 具有依法代表法人实施民事法律行为，具体行使民事权利，履行民事义务法律地位的民事主体。法人与法定代表人的行为具有同一性，由法人承受法定代表人行为所产生的法律效力。

法人章程 法人章程是依法制定的、关于法人组织机构和活动规则等重要事务的书面文件。法人章程具有特殊的法律意义，一般规定法人名称、住所、经营范围以及管理制度等事项。它在性质上类似于协议，是法人得以设立的所有成员共同意思表示的书面形式，对法人的组成人员具有法律约束力。

法人的权力机构 法人的权力机构是法人依据法律规定必须具备的、形成法人意志的组织机构。法人的权力机构是法人的内部机构，在内部结构上居于核心地位。法人的权力机构对法人重大事项、管理人员任免以及管理事项具有决定权。一般来说，营利法人的权力机构就是指股东大会或者股东会。

法人的执行机构 法人的权力机构是法人依据法律规定必须具备的，负责执行法人意思机关的决定、法人章程等事项的组织机构。任何法人都应当具有执行机构，负责执行法人权力机构的决策，否则，法人的目的事业无法完成。

§条文详解§

一、法人的法定代表人代表法人对外进行民事活动

法定代表人是指依法律或法人章程规定代表法人实施民事法律行为，具体行使民事权利和履行民事义务的主要负责人。我国法律实行单一法定代表人制，一般认为法人只有一个法定代表人，而且是由法人执行机构的负责人担任法定代表人，例如，公司的法定代表人为董事长或执行董事或经理[①]，而证券交易所的法定代表人为总经理。[②]

法定代表人与法人在内部关系上一般构成劳动合同关系，因此，法定代表人属于法人的职员范畴，而且，在对外关系上，法定代表人能够以法人名义从事民事活动，其与法人之间并非民法上的代理关系。法人与法定代表人之间构成代表关系，两者行为具有同一性，且其代表职权来自法律或者法人章程的明确规定，

① 《公司法》第 13 条规定：公司法定代表人依照公司章程的规定，由董事长、执行董事或者经理担任，并依法登记。公司法定代表人变更，应当办理变更登记。

② 《证券法》第 102 条第 2 款规定：证券交易所设总经理一人，由国务院证券监督管理机构任免。

法定代表人的民事活动产生的法律后果由法人承担，法人不得以对法定代表人的内部职权限制对抗善意相对人。

二、法定代表人的行为后果由法人承受

（1）“以法人名义从事的民事活动”是指法定代表人依据法律和法人章程规定的职权范围或者权力机构的授权，为了法人的利益实施民事法律行为，代表法人行使民事权利和履行民事义务，例如，法定代笔人持有法人公章与他人签订交易合同、委托他人代行职责的行为等。

（2）“其他执行职务的行为”是指在法律和法人章程规定的职权范围内，法定代表人为了法人目的事业实施的民事法律行为之外的其他正当行为，例如，对法人重要事项的变更登记行为和办理缴纳税款的事项。

（3）“其法律后果由法人承受”是指法定代表人以法人名义从事的民事活动以及其他执行职务的行为产生的权利、义务和责任由法人来承担。法人是法定代表人之民事活动和职务行为产生的实质利益的最终承受者，例如，法定代表人在执行职务中致人损害的侵权责任，由法人承担。

三、善意相对人的信赖利益受到法律保护

“法人的章程或者权力机构对法定代表人的代表权范围的限制，不得对抗善意相对人”是指法定代表人的权限可以受到法人章程或法人相关机构决议的限制，该限制不得对抗相对人，除非该相对人知道或者应当知道此限制。[①] 具体来说，法定代表人的无权代表行为不能对抗善意相对人。无权代表行为是指法人的法定代表人超越代表权限进行的民事法律行为。所谓超越代表权限进行的民事法律行为，包括法定代表人未经法人的授权，超越法人章程中规定的经营范围进行民事法律行为；也包括法定代表人超越法人通过章程或决议对其代表权设定的其他限制进行民事法律行为。在一般情形下，无权代表行为属于效力待定的民事法律行为，如果法人事后通过决议对无权代表行为进行追认的，该代表行为确定有效。[②] 而对于善意相对人，其不知道也不应当知道法定代表人是超越代表权限实施民事法律行为的，则该代表行为应当有效，从而保护善意相对人的利益。这与《合同法》第 50 条的立意是一致的。[③]

善意相对人对法定代表人的民事法律行为具有信赖利益，信赖利益是交易安全和秩序的重要表现，保护善意相对人的信赖利益就是保护交易安全。在实践

---

① 王利明．民法．北京：中国人民大学出版社，2007：110.

② 同①171.

③ 《民法典》第 504 条规定：法人的法定代表人或者非法人组织的负责人超越权限订立的合同，除相对人知道或者应当知道其超越权限的以外，该代表行为有效，订立的合同对法人或者非法人组织发生效力。

中，是否构成善意相对人由相对人自己举证证明，只要出示足以相信对方是法定代表人的外观证据即可。

民法之所以规定为善意相对人而非善意第三人，主要原因在于法定代表人与法人的关系具有同一性，他们之间的代表关系产生的效力是由法律规定的。法定代表人的意思表示就是法人的意思表示，法定代表人的行为就是法人的行为，法定代表人也是以法人的名义进行民事法律行为，最后的后果直接由法人承担。基于两者行为同一性的考量，与法人通过民事法律行为产生民事法律关系的相对人，就没有必要成为第三人。法定代表人与相对人并没有产生实质意义上的利益关系或者法律关系，而只有法人才与相对人产生法律关系。或者说，相对人和法人才是民事法律关系的直接当事人，而法定代表人并不是民事法律关系的真正主体。

第六十二条

法定代表人因执行职务造成他人损害的，由法人承担民事责任。

法人承担民事责任后，依照法律或者法人章程的规定，可以向有过错的法定代表人追偿。

【本条主旨】本条有两款。第1款是关于法人的法定代表人因执行职务造成他人损害由法人承担民事责任的规定。第2款是关于法人承担民事责任后依照法律或者法人章程的规定可以向有过错的法定代表人追偿的规定。

【核心概念】

执行职务 执行职务是指法定代表人在法律以及法人章程规定的职权范围内或者法人权力机构的授权范围内代表法人从事民事活动，具体行使权利和履行义务的行为。法定代表人可以委托他人代行职务行为，但是应当出具书面委托书，才能发生法律效力。法律或者法人章程规定必须由法定代表人行使的职责，不得委托他人代行。

法定代表人的过错 对于他人的损失，法定代表人在主观上有故意或者过失。

追偿 追偿是指法人在对他人的损失承担民事赔偿责任后，可以依照法律或者法人章程的规定，要求有过错的法定代表人偿还法人所承担的赔偿金额。

§条文详解§

一、法人对于法定代表人因执行职务造成他人损害承担民事责任

法人对法定代表人因执行职务造成他人损害承担民事责任，大陆法系和英美法系对此性质的规定有所不同。在大陆法系，法定代表人的行为被认为是法人本

身的行为，当然由法人承担后果（民事责任）。在英美法系，不区分代表与代理，即使法定代表人（如执行董事）的行为在法理上被认为是代理行为，也由被代理的法人承担后果（民事责任）。

二、法人的追偿权

法人对有过错的法定代表人进行追偿，一方面是出于内部管理的需要，可以发挥强化法定代表人审慎和尽职义务的作用，保护法人的利益不受侵害；另一方面是因为法人和法定代表人之间也有特定的权利义务关系，无论是基于公司章程的自治规定，还是基于法律的强行规定，法定代表人都应对法人尽到善良管理人的注意义务。基于法人和法定代表人之间的同一性，法律上规定法定代表人的过错责任也是具有正当性的。实际上，法人和法定代表人作为法律上的不同实在体，两者的意思和行为客观上不可能是完全一致的，法律如果不规定法定代表人的过错责任，不仅可能使法定代表人的行为在执行职务时失去可控性，而且不能合理界定法定代表人在代表法人实施民事法律行为时的自由范围。

在法人对他人的损失承担赔偿责任后，可以向有过错的法定代表人追偿。在适用该条款时，首先要求法定代表人的损害行为是执行职务的行为，其次要求法定代表人在主观上存在过错，再次要求法定代表人的行为与他人的损害构成因果关系，最后需要有法律或者章程的明确规定。如果法人章程中已经对法定代表人的过错责任有规定的，则依据公司章程的规定，直接追究法定代表人的赔偿责任。如果章程没有规定，可以依据《民法典·侵权责任编》或者其他法律的规定，要求法定代表人承担赔偿责任。

三、关于董事责任保险制度

目前，董事责任保险制度与此条规定内容具有一定的联系，可以起到分担法定代表人过错责任的作用。董事责任保险，是指以董事或高级职员对公司及债权人应负担的民事赔偿责任为标的的一种保险。其主要目的是降低董事履行职责时可能引致的风险，减少民事赔偿责任制度给正常的经营活动所造成的压力，进而确保董事及高级职员的人才供给。[①] 在本质上，董事责任保险属于职业责任保险。作为一种险种，董事责任保险一般由公司或者公司与董事、高级管理人员共同承担保险费用。如果被保险的董事及高级管理人员在执行职务或者履行职责时，由于存在疏忽的过失，造成损害需要承担个人责任时，由保险人负责承担最后的责任。董事责任保险制度适用于法定代表人。作为法人的主要负责人，法定代表人也需要频繁实施职务行为，如果出现职务过失造成损害，在一定情形下，也需要承担个人责任。在这种情形下，董事责任保险可以起到降低法定代表人之

① 蔡元庆．董事责任保险制度和民商法的冲突与协调．法学，2003（4）．

职业风险的作用。但从另一个角度来看，这也会产生一定的消极作用，就是法定代表人因为有董事责任保险作为支撑，而可能会对自己应当负责的职务行为出现懈怠，客观上不利于强化法定代表人审慎和尽职义务的履行。

第六十三条

法人以其主要办事机构所在地为住所。依法需要办理法人登记的，应当将主要办事机构所在地登记为住所。

【本条主旨】本条是关于法人之住所的规定。

【核心概念】

法人的住所 法人的住所是指法律为使诸多民事法律关系集中固定和连接于一处而确定的地址，是法人进行民事活动的主要场所。关于法人的住所，各国规定的标准是不一样的。有些国家的法律规定以法人的机关所在地为住所，如果在数个地方都有自己的住所，则以主要机关所在地为住所。有些国家的法律规定以法人开展的主要业务的地方为住所。我国是以法人的主要办事机构所在地为住所。法人住所是公司章程的必要记载事项，也是法人注册登记的重要内容。如果法人的住所发生变更，则应当进行变更登记。

法人的主要办事机构 法人的主要办事机构是指开展法人的主要业务活动以及决定和处理法人其他主要事务的职能机构。

§条文详解§

一、法人住所的意义

法人住所的确定，使法律关系集中于一处，有利于确定权利、义务，解决纠纷。如税收的管理、登记机关的确定、债务履行地、票据权利的行使、审判管辖、书状送达、国籍的取得和恢复，以及国际私法上关于法律的适用等问题，都需要以住所为标准来解决。法人住所的法律意义，一般与自然人住所的意义相同，具体来说：一是作为法律文书的送达处所，二是作为诉讼管辖的根据，三是在一定意义上是法人行使民事权利和履行民事义务的法定场所。比如，税务机关对法人送达税务方面的法律文书，一般以法人的住所为送达地址；法人将财务会计报告等资料供相关投资人调取和查阅，应当置备于法人住所等。

二、法人住所的确定

1. 法人以主要办事机构所在地为住所

在法人的“办事机构”只有一个的情况下，即以该办事机构的所在地为法人的住所；在法人的“办事机构”有多个并分别位于不同的地方时，则以“主要办事机构”为法人的住所。对于“主要”是从办事机构的具体业务的重要性以及机构本身的权力、地位进行判断的。

2. 依法需要登记的，应以主要办事机构所在地为登记住所

根据行政主管机关登记的要求，法人应当在设立时将其住所作为主要经营场所，因此，在一般情况下，依法登记的具体住所应当为法人的主要办事机构。登记的住所是行政主管机关注册登记确定的住所。登记的住所具有一定的法律意义。行政主管机关登记的住所具有公示公信效力，而且有利于特定主体的调阅和查证，便于行使知情权。在实践中，法院应当以法人登记的住所为依据确定管辖权，而且“案件受理后，受诉人民法院的管辖权不受当事人住所地、经常居住地变更的影响”。法人的住所发生变更，而不进行变更登记实质上是一种不诚信的行为，都将在社会活动以及司法诉讼中形成不稳定因素，由此产生的不利后果应由法人自己承担，法院仍以行政主管机关登记的住所确定管辖权，法人就此失去提出管辖权异议的权利。因此，对法人的诉讼权利应当进行一定的限制，对于法人改变经营地址却不进行变更登记的，应以行政主管机关登记的住所地确定管辖权，法人丧失就管辖权提出异议的权利。

第六十四条

法人存续期间登记事项发生变化的，应当依法向登记机关申请变更登记。

【本条主旨】本条是关于法人在存续期间登记事项发生变化的，应当依法进行变更登记的规定。

【核心概念】

法人的存续期间　法人的存续期间是指法人的民事权利能力产生至消灭的时间段。法人在存续期间具有独立的民事权利能力和民事行为能力，可以实施一定的民事法律行为，享受民事权利和承担民事义务。

法人的登记事项　法人的登记事项是指法人在注册登记时应当在登记机关载明的具体事项。法人的登记事项是反映法人具体性质和特征的重要内容。法人的登记事项由相关的法律或者行政法规作出具体规定。

§ 条文详解 §

一、法人变更登记的意义

法人的登记事项对社会公众具有公示作用，法律规定一些事项必须进行登

记，就是为了给法人的交易对象提供一些重要信息，便于进行风险评估和防范交易风险，因此，法人变更登记具有非常重要的法律意义。法人的变更，是指法人成立后，其之前登记的组织机构、具体名称、住所以及经营范围等重要事项发生了变化。法人是在存续期间发生重要事项的变化，而且变更的内容必须是成立应当登记的事项。在法人依据法定条件和程序作出变更登记后，变更登记后的事项就正式发生法律效力。例如，营利法人的分立或合并行为，由于涉及法人与交易相对人的债权债务关系，为了维护交易秩序和相对人的信赖利益，法律对分立或合并后法人债权债务关系的处分作了强制性的规定，在完成这些事务的处理后，就应当进行变更登记。

从根本上说，法人变更登记的目的就是使登记机关的登记事项与法人的实际情况保持一致，保证登记事项的一贯真实性和准确性，使法人的民事权利能力和民事行为能力与实际状况的变化保持一致，保护善意相对人的信赖利益。具体来说：(1) 有利于保证法人成立时的特定目的事业顺利实现。一方面，在法人成立时，法人登记的重要事项要求是以法律、行政法规的规定作为依据的，这就意味着这些登记的事项本身就具有一定的法律意义。另一方面，法人的登记事项是法人之民事权利能力和民事行为能力的直接体现。法人实现特定的目的事业需要具备特定的民事权利能力和民事行为能力，这些都决定了法人的活动范围，真实地维持法人的民事权利能力大小，有利于法人目的事业的健康发展。(2) 有利于保护其他社会主体的合法权益，维持社会秩序的稳定。法人登记的事项实际发生变化，如不及时办理变更登记，会导致法人的登记事项与实际情况严重不符。这不仅损害法人自身的利益，还会损害其他社会主体的利益。法人与非法人组织一样，随着相关活动的深入开展，自身的状况也会不断发生变化。法律规定变更登记，就是为了实现登记机关对法人进行更好的管理和监督，保护善意相对人的信赖利益，维持社会秩序的稳定。

二、法人变更登记的主要事项

法人变更登记的主要事项有：(1) 法人的名称；(2) 住所；(3) 活动范围；(4) 法定代表人；(5) 性质；(6) 组织机构；(7) 财产；等等。[①] 上述这些事项发生变化时，应当依据法律规定的要求向市场监督管理机关、民政部门等登记机关办理变更登记。

三、法人变更登记的程序

法人应当按照法律规定的变更条件向登记机关申请变更。如果变更登记事项依照法律、行政法规或者国务院决定规定在登记前须经批准的，还应当向登记机

---

① 《公司登记管理条例》第 9 条.

关提交有关批准文件。由登记机关进行审查，如果符合条件予以变更，同时备案，向社会公告。

第六十五条

法人的实际情况与登记的事项不一致的，不得对抗善意相对人。

【本条主旨】本条是关于法人登记事项之公信力的规定。

【核心概念】

法人登记事项的公信力 法人登记事项的公信力是指法人登记事项使社会公众得以信赖的效力。公信力原则作为外观主义理论的体现，是进行信赖保护的一种方式。对法人登记事项赋予公信力，符合效率和安全的价值取向。我国登记机关对登记事项的真实性进行形式审查，即使是形式审查，法律为了保护善意相对人的信赖利益，也赋予登记事项一定的公信力。

§条文详解§

一、法人的实际情况与登记的事项不一致

法人的实际情况与登记的事项不一致是指法人的实际情况发生变化从而与法人成立时在登记机关注册的事项发生了不一致。在实践中，这种情况普遍发生。例如，法人的法定代表人发生了变更，而登记机关的登记事项却未及时予以变更，造成法人的实际情况与登记的事项发生不一致。在登记事项发生变化时，法人有义务及时进行变更登记，而且法律对此也有强制性规定。如果未及时进行变更，法律侧重于保护善意相对人的利益，由法人承受相关的不利后果。例如，法人的办事机构所在地与法人注册登记的住所地址发生不一致时，法人登记的住所地地址就是法人具有法律意义的住所。法人登记的住所地对于善意相对人来说，是最可靠的住所地，而且不需要耗费过多的精力和成本去查询法人关于住所地登记事项的真实性，否则不利于提高交易效率。善意相对人只要依据规定在法人登记的住所地履行义务，就构成了适当的履行，法人不能再以登记事项的住所地与实际情况不一致进行抗辩。

二、法人的实际情况与登记的事项不一致的，不得对抗善意相对人

善意相对人是指对法人实际情况和登记事项不一致的情况不知道而且不应当知道，并且在主观上没有损害他人利益或者社会公共利益的动机。善意相对人往往被作为一般的交易人，与法人之间的联系程度是最接近的，他们在交易之前对法人的实际情况不可能深入了解，或者说不可能具备客观条件去深入了解，只是基于特定的交易事项与法人发生了联系。善意相对人对法人的外观具有信赖利益，该信赖利益属于社会公共利益的组成部分，属于法律优先保护的对象。社会公共利益也是限制民事自由的正当理由，因为社会公共利益关乎不特定的众多主体的利益，在利益的主体方面广于特定民事主体的行为自由，所以应当受到优先保护。

“对抗”的具体含义是指具有对相对人的特定权利产生抗辩的效力，相对人的权利取得是具有合法和正当性基础的。不得对抗是在法律规定的特定情形下，法人对善意相对人的权利或者利益主张不得产生抗辩效力。不得对抗有特定的适用范围，并且受到严格条件的限制。从相对人的角度进行分析，就法人的实际情况与登记的事项不一致的情形，善意相对人具有对抗法人的效力。在实践中，法人的实际情况和登记的事项不一致，应当以登记的事项为准。作出这样的规定，就是为了保护善意相对人的信赖利益。善意相对人不知道法人章程原来规定的法定代表人已经作出修改就与登记的法定代表人为交易行为，而登记事项中还未及时修改，此时为了保护善意相对人的信赖利益，应当以善意相对人信赖的登记事项为准。善意相对人应当举证证明自己交易当时主观上是善意的。在这种情形下，善意相对人的交易行为是有法律效力的。

法律作出这样的规定，旨在强调信赖利益的保护；同时，也是对法人课以及时变更登记事项的义务，如果不履行此义务，而由此产生的不确定利益归属于善意相对人。从另一角度说，法人及时变更登记事项，也是对自身利益的保护，是对交易风险的控制和规避。登记事项的真实性不仅承载了法人的利益，而且承载了相对人的利益，基于登记事项的利益冲突，对于法人和相对人而言，不是合法性的冲突，而是正当性位阶的矛盾，对抗规则只是对两种合法权利和利益的协调规则，质言之，善意相对人的信赖利益高于法人的利益，在法律上获得优先保护。

第六十六条

登记机关应当依法及时公示法人登记的有关信息。

【本条主旨】本条是关于登记机关应当依法及时公示法人登记的有关信息的规定。

【核心概念】

法人的登记机关 法人的登记机关是指对依法需要登记的法人进行管理和监督的国家行政主管机关。在一般情形下，法律规定需要注册登记的法人，需要向登记机关提交有关书面材料，由登记机关进行审查，依据法律规定的条件和程序，作出是否予以批准的决定。在登记完成后，登记机关应当对法人条件的书面材料进行备案，就法人的有关情况予以公告，供社会公众查阅。在法人成立后，法人的登记机关承担一定的管理和监督职责，对法人的行为实施管控，维护社会秩序。

§条文详解§

一、法人的登记机关概述

法人的类型不同，登记机关也不一样。我国民法规定的营利法人，例如公司等法人，应当向市场监督管理机关申请登记。[①] 而非营利性法人中有些法人依法本身是不需要登记的。依法应当登记的非营利法人的社会团体法人应当向民政部门申请登记。[②] 例如，中国法学会下属的二级研究会，依法应当向民政部门申请登记。民政部门对申请材料进行审查，在规定时限内决定受理或不予受理。如申请登记的社会组织业务范围涉及相关部门的，民政部门应充分听取有关方面的意见，并将意见作为登记审批的重要依据。民政部门根据有关规定对申报登记材料的合法性和真实性进行审议，并依据法律规定的要求作出准予登记或不予登记的决定。

二、法人登记机关的行政作为义务

本条实际上是一条给登记机关设定行政作为义务的条款。本条内容并不关涉具体民事主体之间的民事权利、义务内容安排，并不是一条裁判规范。登记机关的作为义务本身也不属于民事义务的范畴，但是该条的单独规定，说明了法律强调登记行为的重要性。对于登记机关的登记行为性质，在理论上具有一定的争议，例如，物权公示中的登记行为与法人成立的登记行为是不完全一样的，物权公示的登记行为不纯粹是登记机关的行政作为义务，在民法上也是权利转移的具体要件，具有重要的民法意义。而法人登记中的登记行为是纯粹的行政作为义务内容，一般不产生民事权利变动上的实质意义。尽管如此，登记机关的登记行为是登记产生公示效力，保护善意相对人信赖利益的前提性条件，民法单独对此作出规定就是强调对善意相对人信赖利益的保护。

三、公示法人登记的有关信息

公示是指法人成立、变更或者终止时，必须将法人变动的事实通过一定的公示方法向社会公开，从而使社会上不特定的第三人知道或者应当知道法人变动的情况，以避免第三人的信赖利益遭受损害并保护交易安全。公示的效力是由法律

---

① 《公司登记管理条例》第 4 条.

② 《社会团体登记管理条例》第 6 条.

规定的。一般来说，登记机关的登记会产生两种效力：一种就是法人成立的要件效力；另一种就是产生信赖利益的效力，也就是公信效力。在民法上，公示和公信构成手段和目的的关系，公示的目的就是产生公信力，没有公信力的公示在民法上是无意义的。[①] 依据法律规定在法人成立时需要进行登记的，法人只有完成登记行为时，才能真正具有法人资格。法人的登记之日就是法人的成立之日。而公信效力，是指一旦法人的有关事项进行变更时，依据法律的规定进行了公示，即使依公示方法表现出来的法人登记事项不存在或存在不真实的情形，但对于信赖该登记事项并已从事了交易行为的善意相对人，法律仍然承认其行为产生与登记事项属于真实情况相同的法律效果，以保护交易安全。简单来说，所谓公信力就是法律上对此种信赖的保护效力。对于已经公示的信息，就会产生公信效力。当善意相对人对登记机关的登记事项产生信赖利益，并与法人进行交易行为时，其交易行为具有法律上的效力，信赖利益得到法律的保护。另外，如果相对人在与法人进行交易行为时，对登记事项的信赖不受保护，还要事先花费大量的精力和成本对登记事项的真实情况进行查证，无疑会降低交易效率。可见，公示制度不仅发挥了维护交易安全的功能，而且促进了交易效率的提高。

第六十七条

法人合并的，其权利和义务由合并后的法人享有和承担。

法人分立的，其权利和义务由分立后的法人享有连带债权，承担连带债务，但是债权人和债务人另有约定的除外。

【本条主旨】 本条有两款规定。第 1 款是关于法人合并情况下权利的享有与义务的承担的规定。第 2 款是关于法人分立情况下权利的享有与义务的承担的规定。

【核心概念】

法人的合并　法人的合并是指两个以上的法人合并为一个法人。法人合并分为新设合并与吸收合并。所谓新设合并是指原来两个以上的法人合并为一个新的法人，原来的法人人格归于消灭。所谓吸收合并是指一个法人并入一个现存的法人中去，被并入的法人人格归于消灭。

法人的分立　法人的分立是指基于特定原因，一个法人分为两个以上的法人。法人的分立分为新设式分立和派生式分立两种方式。所谓新设式分立，是指原来的法人分立为两个或者两个以上具有民事主体资格的新的法人，原法人的资格归于消灭；所谓派生式分立，是指原法人资格仍然存在，但从原法人中分立出

① 梅夏英．民法上公示制度的法律意义及其后果．法学家，2004（2）．

来一个或多个新的法人。法人分立后，消灭或变更原法人，设立新法人，因分立而消灭的法人，其权利义务由分立后的法人概括承受。在派生式分立中，其权利义务关系的具体承继，依分立合同的约定或章程的规定。

连带债权　连带债权是指债权人一方当事人为多数，且多数人一方的各当事人都有权请求对方履行全部或者部分债务，全部债权债务关系因债权的全部满足而消灭的债。在连带债权中，每个债权人都有权请求部分或者全部债务人履行债务。

连带债务　连带债务是指债务人一方当事人为多数，因全体债务人之间存在有连带关系，各债务人都负有全部或者部分偿付的义务，债务人中的一人或数人的完全偿付，对全体债务人生效，因而导致全部债的关系消灭的债务。

§条文详解§

一、法人合并的效力

法人的合并会产生以下效力：(1) 法人的变更、成立和消灭。因合并行为而消灭的法人应当办理注销登记，因合并行为而成立的法人应当办理设立登记，因合并行为而法人资格继续存在的法人应当办理变更登记。在新设合并中，被合并的两个法人的主体资格都终止，因此应当办理注销登记。而合并后的法人属于新成立的法人，故应当办理设立登记。在吸收合并中，被吸收的法人的主体资格终止，因此应当办理注销登记，而吸收另一个法人的法人继续存在，但是其内容发生了变更，所以应当办理变更手续。(2) 权利、义务的概括承受。合并前法人的一切权利、义务均由合并后的法人概括承受。这里的权利、义务应当作扩大的解释，不仅包括债权债务，还包括民事责任。

二、法人分立的效力

法人分立后，消灭或变更原法人，设立新法人，因分立而消灭的法人，其权利、义务由分立后的法人概括承受。在派生式分立中，其权利义务关系的承继，依分立合同的约定或章程的规定。在派生式分立中，如果原法人与新法人之间就分立后的权利义务关系作出约定的，那么约定的内容具有优先性。原法人和新法人之间可以约定由原法人和新法人享有连带债权或者承担连带债务；也可以约定由其中一方享有全部债权或者承担债务，另一方不享有债权或者承担债务；也可以约定由原法人和新法人按份享有债权或者承担债务。在约定后，原法人和新法人就要受到该协议的束缚，其中任何一方不能因为连带债权或者连带债务是法定之债而主张该协议无效。关于债权债务承担的移转发生效力应当符合双方意思表示真实并且一致的要件，而且不得侵害社会公共利益和第三人利益。尤其是在债务承担中，如果约定由新的法人承担，应当经过债权人的同意，否则不发生债务转移的效果。因为债务的转移关系到债权人的利益，而且新的法人履行债务的能力不一定能满足债权的实现，因此，新债务人的履行能力直接关系到债权人的利益实现，法律规定以债权人的同意作为移转债务的条件是合理的。可见，法人无论是合并还是分离，其实是债权债务移转发生的重要原因。表面上可以说是法人形式的变化，实质上发生了债权债务的转移。

第六十八条

有下列原因之一并依法完成清算、注销登记的，法人终止：

（一）法人解散；

（二）法人被宣告破产；

（三）法律规定的其他原因。

法人终止，法律、行政法规规定须经有关机关批准的，依照其规定。

【本条主旨】本条有两款。第1款规定了法人终止的原因。第2款是关于法人终止依法须经批准的，依照其规定的指引性规定。

【核心概念】

法人的终止 法人的终止也称法人的消灭，是指法人作为民事主体资格的消灭。法人丧失民事主体资格，不再具有民事权利能力和民事行为能力。

§条文详解§

一、法人终止前应当依法进行清算和进行注销登记

法人在终止前应依法进行清算，由清算组织按照规定清理并消灭法人的财产关系。在清算阶段，法人不得进行清算范围以外的活动。清算组织的主要任务是了结现务、收取债权、清偿债务、移交剩余财产。清算终结，应由清算人向法人的登记机关办理注销登记并向社会公告。至此，法人作为民事主体的资格即归于终止。

二、解散和破产是法人终止的常见原因

解散和破产是法人终止的常见原因，所以以下设专门条文作具体规定。法人自行解散的原因主要有：（1）因设立的目的事业已经完成或者无法完成而解散。如为了完成特定的项目而成立的项目法人，在项目完成后，因其目的事业完成而解散。（2）因法人章程所规定的存续期限届满或解散事由出现而解散。（3）由设立法人的成员共同作出决议而解散，如有限责任公司经股东会决议而解散。（4）因法人合并或者分立而解散。如新设合并中，两个或两个以上的法人合并为一个新法人，原有的法人即解散。除了自愿解散外，还有强制解散。强制解散是指法人在实施设立行为或者开展活动过程中违反法律或者行政法规的规定，由相关主管机关依据法定条件和程序强制命令其解散。

法人破产，是指在法人因不能清偿到期债务或者出现其他法定事由时，由法人自身或者债权人等相关主体向人民法院申请破产还债的法定程序。法人因不能清偿到期债务，被依法宣告破产的，由人民法院依照有关法律的规定，组织法人的特定成员、有关机关及专业人员成立清算组，对法人进行破产清算。法人清算结束后，清算组应当制作详细的清算报告，报法人权力机关或者有关主管机关确认，并报送法人登记机关，申请注销法人登记并予以公告，自此法人终止。

其他原因是除解散、被宣告破产之外导致法人终止的原因，如以设立人人数作为成立基础的法人因成员不足法定人数而终止，再如，营利法人自动歇业。依据规定，我国企业法人领取"企业法人营业执照"后，满 6 个月尚未开展经营活动或者停止经营活动满一年的，视同歇业。[①]

三、关于法人终止的批准

有些法人的终止，须依据法律、行政法规规定报经有关机关批准的，应当报经有关机关批准。有些法人在设立时需要经过上级主管部门批准，其终止时也应当经过上级主管部门的批准，才能办理注销登记。例如，申请成立社会团体，应当经其业务主管单位审查同意，由发起人向登记机关申请登记。[②] 在法人终止时，应当在业务主管单位审查同意后，向登记机关申请注销登记。[③] 社会团体在办理注销登记前，应当在业务主管单位及其他有关机关的指导下，成立清算组织，完成清算工作。清算期间，社会团体不得开展清算以外的活动。[④] 社会团体应当自清算结束之日起 15 日内向登记机关办理注销登记。办理注销登记，应当提交法定代表人签署的注销登记申请书、业务主管单位的审查文件和清算报告书。登记机关准予注销登记的，发给注销证明文件，收缴该社会团体的登记证书、印章和财务凭证。[⑤] 社会团体成立、注销或者变更名称、住所、法定代表人，由登记机关予以公告。[⑥]

① 《企业法人登记管理条例》第 22 条.
② 《社会团体登记管理条例》第 9 条.
③ 《社会团体登记管理条例》第 19 条.
④ 《社会团体登记管理条例》第 20 条.
⑤ 《社会团体登记管理条例》第 21 条.
⑥ 《社会团体登记管理条例》第 23 条.

第六十九条

有下列情形之一的，法人解散：

（一）法人章程规定的存续期间届满或者法人章程规定的其他解散事由出现；

（二）法人的权力机构决议解散；

（三）因法人合并或者分立需要解散；

（四）法人依法被吊销营业执照、登记证书，被责令关闭或者被撤销；

（五）法律规定的其他情形。

【本条主旨】本条是关于法人解散事由的规定。

【核心概念】

法人解散 法人解散是指由于法人章程或者法律规定的事由出现，法人作为民事主体的资格不能继续存在，从而停止积极活动，开始清理财产关系的程序。解散是法定的法人终止事由之一。法人解散并不意味着法人的终止，在解散后应当成立清算组织，进行清算。

§条文详解§

一、法人解散的各种法定缘由

法人章程规定的存续期届满或者章程规定的其他解散事由出现：法人章程规定的法人存续期间届满，而法人又未形成延展存续期间的决议，法人解散。我国法律并未强制法人章程规定法人的最长存续期间，因此，在存续期间届满前，法人的权力机构可以形成延展存续期间的决议，让法人继续存在，否则，法人将因存续期间届满而解散。另外，解散事由一般属于法人章程的相对必要记载事项，法人的发起人在制定法人章程时可以预先约定法人的各种解散事由。如果在法人存续期间，规定的其他解散事由出现，则法人解散。需要指出的是，若法人章程规定的存续期间届满或者章程规定的其他解散事由出现，法人可以通过修改法人章程而存续。例如，公司章程规定的营业期限届满或者公司章程规定的其他解散事由出现，公司可以通过修改公司章程而存续。对于修改公司章程，有限责任公司须经持有 2/3 以上表决权的股东通过，股份有限公司须经出席股东大会会议的股东所持表决权的 2/3 以上通过。[①]

（1）法人的权力机构决议解散：法人的权力机构如果认为法人没有存在的必要，为了自身的权益得到保护，可以决议解散法人。例如，有限责任公司经代表

---

① 《公司法》第 180 条第 1 项、第 181 条．

2/3 以上表决权的股东通过[1]；股份有限公司经出席股东大会会议的股东所持表决权的 2/3 通过，股东会或股东大会可以作出解散公司的决议[2]；国有独资公司因不设股东会，其解散的决定应由国有资产监督管理机构作出。[3]

（2）合并或者分立需要解散：当法人吸收合并时，吸收法人存续，被吸收法人解散；当法人新设合并时，合并各方法人均解散。当法人分立时，如果原法人存续，则不存在解散问题；如果原法人分立后不再存在，则原法人应解散。法人的合并、分立决议均应由法人的权力机构作出。

被吊销营业执照、登记证书，责令关闭或者撤销：如果法人严重犯罪，则应当被责令关闭或者撤销。例如，《刑法》第 30 条规定："公司、企业、事业单位、机关、团体实施的危害社会的行为，法律规定为单位犯罪的，应当负刑事责任。"第 31 条规定："单位犯罪的，对单位判处罚金，并对其直接负责的主管人员和其他直接责任人员判处刑罚。本法分则和其他法律另有规定的，依照规定。"这是刑法关于单位犯罪的总则规定。《刑法》第 137 条规定："建设单位、设计单位、施工单位、工程监理单位违反国家规定，降低工程质量标准，造成重大安全事故的，对直接责任人员，处五年以下有期徒刑或者拘役，并处罚金；后果特别严重的，处五年以上十年以下有期徒刑，并处罚金。"这规定的是工程重大安全事故罪，其犯罪主体只能是单位。在法人犯有工程重大安全事故罪的情形下，法人应当被撤销法人资格。

二、法人解散的"其他情形"

本条最后一项规定的"其他情形"，法人的设立人或者其他对法人资格存在具有一定决定力的法人成员，认为法人存续会使其利益受到重大损害，通过其他合法途径请求有权机关解散法人。例如，公司经营管理发生严重困难，继续存续会使股东利益受到重大损失，通过其他途径不能解决的，持有公司全部股东表决权 10％以上的股东，可以请求人民法院解散公司。

第七十条

法人解散的，除合并或者分立的情形外，清算义务人应当及时组成清算组进行清算。

法人的董事、理事等执行机构或者决策机构的成员为清算义务人。法律、行政法规另有规定的，依照其规定。

---

① 《公司法》第 43 条第 2 款.

② 《公司法》第 103 条.

③ 《公司法》第 66 条第 1 款.

清算义务人未及时履行清算义务，造成损害的，应当承担民事责任；主管机关或者利害关系人可以申请人民法院指定有关人员组成清算组进行清算。

【本条主旨】本条有三款。第1款是关于法人解散的，除合并或者分立的情形外，清算义务人应当及时组成清算组进行清算的规定。第2款是关于清算义务人构成人员的规定。第3款是关于清算义务人未及时履行清算义务的，主管机关或者利害关系人可以申请人民法院指定有关人员组成清算组进行清算的规定。

【核心概念】

清算　清算是指法人解散时，为了终结法律关系，由依法成立的清算组织依据职权处理法人全部财产的活动。法人解散后应成立清算组织进行清算。清算是法人终止的法定程序，未经清算，法人不得终止。

清算义务人　清算义务人是指基于其与法人之间存在法律上的特定联系，而在法人解散时，对法人负有依法成立组织清算的义务，并在法人由于未及时清算给相关权利人造成损害时，依法应当承担民事责任的民事主体。清算义务人主要依据法律规定或者法人章程而产生。清算义务人如果不履行清算义务，应当承担清算责任。清算责任是指清算义务人在法人解散后，未依照法定程序和期限实施清算而应承担的强制履行清算义务的民事责任。①

清算组　清算组是指以终结法人全部法律关系为目的而依法设立的组织。清算组依职权开展清算活动并代表法人对外行使职权，负责法人清算期间的一切事务。

§条文详解§

一、清算的意义

法人清算的意义就在于法人清算制度是法人走向消亡的关键环节，产生特定的法律效果。法人清算的目的不仅是保护法人设立人以及成员的合法权益，而且保护广大债权人的合法权益。

法人清算的直接效力是终结法人尚存的全部民事法律关系。清算的主要任务是通过清理法人财产来终结法人的债权债务关系。法人解散意味着法人资格的即将消灭，也意味着有关主体与法人存在的法律关系将归于消灭，这就需要在法人资格消灭之前妥善处理法人尚存的法律关系，其中最主要的是债权债务关系。

我国的《公司法》② 等有关法律均规定了法人解散必须清算，可以说，解散后进行清算是法人设立人以及其他成员的法定义务。法律要求法人解散必须进行

---

① 姚蔚薇．公司清算义务人民事责任诉讼时效问题探析．法律适用，2015（4）．

② 《公司法》第183条．

清算，是对相关当事人权益的保护，使他们按照法定的方式和要求实现利益。因此，清算也是相关当事人权益最后的保护方式。具体来说，清算是法人的债权人实现债权的最后救济方式，也是避免法人或其成员恶意不清算侵害债权的法定方法。在实践中，只有通过清理和追回法人财产才能变现满足债权人的债权。

当然，清算要保护的对象不局限于债权人的利益，而且保护法人的设立人及其成员的合法权益。例如，在营利法人的清算中，清算组织要对营利法人的投资人是否履行出资义务以及侵害法人利益的违法行为进行清查，并追究责任。同时，清算也要对法人管理人员是否有责任进行清查。现代法人的管理权与所有权实现了分离。原先法人权力机关控制法人逐渐转变为法人执行机构控制法人甚至是管理人员直接控制法人，执行机构或者管理人员因为与法人之间的利益联系不是很紧密，法人在根本上毕竟是代表权力机构的利益，所以有可能会导致执行机构或者管理人员为了谋取私利而损害法人的利益，并造成权力机构组成人员的根本利益受到损害。实际上，法人的利益与债权人的利益具有一定的一致性，因为法人的财产是债权人的债权的根本保障，如果法人的财产利益受到损害，则法人的履行能力就会受损，债权人的债权也无法得到保障。因此，清算组织对法人管理人员的行为进行清查是非常有必要的。可以这么说，清算在一定意义上保障了交易安全，维护了社会稳定，在法人制度中具有突出的作用。

二、清算组的构成与职责

在清算期间，原法人的机关停止行使职权，法人的财产管理权以及业务管理权由清算组行使。清算组也可以对外代表法人行使权利和履行义务。法人在进行自愿清算时，法人的清算组由法人权力机构的组成人员构成；当法人被依法进行强制清算时，清算组由有关主管机关、法人权力机构的组成人员、其他机构和有关专业人员构成。主管机关是指依法责令法人关闭的机关；其他机构主要是指执行处罚的机关等；有关专业人员主要是指注册会计师、律师等。

三、清算义务人的义务和责任

清算义务人是负有组成清算组织对法人进行清算义务的民事主体，基于其与法人之间存在法律上的特定联系，在法人解散时，对法人负有依法成立清算组织并负责清算的义务，并在法人由于未及时清算给相关权利人造成损害时，依法应当承担民事责任。清算义务人主要依据法律规定或者法人章程而产生。清算义务人如果不履行清算义务，应当承担清算责任。

清算义务人的具体义务包括依法及时启动清算程序进行清算和妥善保管法人财产、账册、重要文件等的义务。清算义务人应当履行清算义务，如果未履行清算或者未适当履行清算义务，导致无法进行清算时，则应当对法人的债务承担连带清偿责任。除此之外，清算义务人还要适当履行法定义务，例如投资义务等；

同时不得恶意处置法人财产，给法人的债权人造成损失；也不得弄虚作假，例如以虚假清算报告骗取法人登记机关办理注销登记。这些行为都会损害债权人的利益，清算义务人应当对法人的债务承担连带清偿责任。

在法人合并或分立的情形，由于还有法人存在，债权人向合并后的法人或分立后的法人继续追索债务，所以并不需要进行清算。

第七十一条

法人的清算程序和清算组职权，依照有关法律的规定；没有规定的，参照适用公司法的有关规定。

【本条主旨】本条是关于法人的清算程序和清算组职权的规定。

【核心概念】

清算程序　清算程序是指在法人解散清算过程中，依据有关法律、法规的规定应该经过的具体步骤。

§条文详解§

一、法人的清算程序

法人解散事由出现之日起的法定期间内应成立清算组。清算组正式成立后，法人就开始进入实质性的清算程序。法人的清算组一般由法人权力机构的组成人员以及其他有关人员构成。首先，清算组应当在法定期限内直接通知、公告债权人并进行债权登记，以便债权人在法定期限内向清算组申报债权。然后，由清算组清理法人财产，编制资产负债表和财产清单。法人按照一般程序进行清算时，如遇到法律规定的特殊情形，可以转向特殊的破产清算。清算组在清理法人财产、编制资产负债表和财产清单后，制订清算方案，在经相关部门、组织确认后，即可按照方案来分配财产。清算结束后，清算组应当制作清算报告和清算期间收支报表及各种财务账簿。在法人权力机构或人民法院确认后，清算报告生效。最后，依法需要办理注销登记的，应当将清算报告报送法人登记机关，申请注销法人登记，并进行公告。至此，法人清算工作全面结束，法人人格归于消灭。依法不需要办理注销登记的，则清算终结时，法人就归于终止。

二、清算组的职权

清算组是法人清算期间负责清算事务执行的法定机构。清算组织具有以下职权：(1) 了结现务，即了结法人于终止前已着手而未完成的事务；(2) 收取债权；(3) 清偿债务；(4) 移交剩余财产。[①] 清算终结的时候，依法需要办理注销登记的，应由清算组织向法人的登记机关办理注销登记并向社会公告。在完成注销登记和公告之后，法人就归于消灭；依法不需要办理注销登记的，则清算终结时，法人就归于终止。

三、公司法有关清算程序和清算组职权的规定

法人在进行清算时，如果有关法律对法人的清算程序和清算组职权已经作出规定的，则适用有关法律的规定。如果没有规定的，则以公司法有关清算程序和清算组职权的规定为准。

公司法关于清算程序的规定：清算组应当自成立之日起 10 日内通知债权人，并于 60 日内在报纸上公告。债权人应当自接到通知书之日起 30 日内，未接到通知书的自公告之日起 45 日内，向清算组申报其债权。债权人申报债权，应当说明债权的有关事项，并提供证明材料。清算组应当对债权进行登记。在申报债权期间，清算组不得对债权人进行清偿。清算组在清理公司财产、编制资产负债表和财产清单后，应当制订清算方案，并报股东会、股东大会或者人民法院确认。公司财产在分别支付清算费用、职工的工资、社会保险费用和法定补偿金，缴纳所欠税款，清偿公司债务后的剩余财产，有限责任公司按照股东的出资比例分配，股份有限公司按照股东持有的股份比例分配。清算期间，公司存续，但不得开展与清算无关的经营活动。公司财产在未依照上述规定清偿前，不得分配给股东。因公司解散而清算，清算组在清理公司财产、编制资产负债表和财产清单后，发现公司财产不足以清偿债务的，应当立即向人民法院申请宣告破产。公司经人民法院裁定宣告破产后，清算组应当将清算事务移交给人民法院。公司清算结束后，清算组应当制作清算报告，报股东会、股东大会或者人民法院确认，并报送公司登记机关，申请注销公司登记，公告公司终止。[②]

公司法规定清算组行使下列职权：(1) 清理公司财产，分别编制资产负债表和财产清单；(2) 通知、公告债权人；(3) 处理与清算有关的公司未了结的业务；(4) 清缴所欠税款以及清算过程中产生的税款；(5) 清理债权、债务；(6) 处理公司清偿债务后的剩余财产；(7) 代表公司参与民事诉讼活动。[③]

清算组成员应当忠于职守，依法履行清算义务。清算组成员不得利用职权收受贿赂或者其他非法收入，不得侵占公司财产。清算组成员因故意或者重大过失给公司或者债权人造成损失的，应当承担赔偿责任。[④]

---

① 王利明．民法．北京：中国人民大学出版社，2007：112.

② 《公司法》第 185～188 条.

③ 《公司法》第 184 条.

④ 《公司法》第 189 条.

第七十二条

清算期间法人存续，但是不得从事与清算无关的活动。

法人清算后的剩余财产，按照法人章程的规定或者法人权力机构的决议处理。法律另有规定的，依照其规定。

清算结束并完成法人注销登记时，法人终止；依法不需要办理法人登记的，清算结束时，法人终止。

【本条主旨】 本条有三款。第 1 款规定清算期间存续法人的民事权利能力限制。第 2 款规定清算后的剩余财产处理。第 3 款规定清算终结后的法人终止。

【核心概念】

清算法人 清算期间，被清算的法人称为清算法人。其法人人格并未丧失，但民事权利能力受到极大限制，即只能从事与清算有关的活动，不得再从事其他业务活动。

§条文详解§

一、清算法人限于从事与清算相关的活动

限制清算法人的权利能力在法律上具有特定的理由。处于清算阶段的法人较之于正常的法人在法律属性上存在一定的差异。正是出现了法律规定的特定原因，即将终止法人资格的清算法人在民事权利能力和民事行为能力方面都是存在瑕疵的，如果基于法定的活动范围与他人发生民事法律行为，对于债权人以及其他社会主体的利益而言都是潜在的损害，而且对于法人权力机构的组成人员而言，自身利益也有可能遭到损害。因此，法律为了保护善意相对人以及法人权力机构的组成人员的利益，有必要对清算法人的民事权利能力作出强制的规定，限制其民事权利能力：清算法人只能进行与清算有关的活动，而不能开展与清算无关的经营活动。

二、清算组行使清算法人的民事权利能力

法人清算的，要成立清算组，清算法人的民事权利能力及民事行为能力由清算组行使。民事权利能力决定清算法人的活动范围以及具体的行为方式。在清算中，凡是从事与清算无关的新的业务活动或是向部分债权人履行、放弃部分债权等行为都是无效行为。因为法人的活动范围是由法人的民事权利能力决定的，超出活动范围的行为，不具有生效的基础。在清算中，凡实施超出活动范围的行为都是绝对无效的，法人更不能依其民事权利能力而修改法人章程或改变法人目的

而使之有效。法人的民事权利能力是由法律赋予的，其能力范围也会受到法律的限制。清算中法人的民事权利能力依法律的规定被限定在清算的目的范围之内。不论是作为法人机关的清算组还是独立于法人之外、由人民法院或上级主管部门任命的清算组，其民事权利能力都受到法律的严格限制。

三、剩余财产的处理

剩余的财产是法人经过清算后还有剩余的财产。在清算过程中，首先，应当支付法人清算费用，包括对法人财产的评估、保管、变卖和分配等所需的费用，公告费用，清算组成员的报酬，委托注册会计师、律师的费用，以及诉讼费用等；其次，支付职工工资和劳动保险费用；再次，缴纳所欠税款；最后，偿还其他法人债务。在清偿法人债务时，应注意以下几点：第一，法人财产必须依法能够清偿法人债务；第二，在催告债权人申报的期限届满前，法人一般不得先行清偿债务；第三，在法人清偿全部债务前，不得向法人权力机构的组成人员分配法人财产。在支出上述费用后，法人还现存的财产就是剩余财产。

在法人清偿了全部法人债务之后，清算组才能够将法人剩余财产分配给法人权力机构的组成人员。如果法人章程的规定或者法人权力机构的决议对于分配剩余财产有规定的，则根据法人章程的规定或者法人权力机构的决议处理。如果没有约定，则依据法律规定处理。例如，根据《公司法》第 186 条的规定，有限责任公司按照各股东的出资比例进行分配，股份有限公司按照股东持有的股份比例进行分配。取得法人剩余财产的分配权，是法人投资人自益权的一项重要内容，是法人权力机构成员的基本权利。

四、清算终结后的法人终止

清算终结就是清算组织完成清算职责并完成剩余财产分配。法人在清算终结时，依据法律规定应当办理注销登记的，应当办理注销登记；依据法律规定不需要办理注销登记的，就不需要注销登记。是否需要办理注销登记要视乎法人设立时是否需要办理注册登记。如果法人在成立时应当办理注册登记的，则清算终结时应当办理注销登记；如果法人在成立时不需要办理注册登记的，则清算终结时不需要办理注销登记。

第七十三条

法人被宣告破产的，依法进行破产清算并完成法人注销登记时，法人终止。

【本条主旨】本条是关于被宣告破产的法人终止的规定。

【核心概念】

破产清算　破产清算是指法人被宣告破产后，由清算组对法人进行接管，并依职权清理并消灭法人的全部财产关系。在破产清算中，清算组是由人民法院依据有关法律的规定，组织法人权力机构的组成人员、相关机构以及有关专业人员组成。

注销登记 注销登记是指登记机关对于符合终止条件的法人，依照法定程序取消其法人资格的行为。在注销登记后，登记机关还要就有关事项向社会公告。

§条文详解§

一、法人被宣告破产概述

破产是指债务人不能清偿到期债务，并且资产不足以清偿全部债务或者明显缺乏清偿能力的，并需要依法进行清理债务的状态。[①] 法人的全部财产不足以抵偿其债务或法人无能力清偿到期债务是法人被宣告破产的实质要件。是否构成破产要依据法人的客观状况进行判断，而且需要法院的裁决予以确认。因此，法人的破产宣告是人民法院依相关当事人的申请，根据法人的财产状况和法律的规定，裁定法人破产以清偿债务的诉讼活动。确认法人是否宣告破产，应着眼于法人当前的状态能否使正常的债务关系得到维系。不能维系的，则应通过破产还债将债务消灭。

在相关主体向人民法院申请对法人启动破产程序时，人民法院经过审查，对于符合破产条件的法人，应该宣告其破产。破产宣告应公开进行。由债权人提出申请破产的，破产宣告时应当通知法人到庭。人民法院裁定宣告法人破产后，应制作破产宣告裁定书，其内容包括破产人的基本情况、破产原因、宣告破产的法律依据、破产宣告应进行的其他事项以及破产宣告日期等。为了使债权人、债务人及其他利害关系人了解破产的有关情况，人民法院裁定宣告债务人破产后，应当发布公告，公告内容包括：债务人亏损情况、资产负债情况、破产宣告时间、破产宣告理由和法律依据，以及对债务人的财产、账册、文书、资料和印章的保护，债权人重新登记等。

二、破产清算程序

破产清算的程序是：（1）成立清算组。人民法院应当在宣告法人破产之日起的法定期间内成立清算组，接管破产法人，清算组应当由法人权力机构组成人员、有关机关及专业人士组成。（2）清算组接管破产法人。人民法院宣告法人破产后，破产法人由清算组接管，负责对破产法人的财产进行管理、清理、估价、处理、分配，代表破产法人参与民事活动。清算组对人民法院负责并汇

---

① 《企业破产法》第2条第1款规定：企业法人不能清偿到期债务，并且资产不足以清偿全部债务或者明显缺乏清偿能力的，依照本法规定清理债务。

报工作。(3) 破产财产分配。分配破产财产，由清算组提出分配方案，在债权人会议上讨论通过，报人民法院批准后由清算组具体执行。(4) 清算终结。破产财产清算分配完毕，由清算组向人民法院汇报清算分配工作的情况，并申请人民法院裁定破产终结，对于未得到清偿的债权不再进行清偿。(5) 注销登记。破产财产分配完毕，法人依法终止其民事权利能力，清算组向破产法人的原登记机关申请注销原法人登记。

三、注销登记程序

注销登记的程序是：(1) 法人向登记机关提出注销登记申请；(2) 登记机关对法人提交的书面材料进行审查、受理；(3) 登记机关根据材料和法律规定作出是否准予注销登记的决定；(4) 向社会公告法人注销登记的事实。

第七十四条

法人可以依法设立分支机构。法律、行政法规规定分支机构应当登记的，依照其规定。

分支机构以自己的名义从事民事活动，产生的民事责任由法人承担；也可以先以该分支机构管理的财产承担，不足以承担的，由法人承担。

【本条主旨】 本条有两款。第 1 款是关于法人可以依法设立分支机构的规定。第 2 款是关于分支机构以自己的名义从事民事活动，由此产生的民事责任由法人承担的规定。

【核心概念】

法人的分支机构 法人的分支机构是以法人财产为基础设立的开展相对独立活动的业务机构。法人的分支机构在民法上具有特殊的含义，是法人的重要组成部分。

§条文详解§

一、法人的分支机构概述

法人的分支机构与合同法等规定的“其他组织”既有相似之处，也有不同之处。法人的分支机构，仍属于法人的组成部分，主要表现在其目的事业须在法人范围之内，其行为的效果仍由法人承担，不具有独立责任能力，与有独立责任能力的母公司之子公司不同。而“其他组织”则是与法人并列的独立民事主体，例如合伙组织。《民法典》在自然人、法人之外专章规定了“非法人组织”，承认了其他法律中部分“其他组织”(包括本条规定的法人的分支机构）的民事主体资格。法人为了实现特定的业务活动，可以依法设立分支机构。独立进行活动的法人分支机构一般也需要进行登记。以营利法人为例，如果设立分支机构进行营业活动，则需要办理登记，领取营业执照。例如，根据《公司法》第 14 条的规定，公司可以设立分公司，并且应当向公司登记机关申请登记，领取营业执照。如果仅是纯粹开展联络工作，不从事经营的公司办事处，则无须办理申请登记，但该办事处不能直接从事经营活动。需要指出的是，法人的分支机构如果经授权并依法办理登记，可以成为独立的民事主体对外进行民事活动。

二、法人分支机构的诉讼主体地位和民事责任承担

法人的分支机构可以在法人的授权范围内以自己的名义独立参与民事诉讼活动。在涉及分支机构的诉讼中，可以将法人的分支机构与法人一起列为共同被告。比如，企业法人的分支机构为他人提供担保，并发生保证纠纷的，人民法院在审理过程中可以将该企业法人和分支机构列为共同被告参加诉讼。

分支机构以自己的名义从事民事活动，产生的民事义务和民事责任由法人承担；也可以先以该分支机构管理的财产承担，不足以承担的，由法人承担。具体的承担方式由债务人即法人的分支机构进行选择，而不能由债权人行使选择权。

第七十五条

设立人为设立法人从事的民事活动，其法律后果由法人承受；法人未成立的，其法律后果由设立人承受，设立人为二人以上的，享有连带债权，承担连带债务。

设立人为设立法人以自己的名义从事民事活动产生的民事责任，第三人有权选择请求法人或者设立人承担。

【本条主旨】本条有两款。第 1 款是关于法人的设立人对于为设立法人在设立阶段从事的民事活动承担法律后果的规定。第 2 款是关于设立人以自己名义从事民事活动而产生的民事责任，第三人有权选择请求法人或者设立人承担的规定。

【核心概念】

法人的设立人 法人的设立人是指以设立法人为目的，并从事设立法人活动的民事主体。法人的设立人在法人成立后，有可能成为法人权力机构的组成人员。

§条文详解§

一、设立中的法人概述

设立中的法人作为民事主体属于非法人组织的范畴，可以以自己的名义独立实施民事法律行为。在依法取得法人资格前，可以参照适用合伙的相关规则，其成员应当对设立中的法人发生的债务承担无限连带责任。

二、法人的设立人为设立法人从事的民事活动的法律后果

法人的设立人为设立法人从事民事活动的，如果设立成功，其法律后果由法人承受。如果法人未设立，设立人对设立行为所产生的债务和费用承担连带责任，而对于设立行为产生的债权，享有连带债权。

三、法人的设立人以自己名义为设立法人从事民事活动的效果

法人的设立人以自己名义为设立法人从事民事活动时，作为相对一方的债权人，无论法人是否成立，均可以直接以该设立人为被告起诉要求其承担相应的民事责任，因为相对一方的债权人没有义务去了解设立人在实质上是为谁的利益而从事民事活动。如果法人成立，由于该设立人是为设立法人而从事民事活动，该活动的直接受益人是成立后的法人，因而该活动所产生的法律后果也可以由成立后的法人来承担；如果设立人能够证明其行为属于设立行为，债权人就可以选择要求该设立人或成立后的法人对其承担民事责任，但该选择权只能行使一次，一旦选择确定后即不得再行变更。

第二节　营利法人

第七十六条

以取得利润并分配给股东等出资人为目的成立的法人，为营利法人。

营利法人包括有限责任公司、股份有限公司和其他企业法人等。

【本条主旨】本条有两款。第1款是关于营利法人之概念的规定。第2款是关于营利法人分类的规定。

【核心概念】

有限责任公司　有限责任公司是指根据法律和行政法规规定的条件，由50个以下的股东出资设立[①]，每个股东以其所认缴的出资额对公司承担有限责任，公司法人以其全部资产对公司债务承担全部责任的在中国境内的营利法人。有限责任公司包括国有独资公司以及其他有限责任公司。国有独资公司，是指国家单

① 《公司法》第24条规定：有限责任公司由50个以下股东出资设立。

独出资、由国务院或者地方人民政府授权本级人民政府国有资产监督管理机构履行出资人职责的有限责任公司。[①] 一人有限责任公司也是有限责任公司的特殊形式，是指只有一个自然人股东或者一个法人股东的有限责任公司。[②]

股份有限公司 股份有限公司是指依法定条件和程序成立的，股东以其认购的股份为限对公司承担责任的营利法人。设立股份有限公司，应当有 2 人以上 200 人以下为发起人，其中须有半数以上的发起人在中国境内有住所。[③] 股份有限公司的设立，可以采取发起设立或者募集设立的方式。[④] 发起设立，是指由发起人认购公司应发行的全部股份而设立公司。[⑤] 而募集设立，是指由发起人认购公司应发行股份的一部分，其余股份向社会公开募集或者向特定对象募集而设立公司。[⑥]

§条文详解§

一、营利法人概述

“营利”就是指以取得和分配利润为目的的行为。需要指出的是，这里的营利不是从经济学意义上的，而是用来定性组织体的性质。具体来说，就是以组织体业务行为的特定目的和宗旨来认定该组织体的存在意义。一般来说，按照营利法人法律属性的不同，营利法人大概可以分为公司制营利法人（例如有限责任公司和股份有限公司）与非公司制营利法人（例如尚未转制的集体企业）。

营利法人是市场经济活动的基本单位，也是社会生产经营活动的主体。营利法人依据法定条件和程序成立，需要承担法定的义务和社会责任，包括依法纳税和保护环境等。从营利法人的自身特征上看，营利法人具有独立的财产、健全的组织机构和固定场所，同时也有完整规定公司治理机构的章程。这些都为营利法人独立承担民事责任提供了坚实的基础。因此，法律确立营利法人制度的意义在于赋予符合法定条件的法人从事经营活动的独立资格，从而促进市场经济的发展，创造更多的社会财富。

---

① 《公司法》第 64 条第 2 款规定：本法所称国有独资公司，是指国家单独出资、由国务院或者地方人民政府授权本级人民政府国有资产监督管理机构履行出资人职责的有限责任公司。

② 《公司法》第 57 条第 2 款规定：本法所称一人有限责任公司，是指只有一个自然人股东或者一个法人股东的有限责任公司。

③ 《公司法》第 78 条规定：设立股份有限公司，应当有 2 人以上 200 人以下为发起人，其中须有半数以上的发起人在中国境内有住所。

④ 《公司法》第 77 条第 1 款规定：股份有限公司的设立，可以采取发起设立或者募集设立的方式。

⑤ 《公司法》第 77 条第 2 款规定：发起设立，是指由发起人认购公司应发行的全部股份而设立公司。

⑥ 《公司法》第 77 条第 3 款规定：募集设立，是指由发起人认购公司应发行股份的一部分，其余股份向社会公开募集或者向特定对象募集而设立公司。

二、营利法人独立主体资格的法律意义

营利法人具有独立主体资格的意义在于：（1）与营利法人的主管部门相区分。营利法人和主管部门在一定意义上都属于民事主体，而且是两个完全平等的民事主体，互不隶属。双方只能按照民法的平等原则，等价有偿、自愿互利地构建民事法律关系。（2）与内部成员相区分。营利法人与营利法人的内部成员在人格上相互独立，而且互相分离。在法定职权和授权范围之外，营利法人的内部成员可以以自己的名义独立实施民事法律行为，行使民事权利和承担民事义务，与法人的目的事业无关。（3）宣示独立的财产权利。营利法人拥有独立财产是其独立进行民事活动的物质基础，也是独立行使民事权利和承担民事义务的保障，从而使营利法人能独立地享有民事权利和承担民事义务。（4）宣示独立的民事责任能力。营利法人的财产是营利法人独立承担民事责任的物质基础。营利法人依赖自己拥有的财产来独立承担民事活动中所产生的民事责任。

第七十七条

营利法人经依法登记成立。

【本条主旨】本条是关于营利法人经过依法登记成立，取得法人资格的规定。

【核心概念】

营利法人的成立登记 营利法人的成立登记是指营利法人的设立人按法定程序向营利法人登记机关申请，经营利法人登记机关审核并记录在案，审核通过后营利法人具有法人资格。

§条文详解§

一、作为营利法人的公司之设立：准则主义

公司的设立不需要得到政府主管部门的批准，只要符合法律规定的特定条件就可以成立。准则主义具有很多优势，克服了许可主义和特许主义设立程序过于冗长的缺点。营利法人采取准则主义也可以提高市场主体的经济活动效率，促进经济繁荣发展。

我国法律目前对于营利法人的控制是趋向于放松的方向。这点可以从最新修订后的《公司法》可以看出。最新的《公司法》取消了最低注册资本的要求，并且采取更为灵活的出资方式，对货币出资的比例不再规定硬性要求。这些变化一方面产生了积极的作用，有利于营利法人投资业务的多元化经营，形成更大规模的业务扩张，但是另一方面也对债权人的权利构成了一定的威胁。虽然我国法律

对营利法人的成立采取准则主义，但是并不意味着对营利法人的经营活动完全放任不管，也会在规范内容方面强化对债权人利益的保护。

二、营利法人的登记成立

营利法人的登记机关是国家市场监督管理机关。登记机关应当依据法律规定受理营利法人的注册成立申请，并且在规定的时间内审查书面材料，作出是否予以登记的决定，并就相关事项向社会公告。

登记所需要的材料有：(1) 营利法人设立登记申请书。(2) 如果是委托特定人员代理实施登记事务的，应当出具授权委托书。(3) 营利法人的章程。营利法人的章程是营利法人设立的重要法律文件，其内容和形式应当完备，符合法律、行政法规规定的各项要求。(4) 具有法定资格的验资机构出具的验资证明。法定验资机构出具的验资证明是营利法人之注册资本真实性和合法性的有效证明。(5) 构成营利法人权力机构成员的法人资格证明或者自然人身份证明。(6) 记载营利法人执行机构组成人员、监管机构组成人员以及经营管理人员的姓名、住所等个人信息的书面文件，以及相关委派、选举或者聘用证书。(7) 营利法人法定代表人的任职文件和身份证明。(8) 营利法人的名称预先核准通知书。(9) 营利法人的住所证明。①

第七十八条

依法设立的营利法人，由登记机关发给营利法人营业执照。营业执照签发日期为营利法人的成立日期。

【本条主旨】本条是关于营利法人之营业执照和成立日期的规定。

【核心概念】

营业执照 营业执照是指市场监督管理机关依据法律和行政法规的规定，颁发给营利法人或者其他经营主体的准许从事特定经营活动的有效凭证。营业执照分正本和副本，二者具有相同的法律效力。没有获取营业执照的营利法人或者其他经营主体不得开展经营或者与经营相关的活动，例如签订合同、注册商标、刊登经营广告以及开立银行账户等事项。

§条文详解§

一、营业执照概述

营业执照记载的主要内容是法人的名称、住所、注册资本、经营范围、法定

---

① 《公司登记管理条例》第20条.

代表人姓名等事项。[①] 营业执照分正本和副本，二者具有相同的法律效力。营业执照是具有严格效力的法律文件，不得伪造、涂改、出租、出借、转让。[②]

营利法人的营业执照具有以下法律效力：(1) 营利法人的营业执照具有证明营利法人成立并具有法人资格的效力。营利法人的营业执照签发日期就是营利法人的成立日期。(2) 营利法人的营业执照具有表现营利法人身份和特征的效力。营利法人领取营业执照后，即在法律上获得营利法人的身份和地位。(3) 营利法人的营业执照是营利法人被允许开展经营活动的法律凭证，直接体现营利法人的经营活动的性质和具体范围。

二、发照日期即为成立日

营业执照的签发日期具有以下意义：(1) 营业执照签发日期为营利法人的成立日期。(2) 营业执照签发日期确定营利法人的经营期限的起始日期。营业期限是指营利法人资格存续的有效期间，一般可以分为有期限和无期限两种。

有期限的营业期限又分两种情形：一是自拟期限，是指营利法人的设立人在法人章程载明的具体营业期限；二是法定期限，是指营利法人的有权管理机构要求在法人章程上必须标明的期限。

无期限的营业期限是法律不强制规定营利法人必须在法人章程中标明存续期限的方式。需要指出的是，如果法人章程对营业期限进行了补充规定，则补充规定的营业期限就应成为法律上的认定依据。如果法人章程对营业期限没有进行补充规定，而营利法人在设立登记过程中也应当明确具体的营业期限，作为登记的主要内容。

营业期限的法律意义主要体现在以下几个方面：(1) 营业期限届满是营利法人解散的法定原因。营业期限届满，营利法人的权力机构没有达成修改法人章程，使法人存续的决议的，营利法人进入清算过程。[③] (2) 营业期限届满，营利法人权力机构通过决议修改章程使法人存续的，对权力机构该项决议投反对票的权力机构个别成员可以请求法人按照合理的价格收购其股权。[④]

三、营业执照的发照机关以及相关程序

营业执照的发照机关是市场监督管理机关，具体程序是：(1) 名称预先核准通知；(2) 银行验资；(3) 会计师事务所出具“验资报告”；(4) 提交工商设立材料；(5) 领取营业执照；(6) 刻章；(7) 办理组织机构代码证；(8) 办理国税

---

① 《公司法》第 7 条第 2 款.

② 《公司登记管理条例》第 59 条.

③ 《公司法》第 180 条第 1 项规定，“公司章程规定的营业期限届满或者公司章程规定的其他解散事由出现”，公司解散。

④ 《公司法》第 74 条第 1 款第 3 项.

税务登记证；（9）办理地税税务登记证；（10）开设银行基本账户。

第七十九条

设立营利法人应当依法制定法人章程。

【本条主旨】本条是关于营利法人应当依法制定法人章程的规定。

【核心概念】

营利法人的章程　营利法人的章程是营利法人依据法律的规定，制定的有关营利法人名称、住所、经营范围、经营管理制度等重大事项的基本文件。营利法人的章程是营利法人设立的必备书面文件，它规定了营利法人的组织机构以及活动规则。营利法人章程是营利法人设立人共同一致的意思表示，对营利法人具有重要的作用。

§条文详解§

一、营利法人的章程的意义

营利法人制定章程具有以下重要的意义：

（1）法人章程是设立营利法人最重要的书面文件。制定法人章程是营利法人得以设立的必要条件之一，也是营利法人登记机关审查的重要事项之一。没有法人章程，营利法人就不能获得登记，从而不可以成立。例如，我国《公司法》明确规定，订立公司章程是设立公司的条件之一。[①]

（2）法人章程是确定营利法人相关权利义务关系的基本法律文件。法人章程一经有关部门批准，并经营利法人登记机关的核准就可以对外产生一定的法律效力。营利法人要严格依据法人章程的规定行使民事权利和承担民事义务。可以这么说，营利法人的经营活动符合法人章程的规定就会受到法律保护；如果违反法人章程的规定，其经营活动不受法律的保护，甚至其自身会受到处罚。

（3）法人章程是营利法人对外开展经营活动的基本依据。营利法人的章程规定了营利法人的组织机构和活动规则，包括特定的经营目的、财产状况、权利与义务关系等，这就为相关投资人和债权人与该营利法人发生经营活动联系时提供了一定的信息，从而在一定程度上保护了相关投资人和债权人的利益。

（4）法人章程是营利法人的行为规范和自治章程。法人章程是法人依据特定法律的规定自行制定的，主要针对法人自身的特征而作出的规制。法人章程具有一定的法律效力，但是本身不是法律规范，并不具有法律强制性，而是依靠法人

---

① 《公司法》第23条第3项.

自己执行作为保障。尽管如此，法人章程的效力基于法人的成员和特定当事人的协议，具有规范这些主体行为的作用，从而保护营利法人的利益。法人章程的法律地位和作用不容忽视，应当继续强化法人章程的法律效力，从而更好地规制营利法人的经营活动，实现市场经济的健康发展。

二、章程的法律地位

营利法人章程的法律地位、主要内容及修改程序、效力都由法律强制规定，任何营利法人都不得违反。营利法人的章程是营利法人设立的必要条件之一，无论设立是营利法人中的有限责任公司还是股份有限公司，都必须由全体股东或设立人制定法人章程，而且应当在进行营利法人设立登记时提交营利法人登记机关注册登记。需要指出的是，营利法人中的有限责任公司和股份有限公司都是依据《公司法》制定公司章程。①

三、章程的记载事项

营利法人章程的记载事项根据是否由法律明确规定，分为必要记载事项和任意记载事项。法律明文规定必须载明的事项，为必要记载事项。法律未予明确规定，由章程制定人自由选择记载的事项，为任意记载事项。按照法定的必要记载事项对法人章程效力的拘束力，必要记载事项还可分为绝对必要记载事项和相对必要记载事项。总的来看，营利法人的章程记载事项代表的内容主要是以下三个方面：（1）营利法人权力机构的成员的权利与责任；（2）营利法人的组织规则；（3）营利法人的权力运行与具体行为规则。

具体来说，营利法人中的有限责任公司的章程必须载明下列事项：公司名称和住所；公司经营范围；公司注册资本；股东的姓名或名称；股东的出资方式和出资额和出资时间；公司的机构及其产生办法、职权、议事规则；公司法定代表人；股东会会议认为需要规定的其他事项。②

营利法人中的股份有限公司的章程必须载明的事项包括：公司名称和住所；公司经营范围；公司设立方式；公司股份总数、每股金额和注册资本；发起人的姓名或名称、认购的股份数、出资方式和出资时间；董事会的组成、职权和议事规则；公司法定代表人；监事会的组成、职权和议事规则；公司利润分配办法；公司的解散事由与清算办法；公司的通知和公告办法；股东大会会议认为需要规定的其他事项。③

---

① 《公司法》第 23 条第 3 项、第 76 条第 4 项.

② 《公司法》第 25 条.

③ 《公司法》第 81 条.

第八十条

营利法人应当设权力机构。

权力机构行使修改法人章程，选举或者更换执行机构、监督机构成员，以及法人章程规定的其他职权。

【本条主旨】 本条有两款。第1款是关于营利法人之权力机构的规定。第2款是关于营利法人权力机构之职权的规定。

【核心概念】

股东会中心主义 股东会中心主义是指将股东会或者股东大会等权力机构规定为营利法人的最高决策机关，该机构有权决定营利法人的一切事务。营利法人的权力机构可以根据需要就有关营利法人的任何经营行为要求向执行机构发布命令，而营利法人的执行机构仅仅是权力机构命令的执行人。简单地说，股东会中心主义是一种以股东会等权力机构为中心的治理模式，董事会等执行机构完全依附于股东会等权力机构的营利法人的权力分配格局。股东会中心主义的一个重要特征就是法人章程在营利法人的内部行为规范中居于最高的统率地位。

§条文详解§

一、营利法人的权力机构概述

股东会中心主义的表现就是立法侧重于保护和强化营利法人权力机构的权限，而董事会等执行机构成了以股东会为代表的权力机构决议的纯粹执行者。无论是立法还是司法的重要价值取向就是确保出资人的利益，确保出资人得到其应得到的投资回报。在营利法人的治理结构中的权力机构权力的设置也是为了实现这个目的。由于营利法人规模的扩大以及出资人的高度分散，营利法人治理权力在现实中可能不是全部集中在权力机构身上，而是为了管理便利，部分下放给执行机构，便于有效开展经营活动，保护法人自身的利益。而且对于出资人而言，只要得到了满意的利润分配，就愿意把营利法人的相关事务交给执行机构处理，甚至由执行机构直接作出决定。但是，出资人这么做，并不是自身的权力受到削弱，而是通过权力下放，实现更大的利益。至于与出资人切身利益密切相关的事务，实际上还是严格控制在出资人自己手里。

二、经营者控制与权力机构权限的关系

经营者控制与董事会权限的强化没有直接的联系，更不能夸张为董事会中心主义的表现。经营者控制营利法人，实质上只是控制和开展正常的经营活动，而

不是控制决定营利法人命运的根本事项的决定权，而且，经营者权限一般也是经过特定的授权，严格受到相关决议和法人章程的限制。可以这么说，以股东会为代表的权力机构仍然掌握着决定营利法人命运的根本大权，如章程修改、合并、营业转让、解散等。更重要的是，执行机构组成人员的任免权也是由营利法人的权力机构所掌握。从理论上来说，权力机构仍然控制着营利法人的经营权。立法的制度安排还是以关怀出资人权力和权利作为立足点和出发点。例如，从公司法保护股东权的规定（如股东的表决权、查阅权、派生诉讼权等权利的赋予等）就可以看出，以股东会为代表的权力机构的权限不但没有被削弱，而且得到不断的强化。

三、权力机构的职权

法律规定权力机构具有以下职权：（1）决定营利法人的经营方针和投资计划；（2）选举和更换非由职工代表担任的执行机构成员、监督机构成员，决定有关执行机构成员、监督机构成员的报酬事项；（3）审议批准执行机构的报告；（4）审议批准监督机构或者监督人员的报告；（5）审议批准营利法人的年度财务预算方案、决算方案；（6）审议批准营利法人的利润分配方案和弥补亏损方案；（7）对营利法人增加或者减少注册资本作出决议；（8）对发行营利法人债券作出决议；（9）对营利法人合并、分立、解散、清算或者变更营利法人形式作出决议；（10）修改营利法人章程；（11）营利法人章程规定的其他职权。①

权力机构的其他职权的具体内容，由法人章程规定。一般情形下，营利法人章程规定权力机构的权力，不可以改变有关营利法人法律规定的职权。但是章程可以规定某些由执行机构行使的权力，改由权力机构行使，例如，决定营利法人内部管理机构的设置、决定聘任或者解聘营利法人经理及其报酬事项，并根据经理的提名决定聘任或者解聘营利法人副经理、财务负责人及其报酬事项等。②

第八十一条

营利法人应当设执行机构。

执行机构行使召集权力机构会议，决定法人的经营计划和投资方案，决定法人内部管理机构的设置，以及法人章程规定的其他职权。

执行机构为董事会或者执行董事的，董事长、执行董事或者经理按照法人章程的规定担任法定代表人；未设董事会或者执行董事的，法人章程规定的主要负

① 《公司法》第37条.
② 《公司法》第46条.

责人为其执行机构和法定代表人。

【本条主旨】 本条有三款。第1款是关于营利法人应当设执行机构的规定。第2款是关于执行机构之职权的规定。第3款是关于确定法定代表人人选的规定。

【核心概念】

董事会 董事会是指依据法律和章程规定由董事组成的、对内管理营利法人事务和对外代表营利法人开展经营活动的经营决策和执行机构。营利法人设董事会，由股东（大）会选举。董事会设董事长一人，可以设副董事长。① 在董事的任期届满前，股东（大）会不得无故解除其职务。

董事会中心主义 董事会中心主义是指将董事会置于营利法人权力运营的核心地位，不仅作为独立的组织机构存在，还拥有业务执行权、经营决策权和营利法人的对外代表权等多项独立的权力。在这种治理模式下，董事会仍由股东（大）会选举产生，并对股东（大）会负责，但董事会的法律地位和权力得到不断强化。可以说，除法律和营利法人章程明确规定属于股东（大）会的权力之外，营利法人的大部分重要权力均由董事会享有和行使。董事会不仅是经营活动的具体执行机构，而且是经营事务的决策机构。

董事长 董事长在营利法人权力机构中居于核心地位，而且是营利法人的权力运行的最主要承担者。依据法律和营利法人章程的规定，董事长的权力应当包含于董事会职责范围之内。例如，有限责任公司的股东会会议由董事会召集，董事长主持；董事长不能履行职务或者不履行职务的，由副董事长主持；副董事长不能履行职务或者不履行职务的，由半数以上董事共同推举一名董事主持。②

执行董事 执行董事是指依据法律和营利法人章程的规定，单个享有参与营利法人经营活动以及行使执行权力的特定主体。执行董事属于营利法人职员的范畴。在设立董事会的营利法人中，董事会成员中至少有一人担任执行董事。例如，有限责任公司，股东人数较少和规模较小的，可以设一名执行董事，不设立董事会；执行董事可以兼任公司经理。③ 执行董事的职权，应当参照公司法中关于董事会的规定，由公司章程规定。有限责任公司不设董事会的，执行董事也可以作为公司的法定代表人。

§条文详解§

一、营利法人的执行机构是董事会或执行董事

营利法人的执行机构是董事会或执行董事。它是由股东（大）会选举产生

---

① 《公司法》第44条第3款.

② 《公司法》第40条第1款.

③ 《公司法》第50条第1款.

的，对内执行营利法人管理事务，可以对外代表营利法人的常设性机构。在营利法人中，股份有限公司应一律设立董事会。而股东人数较少和规模较小的有限责任公司，可以设一名执行董事，不设立董事会。执行董事可以兼任公司经理。执行董事的职权，应当参照公司法中关于董事会的规定，由公司章程规定。有限责任公司不设董事会的，执行董事也可以作为公司的法定代表人。有限责任公司中的执行董事在性质上代表的是一种管理与业务执行机构，虽然它是以单个自然人个体的形式而存在。

二、代表法人行使职权的负责人是其法定代表人

依照法律或者按照法人章程的规定，代表法人行使职权的负责人是法定代表人。法人的正职负责人是法人的法定代表人。没有正职负责人的，由主持工作的副职负责人担任法定代表人。法人设有董事会的，以董事长为法定代表人；没有董事长的，经董事会授权的负责人可作为法人的法定代表人。需要注意的是，在经理担任法定代表人时，需要由法人章程予以特别规定。于非法人组织，以其主要负责人为法定代表人。①

我国法律实行单一法定代表人制，一般认为法人的正职行政负责人为其唯一法定代表人，如公司的法定代表人为董事长或执行董事或经理。法定代表人与公司法人在内部上存在劳动合同关系，因此法定代表人在本质上属于雇员范畴。在对外关系上，法定代表人以法人名义进行民事活动时，其与法人之间并非代理关系，而是代表关系，且其代表职权来自法律和法人章程的明确授权，而不另外需要法人的授权委托书。可以这么说，法定代表人对外的职务行为与法人行为具有同一性，其后果由法人承担。并且，法人不得以对法定代表人的内部职权限制对抗善意相对人。法人的法定代表人是由法律或法人的组织章程规定的。

需要指出的是，未设董事会或者执行董事的，章程规定的主要负责人一般是指其法定代表人。法定代表人在未设董事会或者执行董事的营利法人中就是执行机构，如果章程没有明确规定法定代表人，则实际意义上的执行机构就是章程规定的主要负责人。执行机构是营利法人权力运行中必须存在的基本机构，是法人治理机构中的固有部分。而董事会、执行董事、经理或者法定代表人只是他们在不同情境中的外在称呼而已。

第八十二条

营利法人设监事会或者监事等监督机构的，监督机构依法行使检查法人财

① 《最高人民法院关于适用〈中华人民共和国民事诉讼法〉的解释》第50条.

务，监督执行机构成员、高级管理人员执行法人职务的行为，以及法人章程规定的其他职权。

【本条主旨】本条是关于营利法人之监督机构的规定。

【核心概念】

监事会 监事会是指依据法律和章程的规定，由股东（大）会选举的监事以及由营利法人职工民主选举的监事组成的，对营利法人的经营业务活动进行监督和检查的常设机构。监事会是在股东（大）会领导下，与董事会并列设置，对董事会和总经理等行政管理人员行使监管检查权的组织机构。监事会是依法设立的，具有独立性，除受权力机构的制约外，一般不受其他机构的制约。

监事 监事是营利法人中监督机构的组成人员。监事负责监督和检查公司的财务情况、高级管理人员的职务执行情况，以及其他由公司章程规定的监督事项。监事一般由股东代表和职工代表组成，且不得兼任董事或经理。

营利法人的高级管理人员 营利法人的高级管理人员包括营利法人的总经理、副总经理、财务负责人、合规负责人、董事会秘书、境内分支机构负责人以及实际履行上述职务的人员。[①] 营利法人行使经营管理职责的管理委员会、执行委员会以及类似机构的成员也是高管人员。

§条文详解§

一、营利法人设立监督机构的意义

由于营利法人的权力机构的组成人员分散，可能不具备经营事务和财务方面的专业能力，为了防止执行机构成员及高级管理人员等执行职务不依据法律和法人章程，甚至滥用职权，损害法人和权力机构的组成人员的利益，就需要在权力机构会议上选出对法人经营业务的执行情况和法人财务进行专门监督的机构，代表权力机构行使监督职能。

在现代法人制度中，所有权与管理权的分离使权力机构的组成人员一般难以直接管理法人，股东（大）会作为法人的最高权力机构，在存在形式上不具有常设性。在这种情形下，董事会等机构成了法人经营事务的决策和执行的常设机构。为了避免董事会等执行机构因追求自身利益而损害法人、权力机构的组成人员、债权人、职工的权益，必须通过一定的制度安排对董事会进行规制和监督。

有关法人的法律法规可以通过规定相关活动规则等方式对执行机构成员及高级管理人员进行监督和控制，但这难以直接避免执行机构成员及高级管理人员滥

---

① 《证券公司董事、监事和高级管理人员任职资格监管办法》第2条第2款.

用权力行为的发生。而由于法人权力机构及其组成人员不直接参与法人的管理和经营事务，同时受限于专业知识，监督执行机构成员及高级管理人员的任务只能交由法人的监督机构。

二、监督机构对权力机构负责

监督机构对权力机构负责，对营利法人的财务以及营利法人董事、总裁、副总裁、财务总监和董事会秘书履行职责的合法性进行监督，维护营利法人及权力机构的组成人员的合法权益。营利法人应采取适当和必要的措施保障监事的知情权，及时向监督机构提供必要的信息和资料，以便监督机构对营利法人的财务状况和经营执行情况进行有效的监督、检查和评价。同时，经营法人的执行机构或者执行人员负有报告和披露特定事项情况的义务。

监督机构发现执行机构及高级管理人员存在违反法律、法规或营利法人章程的行为，可以向执行机构、权力机构反映，也可以直接向有关主管机关报告或其他有关部门报告。

三、监督机构的具体监督事项

监督机构的具体监督事项是：(1) 检查营利法人的财务；(2) 当执行机构成员及高级管理人员的行为损害营利法人的利益时，要求执行机构成员及高级管理人员予以纠正；(3) 提议召开临时出资人会议，在执行机构不履行法律规定的召集和主持出资人会议职责时召集、主持股东会会议；(4) 向权力机构会议提出提案；(5) 依据法律的规定，对执行机构成员、高级管理人员提起诉讼；(6) 营利法人章程规定的其他职权；(7) 列席执行机构会议，对所议事项提出质询和建议；(8) 调查营利法人异常经营情况。[①]

第八十三条

营利法人的出资人不得滥用出资人权利损害法人或者其他出资人的利益；滥用出资人权利造成法人或者其他出资人损失的，应当依法承担民事责任。

营利法人的出资人不得滥用法人独立地位和出资人有限责任损害法人债权人的利益。滥用法人独立地位和出资人有限责任，逃避债务，严重损害法人债权人的利益的，应当对法人债务承担连带责任。

【本条主旨】本条有两款。第 1 款是关于禁止营利法人的出资人滥用权利及相关民事责任的规定。第 2 款是关于禁止营利法人出资人滥用法人独立地位和出资人有限责任损害法人债权人利益，以及“揭开公司面纱”后的连带责任的规定。

---

① 《公司法》第 53 条及第 54 条等条文规定.

【核心概念】

出资人权利滥用 出资人权利滥用是指出资人行使不属于其权利范围的，或者过度行使超出其权利范围的权利的行为。出资人权利滥用违反了民法中的禁止权利滥用的原则。出资人滥用权利的行为，在某种意义上就是一般的侵权行为，往往也会侵害法人或者其他出资人的利益，应当承担一定的民事责任。但是，出资人权利滥用的行为，应当是在其合法所享有的权利的基础上所进行的行为，如果不是基于出资人的出资人权利，而是其他的权利滥用行为，也不构成出资人权利滥用的行为。

“揭开公司面纱” “揭开公司面纱”是指处于控制地位的营利法人的出资人为了逃避民事责任而滥用营利法人的独立责任和出资人的有限责任，严重损害营利法人的债权人利益，有关机关为了实现实质正义，依据法定的条件和范围，要求该出资人直接向营利法人债权人履行民事义务和承担民事责任的制度。营利法人的人格否认制度以营利法人具有独立人格作为制度前提，其设立目的是更好地保护债权人和营利法人的利益。

§条文详解§

一、出资人不得滥用出资人权利损害法人或者其他出资人的利益

出资人作为营利法人的投资人，依据法律和法人章程的规定，享有资产收益、参与重大决策和选择经营管理者等权利。例如，营利法人中的有限责任公司的股东有权查阅本公司的章程、股东会会议记录、董事会会议决议、财务会计报告；董事、高级管理人员违反法律、行政法规或者章程的规定，损害股东利益的，股东可以向人民法院提起诉讼。

出资人作为营利法人的成立基础之一，应当对法人以及其他出资人的利益尽到同一注意义务，不能滥用出资人权利，损害法人或者其他出资人的利益，例如，出资人不能利用查阅权查看营利法人的财务会计报告，并把其中的敏感内容泄露给营利法人的竞争对手，致使法人利益遭受损害。

二、出资人承担滥用出资人权利民事责任的性质

出资人承担的民事责任属于侵权责任，而且是一般的过错责任。该责任的构成要件有：(1) 加害行为。出资人存在滥用出资人权利的行为。(2) 损害。该行为给法人或者其他出资人的利益造成损害。(3) 因果关系。出资人滥用出资人权利的行为与法人或者出资人的利益受到损害存在因果关系。(4) 过错。出资人知道或者应当知道自己的权利滥用行为会给法人或者其他出资人造成损害，而予以放任或者不予以避免。

三、出资人滥用法人独立地位和出资人有限责任损害法人债权人利益的情形

出资人滥用法人独立地位和出资人有限责任，造成债权人利益受到损失的情形主要是出资不足或者抽逃出资，以及其他损害法人利益和法人债权人利益的情形。总结起来，就是：（1）人格混同；（2）不当控制；（3）财产混同；（4）资产严重不足。出资人滥用法人独立地位和出资人有限责任损害法人债权人的利益的，应当承担民事责任。该民事责任属于侵权责任，其责任构成要件主要有：（1）加害行为。出资人存在滥用法人独立地位和出资人有限责任加害债权人利益的行为。（2）损害。出资人的加害行为造成债权人利益的损失。（3）因果关系。出资人的加害行为与债权人的利益损失存在因果关系。（4）过错。出资人对于自己的加害行为以及债权人的利益损害后果具有一定可预知性，并且予以直接追求、放任或者不予以避免。该款承担连带责任的基础是出资人与法人具有共同的过错。

该条中的“逃避债务”应当作广义的理解，包括法人或者出资人自身所应承担的民事义务或者民事责任。“严重损害法人债权人利益的”情形具体是指出资人的滥用法人独立人格以及出资人有限责任的行为对债权人的人身和财产权利（利益）造成了严重的损害。例如，出资人与法人的财产混同，已经足以致使法人没有足够的独立财产对法人的债权人履行债务，法人债权人的债权面临严重侵害，其债权根本无法得到实现。

第八十四条

营利法人的控股出资人、实际控制人、董事、监事、高级管理人员不得利用其关联关系损害法人的利益；利用关联关系给法人造成损失的，应当承担赔偿责任。

【本条主旨】本条是关于营利法人的控股出资人、实际控股人、董事、监事、高级管理人员利用关联关系损害法人利益应当承担赔偿责任的规定。

【核心概念】

关联关系 关联关系是指营利法人的控股出资人、实际控股人、董事、监事、高级管理人员与其直接或者间接控制的法人或者其他民事主体之间的关系。对这种关系不加以控制和规制往往会导致营利法人利益的转移，从而给营利法人造成一定的损失。

§条文详解§

一、关联关系应当受到严格的监管

营利法人在本质上是人合组织，由一定人数的出资人组成，而且有完整的内部权力分配机构来支撑其运行。营利法人的控股出资人、实际控股人、董事、监事、高级管理人员在一定程度上具有控制或者影响营利法人经营行为的权力。另外，这些主体也可能对其他营利法人或者其他从事经营性活动的民事主体存在一定的利益关联，甚至可以直接或者间接控制其他经营主体的行为。基于鼓励投资行为多元化的理念，存在这种关联关系在市场经济活动中属于正常的现象，但是这种关联关系也容易滋生营利法人的控股出资人、实际控股人、董事、监事、高级管理人员进行非法的关联交易活动，因此，有关主管部门应当对具有关联关系的市场主体进行的关联交易行为实施严格的监管，保护投资者的利益。

在实践中，上市公司发生关联交易的现象比较普遍。上市公司关联交易是指上市公司与其关联方之间相互转移资源或义务的一种商业交易行为，由于其普遍存在并具有与一般商业交易不同的特殊性，因而成为公司监管、证券监管工作中的一个重点和难点。我国上市公司的关联交易现象极为普遍。近年来，随着证券市场法律法规的逐步完善以及监管工作的严格和深入，有越来越多的上市公司披露了越来越多的关联交易信息，关联交易成为我国证券市场最具中国特色的一大景观。①

二、利用关联关系损害法人利益应当承担赔偿责任

营利法人的控股出资人、实际控股人、董事、监事、高级管理人员利用关联关系损害营利法人的利益造成损失的，应当承担赔偿责任。这里的损害赔偿责任是一种过错责任，其构成要件有：（1）过错。营利法人的控股出资人、实际控股人、董事、监事、高级管理人员在主观上具有利用关联关系损害法人利益的故意或者过失，而且，他们在主观上都有非法获利的动机。（2）损害。营利法人的控股出资人、实际控股人、董事、监事、高级管理人员在主观上具有利用关联关系损害了法人的利益，给法人的财产利益造成了损失。（3）因果关系。营利法人的控股出资人、实际控股人、董事、监事、高级管理人员利用关联关系进行关联交易的行为与营利法人的损失之间存在因果关系。

营利法人在发现控股出资人、实际控股人、董事、监事、高级管理人员利用关联关系损害法人利益时，可以以自己的名义向法院提起诉讼，主张从事关联交

---

① 贾军．非正当关联交易侵权责任分析．法学论坛，2004（3）．

易的相关主体对法人的损失承担完全赔偿责任。法院应当依据相关事实和证据，对关联关系的认定以及关联交易行为的合法性进行严格审查，并以此规范作为裁判的依据。依据该条规定，关联关系的存在是营利法人的控股出资人、实际控股人、董事、监事、高级管理人员承担赔偿责任的前提，而法院对于过错的认定应当以关联关系为基础进行展开。

第八十五条

营利法人的权力机构、执行机构作出决议的会议召集程序、表决方式违反法律、行政法规、法人章程，或者决议内容违反法人章程的，营利法人的出资人可以请求人民法院撤销该决议。但是，营利法人依据该决议与善意相对人形成的民事法律关系不受影响。

【本条主旨】本条是关于营利法人的出资人撤销权的规定。

【核心概念】

出资人撤销权　出资人撤销权是指营利法人的权力机构、执行机构作出决议的会议召集程序、表决方式违反法律、行政法规、法人章程，或者决议内容违反法人章程的，营利法人的出资人可以请求人民法院撤销该决议的权利。撤销权属于撤销权人享有的民事权利，是否行使该权利是撤销权人的自由，撤销权人放弃撤销权的，法律不予干涉。出资人可以自决议作出之日起 60 日内，请求人民法院撤销。人民法院可以应营利法人的请求，要求出资人提供相应担保。出资人撤销权的立法目的主要是保护中小股东，防止大股东滥用所持表决权架空小股东的表决权，赋予股东对违法会议召集、表决的诉权。

§条文详解§

一、出资人撤销权的构成要件

出资人撤销权的构成要件是：(1) 决议的程序瑕疵和内容瑕疵。营利法人的权力机构、执行机构作出决议的会议召集程序、表决方式违反法律、行政法规、法人章程，或者决议内容违反法人章程的。(2) 诉讼主体具备出资人的资格。出资人是指营利法人的权力机构、执行机构“决议时”具备出资人的资格。缺席股东大会和无表决权的股东也具有撤销权。

二、出资人撤销权的效力

营利法人的权力机构和执行机构决议的瑕疵分为程序瑕疵和内容瑕疵。程序瑕疵主要是指召集程序、表决方式违反法律、行政法规及法人章程的规定，内容瑕疵是指决议内容违反法人章程的规定。由于营利法人的权力机构、执行机构决议程序和内容是否合法与公平直接影响营利法人经营活动的效率，而且直接关系出资人权益能否得到保障，因而法律规定对二者要兼顾。

具体来说，如果营利法人的权力机构、执行机构作出决议的会议召集程序、表决方式违反法律、行政法规、法人章程，任何出资人可以提起撤销之诉。决议被人民法院撤销的，自撤销之日起失去效力，自始无效。营利法人的权力机构和执行机构决议的内容违反法人章程的无效。任何出资人认为有关决议内容违反法人章程的，可以提起决议撤销之诉。决议被人民法院撤销的，自撤销之日起失去效力，自始无效。

出资人因滥用撤销诉权，给法人造成损失的，应当对法人承担赔偿责任。营利法人决议涉及法人登记事项并已作出变更登记的，如果被人民法院撤销，营利法人应当向登记机关申请撤销该登记。

三、出资人撤销权的行使

为了保证营利法人顺利开展经营活动，促使出资人正当地行使这一诉权，相关法律规定，人民法院可以依应诉营利法人的请求，要求出资人提供与因出资人提起撤销之诉而可能使营利法人因暂停决议的执行而遭受的损失相适应的担保。

出资人提起撤销之诉的，需由出资人自决议作出之日起 60 日内提起。超过 60 日的，出资人便失去这一权利，人民法院不再受理该撤销之诉。出资人在提起撤销之诉时，其应当持有营利法人的股权，即具有法人出资人的地位。

四、善意相对人信赖利益的保护

如果营利法人依据决议的内容已经与善意相对人实施民事法律行为，并且构成了民事法律关系，法律为了保护善意相对人的信赖利益，出资人的撤销权不能对抗善意相对人的利益保护。这里的善意相对人是指，交易相对人在交易当时不知道或者不应当知道营利法人作出的与其发生民事法律关系相关的决议在程序和内容上存在瑕疵；而且，相对人在主观上是善意的。

第八十六条

营利法人从事经营活动，应当遵守商业道德，维护交易安全，接受政府和社会的监督，承担社会责任。

【本条主旨】本条是关于营利法人从事经营活动应当遵守商业道德，维护交易安全，接受政府和社会监督，承担社会责任的规定。

【核心概念】

营利法人的社会责任　营利法人的社会责任是指营利法人不能仅仅以最

大限度地为出资人营利或赚钱作为自己的唯一存在目的，而应当最大限度地增进出资人利益之外的其他所有社会利益。[1] 营利法人在以追求利润并维护出资人合法权益为目的开展经营活动的同时，也应当依据法律和法规的要求，对内部的职员的合法权益、自然环境保护、消费者的合法权益等承担保护的责任。民法规定营利法人的社会责任主要是为了在宣示营利法人作为民事主体具有独立的民事权利能力同时，也应当承担起应有的社会责任，将自身的发展与社会的进步实现有机的统一，而不是过分强调攫取利润，损害其他社会主体的利益和社会公共利益。

§条文详解§

一、营利法人从事经营活动应当遵守商业道德

商业道德是营利法人开展经营活动应当遵守的内在的行为准则。商业道德并不是法律规范，但是和法律规范一样，发挥规制营利法人经营行为的作用。商业道德能否对营利法人构成一定的拘束力，主要依赖营利法人的自律，以及自身对商业道德内容和价值的认可。从长远上看，营利法人遵守商业道德是有利于自身的长久发展的，但是在实践中，也普遍存在个别营利法人为了眼前的短暂利益，而漠视商业道德的存在，实施一些违背商业道德的行为，对自身的商誉和他人的合法权益都造成了损害。商业道德作为一种行为规范，并没有统一的内涵，总的来说，商业道德的基本要求是营利法人在开展经营业务的时候，应当遵纪守法、恪守诚信原则以及维护公平交易等。应当看到，随着我国市场经济的深入发展，加强营利法人的商业道德教育和宣传是非常具有必要性的。市场经济行为不可能全部交由法律规范进行调整，还需要商业道德的规制，以促进营利法人与其他社会主体良性的共同发展。

二、营利法人从事经营活动应当维护交易安全

营利法人作为具有民事权利能力的民事主体，主要的活动就是开展交易活动。在交易行为过程中，营利法人与其他民事主体基于真实的意思表示达成合意，实现各自的营利目标，这与社会的发展目标是一致的。但是，个别营利法人为了攫取更大的利润，漠视市场交易规则和他人的合法权益，采取不诚信的手段，破坏交易的稳定性，损害了他人的信赖利益。善意相对人的信赖利益承载了交易安全的价值取向，如果不保护市场主体的信赖利益，市场秩序就会受到严重的损害。但是，营利法人在维护交易安全的同时，也应

---

① 刘俊海．公司的社会责任．北京：法律出版社，1999：6.

当处理好效率问题，将交易安全和效率有机地统一起来，以维护社会经济秩序的稳定。

三、营利法人从事经营活动应当接受政府和社会监督

营利法人的经营活动从根本上说就是一种社会活动，是涉及社会公众利益的经济活动。政府负有维护经济秩序稳定和管理市场主体经济活动的职责。而社会监督作为有力的监督方式，在社会生活中起到了深刻的影响作用。社会监督的主要方式就是媒体舆论的监督，新闻媒体对营利法人的不法行为一般会予以曝光，实现社会公众的知情权，从而对营利法人实现了舆论上的监督。营利法人的经营活动在客观上不可能逃避政府和社会监督。从营利法人的设立开始，就需要接受政府的监督和管理，而营利法人的重要事项的公告其实就是接受社会的监督。政府和社会监督都属于外部监督，与营利法人的自律和自治制度形成对应的关系。有时候，政府和社会监督会与营利法人的行业监督结合在一起，对营利法人的行为实现了全面的管控。政府和社会对营利法人的监督，不意味着可以对营利法人的独立经营活动进行干涉，其监督的方式和范围应当严格遵守法律法规的规定。

四、营利法人从事经营活动应当承担社会责任

营利法人除了应当遵守法律和行政法规的规定开展经营活动，还应当主动承担社会责任。营利法人的社会责任实际上就是一种社会义务，是一种维护和保护社会公益的义务。这些义务的内容与营利法人自身的利润最大化目的应当有一定的分离，即不能仅以利润最大化为目的而逃避应尽的社会责任。需要指出的是，除了依赖营利法人自身的社会责任感，还应当采取各种方式督促营利法人承担社会责任。营利法人承担社会责任一般涵盖的利益范围包括职工利益、消费者利益、债权人利益、中小竞争者利益、当地社区利益、环境利益、社会弱者利益及整个社会公共利益等内容。[①] 营利法人承担社会责任应当与营利法人出资人的社会责任相区分，因为营利法人作为独立的民事主体，与其出资人的人格是相互独立的，他们所承担的社会责任的内容也是不同的。

---

① 刘俊海．公司的社会责任．北京：法律出版社，1999：7.

第三节 非营利法人

第八十七条

为公益目的或者其他非营利目的成立，不向出资人、设立人或者会员分配所取得利润的法人，为非营利法人。

非营利法人包括事业单位、社会团体、基金会、社会服务机构等。

【本条主旨】 本条有两款。第 1 款是关于非营利法人之定义的规定。第 2 款是关于非营利法人分类的规定。

【核心概念】

公益目的与公益法人 公益一般是指公共利益，因此，公益目的也常称为“以公共利益为目的”，它意味着为了整体的需要，超越个人或小集体的利益，超越一定区域或空间的利益，超越短期或眼前的利益，以谋求广泛的、不特定的、大多数人的利益为目的而行动，一般而言主要是非经济性的目的。

公益法人 公益法人是指“以祭祀、宗教、慈善、学术、技术或其他公共利益为目的而成立的法人”[①]。公益法人的使用多见于大陆法系国家，尤以日本为典型（日本民法典将其作为营利法人的相对概念而使用）。我国立法并没有采用公益法人的概念，大多在学术讨论上使用。公益法人是非营利法人，但不等同于非营利法人。除公益法人之外，非营利法人还包括“既不是为了公益，又不是为了成员经济利益而设立的”中间法人（互益法人）。

非营利目的 非营利目的是指法人的成立不以营利为目的。对法人的非营利目的可以从“对外”和“向内”两个角度进行考察判断。“对外的非营利目的”是指从法人之外的其他主体角度来看，该法人的目的应当是除“营利”以外的公益性或互益性目的，例如救助贫困、促进教育、改善社区环境等；“向内的非营利目的”体现在对法人内部主体（包括设立者、成员、管理者等）也是非营利的，具体表现为法人的收入结余（或净利润）并不向其成员进行分配，且在法人解散或终止后，其剩余资产一般不得分配给成员。

社会服务机构 社会服务机构是指自然人、法人或者非法人组织为了提供社

① 中国社会科学院法学研究所．法律辞典．北京：法律出版社，2003.

会服务，主要利用非国有资产设立的非营利性法人。《民法典》将社会服务机构纳入非营利法人范畴，既明确了社会服务机构的本质属性定位，也利于与《慈善法》等立法的衔接。社会服务机构所指代的组织主要是原“民办非企业单位”，但其内涵又与原“民办非企业单位”的内涵有所区别，主要表现在：（1）设立主体不同：原“民办非企业单位”的设立主体包括“企业事业单位、社会团体和其他社会力量以及公民个人”，社会服务机构的设立主体为“自然人、法人或其他组织”。（2）资产来源范围不同：原“民办非企业单位”仅可利用“非国有资产”，但社会服务机构的资产主要是非国有资产，并不排斥利用国有土地等国有资产来源。（3）从事的活动范围不同：原“民办非企业单位”仅可从事“非营利性社会服务活动”，而社会服务机构从事的社会服务活动中可以包括营利性活动，对其非营利性的限定主要从利润设立目的、法人利润和资产分配角度进行规范。（4）组织形式不同：原“民办非企业单位”的组织形式还包括个体型和合伙型，社会服务机构仅限于法人的组织形式。

§条文详解§

一、我国法人的基本分类：营利法人、非营利法人和特别法人

《民法典》将法人分为营利法人、非营利法人和特别法人三个类型。本条规定的是非营利法人及其具体类别形态，公益目的和其他非营利目的是其共同的本质特征。

民法典立法中法人分类模式的选用，不仅仅是在法典中进行简单的体系划分，这涉及复杂的法律细化和完善等一系列法律衔接问题。因此，法人分类应符合一国的立法传统、现有的立法环境，并考虑立法成本。《民法典》对法人的分类基本上沿袭了《民法通则》将法人分为企业法人、事业单位法人和机关法人的做法。这一分类方式反映了我国现有的法人形态，利于《民法典》与现有相关法规的衔接，也呼应了各类社会团体蓬勃发展的趋势，是与我国目前基本国情相符合的科学分类方式。

二、“非营利性”：是指不同出资人或者设立人分配所得的利润

本节所要求的“非营利”是指在目的上的非营利，即法人的存在不以营利为目的，不向出资人或者设立人分配法人所得的利润。至于该类法人在日常运行中开展了营利性活动，甚至从中获取了盈利收入，并不影响其作为非营利法人的性质。事实证明，出于生存和持续发展的压力，某些非营利法人从事营利活动是不可避免的。但为了避免其偏离非营利宗旨，立法应当对其营利活动进行特殊规制。

三、非营利法人包括事业单位、社会团体、基金会、社会服务机构等

后面有关条文分别对这些种类的非营利法人的民事权利能力和民事行为能力作出规定。需要指出的是，还存在大量各类规范非营利法人的特别法律和行政法规规定（相关特别法律如《慈善法》《公益事业捐赠法》《民办教育促进法》等，相关行政法规如《事业单位登记管理暂行条例》《社会团体登记管理条例》《基金会管理条例》《宗教事务条例》等），在讨论其法律地位等问题时，需要注意此等规定。

四、本条第 2 款将“社会服务机构”规定为非营利法人的一个类型

作为非营利法人的“社会服务机构”是指“自然人、法人或者其他组织为了提供社会服务，主要利用非国有资产设立的非营利性法人”，具有非营利性、社会服务性等特征，其成立需要依法批准和登记。其组织形式、民事权利能力和民事行为能力，由法律、行政法规和章程加以规定。这类社会服务机构涵盖行业广泛，包括科技服务、生态环境保护、教育、卫生、体育等各类行业，常见的有提供养老服务的养老院（敬老院）、提供儿童救助的福利院（孤儿院）、提供教育的民办学校、提供医疗服务的民办医院以及提供文化服务的民办博物馆等。

第八十八条

具备法人条件，为适应经济社会发展需要，提供公益服务设立的事业单位，经依法登记成立，取得事业单位法人资格；依法不需要办理法人登记的，从成立之日起，具有事业单位法人资格。

【本条主旨】本条是关于事业单位法人资格的规定。

【核心概念】

事业单位 事业单位是指“国家为了社会公益目的，由国家机关举办或者其他组织利用国有资产举办的，从事教育、科技、文化、卫生等活动的社会服务组织”。事业单位具有以下特征要素：（1）事业单位是独立的法人主体；（2）事业单位的设立以“社会公益”为目的；（3）事业单位的主办主体是“国家机关或其他组织”；（4）事业单位的举办资产来源是“国有资产”；（5）事业单位的业务活动主要包括以“教育、科技、文化、卫生等活动”为主的公共服务事业。其中，“公益性”和“公共服务属性”是事业单位最为核心的本质属性。

§条文详解§

一、事业单位是我国现存最为广泛的一类非营利组织

事业单位广泛分布于教育、科研、文化、卫生、体育、新闻出版、广播电视、社会福利、救助减灾、统计调查、技术推广与实验、公用设施管理、物资仓储、监测、勘探与勘察、测绘、检验检测与鉴定、法律服务、资源管理事务、质量技术监督事务、经济监督事务、知识产权事务、公证与认证、信息与咨询、人才交流、就业服务、机关后勤服务等众多领域。实践中，事业单位主要以院、所、校、社、馆、台、站、中心等组织机构形式存在。

事业单位基本是由国家机关举办或者其他组织利用国有资产举办的，主要从事社会公共服务，满足国民基本公共需求，这在客观上就决定了事业单位具有国有性质。也正因此，事业单位的管理制度也异于其他非营利法人管理制度，主要表现在以下方面。

1. 登记管理机关

根据《事业单位登记管理暂行条例》，事业单位登记管理工作由县级以上各级人民政府机构编制管理机关所属的登记管理机关负责实施。[①] 其中，国务院机构编制管理机关所属的国家事业单位登记管理局主管全国事业单位登记管理工作，负责“拟定有关事业单位登记管理的方针、政策和规定”等职责。登记管理机关对事业单位依法实施下列监督管理：“监督事业单位按照规定办理登记和提交年度报告；监督事业单位按照登记事项从事活动；制止和查处事业单位违反《事业单位登记管理暂行条例》及《事业单位登记管理暂行条例实施细则》的行为。”

2. 管理标准

事业单位关涉社会基本公共服务需求的满足，因此，国家对其管控也更为严格。尤其是直接关系公共利益的事业单位，依法应当按照国家规定的服务标准、资费标准和行政机关依法规定的条件，向社会提供安全、方便、稳定和价格合理的服务，并履行普遍服务的义务；未经核准登记的登记管理机关批准，不得擅自停业、歇业。

---

① 《事业单位登记管理暂行条例实施细则》第13～15条规定：“国家事业单位管理局负责下列事业单位的登记管理：（一）中央直属事业单位；（二）中央国家机关各部门举办的事业单位；（三）直接或者间接使用中央财政经费的社会团体举办的事业单位；（四）中央国有资产监督管理机构履行出资人职责的企业和国有重点金融机构举办的事业单位；（五）本条上述事业单位举办的事业单位；（六）依照法律或者有关规定，应当由国家事业单位登记管理局登记管理的其他事业单位。”“省、自治区、直辖市登记管理机关负责下列事业单位的登记管理：（一）省、自治区、直辖市直属事业单位；（二）省、自治区、直辖市国家机关各部门举办的事业单位；（三）直接或者间接使用省级财政经费的社会团体举办的事业单位；（四）省、自治区、直辖市国有资产监督管理机构履行出资人职责的企业举办的事业单位；（五）本条上述事业单位举办的事业单位；（六）国家事业单位登记管理局授权登记管理的事业单位；（七）依照法律或者有关规定，应当由省级登记管理机关登记管理的其他事业单位。”“省级以下登记管理机关的登记管辖由省、自治区、直辖市登记管理机关根据条例和本细则规定。”

3. 组织机构

在事业单位分类改革之前，我国事业单位法人的组织管理形式基本套用行政机关的模式，在机构规格上采用套用行政级别。随着事业单位分类改革的推进，事业单位法人的内部治理结构也相应进行了革新。根据进行试点改革与否，事业单位法人的组织机构有不同的设置：尚未试点改革的事业单位法人的机构设置与行政单位几乎类似，一般设有行政管理机构、业务机构部门及业务辅助部门等，实施首长负责制；已试点改革的事业单位法人设有理事会作为决策机构（或兼任监督机构），设有管理层作为执行机构，设有监事会或监事作为监督机构。

4. 人事管理制度

事业单位工作人员采用编制管理，《事业单位人事管理条例》第 2 条规定："事业单位人事管理，坚持党管干部、党管人才原则，全面准确贯彻民主、公开、竞争、择优方针。""国家对事业单位工作人员实行分级分类管理。"各级事业单位人事综合管理部门负责本辖区事业单位人事综合管理工作。事业单位主管部门具体负责所属事业单位人事管理工作。国家设立事业单位岗位管理制度，由事业单位根据职责任务和工作需要，按照国家有关规定设置岗位。除国家政策性安置、按照人事管理权限由上级任命、涉密岗位等人员外，事业单位应当面向社会公开招聘工作人员或依法在内部竞聘。事业单位采用激励与约束相结合的事业单位工资制度，工作人员工资包括基本工资、绩效工资和津贴补贴，享受国家规定的福利待遇。事业单位执行国家规定的工时制度和休假制度。

二、取得事业单位法人资格需要具备的要件

本条规定取得事业单位法人资格需要具备以下条件：（1）具备成立法人的基本条件，即具备"有自己的名称、组织机构、住所、财产或者经费"等成为独立法人主体的基本条件；（2）法人的设立目的应当限于"为实现公益目的"，即事业单位的设立应是为了在经济社会发展中提供公益服务；（3）依照法定程序依法登记成立。根据《事业单位登记管理暂行条例》及《事业单位登记管理暂行条例实施细则》，申请事业单位法人设立登记，应当在经审批机关批准设立后，向相应级别的政府机构编制管理机关下属的事业单位登记管理机关申请设立登记，登记管理机关在受理后依法对申请文件进行审查核准，并依法作出登记或不予登记的决定。

三、事业单位法人应当依法进行登记

本条前半段规定了事业单位法人应当依法进行登记方可取得法人资格。事业单位法人的设立事关公益服务事业，因此，需要由有关机关对其资金、组织机构、场所、审批机关批准文件等登记内容进行审查，以保证符合从事公共服务的条件和能力。因此，本条规定事业单位法人成立需要依法进行登记。

原则上，除法律法规另有规定外，所有事业单位法人成立都需要经过登记，例如，国家机关的后勤服务事业单位（如全国人大机关服务中心）、新闻出版事业单位（如中国包装科技博览杂志社）、教育事业单位（如山东冶金技师学院）等等。

本条后半段规定了依法不需要办理法人登记的事业单位自成立之日起取得法人资格。这些事业单位法人无须办理事业单位法人登记而由有关主管机关按照分级登记管理的规定向登记管理机关备案。根据2004年修订发布的《事业单位登记管理暂行条例》第11条，依法不需要办理法人登记即取得事业单位法人资格的法人包括以下几种。

（1）法律规定具备法人条件、自批准设立之日起即取得法人资格的事业单位。此类事业单位的设立直接由法律规定，由有权机关批准设立，因为其资格审查及公示性都有足够保障，因而无须另行到机构编制管理机关登记即可取得法人资格，如根据《社会保险法》设立的全国社会保障基金理事会等。

（2）法律、其他行政法规规定具备法人条件、经有关主管部门依法审核或登记，已经取得相应的执业许可证书的事业单位。此类事业单位根据法律、行政法规规定设立，设立时由相关主管部门对其法人条件资格、职业资格进行审查并登记，因此无须另行到机构编制管理机关登记公示，典型如根据《行政学院工作条例》设立的国家行政学院等。

（3）县级以上各级人民政府设立的直属事业单位（如国务院直属事业单位中国社会科学院、国家行政学院等）。这些事业单位由各级政府设立，其法人条件要素（如住所、经费、人员等）都经政府审核且有政府作为后盾进行保障。此外，其组织机构、财务、人事管理等方面都具有一定的特殊性，如其从业者的待遇一般比照公务员进行，其活动经费一般来自财政预算拨款，因此，依法无须经过法人登记即可具有法人资格。

第八十九条

事业单位法人设理事会的，除法律另有规定外，理事会为其决策机构。事业单位法人的法定代表人依照法律、行政法规或者法人章程的规定产生。

【本条主旨】本条是关于事业单位法人理事会、法定代表人产生的规定。

【核心概念】

事业单位法人的理事会　事业单位法人的理事会是事业单位法人的决策机构，依照法律法规、国家有关政策和事业单位法人的章程开展工作。理事会主要负责事业单位法人的发展规划、财务预决算、重大业务、章程拟订和修订等决策事项，按照有关规定履行人事管理方面的职责，并监督本单位的运行。

事业单位法人的执行机构　事业单位法人的执行机构也是其管理机构，主要由事业单位行政负责人及其他主要管理人员构成。管理机构依照理事会决议独立自主地履行日常业务管理、财务资产管理和一般工作人员管理等职责，定期向事业单位法人的理事会报告工作。

事业单位法人的章程　事业单位法人的章程是法人治理结构的制度载体和理事会、执行机构的运行规则，也是有关部门对事业单位进行监管的重要依据。事业单位法人的章程应当包含以下内容：理事会的职责、构成、会议制度、产生方式和任期，理事会和执行机构的关系，执行机构的职责和产生方式等。①

§条文详解§

一、事业单位法人一般设理事会，理事会为其决策机构

在事业单位分类改革之前，我国事业单位法人的组织管理形式基本套用行政机关的模式，在机构规格上套用行政级别，在人员管理上也采用事业编制财政供养的方式，并参照公务员进行。

根据《关于建立和完善事业单位法人治理机构的意见》（国办发〔2011〕37号）的规定，事业单位法人应当建立完善的法人治理结构。其中，决策机构主要以理事会为组织形式，除理事会外，也允许法人探索采用董事会、管委会等多种决策机构组织形式。

事业单位法人的理事会主要由政府有关部门、举办单位、服务对象和其他有关方面的代表组成。其中，代表政府部门或举办单位等相关组织的理事一般由政府或相关组织委派；代表服务对象和其他有关方面的理事原则上经推选产生。事业单位法人的理事会依照法律、国家有关政策以及法人章程开展工作，须接受政府和社会的监督。

根据上述意见的规定，事业单位法人的理事会还可以同时是法人的监督机构，负责监督事业单位法人的财务和理事、执行机构人员履行职责的情况。但该意见同时鼓励事业单位探索单独设立监事会行使监督职责。

二、事业单位法人的法定代表人依照法律、行政法规或者法人章程的规定产生

事业单位法人的法定代表人是按照法定程序产生，代表事业单位行使民事权

---

① 2014年《事业单位登记管理暂行条例实施细则》第39条规定：“事业单位章程应当包括下列事项：（一）名称；（二）宗旨和业务范围；（三）组织机构（法人治理结构）；（四）资产管理和使用的原则；（五）章程的修改程序；（六）终止程序和终止后资产的处理办法；（七）需要由章程规定的其他事项。”

利、履行民事义务的责任人。一般而言，法人的法定代表人由法律、行政法规或者法人章程规定产生。

事业单位分类改革之前，事业单位的行政负责人常由政府或举办单位以任命或委派的方式产生。根据2011年《关于建立和完善事业单位法人治理机构的意见》(国办发〔2011〕37号)的规定，事业单位法人的负责人由理事会任命或提名，并按照人事管理权限报有关部门备案或批准。2014年《事业单位登记管理暂行条例实施细则》规定，事业单位的拟任法定代表人，须经登记管理机关核准登记，方取得事业单位法定代表人资格。事业单位法定代表人应为具有完全民事行为能力的自然人且是该事业单位的主要行政负责人。违反法律、法规和政策规定产生的事业单位主要行政负责人，不得担任事业单位法定代表人。

三、法定代表人的权限

事业单位法人的法定代表人也是事业单位法人的行政负责人。法定代表人对法人的理事会负责，主要主持、行使法人的业务、财务资产和人事管理职权。事业单位法人的法定代表人有权代表事业单位法人从事民事活动。法定代表人代表法人对外行为时，因执行职务的行为产生的一切法律后果均由法人承担。

第九十条

具备法人条件，基于会员共同意愿，为公益目的或者会员共同利益等非营利目的设立的社会团体，经依法登记成立，取得社会团体法人资格；依法不需要办理法人登记的，从成立之日起，具有社会团体法人资格。

【本条主旨】本条是关于社会团体法人资格的规定。

【核心概念】

社会团体 社会团体是指由自然人、法人或非法人组织自愿组成，为实现其会员的共同意愿，依法成立的非营利性社会组织。社会团体具有以下共同特征：(1)社会团体是由成员组成的团体，是人合性的组织；(2)社会团体的成员聚合不是为了获取经济利益（利润）而是为了公益目的或其他非营利性的共同目的；(3)社会团体成员有自由退出社团的权利；(4)社会团体是独立于政府的社会组织。协会、商会、学会、联合会等都是典型的社会团体。

§条文详解§

一、取得社会团体法人资格的要件

根据本条规定，社会团体要成为社会团体法人应当具备以下条件：

（1）社会团体应当符合本章第一节“一般规定”中规定的成立法人的基本要件，即具备“有自己的名称、组织机构、住所、财产或者经费”等成为独立法人主体的基本条件。

（2）社会团体法人基于成员的共同意愿而成立。社会团体法人是具有强烈人合属性的法人组织，成员是社会团体法人成立的首要基础，社会团体法人的成立应基于成员的共同意愿。成员自愿依法共同成立社会团体法人是其结社自由权利的体现。根据 2016 年《社会团体登记管理条例》第 10 条第 1 项的规定，成立社会团体应当“有 50 个以上的个人会员或者 30 个以上的单位会员；个人会员、单位会员混合组成的，会员总数不得少于 50 个”。

（3）社会团体法人成立的目标是为了实现公益或成员共同利益等非营利目的。与同样具有人合属性的营利法人不同的是，社会团体法人的成员设立或加入社会团体法人是为了实现某种公益性或非营利性的共同利益目的目标，而社会团体法人也是基于成员的这种目标实现的需要而成立并形成独立人格、开展相关活动的。基于这种非营利性目标，社会团体法人不得向其设立人、成员等相关人员分配法人的运营利润。

（4）社会团体法人应当制定章程并依照章程开展活动。社会团体在成立时必须订立自己的章程，根据 2016 年《社会团体登记管理条例》的规定，申请登记社会团体法人，发起人应当向登记机关提交章程草案。

（5）社会团体法人成立应经依法登记。根据 2016 年《社会团体登记管理条例》的规定，成立社会团体法人应经其业务主管单位审查同意，并依该条例的规定进行登记。此外，该条例第 3 条规定了不属于该条例规定登记范围的社会团体。根据该条规定，依法无须登记的社会团体法人包括：“（一）参加中国人民政治协商会议的人民团体；（二）由国务院机构编制管理机关核定，并经国务院批准免于登记的团体；（三）机关、团体、企业事业单位内部经本单位批准成立、在本单位内部活动的团体。”这些无须登记的社会团体法人同样属于民法规范的社会团体法人范畴。

二、社会团体法人登记的制度介绍

社会团体法人登记的制度包括成立登记、变更登记和注销登记。根据目前的法律法规，成立登记制度主要包含如下内容：

（1）业务主管机关的前置审查。社会团体法人登记前应经其业务主管部门（即有关行业、学科或者业务范围内的各级人民政府有关部门及其授权的组织）审查同意；在申请登记时也应提交业务主管单位的批准文件。

（2）登记机关及管辖。根据 2016 年《社会团体登记管理条例》的规定，国务院民政部及县级以上地方各级人民政府民政部门是本级人民政府的社会团体登记机关。其中，全国性的社会团体由国务院的登记管理机关负责登记；地方性社会团体由所在地人民政府的登记管理机关负责登记；跨行政区域的社会团体由共同上一级人民政府的登记管理机关负责登记。

（3）登记应提交的文件。登记社会团体法人申请成立登记时，发起人应向登记管理机关提交登记申请书、业务主管单位的批准文件、验资报告和场所使用权证明、发起人和拟任负责人的基本情况和身份证明以及章程草案。登记机关审查通过后准予登记的，应发给“社会团体法人登记证书”。

此外，2016年《社会团体登记管理条例》第17条规定，依法自批准成立之日起即具有法人资格的社会团体，应当在自批准成立之日起60日内向登记管理机关提交批准文件，登记管理机关依法发给“社会团体法人登记证书”。

（4）登记机关决定的期限。登记管理机关应在收到发起人全部有效文件之日起60日内作出准予或不予登记的决定。

（5）不予登记的情形。登记机关决定不予登记的，应当向申请人书面说明理由。根据2016年《社会团体登记管理条例》第13条的规定，不予登记的情形包括：有根据证明申请登记的社会团体的宗旨、业务范围不符合本条例第4条*的规定的；在同一行政区域内已有业务范围相同或相似的社会团体，没有必要成立的；发起人、拟任负责人正在或曾经受到剥夺政治权利的刑事处罚，或者不具有完全民事行为能力的；在申请筹备时弄虚作假的；有法律、行政法规禁止的其他情形。

社会团体法人的登记事项、备案事项需要变更的，应当进行变更登记（或备案）。申请变更登记之前，应经业务主管单位审查同意。

社会团体法人在“完成社会团体章程规定的宗旨、自行解散、分立或合并”等原因情形下终止的，应在经业务主管单位审查同意后，向民政部门申请注销登记（或注销备案）；但办理注销登记之前，应完成相关清算工作。

社会团体法人成立、注销或者变更名称、住所、法定代表人的，登记机构均应予以公告。

第九十一条

设立社会团体法人应当依法制定法人章程。

---

* 2016年《社会团体登记管理条例》第4条规定：社会团体必须遵守宪法、法律、法规和国家政策，不得反对宪法的基本原则，不得危害国家的统一、安全和民族的团结，不得损害国家利益、社会公共利益以及其他组织和公民的合法权益，不得违背社会道德风尚、不得从事营利性经营活动。

社会团体法人应当设会员大会或者会员代表大会等权力机构。

社会团体法人应当设理事会等执行机构。理事长或者会长等负责人按照法人章程的规定担任法定代表人。

【本条主旨】 本条有三款。第1款是关于设立社会团体法人应当依法制定章程的规定。第2款是关于社会团体法人之权力机构的规定。第3款是关于社会团体法人之执行机构的规定。

【核心概念】

社会团体法人的章程 社会团体法人的章程是法人的行为准则，是规范法人的活动范围、组织机构以及内部成员之间权利义务等内容的制度载体。

社会团体法人的权力机构 社会团体法人的会员大会或会员代表大会是法人的意思机构，也是法人的最高权力机构。会员大会或会员代表大会通过多数表决方式汇集会员个体意思并形成法人共同意志，对全体会员产生拘束力。

社会团体法人的执行机构 社会团体法人的执行机构是理事会（或常务理事会）。理事会由法人最高权力机构选举产生，对法人权力机构负责；主要依照法人章程规定，行使组织执行权力机构决议以及法人内部管理等职责。

§条文详解§

一、社会团体法人的章程概述

本条特别规定社会团体法人应当依法制定章程主要有两方面的原因：一方面，章程是社会团体法人为成员的公平参与确立的行为规范，制定法人章程是实现法人规范自治治理的内部需要；另一方面，更为主要的原因是由于社会团体法人的非营利性和志愿性，其在税收和其他方面享有更为优惠的待遇，这就要求社会团体法人就其活动和花费承担向社会公众公开并接受公众问责的义务，这种外部责任反过来要求社会团体法人对其内部治理结构安排具有明确性和公开性。

实践中，社会团体法人的章程通常在社团的设立人在设立过程中初步确立，并因设立行为的完成而发生效力。依据2016年《社会团体登记管理条例》的规定，发起人在申请社会团体法人成立登记时，应向登记机关提交章程草案。自登记管理机关批准筹备成立之日起6个月内，筹备成立的社会团体应当召开会员大会或会员代表大会，通过章程。

根据2016年《社会团体登记管理条例》，社会团体法人的章程应当对下列事项作出规定：名称、住所；宗旨、业务范围和活动区域；会员资格及其权利、义务；民主的组织管理制度，执行机构的产生程序；负责人的条件和产生、罢免的程序；资产管理和使用的原则；章程的修改程序；终止程序和终止后资产的处理；应当由章程规定的其他事项。

二、社会团体法人的会员大会与会员代表大会

会员大会与会员代表大会是社会团体法人所特有的机关，也是社会团体法人必备的机关。通常，会员大会或会员代表大会都由会员通过设立或加入共同构成，是社会团体法人的意思机构及最高权力机构，但并不能对外代表法人。

会员大会、会员代表大会行使以下职权：制定和修改法人章程；选举和罢免法人理事；决定法人工作方针和任务；审议理事会的工作报告和财务报告；制定和修改会费标准；决定法人终止事宜及其他重大事宜。

运行方式：会员大会和会员代表大会是汇集会员个体意思并形成法人团体意思的机关载体，一般依照会员平等原则运行，在一人一票、共同决策基础上通过投票多数决制度形成决议。会员大会和会员代表大会形成的决议代表法人意志，对社会团体法人会员、管理人员、工作人员均有约束力。

三、理事会是社会团体法人的执行机构

与事业单位法人不同的是，社会团体法人由于强烈的人合属性，在组织机构上多了一个汇集会员意思并形成社会团体法人意志的意思机构和最高权力机构，即会员大会或会员代表大会，因此，相应的，通过会员大会或会员代表大会选举产生的理事会或常务理事会便成了社会团体法人中落实会员大会或会员代表大会形成的决策、决议的执行机构。

社会团体法人的理事会（或常务理事会）对会员大会或会员代表大会负责，通过定期召开会议的方式，负责权力机构决策中重大事项的决策和执行。一般而言，社会团体法人理事会的职权包括：（1）组织执行权力机构的决议；（2）选举或罢免法人主要负责人；（3）筹备召开会员代表大会；（4）向权力机构报告工作或财务状况；（5）决定会员的吸收或除名；（6）决定办事机构、分支机构等的设立、变更和注销；（7）决定副秘书长、各机构主要负责人的聘任；（8）领导法人各机构开展工作；（9）制定法人内部管理制度；（10）决定名誉职务的设立和人选；（11）决定法人其他重大事项。

四、社会团体法人的法定代表人

社会团体法人的法定代表人一般由理事长或者会长等负责人担任，具体依社会团体法人章程规定产生，依照章程规定行使主持会员大会（会员代表大会）以及理事会（常务理事会）决策决议的落实工作、主持法人办事机构的日常工作等职权。

社会团体法人的法定代表人应当忠实履行职责，维护社会团体法人和会员的合法权益。有下列情形之一的，不得担任社会团体的负责人：（1）正在或者曾经受到剥夺政治权利的刑事处罚，或者不具有完全民事行为能力的；（2）曾在被撤销登记、吊销“社会团体法人登记证书”的社会团体担任负责人，且对该社会团体的违法行为负有个人责任，或者曾在被取缔的社会团体担任负责人，自该社会团体被撤销登记、吊销“社会团体法人登记证书”、取缔之日起未逾 3 年的；(3) 有法律、行政法规和规章规定的其他情形的。

第九十二条

具备法人条件，为公益目的以捐助财产设立的基金会、社会服务机构等，经依法登记成立，取得捐助法人资格。

依法设立的宗教活动场所，具备法人条件的，可以申请法人登记，取得捐助法人资格。法律、行政法规对宗教活动场所有规定的，依照其规定。

【本条主旨】 本条有两款。第 1 款是关于基金会、社会服务机构等作为捐助法人之权利能力的规定。第 2 款是对宗教活动场所作为捐助法人的特别规定。

【核心概念】

财团法人 传统大陆法将法人分为社团法人和财团法人，其中，财团法人是指以供特定目的的财产为基础，依法具有权利能力的法人。与社团法人相比，财团法人具有以下特点：(1) 财团法人没有社员，以独立的财产为基础和中心；(2) 财团法人的财产来源于捐助人的捐助；(3) 财团法人为特定目的而成立，其特定目的依设立捐助人的意思确定，既可是为公益目的，也可以是为私益目的；(4) 财团法人有自己的组织机构，包括意思表示机构和执行机构。

捐助法人 捐助法人是指基于民事主体捐助行为设立，以公益目的财产为基础，依法设立的非营利法人。捐助法人的概念与财团法人的概念类似却又有所区别：相同点在于，两者都基于捐助行为成立，是财产的集合体，都以财产为成立的基础；不同点在于，传统民法上的财团法人的目的既包括发展教育、救济贫困等公益目的，也包括保持家族财产不流失、亲属救助等私益目的。而捐助法人的设立目的相对单一，即只能是公益目的。

捐助财产 捐助财产是捐助法人得以取得独立人格的基础，是指自然人、法人或非法人组织出于特定公益目的，依法通过捐助行为所捐助的、用于设立捐助法人的基础财产。捐助法人成立后，对捐助财产享有完全的、独立的所有权。

宗教活动场所 从字面上理解，宗教活动场所仅是指开展宗教活动的寺院、宫观、清真寺、教堂及其他固定处所。但实践中，宗教活动场所具有法律主体特性，管理、使用开展宗教活动的固定处所以及土地、山林等附属财产，接受信众群众及其他组织的宗教性捐赠，依照法律规定开展相关宗教活动或公益活动，并依法接受有关部门的指导和监督。宗教活动场所在民法上应被定义为："以促进宗教为宗旨，以寺院、宫观、清真寺、教堂等开展宗教活动的固定场所及其相关附属财产而共同形成的宗教性财产集合为基础的组织。"

§条文详解§

一、基金会、社会服务机构作为捐助法人的条件

基金会、社会服务机构成为捐助法人需要具备以下基本条件：

（1）具备法人的基本条件，即应当符合本章第一节一般规定中规定的成立法人的基本要件，具体包括"有自己的名称、组织机构、住所、财产或者经费"等条件。

（2）以公益为目的，即基金会、社会服务机构是以开展公益活动为宗旨等非营利目标为目的而设立（社会服务机构还应当有明确的社会服务范围）的。

（3）以捐助财产为设立基础。基金会、社会服务机构的设立要基于一定数额的捐助财产，法人登记成立后，对该捐助财产享有完全的、独立的所有权。

（4）依法登记成立，基金会、社会服务机构应当依照相关法律在法定登记管理机关依照法定程序登记或备案。

需要特别指出的是，作为捐助法人，基金会和社会服务机构都是以捐助财产为基础的主体，因而相关法规、条例对其财产有特别要求。根据2004年《基金会管理条例》第8条的规定，登记成立基金会法人需有满足一定数量的原始基金，且原始基金必须为到账的货币资金[①]；根据《社会服务机构登记管理条例（修订稿）》第11条和第12条的规定，申请登记的社会服务机构应当有"与开展服务相适应的合法财产"[②]，社会服务机构申请人在申请登记时应当向登记管理机关提交"捐赠财产承诺书"及"验资证明"，且申请人应当对这些材料的真

---

① 2004年《基金会管理条例》第8条规定，全国性公募基金会的原始基金不低于800万元人民币，地方性公募基金会的原始基金不低于400万元人民币，非公募基金会的原始基金不低于200万元人民币；原始基金必须为到账货币资金。2016年5月民政部发布的《基金会管理条例（修订草案征求意见稿）》取消了对基金会公募、非公募的区分，因而第8条、第9条仅根据基金会法人登记管理机关的不同做了不同的最低资金要求。其中，在县级人民政府民政部门登记的基金会注册资金不低于200万元人民币；在设区的市级人民政府民政部门登记的基金会注册资金不低于400万元人民币；在省级人民政府民政部门登记的基金会注册资金不低于800万元人民币；在国务院民政部门登记的基金会注册资金不低于8 000万元人民币。但"征求意见稿"同样要求申请登记的基金会的注册资金为到账货币资金。

② 2016年《社会服务机构登记管理条例（修订稿）》第11条规定，社会服务机构注册资金不得低于3万元人民币。在省级以下地方人民政府民政部门申请登记的，注册资金具体标准由省级人民政府制定。而原《民办非企业单位登记管理暂行条例》并未对注册资金的具体数额提出最低要求。

实性、完整性负责。①

二、捐助财产的性质

1. 捐助财产是捐助法人完全、独立所有的财产

捐助财产是捐助法人成立的基础，是捐助人通过捐助行为组成。在法人成立之后，捐助财产属于法人独立所有。这主要表现在：（1）捐助人履行捐助行为后即与捐助财产完全脱离关系，捐助人不因放弃财物所有权而获取相应的利润分配请求权或财产管理权限，只是依法享有对捐助财产使用的监督权；（2）捐助法人的管理机构及工作人员应当依照法律、章程以及捐助协议的规定，在法人的公益性宗旨范围内占有、管理和使用捐助财产，而不得以任何方式对其进行分配。

2. 捐助财产是具有公益性质的财产

捐助财产是捐助人基于公益性目的通过捐助行为转移给捐助法人的，承载了捐助人对公益目的的追求意志，最终应当依照章程或捐助协议的规定用于某种公益目的事业。因此，从某种程度上说，捐助财产实际上是面向不确定社会公众的"公益性财产"。

三、宗教活动场所作为捐助法人的要件

宗教活动场所取得捐助法人资格应当满足以下条件：

（1）宗教活动场所应当依法设立，即申请取得法人资格的宗教活动场所应当依照 2017 年《宗教事务条例》以及《宗教活动场所设立审批和登记办法》等相关法律法规设立。根据《宗教事务条例》的规定，设立宗教活动场所应当具备如下条件：设立宗旨不违背本条例第 4 条、第 5 条的规定；当地信教公民有经常进行集体宗教活动的需要；有拟主持宗教活动的宗教教职人员或符合本宗教规定的其他人员；有必要的资金，资金来源渠道合法；布局合理，符合城乡规划要求，不妨碍周围单位和居民的正常生产、生活。申请筹备宗教场所的宗教团体应当向县级以上人民政府宗教事务部门提出申请，在获批准后，正式成立筹备组织，并在批准的筹备设立期限内完成筹备设立事项。完成筹备后，由宗教场所管理组织向所在地县级人民政府宗教事务部门申请登记。

（2）宗教活动场所应具备法人条件，即应当符合本章第一节一般规定中规定的"有自己的名称、组织机构、住所、财产或者经费"等成立法人的基本条件。

（3）依法申请法人登记。2017 年《宗教事务条例》第 23 条明确规定，"宗

---

① 《民办非企业单位登记管理暂行条例》只要求申请登记时需要提交"验资报告"，并没有要求提交"捐赠财产承诺书"。2016 年《社会服务机构登记管理条例（修订稿）》补充"捐赠财产承诺书"的材料要求是基于对其捐助法人地位的确认。此外，根据 1999 年《民办非企业单位登记暂行办法》的规定，民办非企业单位的验资报告应由会计师事务所或其他有验资资格的机构出具，且民办非企业单位的开办资金应当与实有资金一致。

教活动场所符合法人条件的，经所在地宗教团体同意，并报县级人民政府宗教事务部门审查同意后，可以到民政部门办理法人登记”。该规定是对本条宗教活动场所申请法人登记的细化规定。实践中存在的宗教活动场所主要包括佛教寺院、道教宫观、基督教或天主教教堂、伊斯兰教的清真寺等各种类型。近些年，一些宗教活动场所从事大量的营利活动，引发了公众的质疑。根据我国宗教“自办自养”政策以及相关条例规定，宗教活动场所可以从事符合宗教宗旨和目的的收费性宗教服务活动以及相关的辅助性的营利活动。[①] 但是，需要明确的是，宗教活动场所的财产基础是宗教性财产，应当用于法人宗旨内的宗教活动或相关公益事业。因此，从维护宗教纯粹性和保持法人的非营利性角度出发，对宗教活动场所的营利性活动应当进行特别规范。除要求其营利收入应用于相关宗教事务或符合宗教教旨的公益性慈善事业外，还应对其从事营利活动的投入比例等进行适当限制。

第九十三条

设立捐助法人应当依法制定法人章程。

捐助法人应当设理事会、民主管理组织等决策机构，并设执行机构。理事长等负责人按照法人章程的规定担任法定代表人。

捐助法人应当设监事会等监督机构。

【本条主旨】 本条有三款。第 1 款规定设立捐助法人应当依法制定章程。第 2 款是对捐助法人之决策机构、执行机构的规定。第 3 款是对捐助法人之监督机构的规定。

【核心概念】

捐助法人的监督机构 捐助法人的监督机构是指根据法律和法人章程设立的，行使监督执行机构的事务执行等职权的法人组织机构。根据法人规模的不同，监督机构的设置可以采用监事会或监事的形式。

§条文详解§

一、理事会是捐助法人的决策机构

捐助法人的理事会是法人的决策机构，依法行使法人章程规定的职权。理事会理事依照法律和法人章程规定选任。根据捐助法人具体类型的不同，理事会的

① 2017 年《宗教事务条例》第 28 条规定：“宗教活动场所内可以经销宗教用品、宗教艺术品和宗教出版物。”

设置与职能也各有不同。

根据《基金会管理条例》第 20 条的规定，基金会理事会理事为 5 人至 25 人，任期由章程规定，但每届任期不得超过 5 年，连选可以连任。但理事会中领取报酬的理事不得超过理事总人数的 1/3。此外，用私人财产设立的非公募基金会，相互间有近亲属关系的基金会理事，总数不得超过理事总人数的 1/3；其他基金会，具有近亲属关系的不得同时在理事会任职。理事会设理事长、副理事长和秘书长，从理事中选举产生，理事长是基金会的法定代表人。① 实践中，从人员组成来看，基金会法人的理事会主要由社会某一领域的专家或有一定社会影响力的公众人物组成。

基金会法人理事会通过召开理事会会议形成决议，依法行使章程规定的职权。理事会会议须有 2/3 以上理事出席方能召开，且须经出席理事过半数通过方可形成有效决议。但针对"修改章程；选举或者罢免理事长、副理事长、秘书长；章程规定的重大募捐、投资活动；基金会的分立、合并"等重大事项的决议，须经出席理事 2/3 以上通过方为有效。②

二、捐助法人的执行机构

本条要求捐助法人在设置决策机构之外还须设置执行机构。但现行《基金会管理条例》和《民办非企业单位登记管理暂行条例》均未对捐助法人的执行机构做出规定。实践中，基金会理事会同时也是基金会的决策管理机构。而 2018 年修正的《中华人民共和国民办教育促进法》也只规定民办学校的校长负责学校的教育教学和行政管理工作。

不过，2016 年的《基金会管理条例（修订草案征求意见稿）》以及《社会服务机构登记管理条例（修订草案征求意见稿）》均对法人的执行机构进行了明确规定。其中，《基金会管理条例（修订草案征求意见稿）》规定，基金会设秘

① 2016 年《基金会管理条例（修订草案征求意见稿）》对基金会法人理事会及其理事的设置进行了更为细致的规定。根据第 22 条至第 25 条的规定，理事会理事为 5 人至 25 人，具体人数由章程规定。第一届理事会应包含主要发起人。理事每届任期不得超过 5 年，任期届满，连选可以连任。但具有公开募捐资格的基金会，理事长连任不得超过两届。理事连续两次无正当理由不出席理事会议的，视同辞职。理事会成员低于章程规定人数的，应当及时补足。理事会设理事长 1 人，可以设副理事长 1 人至 3 人，从理事中选举产生。理事长是基金会的法定代表人。基金会理事中相互间具有近亲属关系的总数不得超过理事总人数的 1/3；具有公开募捐资格的基金会，相互间具有近亲属关系的理事不得同时在理事会任职。

② 2016 年《基金会管理条例（修订草案征求意见稿）》规定，基金会法人理事会行使下列职权："（一）修改章程；（二）设定和管理内部组织机构，制定管理制度；（三）选举或者罢免理事长、副理事长、理事；决定聘任或者解聘秘书长；（四）章程规定的重大募捐活动、投资活动、关联交易等；（五）决定基金会的分立、合并或者终止；（六）审议年度工作计划、年度工作报告、收支预算和决算；（七）制定资金筹集、管理和使用方案；（八）决定理事和秘书长报酬事项；（九）章程规定的其他事项。"其中，关于第 1 至 5 项的决议须经全体理事 2/3 以上通过方为有效。

书处，作为基金会的执行机构。秘书处在秘书长领导下工作，组织实施理事会决议和章程赋予的其他职权。秘书长应当为专职，不能由理事长兼任。不担任理事的秘书长应列席理事会。《社会服务机构登记管理条例（修订草案征求意见稿）》规定，社会服务机构可以设立执行机构。执行机构在执行机构负责人领导下开展工作，负责组织实施理事会决议和章程规定的其他职权。不担任理事的执行机构负责人列席理事会。

三、捐助法人的监督机构

由于捐助法人是以捐助财产为基础的法人，缺乏类似社会团体法人会员大会等权力机关，在法人运行中，法人内部对相关的决策机关及执行机构的决策管理情况的监督者相对缺失。因此，本条规定捐助法人应当设立监事会或监事等监督机构。现行《基金会管理条例》第 22 条规定，基金会设监事。监事任期与理事任期相同。理事、理事的近亲属和基金会财会人员不得兼任监事。

监事依照章程规定行使下列职权："依照章程规定的程序检查基金会财务和会计资料，监督理事会遵守法律和章程的情况；列席理事会会议，有权向理事会提出质询和建议；并有权向登记管理机关、业务主管单位以及税务、会计主管部门反映情况。"①

第九十四条

捐助人有权向捐助法人查询捐助财产的使用、管理情况，并提出意见和建议，捐助法人应当及时、如实答复。

捐助法人的决策机构、执行机构或者法定代表人作出决定的程序违反法律、行政法规、法人章程，或者决定内容违反法人章程的，捐助人等利害关系人或者

---

① 2016 年《基金会管理条例（修订草案征求意见稿）》第 32 条至第 36 条对基金会的监督机构进行了更为细致的规定，具体包括：（1）监督机构的设置：基金会应设立监事或监事会等监督机构。其中，在省级以上人民政府民政部门登记、具有公开募捐资格的基金会应当设监事会。监事会的监事为 3 人至 7 人，具体数额由章程规定。监事会设监事长 1 人。其他基金会至少设 1 名监事；资产规模较大的，可以设监事会。有 3 名以上监事的，应当设监事会。监事由主要捐赠人、业务主管单位选派，也可以由登记管理机关选派。监事之间不得有近亲属关系。监事不得由理事、秘书长、基金会财务会计人员及其近亲属兼任。监事长由全体监事过半数选举产生。监事任期与理事任期相同。监事任期届满，可以连任。监事不得从基金会领取薪酬。（2）监督机构的职权：监事、监事会等监督机构依法行使下列职权："（一）监督理事会、秘书处开展业务情况，检查基金会财务和会计资料；（二）提出罢免或者解聘的建议；（三）向登记管理机关、业务主管单位、税务、会计主管部门以及其他有关部门反映基金会异常活动情况；（四）章程赋予的其他职权。"此外，监事应列席理事会会议，并可以对理事会决议事项提出质询或者建议。（3）监督机构的运行方式：监事会每年至少召开 2 次会议。监事会会议须有 2/3 以上监事出席方能召开，监事会决议须经全体监事过半数通过方为有效。

主管机关可以请求人民法院撤销该决定。但是，捐助法人依据该决定与善意相对人形成的民事法律关系不受影响。

【本条主旨】 本条有两款。第1款是关于捐助人之查询、建议权的规定。第2款是关于捐助人之撤销权的规定。

【核心概念】

捐助人 捐助人是指为特定公益目的，通过捐助行为（包括生前捐助和遗嘱捐助）向基金会、社会服务机构等捐助法人捐助目的财产的自然人、法人或非法人组织。捐助人有两类：第一类是捐助法人的设立人，通过捐助行为设立捐助法人；第二类是向已成立的捐助法人捐赠财产的自然人、法人或非法人组织。

§条文详解§

一、捐助人的查询、建议权和捐助法人及时、如实答复的义务

捐助人的捐助行为是一种无偿要式行为。捐助行为完成时，所捐助财产即脱离捐助人的财产范围，成为捐助法人的独立财产。除非通过捐助章程依法介入法人管理事务，捐助人不得干涉捐助财产的具体使用。即便在通过章程成为法人内部机关成员的情况下，捐助人也不是以捐助人身份参与法人运作的，而是作为法人机关人员行使相关职能。但是，捐助人作为捐助财产的来源者，享有知情权和监督权。捐助人有权获悉自己捐助财产的具体使用情况，并要求捐助财产在其捐助意图范围内使用。在捐助人没有参与捐助法人内部管理的情况下，当捐助法人行为有违章程宗旨或规定时，捐助人只能通过一定的司法途径寻求救济，而不能直接干预捐助法人的内部事务管理。因此，本条规定捐助人有权向捐助法人查询捐助财产的使用、管理情况，并提出意见和建议。

现行法律法规并没有对捐助人的查询内容范围和查询程序进行明确规定，捐助法人可以依法在章程或内部规章中对此加以明确。但相关法律法规对捐助法人的报告和信息披露制度作出了规定，以保证捐助人对捐助法人使用、管理捐助财产的情况进行了解和监督。

根据规定，捐助法人应当在登记机关指定的媒体或法人网站等其他便于查询的媒体上向社会公布如下信息：(1) 捐助法人的基本信息，如法人的发起人或设

立人、成立时间、业务范围、主要捐助人、法人章程及章程摘要、分支机构等[①]；（2）财产的来源和使用信息，如法人组织的募捐活动、接受的捐赠来源、使用捐赠或资助的情况、进行的重大投资等[②]；（3）重要人事变动及重要业务活动情况，如法定代表人的变更、法人和与其有重大影响关系的个人或组织进行的交易活动等[③]；（4）年度工作报告、年检结果等。根据《基金会信息公布办法》、《关于规范基金会行为的若干规定》、2016年《基金会管理条例（修订草案征求意见稿）》以及2016年《社会服务机构登记管理条例（修订草案征求意见稿）》等的规定，对于以上公布的信息，捐助法人应当制作信息公布档案，妥善保管，

---

① 例如，2012年《关于规范基金会行为的若干规定》规定，基金会应当及时向社会公众公布下列信息：发起人；主要捐赠人；基金会理事主要来源单位；基金会投资的被投资方；其他与基金会存在控制、共同控制或者重大影响关系的个人或组织；基金会与上述个人或组织发生的交易。2007年《民政部关于深入开展民办非企业单位信息公开和承诺服务活动工作的意见》规定，信息公开的内容主要包括：民办非企业单位的登记证书、税务登记证书、组织机构代码证书、收费许可证的有关信息；经登记管理机关核准（或备案）的章程（或章程摘要）；接受、使用捐赠、资助的有关情况；年度工作报告等。同时，鼓励民办非企业单位在有关媒体上向社会公开其年度审计报告。

② 例如，2006年《基金会信息公布办法》规定，基金会应向社会公布的信息包括年度工作报告、公募基金会组织募捐活动的信息、基金会开展公益资助项目的信息。其中，公募基金会组织募捐活动，应当公布募得资金后拟开展的公益活动和资金的详细使用计划。在募捐活动持续期间内，应当及时公布募捐活动所取得的收入和用于开展公益活动的成本支出情况。募捐活动结束后，应当公布募捐活动取得的总收入及其使用情况；基金会开展公益资助项目，应当公布所开展的公益项目种类以及申请、评审程序。评审结束后，应当公布评审结果并通知申请人。公益资助项目完成后，应当公布有关的资金使用情况。事后对项目进行评估的，应当同时公布评估结果。

2012年《关于规范基金会行为的若干规定》规定，基金会通过义演、义赛、义卖、义展等活动进行募捐时，应当在开展募捐前向社会公布捐赠人权利义务、资金详细使用计划、成本预算；在资金使用过程中计划有调整的，应当及时向公众公布调整后的计划。基金会通过募捐以及为自然灾害等突发事件接受的公益捐赠，应当在取得捐赠收入后定期在本组织网站和其他媒体上公布详细的收入和支出明细，包括：捐赠收入、直接用于受助人的款物、与所开展的公益项目相关的各项直接运行费用等，在捐赠收入中列支了工作人员工资福利和行政办公支出的，还应当公布列支的情况。项目运行周期大于3个月的，每3个月公示1次；所有项目应当在项目结束后进行全面公示。

1998年《民办非企业单位登记管理暂行条例》规定，民办非企业单位应当向业务主管单位报告接受、使用捐赠、资助的有关情况，并应当将有关情况以适当方式向社会公布。资产来源属于国家资助或者社会捐赠、资助的，还应当接受审计机关的监督。

③ 2016年《基金会管理条例（修订草案征求意见稿）》第59条规定，基金会应当自下列信息形成或者变更之日起30日内通过登记管理机关统一的信息平台和其他便于公众查询的方式向社会公开："（一）登记事项；（二）组织章程；（三）决策、执行、监督机构成员信息；（四）专项基金等分支机构信息；（五）涉及社会公共利益的内部管理制度；（六）承接政府转移职能、授权、委托和购买服务事项的情况；（七）国务院民政部门要求公开的其他信息。"具有公开募捐资格的基金会还应当按照前款规定的方式向社会公开其重大债权、债务和重大保值增值活动信息。

2016年《社会服务机构登记管理条例（修订草案征求意见稿）》第44条规定，社会服务机构应当自以下信息产生或者变动30日内在登记管理机关统一的信息平台以及通过其他便于公众查询的方式向社会公开："（一）登记事项；（二）章程；（三）负责人、理事和监事名单；（四）服务内容和收费标准；（五）接受捐赠和使用情况；（六）税收优惠、资助补贴、政府购买服务情况；（七）与利益关联方发生交易情况；（八）受到行政处罚情况；（九）设立分支机构情况；（十）其他依法应当公开的信息。"

以保证捐赠人能够方便、快捷地查询或者复制公布的信息资料。[①]

除以上查询内容外，根据 2016 年《基金会管理条例（修订草案征求意见稿）》第 45 条的规定，捐赠人对其捐赠财产管理使用的有关资料有疑问的，基金会应当及时向捐赠人反馈有关情况。基金会开展定向募捐的，应当及时或者按照捐赠人要求向其告知募捐情况、募得款物的管理使用情况。

二、捐助人、其他利害关系人及主管机关的撤销权

1. 捐助人的撤销权

捐助人的捐助行为虽然不属于附负担的赠与，但应是一种目的性赠与，换言之，接受捐助而设立的捐助法人或接受捐助财产的捐助法人虽然不需要为对待给付，但应当遵从捐助人关于财产用途的意愿而支配和使用财产。在指定用途的捐助行为中更是如此。而捐助人的意愿通过捐助章程（捐助设立的情况下）或捐助协议（非设立人的捐助人情况下）加以明确，在未特别说明的情况下，非设立人的捐助人的捐助行为本身即表明其对法人章程宗旨的认可。因此，若捐助法人的决策机构、执行机构或者其法定代表人作出的决定违反了捐助法人章程，在事实上也构成了对捐助人意愿的违反，捐助人当然可以依法请求人民法院予以撤销。

根据本条规定，捐助人行使撤销权应遵守以下规则：(1) 以“捐助法人的决策机构、执行机构或者其法定代表人作出的决定违反捐助法人章程或捐助协议”为撤销权的行使前提条件；(2) 捐助人向捐助法人决策机构、执行机构或者其法定代表人提出意见和建议，捐助法人仍未修正其决定时，可以依法向人民法院提出撤销该决定的请求。

2. 受益人的撤销权

捐助法人的利害关系人主要包括捐助人和受益人。受益人是捐助法人的服务对象，是因捐助人的捐助行为而享受利益的主体，受益人利益能否得到保障关涉到捐助法人存在的合法性。根据捐助章程或捐助协议的规定的不同，受益人可以是特定主体或是待由捐助法人依章程确定的一般性或不特定主体。因此，受益人是否享有请求撤销捐助法人不当决定的权利要取决于以下几个条件：(1) 受益人是否特定；(2) 捐助法人的章程是否明文授予受益人以撤销权；(3) 受益人是否对捐助法人履行给付负担金等义务；(4) 捐助法人机关是否已作出向特定受益人给付一定财物的决定，并使得受益人产生了信赖等等。受益人行使撤销权同样应当向人民法院提出。

---

① 2016 年《基金会管理条例（修订草案征求意见稿）》第 62 条规定，涉及国家秘密、商业秘密、个人隐私的信息以及捐赠人不同意公开的姓名、名称、住所、通讯方式等信息，不得公开。2016 年《社会服务机构登记管理条例（修订草案征求意见稿）》第 46 条规定：涉及国家秘密、商业机密和个人隐私的信息以及法律、行政法规规定不予公开的其他信息，不得公开。捐赠人不同意公开的信息，不得公开。

3. 主管机关的撤销权

根据《公益事业捐赠法》的规定，公益性社会团体（包括基金会等捐助法人）应当将受赠财产用于资助符合其宗旨的活动和事业。对于接受的救助灾害的捐赠财产，应当及时用于救助活动。接受社会公益捐赠的受赠人每年度应当向政府有关部门报告受赠财产的使用、管理情况，接受监督。必要时，政府有关部门可以对其财务进行审计。依此，有关主管机关依法享有监督捐助法人的职权。当捐助法人的决策机构、执行机构或者其法定代表人作出的决定违反捐助法人章程时，主管机关可以依法行使监督权，并向人民法院提出撤销该不当决定的请求。

依据第 2 款的规定，即使捐助人等利害关系人或者主管机关行使撤销权，请求人民法院撤销上述相关决定，捐助法人依据该决定与善意相对人形成的民事法律关系也不受影响。所谓“不受影响”，是指不得撤销。此等规定，旨在保护善意相对人的合法权益，维护正常的民事秩序。

第九十五条

为公益目的成立的非营利法人终止时，不得向出资人、设立人或者会员分配剩余财产。剩余财产应当按照法人章程的规定或者权力机构的决议用于公益目的；无法按照法人章程的规定或者权力机构的决议处理的，由主管机关主持转给宗旨相同或者相近的法人，并向社会公告。

【本条主旨】 本条是关于以公益为目的成立的非营利法人终止时剩余财产处理的规定。

【核心概念】

剩余财产 剩余财产是指法人依法解散或破产时，依照法律规定，经过清算，在清偿法人相关债务和费用（如法人运行中产生的债务、工作人员工资、清算费用等），结清税费（如进行营利活动产生的税费）之后剩余的法人财产。在法人为营利法人的情况下，这部分财产是可以向股东分配的资产。但非营利法人的非营利性对法人的剩余财产处理提出了不同的要求，尤其在以公益为目的而成立的非营利法人情况下，剩余财产不得用于向法人成员分配。

§条文详解§

一、为公益目的成立的非营利法人不得向出资人、设立人或者会员分配剩余财产

（1）法人的财产具有公益属性。从财产来源看，为公益目的成立的非营利法人大多接受许多来自公众的自主捐赠，并在更大程度上享有国家政策优惠（如免税优惠)。而这些财产和优惠之所以会汇集到为公益目的成立的非营利法人这一平台，就是因为其公益性宗旨。因此，公益性非营利法人的财产从某种程度而言是面向法人的服务对象（即不确定的社会公众）的“公益性资产”。这种公益性资产从本质而言并不属于法人的出资人、设立人，在法人解散后当然不能将剩余资产分配给相关个人。

(2) 为确保法人财产依照法人宗旨和捐赠人意愿用于公益性事业。为公益目的成立的非营利法人的财产承载了捐助者对公益目的的追求。在法人解散时，禁止分配公益性非营利法人的剩余财产，并规定“剩余财产应当按照章程的规定或者权力机构的决议用于公益目的”，或在“不能按照法人章程规定或权力机构的决议处理的”情况下，“由主管机关主持转给宗旨相同或相近的以公益为目的的法人”，能使公益财产在法人终止后仍留在广义的公益事业领域，并在相近的公益目的领域继续造福社会。这实际上是对法人章程的规定以及捐赠人的意愿的遵从和尊重。

(3) 防止“公器私用”，以确保公众持续对公益性非营利法人寄予信任并予以支持，并最终促进社会公益的最大程度实现。公益性非营利法人在更多方面享有国家政策的支持和更广范围的社会捐赠。法律通过禁止分配其剩余财产，在客观上杜绝了某些人利用“为公益目的成立的非营利法人”的形式，在获取各类政策优惠及社会捐赠后通过分配剩余财产的方式谋取个人私利，在最终源头上杜绝了“公器私用”现象的发生。因此，这一规定对于保护公众对公益事业的信心，促进其对公益事业的持续投入是十分有必要的。

二、为公益目的成立的非营利法人终止时剩余财产的处理

在确保为公益目的成立的非营利法人的剩余财产持续用于公益目的的前提下，应按照如下规则进行处理：

首先，应当依照意思自治原则，遵从法人出资人、设立人意愿来处理剩余财产，即：如果法人章程对剩余财产处理作出了规定，则应当依照法人章程规定进行处理，将法人剩余财产用于公益目的；若章程没有规定，法人权力机构能通过决议决定处理方式的，依照权力机构的决议将法人剩余财产用于公益目的。

其次，在无法依照意思自治原则处理法人剩余财产时（如法人章程未对剩余财产的处理作出规定或其处理规定的实行不再符合现实，且法人权力机构未能对法人剩余财产形成处理决议时），可由主管机关依法处理。但主管机关对剩余财产的处理要遵循“近似原则”，即依法将法人的剩余财产转给宗旨相同或相近的法人，以保证法人的剩余财产用于公益事业领域。为避免违法违规现象出现，本条规定主管机关主持处理法人的剩余财产时，应向社会公告。

第四节　特别法人

第九十六条

本节规定的机关法人、农村集体经济组织法人、城镇农村的合作经济组织法人、基层群众性自治组织法人，为特别法人。

【本条主旨】本条是关于机关、农村集体经济组织、城镇农村的合作经济组织、基层群众性自治组织作为特别法人的规定。

【核心概念】

特别法人　特别法人是指除营利法人和非营利法人之外的，具有特殊性的法人组织。这里的“特殊性”主要是指此类法人具有行使公权力的职能。这些法人与营利法人和非营利法人在设立、终止等方面都有所不同。为了其更好地参与民事活动以及更好地保护其成员和与其进行民事活动的相对人的合法权益，《民法典》将其单独设立为一种法律类别。特别法人主要包括机关法人、农村集体经济组织法人、城镇农村的合作经济组织法人以及基层群众性自治组织法人。

§条文详解§

一、规定“特别法人”的意义

本条规定了机关法人、农村集体经济组织法人、城镇农村合作经济组织法人以及基层群众性自治组织法人等特别法人。各特别法人均有其相对特殊的属性，简单套用营利法人、非营利法人和非法人组织都难以准确界定、涵盖其属性。鉴于其特殊性和唯一性，本条将其统一规定为特别法人。

由于我国的特殊国情，许多法人形态并不能完全归类为公法人或私法人，因而《民法典》未采用公法人、私法人的分类方式。通过规定机关法人，赋予国家机关及承担行政职能的法定机构与参与民事活动的主体资格，既能弥补《民法典》没有公法人、私法人划分的不足，也是对《民法通则》规定的继承。

二、“特别法人”的特殊性

1. 机关法人具有非营利性，不得经商、办企业

因为国家机关具有特殊地位，握有行政权力，允许其开展商业性活动将会导

致其与一般经济主体在极不平等的条件下进行竞争，不但会破坏正常的经济秩序，还将大大削弱国家对经济工作的全面领导，损害国家利益。机关法人是基于行政管理等政治性目的而依法设立的，而不是从事一般非营利目的的事业单位和社会团体等法人。

2. 农村集体经济组织法人具有营利性

农村集体经济组织是村民自治的经济经营组织，拥有以家庭承包经营为主的耕地等资源性资产以及以集体统一经营为主的非资源性资产，并负责这些资产及其收益的经营管理。可以说，农村集体经济组织是社区农民集体占有土地等集体公共资源、实现经济利益共享的载体，本质上具有营利属性。但是，农村集体经济组织具有社区性和封闭性，对内并不以利润最大化而以成员利益最大化为目的，在历史背景、组织结构和社会功能等方面均不同于一般营利法人，因此，在规范适用上也不能简单直接套用营利法人的规定。

3. 城镇农村的合作经济组织法人的营利性或者“自益性”

合作经济组织是企业形态的一种，通过联合所有与民主控制等独特的产权结构和运行方式，为社员提供服务，满足社员共同的经济、社会与文化需求与抱负。合作经济组织从事营利活动并向社员分配利润，但对社员的盈余分配并非基于其股份而是基于其与合作社的交易量或惠顾额进行确定。因此，合作经济组织是具有营利性的自益性组织。

4. 居民委员会、村民委员会的非营利性与适度“自益性”

居民委员会、村民委员会作为基层群众性自治组织，以城乡居民（村民）一定的居住地为纽带和范围，并由居民（村民）选举产生的成员组成，实行自我管理、自我教育、自我服务，所从事的工作主要是居民（村民）居住范围内社区的公共事务和公益事业，是具有适度“自益性”的非营利性组织。

第九十七条

有独立经费的机关和承担行政职能的法定机构从成立之日起，具有机关法人资格，可以从事为履行职能所需要的民事活动。

【本条主旨】 本条是关于机关法人资格的规定。

【核心概念】

机关 机关，也称国家机关，是指国家依宪法或法律的规定而设置，代表国家行使国家权力以及社会管理职能的各种机构。从级别上分，机关包括中央机关和地方机关。从职能上区分，机关包括权力机关、行政机关、审判机关、检察机关、监察机关以及军事机关。

承担法定行政职能的法定机构 承担法定行政职能的法定机构是指在行政机关以外依照法律、法规授权行使一定行政职能的组织和其他社会公权力组织。承担法定行政职能的法定机构在行使法定行政职能时，是行政主体，具有与行政机关基本相同的法律地位，能以自己的名义行使法定行政职能，并由其本身就行使法定行政职能的行为对外承担法律责任，但在非行使法定行政职能的情况下，不享有行政权。

根据我国现行法律、法规授权的情况，承担法定行政职能的法定机构主要包括：基层群众性自治组织、行业组织、工青妇等社会团体、事业单位与企业组织以及行政机关的内设机构和派出机构。

独立经费 独立经费是指机关或法定机构具有的独立财产，主要由国家预算拨款形成。从行政和财政关系角度看，独立经费的判断标准就是看其是否是一个独立的预算单位。（机关根据国家核定的预算，从财政部门或主管部门获取所需经费，并在年度终了时，向财政部门或主管部门报销。）独立经费是法人开展业务活动、完成行政管理职能的物质条件，也是其开展民事活动、行使民事权利、承担民事义务责任的财产条件。具有独立预算的机关或法定机构具有独立经费，可依法具有机关法人资格。

公法人 传统大陆法将法人分为公法人和私法人。但实际上，对公法人与私法人的划分至今没有统一结论，在不同标准下，对公法人的定义也各不相同，学说上的主要观点包括：（1）依照法人设立依据的法律为标准，依公法设立的为公法人；（2）依照法人的设立者属性为标准，凡由国家或公共团体等公主体设立的为公法人；（3）依照法人设立的目的为标准，凡为公共事业而设立的为公法人；（4）依照法人是否行使或分担国家权力为标准，凡行使或分担国家权力的为公法人等等。虽然标准各异，但其实质指向的对象基本相同，即公法人的设立或活动目的均指向以国家为集中代表的社会公共利益。因此，可以认为，公法人是指以提高政府效能、满足公众需要和改善公共福利等公共利益为目的而设立的法人。机关法人是典型的公法人。

§条文详解§

一、规定机关法人的意义

国家机关及承担法定行政职能的法定机构作为行政主体，依法行使行政职权和履行行政职能。在其进行活动、开展工作的过程中，不可避免地要参与商品交换等内容的民事活动，例如购置必备办公用品等，以保障和维持其工作的正常和顺利进行。在政府职能转变的大背景下，许多政府机关还通过购买服务等多样化形式来实现政府职能的履行。因此，民法有必要规定国家机关及承担法定行政职能的法定机构等的法人资格，在保障其民事权利的同时，约束和防止其在民事活动中可能出现的权力滥用。

但是，并不是所有机关都可以作为独立的法人参与民事活动，机关同样需要满足法人的基本要件，即具备“有自己的名称、组织机构、住所、财产或者经费”等成为独立法人主体的基本条件。从现有行政机关情况来看，只有符合一定级别的机关才能相应具备并满足以上独立性的要件。例如，根据《地方各级人民代表大会和地方各级人民政府组织法》的规定，我国的行政级别采用行政五级划分，分别为国家级、省部级、司厅局级、县处级、乡镇科级，各级分为正、副职。

只有达到乡镇科级以上的行政机关才能作为独立核算主体纳入国家财政预算体系，具备拥有独立经费的基本要件。

二、成立机关法人的要件

依照本条规定，成立机关法人需要具备以下条件。

1. 是依法设立的国家机关或依法承担行政职能的法定机构

其中，国家机关应依照宪法或法律规定的要件和程序设立，完成设立后依法取得主体资格。我国《宪法》规定了我国国家机构的设立，《国务院组织法》《地方各级人民代表大会和地方各级人民政府组织法》《国务院行政机构设置和编制管理条例》等对国家行政机关的设立及程序作出了规定，《人民法院组织法》及《人民检察院组织法》分别对审判机关和检察机关的设立作出了规定。

国家行政机关的设立遵循合法性原则（包括符合实质性规定和程序性规定）、科学性原则（应当遵守工作需要原则、精干原则，适当统一、规范原则），通常经过如下程序：经有权机关提出、批准或决定后设立，依法备案并进行公布。[①] 通常认为，具有行政主体资格的行政机关应当应满足如下实质要素：拥有确定的职责权限；有固定的人员编制及人员；有固定及相对独立的行政经费来源；有明确的办公地点和必要的办公条件。依法承担行政职能的法定机构应当是通过法律法规直接被配置行政权的非行政组织或行政职能受限制的行政组织。

2. 有一定级别要求——能以自己的名义开展活动

并非所有能够行使国家权力以及社会管理职能的主体都可成为机关法人，能否以自己的名义开展活动，是确定机关法人是否具有独立的法律人格的重要标

---

① 例如，《地方各级人民代表大会和地方各级人民政府组织法》第 64 条规定：地方各级人民政府根据工作需要和精干的原则，设立必要的工作部门。……省、自治区、直辖市的人民政府的厅、局、委员会等工作部门的设立、增加、减少或者合并，由本级人民政府报请国务院批准，并报本级人民代表大会常务委员会备案。自治州、县、自治县、市、市辖区的人民政府的局、科等工作部门的设立、增加、减少或者合并，由本级人民政府报请上一级人民政府批准，并报本级人民代表大会常务委员会备案。

志。例如，许多拥有行政权的非行政主体，如各类行政机构，除依法律法规授权而行使特定行政职能外并不具有行政法上的独立人格，只能以其所在的行政主体的名义来行使行政权。

3. 拥有独立的经费

独立经费是机关法人赖以进行民事活动、取得民事权利和承担民事义务的财产基础条件。机关法人对独立经费享有占有、使用、收益和处分的权利，但机关法人必须按照行政财务制度的规定，依照专款专用的原则按规定的开支范围和货币额度用款。根据《预算法》的规定，我国各级国家机关都依靠国家预算拨款进行活动，我国现有预算体系包括国家预算、各级政府预算、部门预算以及单位预算，其中，单位预算是预算体系中最为基本的独立构成部分，因此，在判断机关法人是否具有独立经费时，应当以是否具有独立的单位预算经费为判断标准。

三、机关法人的内设机构（职能部门）对外民事活动问题讨论

行政机构是行政机关的组成部分，其本身是作为行政机关的内部机构而存在的。一般情况下，除依法律法规获得授权外，机关法人的内设机构（职能部门）本身不能以自己的名义独立对外开展民事活动，也不能独立承担民事活动中产生的民事法律责任。因此，机关法人的内设机构（职能部门）在对外民事活动中，应当以其所属机关法人的名义进行，其民事活动的法律效果和责任由所属机关法人承担。

第九十八条

机关法人被撤销的，法人终止，其民事权利和义务由继任的机关法人享有和承担；没有继任的机关法人的，由作出撤销决定的机关法人享有和承担。

【本条主旨】本条是关于机关法人被撤销情况下其民事责任承担主体的规定。

【核心概念】

机关法人的撤销 机关法人的撤销是机关法人终止的唯一原因。机关法人的撤销是指，在机关法人的目的事业已经完成、无须完成或确定无法完成，或因政府机构调整等原因导致机关法人合并或分立时，由相关法定权力机关（通常是批准其成立的主管机关）依照法定程序作出撤销原机关法人决定，终止机关法人的行为。

§条文详解§

一、本条的“民事责任”包括赔偿（补偿）性质的民事责任和履行民事义务

机关法人必须承担其在民事活动中产生的民事责任。这种民事责任既包括机关法人的法定代表人或工作人员在执行公务中致他人财产、人身损害时产生的赔偿（补偿）性质的民事责任，也包括机关法人在民事活动中依法或依合同约定应当由其履行的义务。机关法人承担责任时，应当以其全部独立经费负责，而不应受经费支出项目的限制。

二、机关法人被撤销后的民事权利、义务的享有和承担

本条规定了机关法人被撤销情况下其民事权利、义务的享有和承担主体的确定原则。由于机关法人在经费上以国家预算为保障，实践中，机关法人在依法被宣告撤销后并不经过破产清算程序。相对人与被撤销机关法人相关的债权债务主要靠转继的方式来实现履行。

机关法人的民事权利和义务发生转继的情形主要有两种：一是原机关法人因合并或分立而撤销，机关法人的相关职能职责由合并或分立后的新的机关法人继续行使。在这种情况下，原机关法人的相应民事权利和义务应由继续履行其职能职责的机关法人享有和承担。二是原机关法人作为行政主体因目的事业（如行政职责）已经完成、无须完成或确定无法完成等原因被依法撤销。在这种情况下，原机关法人并没有继续履行相关行政职能的承继者，其相关民事权利和义务就转继给“作出撤销决定的”机关法人。

第九十九条

农村集体经济组织依法取得法人资格。

法律、行政法规对农村集体经济组织有规定的，依照其规定。

【本条主旨】本条有两款。第 1 款是关于农村集体经济组织之法人资格的规定。第 2 款是关于其法律适用的指引性规定。

【核心概念】

农村集体经济组织 农村集体经济组织是指在一定村或乡镇的社区范围内的农民集体成员，利用土地等农民集体所有的资源要素，通过资金联合与劳动联合的方式合作实现共同发展的经济组织。农村集体经济组织是由原人民公社、生产大队、生产队建制经过改革、改造、改组形成的合作经济组织，具有地域性、社区性、内部性和经济性。根据我国《宪法》的规定，农村集体经济组织实行家庭承包经营为基础、统分结合的双层经营体制。

农民集体 农民集体是指在一定村或乡镇的社区范围内的成员集体，是农村集体土地等集体财产所有权的主体。农民集体分为乡（镇）农民集体、村农民集体、村内农民集体（如生产队农民集体或村民小组农民集体）三级。

§条文详解§

一、农村集体经济组织成立为特别法人的要件

农村集体经济组织成为特别法人需要满足以下要件。

1. 有相应的组织机构，能形成区别于其成员意志的独立意思

农村集体经济组织应当通过规范的组织机构及运行机制，有效形成反映其农民成员意志、又区别于农民成员意志的独立意思，并通过相应的执行机构或管理人员加以实施。

2. 有自己的名称

该名称应具有唯一的指向性，以便农村集体经济组织以自己的独立名义对外从事活动。

3. 具有相对独立的财产

其财产与农民成员个人的财产相区别，是农村集体经济组织独立从事民事活动、承担民事责任的财产基础。

4. 独立承担民事责任

农村集体经济组织以其相对独立的财产对外独立承担民事责任，但考虑到农村集体财产的特殊性，应对其责任承担作出特殊限制。

5. 依法定程序取得法人资格

二、农村集体经济组织与“农民集体”的关系

根据《宪法》第10条和有关法律规定，集体土地等集体所有的不动产和动产的所有权主体是农民集体，农村集体经济组织代表农民集体行使所有权，负责农民集体所有财产的经营、管理，在民主管理的机制下，决定经营管理的重大问题。农村集体经济组织应向农民集体成员公布经营管理情况，接受农民集体成员的监督。

三、财产所有权与经济活动自主权

《民法典》第260条规定：“集体所有的不动产和动产包括：（一）法律规定属于集体所有的土地和森林、山岭、草原、荒地、滩涂；（二）集体所有的建筑物、生产设施、农田水利设施；（三）集体所有的教育、科学、文化、卫生、体育等设施；（四）集体所有的其他不动产和动产。”第261条规定：“农民集体所有的不动产和动产，属于本集体成员集体所有。下列事项应当依照法定程序经本集体成员决定：（一）土地承包方案以及将土地发包给本集体以外的组织或者个人承包；（二）个别土地承包经营权人之间承包地的调整；（三）土地补偿费等费用的使用、分配办法；（四）集体出资的企业的所有权变动等事项；（五）法律规

定的其他事项。”第262条规定：“对于集体所有的土地和森林、山岭、草原、荒地、滩涂等，依照下列规定行使所有权：（一）属于村农民集体所有的，由村集体经济组织或者村民委员会依法代表集体行使所有权；（二）分别属于村内两个以上农民集体所有的，由村内各该集体经济组织或者村民小组依法代表集体行使所有权；（三）属于乡镇农民集体所有的，由乡镇集体经济组织代表集体行使所有权。”

集体所有的财产受法律保护，禁止任何单位和个人侵占、哄抢、私分、破坏。即便是国家依法征收农民集体所有的土地，也应当保护农民和农村集体经济组织的合法权益，依法给予农民和农村集体经济组织征地补偿，任何单位和个人不得截留、挪用征地补偿费用。

农村集体经济组织在遵守有关法律的前提下，有独立进行经济活动的自主权；在民主管理的原则下，有权依法选举和罢免管理人员，决定经营管理的重大问题。

四、第2款作为指引性条文指向的具体规定

我国目前尚无统一的农村集体经济组织法，有关农村集体经济组织的权利能力、行为能力、组织机构、法定代表人等内容的规定散见于《民法典》《农业法》《土地管理法》《农村土地承包法》《乡村集体所有制企业条例》等法律法规中。

从规定看，农村集体经济组织代表农民集体行使集体财产所有权，依法管理集体资产，在事实上具有独立的权利能力和行为能力，并依法享有相关权利、承担相关义务。集体经济组织的职能职权主要包括以下内容：（1）负责集体土地等不动产的经营管理，主要包括：1）土地承包发包事宜，如依法确定并实施土地承包方案，确定并组织实施土地承包经营权人之间承包地的调整，决定对集体外单位或个人发包；2）土地征收相关事宜，如决定土地补偿费用的使用、分配办法，向本集体经济组织的成员公布征收土地的补偿费用的收支状况等；3）报经原批准用地的人民政府批准，依法收回土地使用权等。（2）依法兴办各类企业，并代表农民集体行使集体出资企业的所有权。（3）组织开发利用集体资源，如为发展生产或兴办公益事业向村民筹资筹劳。（4）为成员提供生产、技术、信息等服务。（5）其他事项。

在行使集体财产所有权过程中，农村集体经济组织应依照法律、行政法规以及章程、村规民约向本集体成员公布集体财产的状况。对于涉及农民利益的重要事项，应当公开并定期公布财务账目，接受农民的监督。

关于农村集体经济组织的组织机构和法定代表人亦无统一规定，但从现有规定来看：（1）村民会议或村民代表大会是农村集体经济组织的最高权力机构和意思机构。涉及农村集体经济组织经营管理中的重大事项，如土地承包方案的确定；在土地承包经营期限内，对个别承包经营者之间承包的土地进行适当调整；决定农民集体所有的土地由本集体经济组织以外的单位或者个人承包经营等，都应经过村民会议 2/3 以上成员或者 2/3 以上村民代表的同意。涉及农民利益的重要事项，如为发展生产或兴办公益事业向村民筹资筹劳，也应经过村民会议成员或村民代表过半数通过后方可进行。(2) 根据经营管理事宜的不同，农村集体经济组织可以经村民会议选举产生并设立相关的具体执行机构，如《农村土地承包法》第 20 条规定，土地承包过程中，村民会议应当选举产生承包工作小组，负责依法拟定并公布承包方案。(3) 法定代表人应当由农村集体经济组织依照法律规定选举产生和罢免。

第一百条

城镇农村的合作经济组织依法取得法人资格。

法律、行政法规对城镇农村的合作经济组织有规定的，依照其规定。

【本条主旨】本条有两款。第 1 款是关于城镇农村的合作经济组织之法人资格的规定。第 2 款是关于其法律适用的指引性规定。

【核心概念】

合作经济组织　合作经济组织是指同类产品或产业的生产经营者或生产经营服务的提供者、利用者，在自愿联合的基础上，通过互助合作、民主管理共同实现成员利益的互助性经济组织。合作经济组织遵守社员资格开放、民主管理、盈余按交易量或惠顾额返还等原则。合作经济组织具有以下特征：(1) 合作经济组织是人的联合、资金联合与交易联合的统一体。合作经济组织最基础的首先是“人”的联合，其主体是社员，是自愿联合在一起的自然人、法人或非法人组织。在人的联合基础之上，合作经济组织还汇集了社员以认购股金等方式缴纳的资金，并以社员同合作社交易的方式实现了交易的联合。(2) 合作经济组织是一个自治联合体，独立于其他市场主体和政府组织。合作经济组织的成立、运营与终止均由其成员自行决定。(3) 合作经济组织的设立目的是满足社员共同的经济、社会与文化需求与抱负。换言之，合作经济组织的宗旨是为社员提供服务，满足社员的自身需要。(4) 合作经济组织为企业形态的一种。从产权结构上看，合作经济组织的所有权在民主的基础上由全体社员所有，社员对其股金及盈余享有所有权；从运行情况看，合作经济组织实行民主管理，其投票权基础在于人而不在于股份的多少；从利润分配上看，合作经济组织对社员的盈余分配并非基于其股份而是基于其与合作经济组织的交易量或惠顾额进行确定。

§条文详解§

一、城镇农村的合作经济组织成立为特别法人的要件

合作经济组织成立为特别法人应当符合以下要件。

1. 具有符合法定条件的成员

合作经济组织是以“人”的联合为首要基础的法律主体，根据合作经济组织形态的不同，不同法律法规对其成员资格提出了不同的要求。例如，《农民专业合作社法》规定，农民专业合作社的成员应当以农民为主体[①]；而根据《城镇住宅合作社管理暂行办法》第 8 条的规定，城镇住宅合作社的成员应当以“具有城镇正式户口、家庭为中低收入并愿意改善居住条件的居民户”为主体。

2. 有符合相关法律、法规规定的章程

章程是合作经济组织实现规范独立运行的准则和制度保障。由于合作经济组织的特殊性，相关法律法规对其章程内容有不同于一般法人之章程内容的特殊要求。根据规定[②]，合作经济组织的章程一般应包括以下主要内容：名称和住所；业务范围；成员资格及入社、退社和除名；成员的权利和义务；成员的出资方式、出资额，成员出资的转让、继承、担保；组织机构及其产生办法、职权、任期和议事规则；财务管理和盈余分配、亏损处理；解散事由和清算办法；章程修改程序；公告事项及发布方式；附加表决权的设立、行使方式和行使范围；需要载明的其他事项。

3. 有符合相关法律、法规的组织机构

组织机构是形成和实现合作经济组织之独立意志的组织保障。根据相关法律规定，合作经济组织的组织机构主要包括意思机构（最高权力机构）、执行机构以及监督机构等。

4. 有符合相关法律、法规规定的名称和住所

该名称应具有唯一的指向性，并符合相关法律法规的要求[③]，以便合作经济组织以自己的独立名义对外从事活动。合作经济组织住所一般为其营业场所，应当有符合法律要求的相关设施。[④]

---

① 《农民专业合作社登记管理条例》更进一步规定：农民专业合作社应当有 5 名以上的成员，其中农民至少应当占成员总数的 80%。除具有管理公共事务职能的单位外，从事与农民专业合作社业务直接有关的生产经营活动的企业、事业单位或者社会团体依法也可以成为农民专业合作社的成员。

② 如《农民专业合作社法》第 15 条、《农村资金互助社管理暂行规定》第 13 条。

③ 例如，《农民专业合作社登记管理条例》第 6 条规定，农民专业合作社的名称应当含有“专业合作社”字样，并符合国家有关企业名称登记管理的规定。

④ 如《农村资金互助社管理暂行规定》第 9 条第 5 项要求，设立农村资金互助社应当有符合要求的营业场所，安全防范设施和与业务有关的其他设施。

5. 有符合法律法规或章程规定的资金

合作经济组织是以互益性为基础的具有营利特性的组织，因此各法律法规对其资金也有特殊的要求[①]，主要体现在最低注册资金、成员出资及其登记等方面。

6. 符合法律法规规定的其他要件

除以上要件外，根据合作经济组织形态的不同，不同法律法规还规定了其他特殊的设立要件，如《农村资金互助社管理暂行规定》要求，设立农村资金互助社还需要有符合任职资格的理事、经理和具备从业条件的工作人员。

7. 依照相关法律法规规定办理登记手续

根据合作经济组织形态的不同，根据现有规定，不同合作经济组织的登记管理机关及程序也有所不同。例如，根据《农民专业合作社法》以及《农民专业合作社登记管理条例》的规定，设立农民专业合作社应当由全体设立人指定的代表或者委托的代理人向登记机关提交相关文件，办理登记，并依法取得营业执照；而根据《城镇住宅合作社管理暂行办法》，组建住宅合作社应当经组建单位的上级主管部门同意后，成立筹建机构，并由筹建机构依法向县级以上人民政府房地产行政主管部门提出申请。

二、第2款作为指引性条款指向的具体规定

本条第2款是对合作经济组织法人相关法律法规的指引性规定。我国现有合作经济组织形态多样，就农村合作经济组织而言，主要包括农村资金互助社、农民专业合作社、农村信用合作社、农村供销合作社等；就城镇合作经济组织而言，主要有城镇住宅合作社等。相应的，涉及合作经济组织法人的法律法规主要包括：《宪法》《农业法》《农村资金互助社管理暂行规定》《农民专业合作社法》《农民专业合作社登记管理条例》《农村信用合作社管理规定》《城镇住宅合作社管理暂行办法》等。[②] 根据以上法律法规的规定，有关合作经济组织法人的其他规定主要包括以下内容。

1. 合作经济组织的权利能力和行为能力

从现有相关法律法规来看，一般规定合作经济组织依法登记取得法人资格。

在此基础上，合作经济组织实行独立核算、民主管理并进行自我服务。合作经济组织依照章程规定的业务范围开展相关经营和服务活动并依法独立承担相关

① 如《农民专业合作社登记管理条例》第8条规定，农民专业合作社成员可以用货币出资，也可以用实物、知识产权等能够用货币估价并可以依法转让的非货币财产作价出资。成员以非货币财产出资的，由全体成员评估作价。成员不得以劳务、信用、自然人姓名、商誉、特许经营权或者设定担保的财产等作价出资。

② 我国尚未制定供销合作社的全国性法律法规，但有部分省市根据中共中央及国务院的相关政策文件制定了地方性的供销合作社法规，如1995年《江苏省供销合作社管理规定》、1996年《吉林省供销合作社条例》等。

民事责任。任何组织和个人不得侵犯其财产和经营自主权。

《农民专业合作社法》第3条规定："农民专业合作社依照本法登记，取得法人资格。""农民专业合作社对由成员出资、公积金、国家财政直接补助、他人捐赠以及合法取得的其他资产所形成的财产，享有占有、使用和处分的权利，并以上述财产对债务承担责任。"

2. 合作经济组织成员的权利和义务

合作社经济组织的首要基础是社员，因此，相关法律法规均对其成员的权利和义务进行了规定。例如，《农民专业合作社法》规定，合作社成员依法或章程享有"表决权、选举权和被选举权""利用本社提供的服务和生产经营设施""按照章程规定或者成员大会决议分享盈余"等权利，依法或章程承担"出资""按照章程规定与本社进行交易""按照章程规定承担亏损"等义务。

3. 合作经济组织的组织机构和法定代表人

根据相关法律法规，合作经济组织法人的组织机构主要包括：(1) 意思机构(权力机构)，即成员大会或成员代表大会，主要行使"修改章程；选举或罢免执行机构及监督机构成员；决定法人生产经营活动中重大事项；对合并、分立、解散、清算等重要事项作出决议；听取、批准执行机构相关报告"等职权。成员大会或成员代表大会通过年度定期会议及依章程召开的临时会议，以表决多数通过的方式形成决议。(2) 执行机构，即理事会（或理事），理事会由成员大会或成员代表大会选举产生，主要依章程行使"召集成员大会或成员代表大会、执行成员大会决议，拟定相关管理工作方案、聘任主要管理人员"等经营管理职权。(3) 监督机构，即监事会（或监事），监事会由成员大会或成员代表大会选举和更换，一般由奇数监事构成，主要依章程规定行使"监督、质询、报告"等监督职能。

相关法律法规一般规定，合作经济组织的理事长为合作经济组织法人的法定代表人。①

4. 合作经济组织的财务管理及盈余分配制度

合作经济组织的人合性、营利性以及自益性决定了其财务管理及盈余分配制度不同于一般的营利性法人。对此，相关法律法规均作出了特殊的规定。总体而言，特殊规定主要包括：将年度报告、盈余分配方案等财务报告文件向成员公开的要求；将与成员的交易和与非成员的交易分别核算的要求；盈余分配的条件、顺序及方案制定的要求等。

---

① 根据《农村资金互助社管理暂行规定》第35条、第36条，农村资金互助社原则上不设理事会，但同样具有由经理等管理人员构成的执行机构。依章程规定设立理事会的，理事长是法定代表人，未设理事会的，经理是法定代表人。

第一百零一条

居民委员会、村民委员会具有基层群众性自治组织法人资格，可以从事为履行职能所需要的民事活动。

未设立村集体经济组织的，村民委员会可以依法代行村集体经济组织的职能。

【本条主旨】本条有两款。第1款是关于居民委员会、村民委员会之法人资格的规定。第2款是关于村民委员会可以依法代行农村集体经济组织职能的规定。

【核心概念】

居民委员会　居民委员会是居民自我管理、自我教育、自我服务的基层群众性自治组织。居民委员会接受人民政府或其派出机关的指导、支持和帮助，协助人民政府或其派出机关开展工作。

村民委员会　村民委员会是村民自我管理、自我教育、自我服务的基层群众性自治组织，实行民主选举、民主决策、民主管理、民主监督。村民委员会向村民会议、村民代表会议负责并报告，主要负责办理本村的公共事务和公益事业，调解民间纠纷，协助维护社会治安，向人民政府反映村民的意见、要求和提出建议。

§条文详解§

一、“基层群众性自治组织”概述

基层群众性自治组织是指由我国城市居民和农村村民依照宪法、法律赋予的权利，通过民主选举的方式，实现“自我管理、自我教育、自我服务”的基层的自治社会组织。在我国，“基层群众性组织”主要指城镇的居民委员会和农村的村民委员会。国家制定了《城市居民委员会组织法》和《村民委员会组织法》来规范二者的组织机构及活动。

基层群众性自治组织不属于国家机关的下属机构或派出机构，也不是国家的一级政权组织和行政组织，而只是群众自行发起的，是为了更好地实现城市、农村的建设和发展而形成的一种群众性自治组织。基层群众性自治组织依法根据规范的运行机制，管理本居住地区的相关事务，实现民主。

二、居民委员会、村民委员会成立为法人的要件

居民委员会、村民委员会成为法人同样需要满足法人的基本要件，即具备“有自己的名称、组织机构、住所、财产或者经费”等成为独立法人主体的基本条件。例如，根据《村民委员会组织法》规定，村民委员会由主任、副主任和委员共 3 至 7 人组成，依照法定程序选举产生；遵守村民自治章程、村规民约及村民会议或村民代表会议的决定；村民委员会有相应独立财产，其经费来源包括政府有关部门提供的必要经费、村民会议通过筹资筹劳获取的经费等。村委会成员离任时应对本村财务收支状况等财务事项进行审计。

需要注意的是，依据本条规定，居民委员会、村民委员会无须另行进行登记，自设立之日起即具有法人资格，可以从事为履行职能所需要的民事活动。根据《村民委员会组织法》规定，村民委员会的设立要根据村民居住状况、人口多少，按照便于群众自治、有利于经济发展和社会管理的原则，由乡、民族乡、镇的人民政府提出，经村民会议讨论同意，报县级人民政府批准。

三、权利能力的范围：从事为履行职能所需要的民事活动

居民委员会、村民委员会作为城乡居民（村民）实行自我管理、自我教育、自我服务的基层群众性自治组织，所从事的工作主要是居民（村民）居住范围内社区的公共事务和公益事业，是具有适度“自益性”的非营利性组织。因而，居民委员会法人和村民委员会法人不宜从事过度的营利性民事活动，其所从事的民事活动应当围绕着其基本职能而展开，其民事权利能力也应当限于为履行职能所需要权利能力范围之内。

四、村民委员会与农村集体经济组织的关系

按照法律规定，村民委员会与农村集体经济组织应该是功能各不相同的两个独立的组织，其中，村民委员会是村民自我管理、自我教育、自我服务的基层群众性自治组织，是实现村民自治制度的主要组织载体；而农村集体经济组织是农村集体经济制度的主要组织形式，是农村统分结合的双层经营机制中“统”的功能的承担者，其主要职能是合理利用和有效实现集体资产的保值增值。根据《村民委员会组织法》的规定，村民委员会应当尊重并支持农村集体经济组织依法独立进行经济活动的自主权，保障农村集体经济组织的合法财产权和其他合法权益。

但是，现有法律的一些规定又使两者在职责、权限上存在交叉重叠。如《村民委员会组织法》中同样规定：“村民委员会依照法律规定，管理本村属于村农民集体所有的土地和其他财产，引导村民合理利用自然资源，保护和改善生态环境。”据此，村民委员会在集体土地等资产方面的职能与农村集体经济组织的相互交叉。对此职能重叠问题，一些地方立法作了进一步明确，即农村集体经济组织应当独立行使经济管理职权，但在尚未设立集体经济组织的农村中，由村民委员会行使相应的职权。[①]

村民委员会与农村集体经济组织之间是功能互补的两个相互独立的组织体，村民委员会作为单纯的村民自治组织，应着重于农村社区公共服务功能；而农村集体经济组织作为集体资产的管理经营组织，应当着重于实现农村集体资产保值增值的经济功能。依据本条第2款的规定，未设立村集体经济组织的，村民委员会可以依法代行村集体经济组织的职能。

① 如《甘肃省农村集体资产管理条例》规定，农村集体经济组织在遵守国家有关法律、法规的前提下，制定组织章程，实行民主管理，依法选举和罢免管理人员，决定经营管理的重大事项，有独立进行经济活动的自主权，行使集体资产管理、使用、收益、处分权。尚未成立村集体经济组织的，由村民委员会暂行村集体经济组织的职能。

第四章　非法人组织

本章提要

本章从第102条到第108条共计7个条文规定非法人组织的民事主体地位的相关问题。《民法通则》没有对法人、自然人以外的民事主体作出直接规定，其后的一些民事法律和行政法规以“其他组织”为名在一定程度上规定了这类组织的民事主体地位。《民法典》正式确定这类组织为自然人、法人之外的第三类民事主体，并冠名“非法人组织”以区别于以往的“其他组织”，以凸显其作为第三类民事主体与法人组织的联系和区别。

对于合伙类的组织体（与法人的主要区别是其财产与成员的个人财产不独立）能否成为自然人、法人之外的第三类民事主体，各国立法例和民法理论上均存在争议。在民法典中承认合伙类组织体之民事主体资格的较少，在商法典中承认合伙为“商人”的较多。《民法通则》第二章“公民（自然人）”中规定了个人合伙（第五节），在第三章“法人”中规定了“联营”（第四节），是在一定程度上承认了合伙性质的经营组织的民事主体地位。《个人独资企业法》和《合伙企业法》分别确认了个人独资企业和合伙企业的民事主体资格。《民法典》设专章以民事基本法确认此类组织体的民事主体资格，承认自然人、法人之外的第三类民事主体。这在民事立法和民法理论上都是一个较重大的突破。

随着我国经济社会的发展，在实际生活中，大量不具有法人资格的组织以自己的名义从事各种民事活动。赋予这些组织民事主体地位有利于其开展民事活动，也与其他法律的规定相衔接。据此，《民法典》规定，非法人组织是不具有法人资格，但是能够依法以自己的名义从事民事活动的组织，包括个人独资企业、合伙企业、不具有法人资格的专业服务机构等（《民法典》第102条）。《民法典》还规定：非法人组织的财产不足以清偿债务的，其出资人或者设立人承担无限责任。法律另有规定的，依照其规定（《民法典》第104条）。

第一百零二条

非法人组织是不具有法人资格，但是能够依法以自己的名义从事民事活动的组织。

非法人组织包括个人独资企业、合伙企业、不具有法人资格的专业服务机构等。

【本条主旨】 本条有两款。第 1 款是关于非法人组织之定义的规定。第 2 款是关于非法人组织不完全的列举性规定。

【核心概念】

第三类民事主体 第三类民事主体（即本条规定的非法人组织）是指在民事主体中除自然人、法人之外，依法成立，有一定的组织机构和财产，不具备法人资格，但可以以自己的名义从事民事活动的主体性组织。第三类民事主体的确立是基于对法人为“经过登记的具有独立承担民事责任的能力的社会组织”的认识。在这一前提下，民法上的主体包括：自然人、法人以及非自然人且不具法人资格的第三类民事主体。

独资企业 独资企业也称“个人独资企业”，是指由一个自然人投资，财产为投资人个人所有，投资人以其个人财产对企业承担无限责任的经营实体。我国《个人独资企业法》将独资企业限定为“依照本法”而“在中国境内设立”的独资企业。

合伙企业 合伙企业是指自然人、法人和非法人组织根据合伙协议依法联合设立的企业。我国《合伙企业法》将合伙企业限定为“依照本法”而“在中国境内设立”的合伙企业。根据《合伙企业法》的规定，我国合伙企业主要包括普通合伙企业和有限合伙企业两类。其中，普通合伙企业是指，除法律对责任承担的形式有特别规定外，“由普通合伙人组成，合伙人对合伙企业债务承担无限连带责任”的合伙企业；有限合伙企业是指，“由普通合伙人和有限合伙人组成，普通合伙人对合伙企业债务承担无限连带责任，有限合伙人以其认缴的出资额为限对合伙企业债务承担责任”的合伙企业。

§ 条文详解 §

一、非法人组织的本质特征

非法人组织具有以下本质特征。

（1）依法成立。法律允许设立非法人组织。设立非法人组织同样需要依法定程序进行登记并领取营业执照等证件。

(2) 是具有稳定性的组织体，以组织体的名义进行民事活动。不同于自然人，非法人组织是人和资产集合（主要是人的集合）而成的组织体。非法人组织不是临时性或松散的人员资产集中，而是为了一定目的而长期存在的组织体。因此，它有相应的组织机构或代表人等组织体（团体）形态要件，能够形成独立于成员意思的组织体（团体）意思，以组织体（团体）名义开展民事活动。

(3) 非法人组织从事民事活动，具有相应的民事权利能力和民事行为能力，但其民事权利能力和民事行为能力是受限制的。

(4) 不能完全独立承担民事责任。与法人有独立的财产、能独立承担民事责任不同，非法人组织的财产是相对独立的，并不完全独立于成员（或出资人）的资产。当非法人组织自身所有财产不足以清偿有关债务时，其成员（或出资人）应当承担连带清偿责任。其典型形态如合伙企业。

二、营利性非法人组织和非营利性非法人组织

根据不同标准，学理上对非法人组织有不同的分类，通常采用的分类标准是非法人组织的设立目的，这与《民法典》中法人分类的标准相同。依此标准，非法人组织可以分为营利性非法人组织和非营利性非法人组织。

营利性非法人组织是指以营利为目的而设立的不具有法人资格的社会组织，主要包括非法人企业和非法人经营体两大类。其中，非法人企业的具体组织形态包括合伙企业、个人独资企业、非法人乡镇集体企业、非法人外资企业、非法人企业集团等；非法人经营体包括个体工商户、农村承包经营户、个人合伙、企业分支机构、设立中的公司等。这类非法人组织的设立目的就是从事营利活动，主要活跃于经济领域，是市场经济主体的重要组成部分。

非营利性非法人组织是指不以营利为目的的不具备法人资格的社会组织，主要包括非法人社会团体、社会团体法人的分支机构等。其特点是组织设立是为了营利之外的公益性或互益性等非营利目的，主要活跃于社会生活领域，从事各类非营利性的社会服务活动。

三、关于“专业服务机构”

专业服务机构可以登记为法人，如作为有限责任公司的会计师事务所；也可以登记为“非法人组织”，如合伙制的律师事务所。

专业服务机构是指应用某方面的专业知识和专门知识，按照服务对象的需要和要求，在相应专业知识领域内提供特殊服务的社会组织。实践中，专业服务机构包括会计师事务所、律师事务所、咨询服务机构、生产技术服务机构、市场调查服务机构等等。

专业服务机构并不限于非法人组织形式，有的专业服务机构可以依法登记为法人。会计师事务所可以登记为合伙会计师事务所或有限责任会计师事务所，其

中，有限责任会计师事务所即属于法人。许多专业服务机构可以依法登记为“非法人组织”，例如，根据我国《律师法》及《律师事务所管理办法》的规定，我国律师事务所可以由律师合伙设立、律师个人设立或者由国家出资设立，依法在司法行政机关登记设立。其中合伙制律师事务所就是典型的非法人组织。

第一百零三条

非法人组织应当依照法律的规定登记。

设立非法人组织，法律、行政法规规定须经有关机关批准的，依照其规定。

【本条主旨】 本条有两款。第1款是关于非法人组织应当依法登记的规定。第2款是关于非法人组织依照法律、行政法规规定须经有关机关批准的指引性规定。

【核心概念】

非法人组织的登记　非法人组织的登记是指符合法定非法人组织条件的主体，依法到相应主管登记机关登记成立，从而取得能够以自己的名义开展民事活动的主体资格。我国对非法人组织一般采用准则主义设立原则，符合法定条件的组织（如非法人性质的乡村集体所有制企业、企业集团、合伙、合伙制律师事务所等）必须依法到相应主管登记机关登记方可成立。

非法人组织的批准　非法人组织的批准是指符合法定非法人组织条件的主体设立时，须依法经有关机关批准后，才能到登记机关登记成立并取得以自己的名义开展民事活动的主体资格。根据我国相关法律，对某些特种行业的非法人组织采用许可主义，符合法定条件的非法人组织应在登记前获得相关业务主管部门的批准。

§条文详解§

一、关于非法人组织依法登记成立

本条第1款要求非法人组织设立需要经过登记，除了出于与相关法律法规衔接以及实现国家必要管理的考虑，很大一方面出于对以下几方面事项的考虑：(1) 加强组织的可识别性，非法人组织的财产不完全独立于个人的财产，在某些情况下其代表人与出资人和设立人甚至为同一人，在缺乏登记公示的情况下，非法人组织与个人容易混同；(2) 通过登记实现非法人组织内部信息的充分公示，消除第三人在信息掌握方面的不对称性，加强对善意第三人信赖利益的保护，从而维护社会交往和交易的安全。

二、关于非法人组织“应依法经有关机关批准”成立

本条第2款规定，一些非法人组织的成立“应依法经有关机关批准”。这主

要是基于对以下两种不同因素的考虑：（1）现有非政府组织和自治性社会团体改革尚未到位，出于对规范、引导非法人组织的行为（如保障非法人社会团体公益性目的的实现）、有效实现必要行政管理和维护社会秩序安全及稳定等因素的考虑，要求相关公益性非法人社团、非政府组织经过有关机关批准设立；（2）某些特种行业对专业技能及知识水平等因素有特别的要求，因而需要经过相关业务主管部门进行资格的审核和认定，在审核批准后方可登记设立。

三、非营利性非法人组织：许可主义及强制登记制度

根据相关法律法规的规定，我国原则上对非法人组织的设立通常是依其是否营利性的而实行不同的成立制度。

其中，对非营利性非法人组织（尤其是民间社会团体）一般采用设立许可主义及强制登记制度。未经依法登记成立的非营利性非法人组织擅自筹备、擅自以非法人社会团体等非法人民间组织名义进行活动或社会团体在筹备期间开展筹备之外活动的，登记机关或民政部门将视之为非法组织或非法团体，并加以取缔。社会团体擅自设立分支机构、代表机构，或者对分支机构、代表机构疏于管理，造成严重后果的，登记机关可采取给予警告、责令改正、限期停止活动、责令撤换直接负责的主管人员等处罚措施，情节严重的，予以撤销登记；构成犯罪的，依法追究刑事责任。

四、营利性非法人组织：登记主义

对于营利性非法人组织的设立，我国目前采用登记主义。但未经登记而营业或擅自以企业名义经营的同样被视为非法经营，并应予以查处取缔。例如，《个人独资企业法》第 9 条规定：申请设立个人独资企业，应当由投资人或者其委托的代理人向个人独资企业所在地的登记机关提交设立申请书、投资人身份证明、生产经营场所使用证明等文件。委托代理人申请设立登记时，应当出具投资人的委托书和代理人的合法证明。个人独资企业不得从事法律、行政法规禁止经营的业务；从事法律、行政法规规定须报经有关部门审批的业务，应当在申请设立登记时提交有关部门的批准文件。

不过，在营利性非法人组织中，对于在某些特种行业业务领域开展活动的非法人组织，相关法律法规同样要求其依法经有关机关批准后登记成立。例如，根据《律师事务所管理办法》，律师事务所的设立许可，由设区的市级或者直辖市的区（县）司法行政机关受理设立申请并进行初审，报省、自治区、直辖市司法行政机关进行审核，作出是否准予设立的决定。

就对非法人组织设立采用许可主义甚至核准主义的规定，一些学者予以认同和肯定，但也有许多学者持有不同的看法。有学者认为，要求非法人组织应当登记不但会导致法人与非法人组织的混同，还不利于主体自由的展现与社会自治的

建设；并依此主张除法人之外的一切组织体均无须依法设立，也不要求“应当登记”，换言之，对非法人组织的设立应以备案登记为原则、以法律推定为补充（即将未经登记而成立的组织推定为非法人组织）。

第一百零四条

非法人组织的财产不足以清偿债务的，其出资人或者设立人承担无限责任。法律另有规定的，依照其规定。

【本条主旨】本条是关于非法人组织的债务承担的规定。

【核心概念】

非法人组织的出资人　非法人组织的出资人是指出交资金形成非法人组织相对独立的财产，用于非法人组织设立、运行等方面事务的主体。非法人组织的出资人是非法人组织财产的所有人。非法人组织的出资人可以参与非法人组织的运行和管理，但也可以仅出资和参与利润分配。

无限责任　本条中的“无限责任”是指非法人组织的出资人或者设立人对该组织的债务承担的责任。基于非法人组织财产的不完全独立性，当非法人组织的财产不足以清偿组织的全部债务时，非法人组织的出资人或者设立人应当以其个人全部财产承担连带清偿责任，即非法人组织的出资人或设立人对组织债务承担无限责任。

§条文详解§

一、非法人组织以其财产清偿债务

本条规定：非法人组织在发生清偿债务的义务时，先以该非法人组织的财产进行清偿。在其不能清偿时，则由出资人或者设立人承担无限责任。在法律上规定清偿顺序，有利于平衡各方的利益，也避免出资人或者设立人过多陷入不必要的纠纷。

二、“无限责任”的理解与适用

本条规定，在非法人组织不能清偿时，非法人组织的出资人或者设立人对该非法人组织的债务承担无限责任的规定。在理解此无限责任时，要注意以下两点。

（1）出资人或设立人对非法人组织债务承担的是无限责任。虽然非法人组织能以自己的名义开展民事活动，但它从根本上并未与其出资人或设立人完全独立，具体表现在其支配的财产并不是完全独立于出资人或设立人的财产而为非法人组织独立所有的。因此，当非法人组织的财产不足以清偿组织的全部债务时，责任承担应当回溯于最终的财产所有者，即出资人或设立人。因此，出资人或设

立人要以其个人的全部财产为范围对非法人组织的债务进行清偿。

（2）非法人组织的出资人或设立人承担的无限责任是一种连带责任。虽然非法人组织没有法定的属于自身的最低限额的完全独立的财产，其所享有的也只是与其活动相应的、有限的民事权利能力和民事行为能力，但其毕竟是与出资人或设立人有所区别的独立的民事主体，因此，法律在设定其对外责任承担时，并不是首先追溯到非法人组织的出资人或设立人，而是要求非法人组织首先以其相对独立的财产负责，当非法人组织的财产不足以清偿时，才由其出资人或设立人以个人财产承担补充清偿责任。因此，非法人组织的出资人或设立人承担的无限责任实际上是对非法人组织未能足额清偿部分的无限责任。

三、"法律另有规定"的理解与适用

原则上，当非法人组织的财产不足以清偿组织的债务时，其出资人或设立人应当以其所有的全部财产承担补充清偿的责任。但是，有一些特殊的出资和设立主体，如非法人乡镇集体企业的出资人和设立人，因其财产的特殊性，法律对其转让处分有特殊的规定。在这样的情况下，依照特别法优先于一般法的原则，非法人组织在承担民事责任时，应依照相关法律的特殊规定进行。例如，我国《乡村集体所有制企业条例》规定，乡村集体所有制企业的企业财产属于举办该企业的乡或者村范围内的全体农民集体所有；当企业分立、合并、停业或者终止时，必须保护其财产，依法清理债权、债务。但鉴于农民集体财产的特殊性，尤其是其中农民集体土地所有权和其他自然资源所有权的不可处分性，在非法人乡村集体所有制企业承担民事责任时，对农民集体所有的土地等集体资产的处置应当遵循相关法律（如《土地管理法》）的规定。

第一百零五条

非法人组织可以确定一人或者数人代表该组织从事民事活动。

【本条主旨】本条是关于非法人组织之代表人的规定。

【核心概念】

非法人组织的代表人　非法人组织的代表人是指依照非法人组织成员的协议或共同决定，被委托对外代表非法人组织开展民事活动的人。代表人在非法人组织的业务范围内代表非法人组织与第三人所为的行为直接对组织及组织成员发生效力。此外，关于非法人组织的代表人的地位、权限等，可以参考适用关于法人之法定代表人的地位、权限等方面的规定。

执行事务合伙人　执行事务合伙人通常是指依照合伙协议或全体合伙人决定，被委托对外代表合伙企业执行合伙事务的合伙人。合伙协议未约定或者全体合伙人未决定委托执行事务合伙人的，全体合伙人均为执行事务合伙人。有限合伙人不得成为执行事务合伙人。作为合伙人的法人、非法人组织执行合伙事务的，由其委派的代表执行。

§条文详解§

一、设立代表人或执行合伙人的意义

非法人组织虽和法人有重大区别，但与法人一样，可以以自己的名义从事民事活动，行使相应权利，履行相应的民事义务，承担相应的责任。但是作为团体形态的社会组织体，非法人组织不能自为行为，需要确定对外代表来代表其与其他民事主体形成民事法律关系并承受相应的权利、义务。因此，与法人一样，非法人组织也需要设立代表人或执行合伙人等来代表自己。

二、代表人的确定

许多民法典学者建议稿都直接规定，非法人组织的主要负责人是非法人团体的法定代表人。但《民法典》给非法人组织更大的独立性和自主性，规定非法人组织的代表人可以由非法人组织确定。

根据相关法律法规，实践中，非法人组织一般按照出资人或设立人等成员之间的约定或者经过全体成员的共同决定委托某一或某些成员作为代表人。非法人组织也可以在章程中确定其代表人的选定及更换办法。

三、协调数个代表人代表该组织从事的民事活动

当非法人组织确定了数个代表人时，对数个代表人的代表行为主要可以通过下列方式进行协调。

（1）确定各自的代表职责范围。非法人组织成员在确定多个代表人时，可以在成员协议章程或全体成员共同决议中分别规定不同代表人的代表职权范围。但是需要注意的是，非法人组织内部对代表人的代表权限作出限制的，不能对抗善意第三人。

（2）定期报告制度。代表人应定期向其他成员报告代表情况和非法人组织的运行情况，其他成员有权查阅非法人组织的财务资料。

（3）赋予其成员对代表人提出异议的权利。数个代表人分别执行代表行为时，若某代表人或成员对其他代表人的代表行为、事务有不同意见，可以向其提出异议。提出异议时，应当暂停该代表行为的执行，依照非法人组织章程由全体成员表决决定。

（4）撤销资格。对于未按照成员协议或章程或全体成员的共同决议行使代表权的，全体成员可以决定撤销该代表人的代表资格。

第一百零六条

有下列情形之一的，非法人组织解散：

（一）章程规定的存续期间届满或者章程规定的其他解散事由出现；

（二）出资人或者设立人决定解散；

（三）法律规定的其他情形。

【本条主旨】本条是关于非法人组织之解散事由的规定。

【核心概念】

非法人组织的章程　非法人组织的章程是指非法人组织成员就组织的活动范围、宗旨、组织机构、成员的权利与义务以及组织的解散或终止等事项订立的书面文件。非法人组织的章程一般以组织设立人间的协议为基础，是非法人组织的活动准则和规范，对所有成员具有约束力。

退伙　退伙是指合伙类型的非法人组织成员在发生符合法定或非法人组织章程、协议规定的事由时，在非法人组织存续期间，依照相关程序要求脱离非法人组织，使其成员资格消灭的法律事实。根据退伙原因的不同，退伙包括以下三种形式：法定退伙、强制退伙以及自愿退伙。其中，法定退伙是基于法律的直接规定而退伙，也称当然退伙；强制退伙是在某成员具有法定原因或其行为符合法律、非法人组织章程规定的条件时，其他成员强制要求该成员退伙；自愿退伙是指非法人组织成员依据成员协议或单方面向其他成员声明退伙。①

§条文详解§

一、自愿解散

本条列举了非法人组织解散的三种情况②，其中“章程规定的存续期间届满

---

①　例如，《合伙企业法》第 45 条规定，合伙协议约定合伙期限的，在合伙企业存续期间，有下列情形之一的，合伙人可以退伙：（1）合伙协议约定的退伙事由出现；（2）经全体合伙人一致同意；（3）发生合伙人难以继续参加合伙的事由；（4）其他合伙人严重违反合伙协议约定的义务。第 46 条规定：合伙协议未约定合伙期限的，合伙人在不给合伙企业事务执行造成不利影响的情况下，可以退伙，但应当提前 30 日通知其他合伙人。第 48 条第 1 款规定，合伙人有下列情形之一的，当然退伙：（1）作为合伙人的自然人死亡或者被依法宣告死亡；（2）个人丧失偿债能力；（3）作为合伙人的法人或者其他组织依法被吊销营业执照、责令关闭、撤销，或者被宣告破产；（4）法律规定或者合伙协议约定合伙人必须具有相关资格而丧失该资格；（5）合伙人在合伙企业中的全部财产份额被人民法院强制执行。

②　《合伙企业法》第 85 条规定，合伙企业有下列情形之一的，应当解散：（1）合伙期限届满，合伙人决定不再经营；（2）合伙协议约定的解散事由出现；（3）全体合伙人决定解散；（4）合伙人已不具备法定人数满 30 天；（5）合伙协议约定的合伙目的已经实现或者无法实现；（6）依法被吊销营业执照、责令关闭或者被撤销；（7）法律、行政法规规定的其他原因。

或者章程规定的其他解散事由出现的”与“出资人或者设立人决定解散的”，一般属于按照出资人（或者设立人）意志的自愿解散，体现的是意思自治原则。

二、强制解散

“法律规定的其他情形”是指由于法律规定的原因而非基于出资人或者设立人意志的解散，通常也称为“法定解散”或者“强制解散”。非法人组织违反法律禁止性规定，从事违法犯罪活动，得依法被强制解散。

此外，于合伙类型的非法人组织，如果合伙成员退伙，又没有新的成员加入（入伙），使其无法作为合伙存在的，也应依法解散。

第一百零七条

非法人组织解散的，应当依法进行清算。

【本条主旨】本条是关于非法人组织解散应当依法进行清算的规定。

【核心概念】

非法人组织的解散 非法人组织的解散，也称为非法人组织的终止，是指出现法定原因或非法人组织成员约定的原因而使非法人组织成员关系消灭。非法人组织一旦解散，其作为民事主体将不复存在。解散的原因主要包括：非法人组织的存续期限届满；成员约定的解散事由出现；全体成员共同决定解散；不满足法定成员人数要求；组织目的已经实现或确定无法实现；被依法取消组织资格；法定的其他解散原因等。对于合伙类型的非法人组织的解散，习惯上也称之为“散伙”。

§条文详解§

一、非法人组织解散时清算的意义

无论是法人还是非法人组织，在其解散时进行清算是终止其民事主体资格的必经程序。通过清算查明非法人组织的剩余财产状况和债权债务状况，确定剩余财产的分配和处理方案，确定出资人或者设立人应当承担的清偿债务的范围、种类和数额，以保护债权人等的合法权益。

二、非法人组织解散时清算的程序

非法人组织解散时进行清算，其章程对清算程序有规定的，依照其规定；其成立所依据的相关法律有规定的，依照其规定①；如果不存在上述规定，则按照《民法典》第108条的规定，参照《民法典·总则编》第三章第一节的有关规定（特别是第70条至第73条）进行清算。

---

① 《合伙企业法》第86条至第92条较详细规定了合伙企业的清算程序。

第一百零八条

非法人组织除适用本章规定外，参照适用本编第三章第一节的有关规定。

【本条主旨】 本条是关于非法人组织作为民事主体的“参照适用”的相关条文规定。

【核心概念】

民法上的“参照适用”　民法调整的社会关系是千姿百态的，因此，民法不可能像刑法一样遵循“罪刑法定主义”，对任何一种具体的事实构成都作出完全列举的规定。民法规范往往具有高度的抽象性、广泛的适用性和可比附性、可参照性。在出现新的民事关系缺乏具体的民法规范进行调整时，参照适用在性质上最相接近的法律规范，是民法适用中常见的现象。所谓“参照适用”，是指参考被指向的条文或制度，按照其所包含的法律原理精神，适用于本事项或本案件。如《民法典》第467条规定：“本法或者其他法律没有明文规定的合同，适用本编通则的规定，并可以参照适用本编或者其他法律最相类似合同的规定。”

§条文详解§

一、《民法典·总则编》第三章第一节的可参照适用性

本条规定，非法人组织除适用本章规定外，参照适用《民法典·总则编》第三章第一节的有关规定。之所以作出此等“参照规定”，是因为：（1）本章关于非法人组织的具体规定相对简略，客观来说不足以规范非法人组织各方面的事项，确实存在更大的法律规范资源需求。（2）《民法典·总则编》第三章第一节是关于法人制度的一般规定，对法人的一般性问题作出了较详细的规定，适用于一切类型的法人。非法人组织尽管不是法人，但是除了不具有独立的财产（经费），在组织体方面与法人几乎具有一样的特征，故《民法典·总则编》第三章第一节关于法人制度的一般规定对于非法人组织具有可参照适用性。

二、正确理解和适用“参照适用”

法律规定“参照适用”某些规定，在理解和适用时应当遵循以下原理：（1）不存在必须适用、不能排除的其他法律规定；（2）具有如上所述的“可参照适用性”；（3）参照适用不是完全照搬适用，往往是参照其法律原则和精神，还需要根据案件或事项的具体情况作出相应的考量和调整。因此，“参照适用”与指引性条款指向的条文之适用，存在一定的差异。指引性条款指向的法律条文是必须完全适用的，不能参照、酌定。

第五章　民事权利

本章提要

本章从第 109 条到第 132 条共计 24 个条文，主要是对各种民事权利，包括人身权、物权、债权、知识产权、继承权、股权和其他投资性权利、数据和网络虚拟财产等，进行列举性规定。本章第 128 条是一个有关保护未成年人、老年人、残疾人、妇女和消费者的指引性条文，第 129 条对民事权利的取得依据作出了规定，第 130 条至第 132 条则对民事权利的行使作出了规定。

《民法通则》第五章对民事权利进行了列举性规定，在当时没有民法分则的情况下，这些规定实际上起到了分则的作用。后来由于《合同法》(1999 年)、《物权法》(2007 年) 和《侵权责任法》(2009 年) 的颁布、实施，《民法通则》第五章关于民事权利的规定渐次失去了裁判规则的意义，对案件的裁判依据新法。本章沿袭了《民法通则》对各种民事权利进行列举规定的立法传统，增加列举了一些新型权利（如个人信息保护、数据和网络虚拟财产保护），同时对民事权利的取得方式和民事权利的行使作出了规定。

第一百零九条

自然人的人身自由、人格尊严受法律保护。

【本条主旨】 本条是关于自然人的人身自由、人格尊严受法律保护的规定。

【核心概念】

人身自由　法律确认与保护人的多方面的自由，民法保护的主要是人身自由。人身自由是指自然人在法律许可的物理空间，身体的自主活动。自然人的身体自主活动不受任何非法搜查、拘禁、逮捕、剥夺、限制。

人格尊严　人格尊严是自然人作为民事法律主体即法律上的“人”应当受到的基本礼遇与尊重。对自然人的侮辱、诽谤和诬告陷害属于侵害人格尊严的行为。对自然人的极度轻蔑、懈怠也可能构成对其人格尊严的侵害。

人格权　我国民法理论将民事权利划分为人身权和财产权。对人身权的进一步细分，可以分为人格权和身份权。前者主要是指自然人作为民法上的人（民事法律关系的主体）所应当享有的非财产性权利，包括生命、健康、身体等生物学意义上的“物质性人格权”和名誉、隐私、人身自由等存在于人际关系观念中的“非物质性人格权”。就人格权保护的客体而言，有些是抽象的，有些则是具体的。前者如人的尊严和平等，后者如隐私权、名誉权等。本法没有使用人格权、一般人格权、具体人格权等概念。人格权主要是自然人的权利，法人、非法人组织也因其作为民事主体需要享有部分人格权，如名称权、名誉权等。

§条文详解§

一、相关法律规范的发展过程

《宪法》已经确认与保护公民的人身自由和人格尊严。《宪法》第37条第1款规定：“中华人民共和国公民的人身自由不受侵犯。”第38条规定：“中华人民共和国公民的人格尊严不受侵犯。禁止用任何方法对公民进行侮辱、诽谤和诬告陷害。”保护公民的人身自由和人格尊严更是《刑法》的主要任务之一。但是，民法对自然人人身自由和人格尊严的确认与保护经历了一个漫长的过程。《民法通则》没有规定对人身自由的保护，仅仅规定：“……公民的人格尊严受法律保护，禁止用侮辱、诽谤等方式损害公民、法人的名誉。”（第101条）

最高人民法院的司法解释将侵害人格尊严（权）和侵害人身自由纳入精神损害赔偿的范围①，但是其成果没有被《侵权责任法》采纳。虽然在《侵权责任

---

① 《最高人民法院关于确定民事侵权精神损害赔偿责任若干问题的解释》（2001年2月26日最高人民法院审判委员会第1161次会议通过，法释〔2001〕7号）第1条第1款第3项.

法》立法过程中不少人主张侵权责任法应当保护自然人的人身自由，甚至早期的草案中有相应的规定，但是最后的文本还是没有明确规定对人身自由的保护。《民法典》第一次以民法基本法的形式确认与保护自然人的人身自由和人格尊严。

二、“一般人格权”或“具体人格权”

有学者认为，“自然人的人格尊严、人格独立、人格自由受法律保护，任何人不得侵害”。其所理解的人格尊严、人格自由等，为“一般人格权”或者抽象人格权①，是具体人格权的“母权利”和渊源性的权利，同时对具体人格权不能予以保护的其他人格利益起到补充和兜底的作用。

从本条与下条的立法设计来看，将本条规定的“人身自由”和“人格尊严”理解为一般人格权似乎更合乎逻辑：本条规定一般人格权，下条对重要的具体人格权进行列举规定；在适用中，能够纳入具体任何一项人格权范畴的，适用第110条的规定，难以纳入具体人格权而又关涉民事主体的人身自由、人格尊严的，考虑适用第109条。

上述理解对于“人格尊严”来说似乎不成问题。作为“母权利”或者渊源性权利，人格尊严至少可以开发出名誉权、隐私权等“子权利”，而且有些侵害人格尊严的行为如歧视、轻蔑等，有些情况下难以被纳入侵害名誉权、隐私权等，却构成对尊严的侵害，需要“人格尊严”这一兜底性条款提供保护与救济。但是，对人身自由作如此解释，则比较困难。

第一百一十条

自然人享有生命权、身体权、健康权、姓名权、肖像权、名誉权、荣誉权、隐私权、婚姻自主权等权利。

法人、非法人组织享有名称权、名誉权、荣誉权。

【本条主旨】本条有两款。第1款是关于自然人享有各种人身权的规定。第2款是关于法人、非法人组织享有几种人身权的规定。

【核心概念】

生命权　生命权是自然人享有的以其生命安全利益为内容的人格权或者说是物质性的具体人格权。② 生命权以生命安全与生命维持为客体，以维持生命活动为基本内容。③ 生命是自然人的最高利益之所在，也是自然人作为民事主体享有其他民事权利和承担民事义务与责任的物质性基础。因此，生命权是最重要、最

① 杨立新，扈艳．中华人民共和国人格权法建议稿及立法理由书．财经法学，2016（6）．

② 王胜明．中华人民共和国侵权责任法解读．北京：中国法制出版社，2010：8.

③ 王利明．民法学．2版．上海：复旦大学出版社，2015：187.

基本的民事权利。人的生命，除了受民法的保护，还受到宪法、刑法等的保护。

健康权 健康权是自然人享有的以其健康为客体，以维持正常的健康状况为基本内容的物质性具体人格权。在生命得到维持、生命权得到保护的前提下，自然人的健康状况维持在正常水平，是其重大利益之所在，也是其进行民事活动和其他活动的物质基础。因此，民法历来重视对自然人健康权的保护。

身体权 身体权是自然人享有的维护其身体完整并支配其肢体、器官和组织、肌肤等，以维持身体完整性的物质性人格权。[①] 以往，《民法通则》和《侵权责任法》没有专门规定身体权，在解释上往往将身体权纳入健康权。《民法典·人格权编》则明确规定了身体权。

姓名权与名称权 姓名权是指自然人享有的决定、使用和依照规定变更自己姓名的非物质性人格权。全国人大常委会有关姓名权的立法解释规定："公民依法享有姓名权。公民行使姓名权属于民事活动，既应当依照民法通则第九十九条第一款和婚姻法第二十二条的规定，还应当遵守民法通则第七条的规定，即应当尊重社会公德，不得损害社会公共利益。在中华传统文化中，'姓名'中的'姓'，即姓氏，体现着血缘传承、伦理秩序和文化传统，公民选取姓氏涉及公序良俗。公民原则上随父姓或者母姓符合中华传统文化和伦理观念，符合绝大多数公民的意愿和实际做法。同时，考虑到社会实际情况，公民有正当理由的也可以选取其他姓氏。基于此，对民法通则第九十九条第一款、婚姻法第二十二条解释如下：公民依法享有姓名权。公民行使姓名权，还应当尊重社会公德，不得损害社会公共利益。公民原则上应当随父姓或者母姓。有下列情形之一的，可以在父姓和母姓之外选取姓氏：（一）选取其他直系长辈血亲的姓氏；（二）因由法定扶养人以外的人扶养而选取扶养人姓氏；（三）有不违反公序良俗的其他正当理由。少数民族公民的姓氏可以从本民族的文化传统和风俗习惯。"[②]《民法典·人格权编》第 1015 条吸纳了司法解释的规定。

法人、非法人组织需要对外进行民事活动，通过"名称"将不同的法人、非法人组织区别开来，因此它们需要享有"名称权"。关于法人、非法人组织的名称，相关的法律和行政法规有具体的规定，应当遵守。

肖像权 肖像是以绘画、照相、雕塑、电子数据等方式呈现自然人外在形态和风格面貌的视觉形象。肖像权是自然人以其肖像为客体，享有的制作、使用、许可等方面的非物质性人格权。这种人格权具有排他的专属性，不直接包含财产

---

① 杨立新，扈艳．中华人民共和国人格权法建议稿及立法理由书．财经法学，2016（6）．

② 《全国人民代表大会常务委员会关于〈中华人民共和国民法通则〉第九十九条第一款、〈中华人民共和国婚姻法〉第二十二条的解释》（2014 年 11 月 1 日第十二届全国人民代表大会常务委员会第十一次会议通过）．

利益但是通过许可他人使用可能带来财产利益的特征。

名誉权 名誉权是指自然人和法人、非法人组织对其名誉享有的非物质性人格权，包括得到客观、公正的社会评价以及维持这种评价两个方面的内容。法律禁止侮辱、诽谤他人侵害其名誉。名誉作为一种社会评价，要求评价所基于的事实是真实或者基本真实的，评价的标准是客观、公正的。由于《民法典》没有单独规定信用权，故信用也应被认为是名誉的内容。

荣誉权 荣誉权是指自然人、法人、非法人组织对其所获得的荣誉及其附带的利益享有保持和支配的权利。法律禁止非法剥取他人的荣誉称号，诋毁他人的荣誉。关于荣誉权的存废，有些学者认为在民法领域可以归入名誉权，无须单独作为一种人身权利存在；关于荣誉权的性质，有人认为其为身份权，也有人认为其为人格权。

隐私权 隐私权是自然人对其隐私所享有的支配性权利，是非财产性质的人格权。关于隐私的内容，学界有两种主要观点：一种观点认为隐私包括私生活秘密和私生活安宁，另一种观点认为隐私包括私人活动、私人空间和生活安宁。① 2009年《侵权责任法》第一次从民事法律的角度规定对隐私权的保护，《民法典》再次确认了对隐私权的保护。法人、非法人组织不享有隐私权，但是可以依法享有商业秘密权。

婚姻自主权 婚姻自主权是指自然人享有的对婚姻关系自主决定的权利，是非物质性的自主决定权。这里的“婚姻关系”之自主决定，包括是否结婚的自主决定、结婚对象的自主决定、是否离婚的自主决定以及与离婚者复婚或者与其他适格主体再婚的自主决定等，可以简单概括为“结婚自由”和“离婚自由”。自然人的婚姻自主权，不受他人干涉。但是就该权利而言，自然人要达到一定的年龄和具有相应的民事行为能力，方能实际享有。

§条文详解§

一、本条是关于自然人人身权利的列举规定

本条第1款对自然人享有的人身权利进行了列举性规定，同时留下了“等权利”的开放框架，为可能增加的权利类型预设法律发展空间。《民法典·人格权编》对各种人格权以及相关的合法权益作出了更详细的规定。

二、法人和非法人组织的人身权

法人和非法人组织作为民事主体，也需要被识别、被尊重、被信任，因此，法人应当享有名称权、名誉权和荣誉权等权利。

---

① 杨立新，扈艳．中华人民共和国人格权法建议稿及立法理由书．财经法学，2016（6）．

三、人身权的基本法律属性

本条规定的各项权利，均属于人身、非财产性质的支配权利，是对权利客体（如姓名、名誉、隐私等）进行支配的权利。这些权利具有较强的人身属性，即专属于特定的民事主体，不得与权利主体相分离，不得转让。同时，这些权利作为绝对权，其实现不需要任何不特定义务主体的积极作为，而权利主体可以以自己的行为行使权利，实现其人身方面的利益。这些权利本身不包含财产内容，不以保护权利人的财产利益为己任。但是，其中部分权利可以间接转化为财产利益，如许可他人使用姓名作为商品标识，权利人可以获得经济利益。这些权利，多部分为人格权，少部分为身份权，反映了人格权不断扩张、身份权不断萎缩的法治发展规律。

第一百一十一条

自然人的个人信息受法律保护。任何组织和个人需要获取他人个人信息的，应当依法取得并确保信息安全，不得非法收集、使用、加工、传输他人个人信息，不得非法买卖、提供或者公开他人个人信息。

【本条主旨】本条是关于自然人的个人信息受法律保护，不得非法侵害自然人个人信息的规定。

【核心概念】

个人信息　个人信息，也称为个人数据。《网络安全法》第76条第5项对个人信息的概念进行了立法界定：个人信息，是指以电子或者其他方式记录的能够单独或者与其他信息结合识别自然人个人身份的各种信息，包括但不限于自然人的姓名、出生日期、身份证件号码、个人生物识别信息、住址、电话号码等。这一规定确定了个人信息的几个基本要素：(1) 信息的主体为自然人个人，不包括法人和非法人组织；(2) 个人信息是以电子方式记录或者以其他方式记录的信息，但通常是以电子方式记录的信息；(3) 这样的信息能够单独或者与其他信息结合识别自然人的个人身份。法律列举的自然人的姓名、出生日期、身份证件号码、个人生物识别信息、住址、电话号码等均为常见的个人信息，但是其为不完全列举。兜底的规则是，个人信息包括这些列举的信息，但是不限于这些个人信息。凡是能够单独或者与其他信息结合识别自然人个人身份的信息，即使没有在法律条文中列举出来，也属于个人信息。

§条文详解§

一、个人信息与隐私的关系

隐私是隐私权的保护客体。如前所述，隐私包括私人生活秘密和私人生活安宁。私人生活秘密属于信息范畴，私人生活安宁多不属于信息范畴。而私人生活秘密方面的秘密往往是个人信息中较为重要和敏感的部分，有人称之为敏感个人信息。

个人信息中有些并不具有敏感性，而是需要让社会其他成员知晓以便他人与个人信息主体进行各种合法的交往。如个人的姓名，属于个人信息却不是需要保密的敏感信息。个人的出生日期、身份证件号码等，一般情况下需要得到保护，但是也需要向特定的相对人披露。而个人信息中的另一些敏感信息，与隐私权所保护的私人生活秘密相重叠。

故而，个人信息与隐私权保护的隐私属于交叉关系，交叉的重叠部分是个人敏感信息。[①]

隐私权的保护有一百多年的历史。在美国隐私权主要被当作一种对抗公权力的私人权利，在欧洲隐私权则主要被认为是保护人格尊严权益的人格权利。在欧洲国家，隐私权主要受宪法性法律、民法中的侵权责任法等保护，个人信息则主要受个人信息（数据）保护法等保护。

二、保护个人信息的意义

一段时间以来，非法获取、非法出售或者非法向他人提供公民个人信息的违法行为泛滥，社会危害严重，建议进一步强化对个人信息的保护。全国人大法律委员会经研究认为，个人信息权利是公民在现代信息社会享有的重要权利，明确对个人信息的保护对于保护公民的人格尊严，使公民免受非法侵扰，维护正常的社会秩序具有现实意义。全国人大法律委员会经研究，建议增加规定：自然人的个人信息受法律保护。任何组织和个人不得非法收集、利用、加工、传输个人信息，不得非法提供、公开或者出售个人信息。

个人信息权利是公民在现代信息社会享有的重要权利，明确对个人信息的保护对于保护公民的人格尊严，使公民免受非法侵扰，维护正常的社会秩序具有现实意义。个人信息具有识别性，承载着信息主体的人格利益。在现代信息技术之下，互联网、移动智能终端、可穿戴设备等使个人生活的方方面面都有可能被记录，故个人信息不仅仅包括个人的基本身份信息，还包括位置信息、行为数据等，个人信息成为信息主体人格的象征。保护个人信息对于维护信息主体的人格

---

① 张新宝．从隐私到个人信息：利益再衡量的理论和制度安排．中国法学，2015（3）．

尊严、人格自由具有重要价值。个人信息也与信息主体的其他人身、财产利益密切相关。非法获取、非法出售或者非法向他人提供公民个人信息的违法行为泛滥，并且以此为源头，形成了个人信息黑灰产业链和犯罪利益链，导致骚扰电话、垃圾短信、精准电信诈骗、身份欺诈等屡禁不止，不仅侵扰了公民的生活安宁，也对公民的人身、财产权益保护构成威胁，已经成为民生问题，社会危害严重，故应当进一步强化对个人信息的保护。

三、本条规定的四层含义

本条法律没有对个人信息的概念进行界定，主要是考虑到《网络安全法》对此作出了专门规定，而无须在立法中重复规定。

本条法律包含四层含义。

第一层含义是，作为宣示性条款，宣示自然人的个人信息受民法保护。

第二层含义是，任何组织和个人应当确保依法取得的个人信息安全，包括确保这些个人信息不被破坏、丢失、窃取、泄露等。

第三层含义是，“不得非法收集、使用、加工、传输他人个人信息”，任何没有得到法律授权、个人信息主体同意的收集、使用、加工、传输个人信息的行为都是非法行为，为法律所禁止。而得到个人信息主体同意或者得到法律授权的收集、使用、加工、传输个人信息行为，则不是非法行为，不为法律所禁止。

第四层含义是，“不得非法买卖、提供或者公开他人个人信息”。关于禁止买卖、提供或者公开个人信息是否要被限定在“非法”范围内，有不同的理解。有人认为凡是买卖、提供或者公开个人信息，均为非法，应当被禁止。有人则认为只有非法的买卖、提供或者公开个人信息行为才需要被禁止，而合法的交易或者提供个人信息则不应被禁止。交易经过“去个人化”处理的信息，已经不是个人信息交易，而是不能单独或者与其他信息结合起来识别自然人个人身份的“大数据”，不违反法律规定，并不侵害自然人的个人信息。大数据的开发、利用和交易，必将极大促进社会经济的发展和方便人们的生活。[①]

四、完善个人信息保护法律制度

本条法律适应了信息化社会到来对个人信息保护的需要。我国刑法修正案对个人信息提供了刑事保护。[②]《网络安全法》第四章“网络信息安全”主要是关于保护个人信息的规定。此外，全国人大常委会《关于加强网络信息保护的决

---

① 张新宝．从隐私到个人信息：利益再衡量的理论和制度安排．中国法学，2015（3）．

② 2009年《刑法修正案（七）》在《刑法》第253条后增加第253条之一，规定了“出售、非法提供公民个人信息罪”和“非法获取公民个人信息罪”；2015年《刑法修正案（九）》对第253条之一进行修改，取消“出售、非法提供公民个人信息罪”和“非法获取公民个人信息罪”，修改为“侵犯公民个人信息罪”，为公民个人信息提供更完备的刑事保护。

定》对个人信息保护作出了框架性的规定。① 从国际法治实践看，对个人信息的保护一般是制定专门的法律。② 我国宜加快研究和制定个人信息保护法。③

第一百一十二条

自然人因婚姻家庭关系等产生的人身权利受法律保护。

【本条主旨】本条是关于自然人因婚姻家庭关系产生的人身权利受到法律保护的规定。

【核心概念】

夫妻关系 夫妻，也称为配偶，在我国是指婚姻关系中男女双方民事主体。夫妻关系也称为配偶关系，是指男女双方基于结婚产生的各种权利义务关系，包括夫妻人身关系和夫妻财产关系。夫妻人身关系包括配偶姓名确定权、子女姓名确定权、夫妻人身自由与同居权、婚姻住所决定权、家事代理权以及双方的忠实和相互尊重等。④ 夫妻财产权是指在夫妻关系中基于法定夫妻财产制和约定夫妻财产制，夫妻双方各自享有的财产权利。

亲属关系 亲属是指基于婚姻、血缘和法律拟制形成的特定社会关系。亲属关系包括三大类：(1) 配偶，即夫妻关系；(2) 血亲关系，包括自然血亲关系和拟制血亲关系（如因收养形成的养父母子女关系）；(3) 姻亲关系，是指以婚姻为中介形成的亲属关系，如儿媳与公婆之间的亲属关系、女婿与岳父母之间的亲属关系。血亲关系可以分为父系亲属关系与母系亲属关系等，通常按照辈分或者亲等计算亲属关系的远近。

家庭关系 狭义的家庭也称为核心家庭，其成员包括夫妻和未成年的子女。广义的家庭，除包括狭义的家庭关系成员外，还包括其他共同生活的亲属。《民法典·婚姻家庭编》第三章第二节对祖父母、外祖父母与孙子女、外孙子女之间

---

① 《关于加强网络信息保护的决定》明确国家保护能够识别公民个人身份和涉及公民个人隐私的电子信息，任何组织和个人不得窃取或者以非法方式获取公民个人电子信息，不得出售或者非法向他人提供公民个人电子信息，并且明确了收集、使用个人信息应当遵循合法、正当、必要的原则等。

② 截至2016年，全球范围内已有110余个国家或地区制定了专门的个人信息保护法。欧盟地区是最早、最具代表性的个人信息保护成文法国家，亚洲地区如日本、韩国、新加坡也都制定了个人信息保护法。同时，在互联网、云计算、大数据等技术引领下，域外个人信息保护法进入了新一轮修法高潮。

③ 我国早在2003年，原国务院信息办便委托中国社会科学院法学研究所个人数据保护法研究课题组着手个人信息保护立法起草工作，并形成《中华人民共和国个人信息保护法（专家建议稿）》，但后因国务院改组搁浅；2008年，第十一届全国人大常委会立法规划将个人信息保护法列入“继续开展研究论证，视情况作出相应安排的类别”。未来我国个人信息保护法的研究与制定，不仅能够为自然人提供更加完善的个人信息保护，而且能够为个人信息的正当利用以发挥其公共管理价值、经济效益划定合法界限。

④ 杨大文，龙翼飞，夏吟兰．婚姻家庭法学．3版．北京：中国人民大学出版社，2013：100-104.

的权利、义务以及兄弟姐妹之间的权利、义务作出了规定。《民法典·总则编》第二章第二节关于监护的规定也涉及此等主体之间的权利义务关系。因此，在我国在法律制度上"广义的家庭"也包括这些成员。

§条文详解§

一、因婚姻家庭等产生的人身权利概述

自然人因结婚产生夫妻关系。法律规定了家庭成员之间的主要人身关系和财产关系。家庭是社会的基本组成单位，夫妻关系是绝大多数民事主体最重要的民事法律关系。民法当然要对夫妻关系、家庭关系予以调整，对其中的人身权利等予以保护。

在我国，长期以来没有形式上的民法典，调整婚姻家庭关系的法律主要是《婚姻法》，此外，一些保护妇女、未成年人和老年人权益的法律对家庭关系也有调整的功能，并对妇女、未成年人和老年人的人身权益等作出特殊保护。我国现行《婚姻法》虽然在名称上是调整婚姻关系的法律，但实则在重点调整婚姻关系外，还调整其他家庭成员之间的人身关系和财产关系。此次《民法典》将有关内容整合到了婚姻家庭编。

二、民法分则婚姻家庭编

在大陆法系国家和地区，民法典分则一般包括"亲属编"，称为"亲属法"。此次编纂民法典，使婚姻法、收养法等回归民法。本条既是一个宣示性条文，也是一个指引性条文：它宣示自然人因婚姻家庭关系等产生的人身权利受法律保护；同时也指明对于自然人因婚姻家庭关系等产生的人身权利，受到《民法典》保护。

第一百一十三条

民事主体的财产权利受法律平等保护。

【本条主旨】本条是关于民事主体的财产权受法律平等保护的规定。

【核心概念】

平等保护原则　平等保护原则是指物权的主体在法律地位上是平等的，其享有的财产权在受到侵害以后，应当受到平等保护。[①] 它包括两层含义：一是各种财产权的主体法律地位平等，无论该财产权的主体是国家、集体还是私人，也无

---

① 王利明．平等保护原则：中国物权法的鲜明特色．法学家，2007（1）．

论该财产权的类型是所有权还是用益物权抑或担保物权。在市场活动中各种财产权的主体地位是平等的，平等地适用法律，不允许单纯因为财产权主体的不同而实行歧视，不允许单纯因为财产权主体的不同而在权利能力或者权利效力上实行差别待遇，也不允许一方财产权主体凌驾于另一方财产权主体之上。这也是民法平等原则的基本要求。二是各种财产权在受到侵害后，受到法律的平等保护，适用同样的救济规则，而不是说对某种主体的财产权的保护力度更大，而对其他主体的财产权保护力度更小，或者允许某种财产权侵害其他类型的财产权。本条规定的财产权，是指物权性质的财产性权利，同时也包括债权以及知识产权中的财产权利及投资性财产权利等。

侵害物权 侵害物权是指物权的圆满状态受到了侵犯。常见的侵害物权的情形有三种：无权占有他人动产或者不动产、妨害他人行使物权、毁损他人动产或者不动产。在物权受到侵害时，权利人有权依法采取救济措施，使其物权恢复到圆满状态。

§条文详解§

一、平等保护的意义

民事主体的财产权受法律平等保护是我国民法确认的最主要的财产法原则。该原则首次规定在《物权法》第3条和第4条。《物权法》第3条规定："国家在社会主义初级阶段，坚持公有制为主体、多种所有制经济共同发展的基本经济制度。""国家巩固和发展公有制经济，鼓励、支持和引导非公有制经济的发展。""国家实行社会主义市场经济，保障一切市场主体的平等法律地位和发展权利。"第4条规定："国家、集体、私人的物权和其他权利人的物权受法律保护，任何单位和个人不得侵犯。"《民法典》第206条和第207条承继了这些原则性规定。

在我国，确立物权平等保护原则具有十分重要的意义：首先，平等保护原则充分体现了我国市场经济体制的社会主义的特色。在西方国家，因为物权法以维护私有财产为其主要功能，所以没有必要对所有权按照主体进行类型化，并在此基础上提出平等保护的问题。但是，在我国，由于实行的是以公有制为主体、多种所有制共同发展的基本经济制度，因而在法律中，尤其是在物权法中确立平等保护原则对于维护社会主义基本经济制度具有重要意义。[①] 其次，物权平等保护原则也是对《民法通则》之规定一定程度的修正。《民法通则》贯彻传统社会主义民法中"社会主义公有财产神圣不可侵犯"的思想，在将财产区分为国家财产、劳动群众集体组织的财产、公民个人的财产和社会团体的财产的同时，仅规

---

① 王利明．平等保护原则：中国物权法的鲜明特色．法学家，2007（1）．

定了“国家财产神圣不可侵犯，禁止任何组织或者个人侵占、哄抢、私分、截留、破坏”。

平等保护原则不再特别强调国家财产的优越地位，而是顺应社会主义市场经济的要求，平等地规定各种权利人的物权均受到法律的保护，任何单位和个人均不得侵犯。

本条规定的财产权不仅包括物权，也包括债权、知识产权和其他财产权利以及合法财产权益。本条将物权的平等保护原则扩展到对各类财产权的平等保护，彰显了法治的进步。

二、侵害财产权的法律责任

在物权等财产受到侵害时，法律提供了救济措施。依据责任主体承担责任的性质之不同，在民法上，侵害财产权的救济措施可以分为两类。

一类是依据《民法典·物权编》的规定通过行使物权请求权得到保护，《民法典》第234条规定了物权确认请求权。《民法典》第235条规定了返还原物请求权，第236条规定了排除妨害请求权和消除危险请求权，第237条规定了恢复原状请求权。上述各种物权请求权可以单独适用，也可以合并适用。与债权请求权不同，物权请求权具有两个典型特征：一是物权请求权具有附属性。物权请求权只是在物的完满状态受到妨害或者可能受到妨害时，以恢复物权的完满为目的提出的请求权。它是一种典型的附属性权利，是从物权的排他性、绝对性衍生而来的防护性请求权，是一种不可脱离所附属的物权的权利。因此，物权请求权不能转让，不是独立的权利。二是物权请求权不适用民事诉讼法中诉讼时效的规定。这是因为物权请求权的法律命运附属于物权本身，只有物权消灭，物权请求权才可以消灭。如果物权存在，则物权请求权不能消灭。①

另一类是依据《民法典·侵权责任编》的规定请求侵害人承担侵权责任，《民法典》第238条规定：“侵害物权，造成权利人损害的，权利人可以请求损害赔偿，也可以请求承担其他民事责任。”该条规定的“损害赔偿请求权”虽然是在物权编中，但并不属于物权请求权，而属于债权请求权，实则是一种侵权责任，在责任认定方面适用《民法典·侵权责任编》的规定，必须符合侵权责任的构成要件。当然，侵害物权的侵权责任也并不局限于损害赔偿，而可能包括《民法典》第1167条规定的停止侵害、排除妨碍、消除危险等各种责任形式。

广义上，有关知识产权的法律、公司法等保护民事主体财产权的规定，均属于平等保护民事主体财产权的规定。《民法典·合同编》也对双方当事人的债权提供平等保护。除了民法对财产权提供保护，行政法、刑法等也对财产权提供保

---

① 孙宪忠．中国物权法总论．2版．北京：法律出版社，2009：397-398.

护，对一些严重侵害财产权的行为，法律还规定了行政责任乃至刑事责任。行政责任或刑事责任的承担，不影响民事责任的承担。

第一百一十四条

民事主体依法享有物权。

物权是权利人依法对特定的物享有直接支配和排他的权利，包括所有权、用益物权和担保物权。

【本条主旨】本条有两款。第1款是关于民事主体享有物权的规定。第2款是关于物权的概念和种类的规定。

【核心概念】

物权 物权是指权利人依法对特定的物享有的直接支配和排他的权利。《民法典·物权编》对物权的概念也有明确的规定。对物权概念的理解需要把握三点：一是物权的客体是物。顾名思义，物权乃是指向物之利益的权利，因此，原则上说，物权的客体仅限于物（对民法上物的概念界定见下条），而不包括行为或者其他非物质的东西。一种例外的情形是法律明确规定权利作为物权的客体，例如权利质权。而且，作为物权客体的物必须是特定的，而不是指向不明的种类物。二是物权是一种支配权，以直接支配物为内容，例如对物进行占有、使用、收益、处分等，而且物权人的这种支配行为不需要借助他人的意思表示或者行为，完全凭自己的意志就可以直接实现，所以物权是一种直接支配物的权利。这是物权与债权的本质区别。三是物权具有排他性，属于对世权，物权人之外的其他任何主体都负有尊重物权人之权利的义务，都不得侵害物权人的权利。其他任何主体侵害物权人之权利的，物权人都可以依据物权法的规定行使物上请求权，或者依据侵权责任法的规定追究行为人的侵权责任。换言之，物权人之外的任何主体都承担不得侵害物权的消极义务，这也是物权与作为相对权的债权的根本区别。

§条文详解§

一、所有权是最重要的物权

所有权是指权利人依法对自己的动产或不动产进行占有、使用、收益和处分的权利。所有权作为一种典型的物权，除了具有物权的一般性特征，还具有如下特殊性：第一，所有权的客体必须是有体物（见下条对“物”的概念的诠释），包括动产和不动产，而不包括智力成果、权利、给付等。第二，所有权是物权的基础和最主要形式，是权利人对自己拥有的物享有的权利，因此又称为自物权，而作为他物权的用益物权和担保物权都是从所有权派生出来的。第三，所有权是最为完整和权利效力最强的物权，永久无期限，并且具有回复效力，它包括完整的占有、使用、收益、处分四项权能。在物上设定他物权也是所有权人行使所有权的一种方式，一旦他物权消灭，所有权便又回复到圆满状态。

二、物权还包括用益物权

用益物权是指对他人所有的动产或者不动产，依法享有的占有、使用和收益的权利。在我国物权法上，常见的用益物权包括建设用地使用权、土地承包经营权、宅基地使用权、地役权四种。此外，《民法典》第 328 条还规定了海域使用权，第 329 条规定了探矿权、采矿权、取水权和使用水域、滩涂从事养殖、捕捞的权利。用益物权除了具备物权的一般性特征外，还具有如下特点：第一，用益物权的标的物原则上是不动产，而且作为他物权，其标的物只能是他人的不动产。第二，用益物权以对他人的不动产的占有、使用、收益为内容。用益物权的设定必须转移占有，并且以支配物的使用价值为核心内容。

三、物权还包括担保物权

担保物权是指为了确保债权的实现，债务人或者第三人以自己所有的物或者权利为标的所设定的限制物权。[①] 在我国物权法上，担保物权包括抵押权、质权、留置权三种。担保物权除了具有物权的一般特征，还具有如下特点：第一，以担保债权的履行为目的，其核心内容是在债务人不履行到期债务或者发生当事人约定的实现担保物权的情形时，担保物权人可以就担保财产优先受偿，从而确保其债权的实现。第二，作为一种他物权，担保物权的标的是债务人或者第三人拥有的物或者权利，一般来说，担保物权的标的是权利人之外的其他人享有的动产或者不动产，在特殊情形下，如果法律有明确规定，其他人享有的权利也可以作为担保物权的标的，例如权利质权。第三，担保物权注重发挥物的交换价值而非实际使用价值，因此，担保物权不以占有转移为基础，实际上，除了动产质权和留置权，其他担保物权在设定时均不需转移占有，在担保物权变现之前原物权人对物的占有和使用权能并不受到影响。第四，担保物权具有从属性，必须依附于债权而存在。担保物权设定的目的是担保债权的履行，其设定和存续都与其担保的债权共存亡：在担保物权设定之前，必须有债权的存在；当债权发生转移时，担保物权也发生转移；当债权因各种原因消灭时，担保物权也归于消灭。第五，担保物权具有不可分性。这是指无论被担保的债权是否被分割成数部分，或者发生部分清偿或者部分消灭，也无论担保物本身是否被分割成数部分，或者发生物的部分灭失，只要债权未得到全部清

① 王利明．民法学．上海：复旦大学出版社，2004：367.

偿，担保物权人就可以就担保物的全部（包括分割后的各部分或者部分灭失后的剩余部分）行使权利。这具体包含两层意思：一是被担保的债权即使经过分割、被部分清偿或部分消灭，整个担保物权仍为了担保分割后的各部分债权或者剩余的债权而存在，担保物权的完整性不受到影响，在担保物权实现时仍可以就整个完整的物或者权利优先受偿；二是即便担保物被分割为数部分，或者某种原因导致担保物的部分灭失，担保物权也不受影响，担保物权人仍可以就分割后的各部分物或者部分灭失后的剩余物，行使优先受偿权。第六，担保物权具有物上代位性。因为设定担保物权的目的是支配物的交换价值而非使用价值，所以即便担保物的形态发生变化，只要其交换价值尚存，担保物权的行使便不受影响，可以及于形态转化后的物的交换价值。换言之，担保物因为灭失、毁损而获得赔偿金或者保险金时，该赔偿金或者保险金成为担保物的替代物，权利人有权就该替代物优先受偿。

第一百一十五条

物包括不动产和动产。法律规定权利作为物权客体的，依照其规定。

【本条主旨】本条是关于物权客体的规定。

【核心概念】

物 作为物权客体的物，仅指有体物，是指除人体之外，能够为人力所控制并能够独立满足人类社会生活需要的有形物和自然力。它具有如下特征：首先，作为物权客体的物仅指有体物。权利、智力成果、工商业标记、给付等无形财产或者无体物，均不是物权的客体。于有体物而言有固定形态的有形物为有体物自不待言，固体、液体、气体等形态可变化之物，空间，以及电、热、声、光、电磁波、能量等自然力，也被视为有体物，可以成为物权的客体。其次，需存在于人身之外。人的身体或者身体的一部分，具有人身属性，在与人体分离之前，不能认为是物，即使是以人工连接在身体上的物，例如假肢，如果生活习惯上认为已经构成身体的一部分，也不能认为是物。但身体的组成部分，例如自然人的器官、血液、骨髓、组织、精子、卵子、毛发等已经与身体分离的，以不违背公序良俗为限，可以作为物。[①] 再次，物应当具有独立性，或者在物理形态上自成一体，或者虽然在物理形态上与其他部分连为一体但通过技术手段可以明确其特定范围并具有独立价值，在交易观念上和法律规定上可以成为单独的交易对象，例如通过“四至”界定可以在绵延不断的土地上划出一块特定的具有独立使用价值

① 王利明．民法学．上海：复旦大学出版社，2004：223.

的宗地，该宗地具有独立性，可以成为物权的客体，再如，某块宗地上的特定高度范围内的空间，也可以成为物权的客体。最后，能够为人力所控制并满足人类的某种需要。不能为人力所控制的物，或者对人类没有任何价值之物，没有必要纳入法律调整的范围，但这一界定并非绝对，随着技术的发展和人类需求的丰富化，可以作为物权客体的物的范围也会不断扩展。

动产 凡是能在空间上移动而不会损害其经济价值的物，为动产[①]在空间上可以自由移动的各种有形物，在法律上可以支配的各种自然力，货币、有价证券等，均属于动产。

不动产 不动产是指在空间上占有固定位置，移动后会影响其经济价值的物。[②] 土地是典型的不动产；土地上的附着物、定着物，包括房屋、林木、尚未与土地分离的农作物等，也属于典型的不动产，因为这些物一旦与土地分离，其经济价值就会发生变化。

§条文详解§

一、区分动产与不动产的法律意义

动产和不动产是区分物的最重要的一种分类，此种区分在法律上具有十分重要的意义：第一，物权变动的条件不同。动产物权的变动，一般仅依交付即可生效；而不动产物权的变动，一般非经登记不发生物权变动的效力。第二，得以设定的他物权类型不同。用益物权原则上仅能设定在不动产上。第三，诉讼管辖与法律适用不同。不动产纠纷通常适用专属管辖，由不动产所在地人民法院管辖；并且就不动产发生的纠纷，依物之所在地法解决。[③]

二、“法律规定权利作为物权客体”的情形

作为物权客体的物，主要是有体物，包括动产和不动产。但在特殊情形下，权利可以作为物权的客体。这仅以法律有明确规定为限，不能扩及法律未规定之处。我国法律规定的权利作为物权客体的情形，仅指权利质权，是指为担保债务的履行，债务人或者第三人将其权利出质给债权人占有，在债务人不履行到期债务或者发生当事人约定的实现质权的情形时，债权人有权就该权利优先受偿。

《民法典》第440条至第446条对权利质权有详细规定，可以设定权利质权的权利包括七类：（1）汇票、支票、本票；（2）债券、存款单；（3）仓单、提单；（4）可以转让的基金份额、股权；（5）可以转让的注册商标专用权、专利

---

①② 王利明．民法．北京：中国人民大学出版社，2000：90.

③ 同①91.

权、著作权等知识产权中的财产权；（6）应收账款；（7）法律、行政法规规定可以出质的其他财产权利。

第一百一十六条

物权的种类和内容，由法律规定。

【本条主旨】本条是关于物权法定原则的规定。

【核心概念】

物权法定原则　物权法定原则是物权法最重要的基本原则，是指物权的种类和内容，必须由法律规定，而不能由民事主体随意创设。换言之，一个国家有哪些物权，这些物权叫什么名称，这些物权的权利内容是什么，都必须由法律明确作出规定。只有法律明确规定某种权利是物权，它才成为物权，否则，不具有物权的法律地位。

§条文详解§

一、规定物权法定的意义

物权法定原则是罗马法以来各国法律均予以遵守的原则，其立法理由大体有三：一是物权具有排他性，是民事权利中效力最强的权利，所以必须是社会公认的权利，而不是当事人私自约定的权利。二是财产支配关系是一个社会存在和发展的基础，而各国社会经济、文化等对物权法有重大决定作用的因素的发展程度不同，各国的政治制度、经济制度等有所差异，所以各国对物权的类型、内容以及取得方式的规定当然会有不同，采纳物权法定原则，只认可和保护本国法律规定的物权，是各国立法发展的必然要求。三是物权是人们交易、交换的前提和结果，因此各种物权的内容的含义在一国法律领域内必须统一。此为交易所必须。为了给社会的交易行为提供统一的法律基础，就必须采纳物权法定原则。①

二、物权法和其他涉及物权的法律

对物权法定原则中的“法律”应作狭义解释，仅指全国人大及其常委会制定的法律，而不包括行政法规、部门规章、地方性法规等。在我国，规定物权的法律首先是《民法典·物权编》。《民法典·物权编》是规定物权的一般法，除此之外，还有大量其他法律涉及对特定领域物权的规定，属于规定物权的特别法。

《民法典·物权编》规定的物权包括所有权，建设用地使用权、土地承包经

① 中国民法典立法研究课题组．中国民法典草案建议稿附理由——物权编．北京：法律出版社，2004：9.

营权、宅基地使用权，居住权，地役权，抵押权、质权、留置权；此外，还有海域使用权、探矿权、采矿权、取水权、水域使用权（使用水域、滩涂从事养殖、捕捞的权利）。涉及对特定领域的物权进行特别规定的法律多见于自然资源领域，例如，《土地管理法》有大量对土地所有权、建设用地使用权、宅基地使用权的规定；《农村土地承包法》有大量对土地承包经营权的规定；《矿产资源法》有对各种矿产资源物权的特别规定，以及对探矿权和采矿权的规定；《森林法》有对森林所有权和林地使用权的规定；《水利法》有对取水权的规定；《渔业法》有对水域使用权的规定；《海洋法》有对海域使用权的规定。再如，《民用航空法》《海商法》不仅有对民用航空器物权和船舶物权的特殊规定，而且有对民用航空器的法定优先权和船舶优先权的特别规定。这些均是对法定担保物权的特别规定。

第一百一十七条

为了公共利益的需要，依照法律规定的权限和程序征收、征用不动产或者动产的，应当给予公平、合理的补偿。

【本条主旨】本条是关于征收、征用的一般性规定，包含了范围、程序、补偿三大要素。

【核心概念】

征收　征收是指国家因为公共利益的需要，依照法律规定的权限和程序，强制性地取得民事主体的不动产。

征用　征用是指在抢险、救灾等紧急情形下，强制性地临时使用民事主体的动产或者不动产。

§条文详解§

一、征收、征用行为的三要素

征收、征用行为的本质是国家行使公权力强制性地取得或者临时占用民事主体的不动产或者动产。这是一种不以民事主体的意志为转移的物权变动行为。为了保障特定情形下国家公共利益之实现，赋予国家征收、征用权必不可少。与此同时，对此种公权力的行使作出严格限制，也是保障民事主体的民事权利之必须。对征收、征用行为从范围、程序、补偿三个方面予以规范，是世界各国征收、征用立法的通例。

《民法典·总则编》的此条规定也包含了这三个要素的原则性规定，要求：必须具有公共利益目的；必须符合法律规定的权限和程序；必须给予公平、合理补偿。

《民法典·物权编》《土地管理法》《国有土地上房屋征收与补偿条例》等对征收、征用有更为详细的规定。

所谓“公平、合理补偿”，是指补偿的财产数额在公众看来是公平合理的，通常应当参照相同或相似的财产之市场价格作为计算补偿的依据。补偿，可以是实物补偿，也可以是货币补偿，还可以是实物+货币补偿。是否安排被征收、征用人的就业安置、社保等福利待遇等，也是确定补偿数额的重要因素。

二、征收的特点

《民法典》第 243 条对征收有详细的规定：“为了公共利益的需要，依照法律规定的权限和程序可以征收集体所有的土地和组织、个人的房屋及其他不动产。”“征收集体所有的土地，应当依法及时足额支付土地补偿费、安置补助费、农村村民住宅、其他地上附着物和青苗等的补偿费用，并安排被征地农民的社会保障费用，保障被征地农民的生活，维护被征地农民的合法权益。”“征收组织、个人的房屋以及其他不动产，应当依法给予拆迁补偿，维护被征收人的合法权益；征收个人住宅的，还应当保障被征收人的居住条件。”“任何组织或者个人不得贪污、挪用、私分、截留、拖欠征收补偿费等费用。”

依据这一规定，我国的征收具有如下特点：首先，征收是一种典型的行政行为，但是会对民事主体的民事权利产生重大影响。征收导致的物权的变动，不以物权人的意志为转移，无论物权人同意与否，只要经过法定的征收程序，都将发生物权转移给国家的法律后果，因此，征收是强制性的，是国家公权力在公共利益情形下对物权行使的重大限制。其次，征收的标的仅限于不动产，包括土地、房屋以及其他不动产，而不包括动产。这是因为动产通常具有较强的替代性，不具有唯一性，没有必要通过国家动用公权力强制性取得。不仅如此，考虑到我国土地制度的特殊性，土地承包经营权、建设用地使用权、宅基地使用权等土地用益物权也属于征收的客体，而不局限于土地所有权。最后，为了保障征收行为的合法性、规范征收权的行使，对征收权进行三方面的严格限制：一是征收的范围必须是出于公共利益需要，二是征收的权限和程序必须严格依照法律的规定，三是征收必须给予被征收人公平合理补偿。补偿是否公平、合理，应当结合被征收财产的种类和市场价值，权利人的其他损失等情形综合认定。在我国，考虑到集体土地担负着农民的社会保障功能，要求在征收集体土地时安排被征地农民的社会保障费用，保障被征地农民的生活；在征收个人住宅时，要求保障被征收人的居住条件。

三、征用的特点

《民法典》第 245 条规定：“因抢险救灾、疫情防控等紧急需要，依照法律规定的权限和程序可以征用组织、个人的不动产或者动产。”“被征用的不动产或者动产使用后，应当返还被征用人。”“组织、个人的不动产或者动产被征用或者征用后毁损、灭失的，应当给予补偿。”

我国的征用具有如下特点：首先，征用具有紧急性，征用不仅需要基于公共利益，而且需要具备“迫不得已”的条件，即发生抢险、救灾以及军事行动等紧急需要。[①] 因此，其范围比征收的更窄。其次，征用具有临时性。它并不以消灭或者转移原民事主体的物权为目的，也并不必然导致原民事主体之物权的消灭或转移。它以对民事主体的动产或者不动产的临时性使用为特征，强调特定时间段内的临时性使用价值。再次，征用结束后应当返还原物并给予补偿。此处的补偿应包含两部分：一是对临时使用期内使用价值的补偿，二是对物之毁损、灭失部分的价值补偿。在紧急需要结束之后，被强制性临时使用的不动产或者动产可以返还的，应当返还给原物权人，如果因为此种临时性使用导致毁损、灭失而无法返还或者无法完全返还的，则应对此种价值损失予以补偿。最后，征用的标的可以是动产，也可以是不动产，其标的范围比征收宽泛。当征用的标的是不动产时，征用也因为其使用的临时性以及使用后可能返还原物而与征收存在很大区别。

第一百一十八条

民事主体依法享有债权。

债权是因合同、侵权行为、无因管理、不当得利以及法律的其他规定，权利人请求特定义务人为或者不为一定行为的权利。

【本条主旨】 本条有两款规定。第 1 款规定民事主体依法享有债权。第 2 款规定债权的概念和债权发生的原因。

【核心概念】

债权　本条第 2 款对债权的概念进行了立法上的界定：债权是因合同、侵权行为、无因管理、不当得利以及法律的其他规定，权利人请求特定义务人为或者不为一定行为的权利。

§条文详解§

一、作为民事法律关系的“债”概述

《民法通则》第 84 条第 1 款曾对债的概念进行过界定：“债是按照合同

---

① 孙宪忠．中国物权法总论．2 版．北京：法律出版社，2009：317．

的约定或者依照法律的规定，在当事人之间产生的特定的权利义务关系。享有权利的人是债权人，负有义务的人是债务人。”债是一种民事法律关系，包括债的主体、债的内容和债的客体三要素。债的主体是指作为民事法律关系之一种的债的关系的主体，即享有权利的债权人和负有义务的债务人。因为债的关系多数为双务（双方都负有义务）、有偿的，所以在多数债的关系中，债权人和债务人的角色是双重的。比如在买卖合同中，出卖人作为债权人有权请求买受人支付价款，同时作为债务人有交付标的物的义务。债的内容是指债权人和债务人在债的关系中所有的权利和义务。该权利称为债权，该义务称为债务。债的客体是指债权和债务共同指向的对象，即债务人的履行行为。[①] 这种行为，也称为“给付”[②] 或者“给付行为”。债“是以人的行为为客体的权利（债权）”[③]。

二、债权的特征

债权是指在债的关系中，债权人所享有的权利，是债权人请求债务人为一定行为或者不为一定行为的权利。债权作为民事权利中财产权之一种，体现与保护的是财产流通（所谓民事流转）中民事主体的财产性利益。对债权的特征或者说本质属性的揭示，往往是通过与其临近的另一种财产权——物权，进行比较来实现的。

1. 请求权

债权为请求权而不是支配权，不是对一定的物或者无形财产标的或者他人人身的支配，而是请求他人为一定行为或者不为一定行为的权利。债权以此特征而与物权、知识产权和人身权等区别开来。请求的内容包括债务人的积极履行行为和消极不作为，多数为积极履行行为（为给付行为）。

2. 相对权

债权为相对权，其“相对性”首先是与“绝对性”而言的。债权不是对所有不特定的人都有效力的权利，而只是对特定的义务主体（债务人）有效力的权利；它不可以支配甚或追及标的物，而只可向债务人提出履行请求；它在时间效力上受到诉讼时效期限（有些国家为消灭时效期限）的限制，存在“有权不用过期作废”的风险。债权因为相对权而与物权、人身权、知识产权等区别开来。

3. 财产权

债权人有权请求债务人为一定行为或者不为一定行为，虽然不完全是，但往

---

① 王利明．民法学．2版．上海：复旦大学出版社，2015：407.

② 梁慧星．中国民法典草案建议稿附理由书·债权总则编．北京：法律出版社，2013：7.

③ 雅克·盖斯旦，等．法国民法总论．陈鹏，等译．北京：法律出版社，2004：168.

往是为了实现一定的经济利益。债权请求权中包含了经济自由的意志，服务于实现经济利益的目标。因此，债权被认为是财产性的权利。但是与物权不同的是，它侧重于动态的经济关系，是在财产的流转中实现债权人的经济利益，而不是通过静态的财产支配、占有等实现其经济利益。债权以此特征与人身权等区别开来。

三、债权的法律保护

本条第 2 款规定，债权因合同、侵权行为、无因管理、不当得利以及法律的其他规定产生。学理上还有人认为"单方允诺"（即单方面作出的无对价的承诺，如某些商店的"假一赔十"的宣传）也可以产生债。[1] 本条中还规定"法律的其他规定"产生债的关系，但是，到底哪些法律规定产生债的关系，目前尚不明确，有待进一步的立法和司法实践确定。

在传统民法中，民法典设债编专门调整债的关系保护债权。我国《民法典》之合同编和侵权责任编分别调整合同之债和侵权之债，无因管理和不当得利所生之债则被规定在合同编第三分编"准合同"中。

第一百一十九条

依法成立的合同，对当事人具有法律约束力。

【本条主旨】 本条是对合同之债的规定。

【核心概念】

合同　合同概念有广义与狭义之分。《民法典》第 464 条规定："合同是民事主体之间设立、变更、终止民事法律关系的协议。""婚姻、收养、监护等有关身份关系的协议，适用有关该身份关系的法律规定；没有规定的，可以根据其性质参照适用本编规定。"这是狭义的合同概念。基于这一狭义的合同概念，合同仅调整民事主体之间财产性质的民事权利义务关系，是民事主体间关于设立、变更、终止民事权利义务关系的协议。而广义的合同概念既包括狭义的合同，也包括民事主体之间关于调整身份关系的协议。

约定之债　约定之债是指基于民事主体的约定产生的债，合同即为约定之债。约定之债的本质特征在于全面贯彻当事人自愿原则，债的种类、内容等均由当事人约定。只要不违反法律、行政法规关于债的效力的强制性规定，约定之债即在当事人之间发生约束力。

---

① 梁慧星．中国民法典草案建议稿附理由书·债权总则编．北京：法律出版社，2013：17.

§条文详解§

一、依法成立的合同概述

合同是债的关系产生的原因之一。民事主体之间依法成立的合同，对其具有法律上的约束力，即发生债的效力。尽管合同是基于当事人之间的协议而非法律直接规定的权利义务，但是法律赋予其约束力。《民法典》第465条第2款规定："依法成立的合同，仅对当事人具有法律约束力，但是法律另有规定的除外。"

西方近代以来的法律，确认合同当事人意思自治的效力，将合同的法律约束力基础从古代法上的神权或君权转移到当事人的真实意思，当事人的真实意思的合意构成合同效力的基础，法律不过是对当事人合意所产生的约束力的认可与保障。故有法谚云：合同是当事人之间的法律。也即合同在当事人之间产生如同法律的约束力。

依法成立的合同对当事人具有约束力。合同成立，一般要求以下共同的要件：(1)存在双方或者多方当事人；(2)当事人对合同的主要条款达成合意；(3)当事人订立合同采取要约、承诺方式。所谓"合意"，是指双方或者多方当事人的意思表示达成一致。合同的成立时间一般是指当事人对合同的主要条款协商一致达成合意的时间。法律对某些合同的成立，有特别规定的，依照其规定。

二、合同之债的主要特征

合同之债，是基于当事人意思表示一致的产物，法律确认其发生债的效力。因合同产生的债，具有如下主要特征。

(1)合同之债是"意定之债"，即债的内容和形式等，是依当事人的自由意志确定的。自愿是合同之债的主要特点。民法的自愿原则在合同法上体现为"意思自治"或者"契约自由"，在合同之债中得到最充分的贯彻。

(2)合同之债是当事人通过民事法律行为设定的。大部分合同的当事人为双方，少量合同的当事人为多方。无论是在双方合同中还是在多方合同中，民事权利义务关系产生、变更和终止均是双方或者多方当事人通过民事法律行为设定的。因此，民事法律行为的成立、生效、撤销等，对合同当事人的民事权利、义务之变动，产生决定性的影响。

(3)合同之债的内容一般为财产性的请求权。合同，尤其是狭义概念的合同，调整流转的财产关系，贯彻和体现市场经济法则。于合同之债，有偿是绝大多数，无偿是例外情形(我国法律承认赠与合同；一些国家的合同法则要求合同有对价，否则无效)。债权人一方享有的权利是财产性质的请求权，是请求债务人履行具有财产内容的行为的一种财产性权利。因此，市场交易的法则更多体现在合同之债的民事法律关系中，诚实信用、等价有偿、公平交易等原则和价值在合同关系中得到贯彻和体现。

(4) 调整合同之债的法律规范，往往是“任意性规范”，当事人可以选择适用，也可以协议排除其适用。在当事人缺乏必要约定或者约定不明确等情况下，合同法的有关规定对于当事人订立合同时的真实意思起到补充作用。

三、合同之债的法律调整

在德国法系的传统民法体系中，合同属于债的一部分乃至主要部分，债与物权并列，均属于民法中的“财产权法”，各获得民法典分则一编的地位，故有民法分则债（或债权）编、物权编等。

之前我国调整合同之债的法律主要是1999年颁布的《合同法》。由于没有成体系的债法，《合同法》的许多条款涉及债法总则的内容，在一定程度上起到债法总则规范的作用。近十多年来，最高人民法院颁布了一系列相关的司法解释和指导案例，这些司法解释和指导案例对于正确理解和适用《合同法》具有重要意义。《民法典·合同编》整合了上述规定。

第一百二十条

民事权益受到侵害的，被侵权人有权请求侵权人承担侵权责任。

【本条主旨】本条是关于侵权之债的规定。

【核心概念】

侵权行为 侵权行为有广义与狭义之分。狭义的侵权行为仅指行为人实施的侵害他人民事权益的行为，包括过错侵权行为和依法按照无过错责任原则应当承担侵权责任的行为。广义的侵权行为除了包括狭义侵权行为，还包括“准侵权行为”，分为物件致害和他人（如被监护人、雇员等）侵害第三人民事权益的行为。实施狭义侵权行为的民事主体和依法需要对准侵权行为承担责任的民事主体，为侵权人。民事权益受到侵害、依法有权请求侵权人承担侵权责任的民事主体为被侵权人。

侵权责任 侵权责任是指侵害他人的民事权益所应当依法承担的民事责任，既包括预防损害发生或扩大的侵权责任方式，如停止侵害、排除妨碍、消除危险等；也包括填补损害的侵权责任方式，如赔偿损失、恢复原状等。此外，侵权责任还可以划分为财产性质的侵权责任和人身性质的侵权责任，前者如赔偿损失，后者如消除影响、恢复名誉、赔礼道歉等。侵权行为人（包括狭义侵权行为人和依法对准侵权行为承担责任的民事主体）对侵权行为造成的后果承担侵权责任。侵权责任对于责任承担者而言，具有人身或者财产上的不利性。

§条文详解§

一、侵权之债是法定之债的一种

侵权之债是法定之债的一种，即债的产生（在什么情况下构成侵权责任）、债的主体（被侵权人与侵权人）、债的内容（赔偿损失或者恢复原状，以及赔偿的数额等），都是由法律明确规定而不是由当事人意思表示一致的民事法律行为确定的。尽管在具体的案件中，当事人可以进行协商，被侵权人甚至可以放弃或者减少赔偿请求，但是这种处分行为不改变侵权之债的法定性质。侵权责任法的规范在民法规范的分类上属于强制性规范，不以当事人的意思为转移。侵权之债的特殊性在于，侵权行为是债的发生原因或依据，而依据侵权责任法所确定的赔偿责任等成为债的内容。

二、侵权之债的主要内容

在因侵权行为所发生的债的关系中，被侵权人有权请求侵权人承担包括赔偿损失、恢复原状等方式的侵权责任，被请求的侵权人应当承担相应的侵权责任。绝大部分侵权案件涉及赔偿损失，被侵权人请求侵权人承担的侵权责任往往是支付一定数额的赔偿金，因此，侵权责任之确定及承担，导致债的关系发生，被侵权人为债权人，侵权人为债务人，债的内容主要是一定数额的金钱给付。

三、侵权之债主要由侵权责任法调整

之前，侵权责任关系主要由《侵权责任法》调整。2009年颁布的《侵权责任法》包括12章，共92个条文，规定了侵权责任法的一般原则与规则、责任构成和责任方式、不承担责任和减轻责任的情形、关于责任主体的特殊规定、产品责任、机动车交通事故责任、医疗损害责任、环境污染责任、高度危险责任、饲养动物损害责任、物件损害责任、附则等内容。

《民法典》编纂完成后，“侵权责任”已作为民法典的一编被编纂到民法典中。在民法典中单设侵权责任一编，使其从传统民法的“债权”编分离出来，是我国《民法典》在立法体例上的一个特色。

第一百二十一条

没有法定的或者约定的义务，为避免他人利益受损失而进行管理的人，有权请求受益人偿还由此支出的必要费用。

【本条主旨】 本条是关于因无因管理产生的债的关系的规定。

【核心概念】

无因管理　无因管理是指没有法律规定的义务或者当事人约定的义务，为了避免他人利益受损失进行管理。无因管理在管理人与事务被管理的民事主体（本人）之间产生债的关系：无因管理人为债权人，本人为债务人。债权人有权请求债务人偿还因管理其事务所支出的必要费用。

§条文详解§

一、无因管理之债是法定之债的一种

无因管理是《民法通则》就已经规定的一项债法制度，是法定之债的一种。《民法通则》第93条规定：没有法定的或者约定的义务，为避免他人利益受损失进行管理或者服务的，有权要求受益人偿付由此而支付的必要费用。规定与本条规定的内容略同。发生无因管理之债的原因是无因管理行为。尽管无因管理在构成上要求管理人"为了避免他人利益受到损失"而进行管理或者提供服务，在理论上要求管理人"以本人的意思进行管理"，但是债的内容等并非取决于管理人的意思，而取决于法律的直接规定，因此，无因管理之债是法定之债的一种。《民法典》第三编第二十八章专门规定了无因管理。

二、无因管理的构成要件

无因管理的成立要求以下构成要件。

（1）"无因性"。管理人没有法定的义务，也没有约定的义务管理他人的事务。所谓"无因"，是指既没有法律规定的义务，也没有当事人约定的义务。管理自己的事务或者管理近亲属等有利害关系人的事务，不属于无因管理行为。需要强调的是，"没有法定的或者约定的义务"是指在实施管理行为时管理人没有此等义务，具体包括：1）管理行为开始时没有此等义务，行为的实施过程中也没有此等义务；2）管理行为所涉内容的种类与数量超过了无因管理人的义务范围；3）在此等义务消灭后，仍然进行了管理；4）在此等义务产生之前进行了管理。

（2）"可管理性"。管理他人事务，包括实施民事法律行为和实施特定的事实行为。但是违法事项，单纯宗教、伦理和习惯事项，具有强烈人身意义，不能由别人管理的事项，不能进行管理，不构成无因管理。关于管理人是否应当为具有民事行为能力人，学理上有不同看法。有人认为"管理人应当具备行为能力"①。本书作者认为，管理人是否需要具备民事行为能力，取决于管理事项的内容：如

① 梁慧星．中国民法典草案建议稿附理由书·债权总则编．北京：法律出版社，2013：39.

果管理的事项是实施民事法律行为需要相应的民事行为能力，则管理人需要具备相应的民事行为能力，否则，就不需要管理人为完全民事行为能力人或者限制民事行为能力人。

（3）“利他性”。管理人是为了避免被管理人（本人）利益受到损失而进行管理。管理人需要有管理的意思，即为他人利益管理事务的意思。“为他人利益”通常表现为避免他人受到损失。但是，在实施管理行为时，是否需要明确表示管理意思？本书作者认为，只要在管理行为进行中以及管理行为完成后有足够的理由认定其具有“管理意思”即可。在发生争议时，由管理人对有管理意思进行举证和证明。

（4）“无偿性”。无因管理为无偿行为，管理人不得主张报酬。即使本人为答谢而自愿为一定酬金或礼金支付，也不改变无因管理这种法定之债的性质。

三、无因管理之债的效力

1. 无因管理人的主要权利

无因管理人有权请求本人偿还由此支付的必要费用。“必要费用”须与实施的管理行为之间存在因果关系，而且在数额上是合理的。无因管理人因管理他人事务遭受的损失，也应当计算在“必要费用”之内，请求返还。[①] 为管理他人事务而负担的合理债务，也应当算入“必要费用”，请求本人返还。[②] 无因管理人的权利就是本人的义务。

2. 无因管理人的义务

管理他人事务为无偿行为，无因管理人应当达到一个一般理性人的合理注意程度，不得违反本人的意思进行管理。违反本人意思进行管理或者未达到一个一般理性人的合理注意程度进行管理，造成损失的，无因管理人应当承担相应的损害赔偿责任。

无因管理人还负有及时通知本人，将管理的财物及其孳息交付给本人的义务。由于无因管理而临时占有被管理人财产的，应当及时返还给被管理人。不返还或者不及时返还管理的财产或者其他事务，可能导致管理行为性质的变化：由好意的无偿行为转化为侵占他人财产的侵权行为。无因管理人的义务就是本人的权利。

第一百二十二条

因他人没有法律根据，取得不当利益，受损失的人有权请求其返还不当

① 梁慧星．中国民法典草案建议稿附理由书·债权总则编．北京：法律出版社，2013：42.

② 王利明．民法学．2版．上海：复旦大学出版社，2015：414.

利益。

【本条主旨】本条是关于不当得利所生之债的规定。

【核心概念】

不当得利 不当得利是指一方民事主体（不当得利人）没有法律上的依据取得不应当得到的利益，造成他人（受损失人）损失的一种事实行为。这种事实行为导致不当得利人与受损失人之间产生债的关系：受损失人作为债权人有权请求不当得利人返还不当得利，不当得利人作为债务人负有此等返还义务。

§条文详解§

一、不当得利所生之债为法定之债的一种

不当得利之债，不是基于一方或者双方当事人的民事法律行为产生，而是由法律直接规定何种情况下构成不当得利，引起债的关系产生，以及债务人（不当得利人）承担何种义务甚至责任。因此，不当得利所生之债为法定之债的一种。

尽管在确定返还不当得利的利益之范围以及对因意外毁损灭失的赔偿责任之确定方面需考虑不当得利人是否善意，但是其主观意思对债的关系之发生和对债的内容之确定（债的效果）没有影响。《民法典》第三编第二十九章专门规定了不当得利。

二、不当得利的构成要件

不当得利是债的发生原因之一种。《民法典》第985条规定了此等法定之债。（准合同）不当得利之构成需要符合以下要件。

（1）一方取得利益。“取得”包括“积极取得”（财产利益的积极增加）和“消极取得”（财产利益的消极增加）。前者如财产权利的取得或者财产数量的增加等，后者如债务的消灭或减少、财产利益上的负担消灭、减少等。这里的取得利益，仅限于财产利益，不包括人身利益。“不能用金钱价值衡量的利益，不在此限”[①]。“利益”既包括有体财产，也包括财产权益（如商标专用权）。

（2）取得利益没有合法依据。不当得利的“不当性”是指不当得利人取得财产性利益没有合法依据。这里的合法依据包括：1）法律规定的权利；2）当事人约定的权利。没有法律规定的权利或者当事人之间约定的权利取得利益，即为没有合法依据取得利益。在因给付发生不当得利的情形，“没有合法依据”分为三种情况：自始没有给付的合法依据、嗣后丧失给付的合法依据和给付目的落空。在不因给付发生的不当得利情形，“没有合法依据”，或者是基于侵权行为等事实

---

① 梁慧星．中国民法典草案建议稿附理由书•债权总则编．北京：法律出版社，2013：19.

行为而获利，或者是发生了法律禁止获利的情况。

（3）另一方遭受损失。另一方遭受的损失，是指其财产权益的减少、财产数量的减少、财产性义务负担的产生或者加重、费用支出的增加等。此等损失限于财产性质的损失，既包括已有财产权益的减少，也包括应当获得的财产利益的丧失。前者谓之积极损失，后者谓之消极损失。“另一方遭受损失”与“一方获得利益”在性质上相同，在数额（数量）上往往相同或相当，在方向上相反。

（4）一方取得利益与另一方遭受损失之间存在因果关系。一方取得利益导致了另一方损失，另一方遭受损失是一方得利的结果。得利与受损失之间存在法律所要求的因果关系。

三、不当得利的分类

不当得利在学理上一般被划分为“给付型不当得利”和“非给付型不当得利”。前者是指遭受损失的一方为给付行为，导致受领给付的一方取得了不当得利。在给付目的自始不存在（受损失人自始无给付义务）、给付目的嗣后不存在或者给付目的落空的情况下为给付行为，导致不当得利的发生。后者是指给付以外的事实行为或者自然原因导致不当得利的发生，如因侵权行为获得财产，风暴将邻居果树上的果实吹落到他人院子里。

四、不当得利之债的效果（债的内容）

不当得利导致不当得利人与受损失人之间发生法定的“不当得利之债”。在这种法定之债中，受损失人作为债权人有权请求返还不当得利，具体包括原物、原物所生之孳息，或者恢复到原权益状态。在不能返还的情况下，不当得利人应当就原物或原权益折价返还。学理上认为应以原物（原权益）返还为原则，以折价返还为例外。①

返还的不当得利，应当包括原物和原物所生的孳息。利用不当得利所取得的其他利益，扣除劳务管理费用后，应当予以收缴。但是有学者认为，在得利人为善意的情况下，如果其得利大于受损失人的损失，返还仅以受损失人的损失范围为准；如果得利人自始为恶意或者嗣后为恶意，且其得利大于受损失人的损失，则应当返还全部得利。

五、赔偿责任的确定

此外，如果得利人在返还之前其所得利的标的物或其他财产权益发生损失，则应按照过错责任原则确定是否承担赔偿责任。不当得利人为善意且对毁损、灭失的发生没有过错的，则不承担赔偿责任；不当得利人为恶意且对毁损、灭失的发生有过错的，则应当承担赔偿责任。如果毁损、灭失是不可抗力等造成的，则

---

① 王利明．民法学．2版．上海：复旦大学出版社，2015：418.

不当得利人不承担赔偿责任，损害后果由受损失人自己承担。如果毁损、灭失可归责于第三人，则由该第三人承担赔偿责任。

第一百二十三条

民事主体依法享有知识产权。

知识产权是权利人依法就下列客体享有的专有的权利：

（一）作品；

（二）发明、实用新型、外观设计；

（三）商标；

（四）地理标志；

（五）商业秘密；

（六）集成电路布图设计；

（七）植物新品种；

（八）法律规定的其他客体。

【本条主旨】 本条有两款。第1款是关于民事主体依法享有知识产权的规定。第2款是关于知识产权的权利属性以及各种客体的列举性规定。

【核心概念】

知识产权 本条第2款对知识产权概念进行了立法上的界定，即知识产权是指权利人对法律列举的八种客体所享有的专属的和支配的权利。学理上，有人将知识产权的客体（标的）抽象为“智力成果”，因此，知识产权的概念也可以表述为：知识产权是以智力成果为客体的具有专属性和支配性的民事权利。[①] 知识产权是一组权利的集合，一般认为包括文艺创作、技术创新、市场秩序维护这三种类型的权利，具体包括著作权、专利权、集成电路布图设计权、植物新品种权、商标专用权以及反不正当竞争法所保护的商业秘密权利等。[②]

§条文详解§

一、知识产权概述

本条仅规定民事主体依法享有知识产权，并对知识产权的客体进行列举规定，没有规定知识产权权利的具体类型。典型的知识产权类型包括著作权、专利权、商标专用权等。在我国，这些典型的知识产权已受到专门的知识产权单行法

---

① 江平．民法学．北京：中国政法大学出版社，2007：38.

② 易继明．知识产权的观念：类型化及法律适用．法学研究，2005（3）．

的保护。此外，商业秘密、植物新品种、集成电路布图设计、地理标志等作为新型的知识产权客体，具有相对独立的智力成果特征，也受到相应的法律、行政法规或者部门规章的保护。

知识产权的客体具有无形性、地域性和时间性的特征。作为一种民事权利，知识产权具有专属性和支配性，应被纳入“绝对权”“对世权”的民事权利范畴。同时，知识产权往往兼具人身性和财产性，涉及工业产权（如专利权、商标专用权、集成电路布图设计权等）的部分的财产性质更为突出。

著作权又称版权，是指作者或者其他权利人对其作品享有的人身权和财产权的总和，包括发表、署名、修改、保护作品完整性、复制、发行、出租、展览、表演、放映、广播、信息网络传播、摄制、改编、翻译、汇编等方面的权利。

商标专用权是指注册商标的所有人在依法核准的商品或者服务上使用其注册商标，并禁止他人未经许可擅自在与核准的商品或者服务项目相同或者相类似的商品、服务项目上使用与其注册商标相同或者类似商标的权利。

专利权是指发明创造人或者权利受让人对其发明创造在一定期限内依法享有的专属权和支配权，我国专利权的客体包括发明、实用新型和外观设计三种类型。

我国保护知识产权的法律主要有《著作权法》《商标法》《专利法》《反不正当竞争法》等；同时，还有一些行政法规如《植物新品种保护条例》《集成电路布图设计保护条例》《计算机软件保护条例》《信息网络传播权保护条例》等，专门保护知识产权的新型权利。

二、知识产权的客体

本条列举的权利客体，有些属于著作权的客体，如作品；有些属于商标专用权的客体，如商标；有些属于专利权的客体，如发明、实用新型、外观设计；有些则受反不正当竞争法保护，如商业秘密。[①]“地理标志”属于商业标识的一个类型，宜由商标法予以保护。“集成电路布局图设计”“植物新品种”“计算机软件”等属于新型的知识产权客体，既可以作为单独的知识产权权利类型通过专门的法律加以保护，也可以考虑纳入著作权法、专利法等知识产权法律的保护范围。本条第 2 款第 8 项还留下了一个兜底规定即“法律规定的其他客体”，即其他法律对知识产权的客体有规定的，也作为民法上确认的知识产权加以保护。

在过去的一些法律[②]中，曾将“科学发现”纳入知识产权的保护范围。《民法典》起草初期（第一次审议稿）也有类似方案。但是，在讨论中有人提出了不

① 《反不正当竞争法》第 10 条.

② 《侵权责任法》第 2 条第 2 款,《民法通则》第 97 条.

同意见，认为“科学发现”不宜作为知识产权的客体，或者这样的立法规定过于含糊。自草案第三次审议稿开始，不再将“科学发现”作为知识产权的客体。对于有重大科学发现成果的，可以依照《国家科学技术奖励条例》予以行政性质的奖励。

三、本条的立法意义

《民法典》仅用一个条文规定知识产权，主要意义不在于行为规范和裁判规则方面，而在于民事权利的体系构建方面：确认知识产权属于民事权利。

《民法通则》第五章“民事权利”设知识产权专节（第三节），对知识产权作出了列举性规定。此后三十多年，我国知识产权立法遵循了这样一条思路：保护不同种类知识产权的法律（如著作权法、商标法、专利法等）以独立的立法形式存在，既没有制定一部统一的知识产权法典，也没有将知识产权法律作为整体纳入统一的民法典之中。①

第一百二十四条

自然人依法享有继承权。

自然人合法的私有财产，可以依法继承。

【本条主旨】本条有两款。第 1 款是关于自然人依法享有继承权的规定。第 2 款是自然人合法的私有财产可以依法继承的规定。

【核心概念】

继承权 继承权，也称为财产继承权，是指民事主体依照法律的规定或者被继承人生前所立合法有效的遗嘱，继承被继承人遗产的权利。法律规定的继承人为自然人，被继承人生前可以订立遗嘱将部分或全部财产赠与其他责任人、法人或者非法人组织。

合法的私有财产 合法的私有财产是指属于自然人私人享有的物权、债权、知识产权、股权和其他投资性权益以及数据、网络虚拟财产权益的全部财产。其具有三个方面的属性：(1) 在权属上归私人所有；(2) 具有财产性质；(3) 属于合法财产，即私人享有法律上权利的财产。自然人合法的私有财产在其死亡时转化为“遗产”。

遗产 遗产是指自然人死亡时遗留下来的个人合法财产，包括动产、不动产和其他合法财产。具有财产内容的权益，其财产部分也属于依法可以继承的遗产。之前《继承法》第 3 条规定：遗产是公民死亡时遗留的个人合法财产，包

---

① 吴汉东．民法法典化运动中的知识产权法．中国法学，2016（4）．

括：(1) 公民的收入；(2) 公民的房屋、储蓄和生活用品；(3) 公民的林木、牲畜和家禽；(4) 公民的文物、图书资料；(5) 法律允许公民所有的生产资料；(6) 公民的著作权、专利权中的财产权利；(7) 公民的其他合法财产。第 4 条规定：个人承包应得的个人收益，依照本法规定继承。个人承包，依照法律允许由继承人继续承包的，按照承包合同办理。相关司法解释规定：公民可继承的其他合法财产包括有价证券和履行标的为财物的债权等。[①]《民法典》第 1122 条则规定："遗产是自然人死亡时遗留的个人合法财产""依照法律规定或者根据其性质不得继承的遗产，不得继承。"

§条文详解§

一、继承权概述

在古代继承包括身份继承与财产继承。近代以来的法律仅仅承认财产继承，自然人依法享有继承权，是其享有的继承被继承人遗留的财产，取得财产所有权或者其他性质的财产权的民事权利。

继承权是保护私有财产按照被继承人意志进行处分的一项民法制度安排，在本质上具有两个方面的意义：(1) 延续或者有限延续私有财产制度。如果国家收缴较高的遗产税，私有财产制度就受到限制。(2) 贯彻"私有财产神圣"的原则，在我国则是贯彻"民事主体的财产权利受法律平等保护"（《民法典》第 113 条）的原则。[②]

二、本条规定的立法意义

本条作为一条宣示性规定，是对《宪法》第 13 条第 2 款进行的宣示，同时也是提示自然人的继承权主要由《民法典·继承编》进行规范和调整。

《继承法》颁布于 1985 年 4 月，自 1985 年 10 月 1 日起施行。三十多年来我国社会经济高速发展，表现在继承法领域尤其重要的是：(1) 法律加大了对自然人的私有财产的保护力度；(2) 自然人拥有的私有财产（可以继承的财产），无论是在种类上还是在数量上，都急剧扩张。近年来，全面修改《继承法》以适应社会发展需要的呼声渐高。《民法典》编纂完成后，《继承法》回归民法典，继承法的主要制度和规定也顺应时代要求得到了较大程度的修订和更新。

---

① 《最高人民法院关于贯彻执行〈中华人民共和国继承法〉若干问题的意见》(1985 年 9 月 11 日) 第 3 条.

② 《宪法》第 13 条第 1、2 款规定：公民的合法的私有财产不受侵犯。国家依照法律规定保护公民的私有财产权和继承权。

第一百二十五条

民事主体依法享有股权和其他投资性权利。

【本条主旨】本条是关于民事主体享有股权和其他投资性权利的规定。

【核心概念】

股权　股权也称为股东权，是“社员权”（或“成员权”）之一种。某一社团法人的成员在该社团法人内所享有的民事权利即为社员权或者成员权。此等权利往往具有综合性，既具有人身性质的内容，也具有财产性质的内容；既有自益性权利，也有共益性权利。本法没有采纳财团法人和社团法人的法人分类方法，而是将法人分为营利法人、非营利法人和特别法人，但是营利法人中的股份有限公司和有限责任公司属于传统民法上的“社团法人”，具有“人的组合”和团体性等特征，故而其成员享有成员权。

股权为社员权（成员权）之一种，是指股份有限公司或者有限责任公司的股东等营利法人或营利性非法人组织的成员在该组织中享有的人身权和财产权的总和，包括自益权和共益权两部分。自益权是股东基于自身利益诉求而享有的权利，可以单独行使，如资产收益权、剩余财产分配权及股权转让权等。共益权是股东基于全体成员或者公司的团体利益诉求而享有的权利，如股东会议表决权、召集权和提案权、罢免权等。我国《公司法》对股份有限公司、有限责任公司的股东权利作出了具体规定。就上市的股份有限公司而言，《证券法》等法律对股东的权利也有相应的规定。股权包括人身权的内容，也包括财产权的内容。前者如股东身份的取得与保有、决定公司重大事项的投票权等，后者如分红权、剩余财产分配权等。

§条文详解§

一、本条是一条宣示性规定

股权和其他投资性权利的保护，通常是由《公司法》《证券法》《证券投资基金法》《信托法》等法律作出具体规定。本条宣示股权和其他投资性权利受到民法保护，其意义在于：（1）确认股权和其他投资性权利属于民事权利，受到民法保护；（2）坚持民商合一的立法体例，确认作为商事法律的《公司法》等属于民法的特别法。

2009 年颁布的《侵权责任法》第 2 条第 2 款规定股权是受到侵权责任法保护的民事权利之一，但是没有就对“其他投资性权利”的保护作出规定。本条规定发展和完善了上述条文的立法理念，扩大了保护范围。

二、法律对其他投资性权利的保护

自然人、法人等民事主体通过发起和成立公司或者购买（受让）公司股份成为公司的股东而享有股权，是常见的投资形式。股份有限公司和有限责任公司也是最常见的投资理财工具。除了投资公司，在市场经济比较发达的社会里，还有其他多种投资理财工具，如财产信托、证券基金、债权基金、货币基金、私募基金、贵金属和大宗商品及其衍生产品（期货）等。民事主体对这些（且不限于这些）产品和标的进行投资理财产生的权利，属于“其他投资性权利”，依法受到保护。相关的法律对投资人的权利有具体和明确的规定，本条规定确认对“其他投资性权利”的保护。在基本法的层面规定投资人的权利，有利于民事主体利益的保护与实现，也有利于促进投资、发展经济。

第一百二十六条

民事主体享有法律规定的其他民事权利和利益。

【本条主旨】本条是关于民事主体享有法律规定的其他民事权利和利益的兜底和指引性规定。

【核心概念】

民事权益（权益） 广义的民事利益包括民事权利所保护的利益和尚未成为民事权利但是受到民法或者民事司法保护的人身和财产利益；狭义的民事利益则仅指后者，也可简称为“利益”。将民事权利与狭义的民事利益合并表达，即为“民事权益”（或“合法权益”）。由于民事利益不一定直接得到民法条文的列举和确认，往往是通过习惯和判例（及司法解释）个别化确认的，因而对于受到法律认可的利益在表述上要求是“合法利益”以及“合法权益”（《民法典》第3条等条文）。有些民事利益可能上升为民事权利，如隐私曾经是作为民事利益存在的，到2009年《侵权责任法》时上升为权利（第2条第2款）。有些利益不能上升为民事权利，但是可能受到司法解释、判例等的保护，如在我国死者的名誉、隐私等就受到司法解释的保护[①]，却不能上升为民事权利。《民法典》第994条对死者的姓名、肖像、名誉、荣誉、隐私、遗体等的保护作出了规定。

---

① 《最高人民法院关于确定民事侵权精神损害赔偿责任若干问题的解释》（法释〔2001〕7号）第2条第2款.

§条文详解§

一、本条具有“兜底条款”的性质

本条是关于民事主体享有的民事权利和利益的兜底性和指引性规定。所谓“兜底”，是指民事主体除了享有本章规定的民事权利和利益，还享有《民法典》其他章节以及其他法律规定的民事权利和利益。所谓“指引”，是指本条规定指引人们，在检索民事主体享有的民事权利和利益时，除了需要重视本章的全部规定，还要注意到《民法典》其他特别章节和其他法律涉及民事权利和利益的规定。

二、民事权利由法律作出规定

本条还暗含两个判断：（1）民事权利和利益是由法律加以规定或确认的；（2）其他规范性文件（行政法规、部门规章、地方性法规和地方政府规章等），不得创设民事权利和利益，当然也就不得创设与其相对应的民事义务。

第一百二十七条

法律对数据、网络虚拟财产的保护有规定的，依照其规定。

【本条主旨】本条是关于数据、网络虚拟财产受法律保护的规定。

【核心概念】

数据 数据（data）是指表示客观事物的未经加工的原始素材，是信息的表现形式和载体。在计算机系统中，数据以二进制信息单元0/1的形式表示。《民法典》所称数据，是指计算机数据或者网络数据，即通过计算机技术在互联网上收集、储存、传输、处理和产生的各种电子数据。① 数据具有两个重要的特点：一是它依赖载体而存在，二是它通过应用代码或程序自然显示出信息。②

网络虚拟财产 网络虚拟财产是指在网络环境下，以0/1位元的数字化形式存在且能为人力所支配的信息资源。③ 在既有研究中，网络虚拟财产存在广义和狭义之分：广义的网络虚拟财产包括虚拟的网络本身以及存在于网络上的具有财产性的电磁记录④，诸如网游账号与装备、电子邮箱、虚拟货币、网络店铺等新

---

① 《网络安全法》第76条第4项规定：网络数据，是指通过网络收集、存储、传输、处理和产生的各种电子数据。

② 梅夏英．数据的法律属性及其民法定位．中国社会科学，2016（9）．

③ 林旭霞光．虚拟财产权性质论．中国法学，2009（1）．梅夏英，许可．虚拟财产继承的理论与立法问题．法学家，2013（6）．

④ 杨立新，王中合．论网络虚拟财产的物权属性及其基本规则．国家检察官学院学报，2004（6）．

生财产样态；狭义的网络虚拟财产仅限于网络游戏中能够为玩家所支配的游戏资源[①]，包括游戏账号、金币、装备等。

网络虚拟财产应当满足“网络性”“虚拟性”“财产性”这三个方面的要求：“网络性”限定了网络虚拟财产的存在空间，也决定了网络虚拟财产的代码本质，其是以 0/1 数字化形式存在的信息资源；“虚拟性”，对应英文 virtual，被广泛用来描述与计算机、互联网有关的事物，表明网络虚拟财产是借助于计算机媒介表现出的数字化效果，“非真，但如同真实”[②]；“财产性”表明网络虚拟财产必须具有独立的经济价值，能够满足部分民事主体财产上的需求，或者能在部分民事主体之间进行交易，具有财产性质。

§条文详解§

一、民法对数据、网络虚拟财产的保护

1. 保护数据和网络虚拟财产是《民法典》的一个亮点

本条规定表明，《民法典》对网络环境（虚拟空间）产生的财产权益问题的正视，以及在法律保护方面提供初步的和基础的规范供给。最初，有人主张通过扩大物权的客体范围，创设对网络虚拟财产的保护规范，同时发挥知识产权的作用，对网络数据提供民法保护。这一思路反映在民法总则草案第一次审议稿中。但是随着立法讨论的深入，认识到设定单独的条文对网络数据和网络虚拟财产予以保护更符合时代发展的要求，也能避免过分突破物权法的一些范畴和扩大知识产权的保护范围引发体系混乱的风险。这一思路被民法总则草案第二次审议稿采纳并最终成为法律。

2. 本条实质上是一个指引性条款

本条自身没有对数据、网络虚拟财产的概念、范围、分类等作出规定，也没有对其保护设定专门的方法和救济，而是指向其他法律的规定。在解释上，“法律对数据、网络虚拟财产的保护有规定的”，既包含《民法典》其他条文可能的规定，也包括其他法律可能的规定；既包括已有的相关法律规定，也包括将来制定、颁布的法律规定。

由于现有保护数据、网络虚拟财产，尤其是保护网络虚拟财产的法律较少，

---

① 刘惠荣．虚拟财产法律保护体系的构建．北京：法律出版社，2008．钱明星，张帆．网络虚拟财产民法问题探析．福建师范大学学报（哲学社会科学版），2008（5）．

② 杨立新，王中合．论网络虚拟财产的物权属性及其基本规则．国家检察官学院学报，2004（6）．

司法实践也刚刚起步①，学术上对于民法是否对网络虚拟财产提供保护还有不同认识，因而本条规定虽然只是一条指引性规定，但是它确认了民法对数据和网络虚拟财产的保护，同时为未来相关法律的制定和完善提供了基本法上的依据。

关于对数据和网络虚拟财产的民法保护，《民法典》仅作出一条指引性规定而没有作出具体的保护规定，与数据、网络虚拟财产的多样性，以及其性质和形态、类别正在不断发展有密切关系。有些数据和网络虚拟财产，需要有知识产权法和竞争法予以保护；有些则需要合同法提供交易上的保护；还有一些如比特币等，则涉及国家的金融货币政策。因此，作出一个指引性规定，为未来相关法律的发展留下空间，实为比较符合实际的立法选项。

二、行政法规和部门规章对数据、网络虚拟财产的保护

1. 国家税务总局《关于个人通过网络买卖虚拟货币取得收入征收个人所得税问题的批复》

该批复规定：个人通过网络收购玩家的虚拟货币，加价后向他人出售取得的收入，属于个人所得税应税所得，应按照“财产转让所得”项目计算缴纳个人所得税。

2. 文化部、商务部《关于加强网络游戏虚拟货币管理工作的通知》

该通知对网络游戏虚拟货币进行了界定，是指：由网络游戏运营企业发行，游戏用户使用法定货币按一定比例直接或间接购买，存在于游戏程序之外，以电磁记录方式存储于网络游戏运营企业提供的服务器内，并以特定数字单位表现的一种虚拟兑换工具。

该通知规范了网络游戏虚拟货币的发行和交易，将其使用范围限于兑换发行企业自身所提供的虚拟服务，不得用以支付、购买实物产品或兑换其他企业的任何产品和服务。

第一百二十八条

法律对未成年人、老年人、残疾人、妇女、消费者等的民事权利保护有特别规定的，依照其规定。

---

① 关于网络虚拟财产的司法实践：2003 年网游玩家李某晨因游戏装备丢失起诉运营商，这被认为是我国网络虚拟财产第一案，此后司法实践中陆续出现多起类似案件，多是涉及网游玩家因游戏账号被封、游戏装备失窃起诉运营商；另外，见诸媒体的相关案件还包括 2011 年王女士向腾讯公司要求继承已故丈夫 QQ 号码、2012 年淘宝女店主家属向淘宝要求继承淘宝店铺、“90 后”夫妻在离婚诉讼中要求分割网游装备等虚拟财产相关纠纷。关于数据的司法实践，目前多涉及客户名单等商业秘密保护、不正当竞争问题，如 2016 年脉脉因非法抓取使用新浪微博用户信息，被认定构成不正当竞争。

【本条主旨】 本条是关于法律对未成年人、老年人、残疾人、妇女、消费者等的民事权利有特别规定的，依照其规定的指引性规定。

【核心概念】

《未成年人保护法》 《未成年人保护法》是为了保护未成年人身心健康，保障未成年人的合法权益，促进未成年人在品德、智力、体质等方面全面发展，培养有理想、有道德、有文化、有纪律的社会主义建设者和接班人而制定的法律。该法包括总则、家庭、学校、社会、司法保护以及法律责任和附则7章，共72个条文，其中部分条款涉及对未成年人的民事权利的特殊保护。

《老年人权益保障法》 《老年人权益保障法》是1996年制定、2012年修订的一部专门保护老年人合法权益的法律，包括总则、家庭赡养与扶养、社会保障、社会服务、社会优待、宜居环境、参与社会、法律责任和附则，共计9章86个条文。其中部分条文涉及对老年人的民事权利的保护，尤其对于保护其生命权、健康权、合法财产权益、婚姻自主权、赡养和扶养请求权等做出了特别规定。

《残疾人权益保障法》 《残疾人权益保障法》是1990年制定、2008年修订的一部维护残疾人的合法权益，发展残疾人事业，保障残疾人平等地充分参与社会生活，共享社会物质文化成果的法律，对残疾人的康复、教育、劳动就业、文化生活、社会保障、无障碍环境等方面作出了规定。

《妇女权益保障法》 《妇女权益保障法》是1992年制定的一部保护妇女权益的法律，包括保护政治权利、文化教育权益、劳动权益、财产权益、人身权利、婚姻家庭权益等内容。

《消费者权益保护法》 《消费者权益保护法》是1993年制定、2009年和2013年两次修改的一部专门保护消费者权益的法律，包括消费者的权利、经营者的义务、国家对消费者合法权益的保护、消费者组织、争议的解决以及法律责任等内容。

§条文详解§

一、本条是一条指引性条文

本条作为一个指引性条款，没有规定对未成年人、老年人、残疾人、妇女、消费者等的民事权利予以特殊保护的具体内容（如确认更多的民事权益和提高保护水平），而是指向《未成年人保护法》《老年人权益保障法》《残疾人权益保障法》《妇女权益保障法》《消费者权益保护法》等法律：这些法律对上述主体的民事权利有特别规定的，依照其规定。这条规定，与《民法典》第11条的精神是一致的。

二、对特殊人群的权益保护以实现社会的实质公平、正义

近代民法建立在“人人平等”的政治哲学理念之上。基于这样的理念，民法上的“人”是抽象的脱离了个体特征的人，假定相同年龄的自然人（成年人）在能力、经验等方面并无差异，进而享受权利平等、承担义务平等，受到的保护也平等。所以，民法的原则和制度设计无不打上形式上平等的烙印。然而，不同性别、不同年龄以及不同经济收入和职业群体的人由于社会、历史和生理健康、经济状况等方面的原因，在许多方面存在差异，有些差异影响到其健康成长、尊严生存和生活以及公平获取生活资源等方面的权益，这就需要法律制度对处于弱势状态的人予以特别保护。这些特别保护涉及被保护者广泛的社会权益和部分民事权益。我国制定的《未成年人保护法》《老年人权益保障法》《残疾人权益保障法》《妇女权益保障法》《消费者权益保护法》等“保护类”的法律，即属于此类社会法。通过对特殊群体的特别保护，实现社会的实质公平正义。

第一百二十九条

民事权利可以依据民事法律行为、事实行为、法律规定的事件或者法律规定的其他方式取得。

【本条主旨】本条是关于民事权利取得依据的规定。

【核心概念】

法律事实 法律事实也称为民事法律事实，是指能够引起民事法律关系变动的各种主、客观事由。所谓“引起民事法律关系变动”，是指使民事权利义务关系产生、变化和消灭，其中当然包含民事权利的取得。因此，法律事实是民事权利取得的依据。学理上一般认为，法律事实包括行为和事件，行为包括以意思表示为核心的民事法律行为和事实行为（非法律行为）。①

事实行为 事实行为是指不具有民事法律行为的本质特征（以意思表示为核心）、不包含行为实施者的真实意思或者法律在确定其效力时不考虑行为实施者真实意思的行为。事实行为，如侵权行为、非表意行为等，发生民法上的效力，包括引起民事权利的产生、变更和消灭，并非取决于行为人的意志，而是直接受制于法律的规定。②

事件 事件，也称为法律规定的事件，是指民法规定的能够引起民事法律关系产生、变更和消灭（包括民事权利的产生）的客观自然事件，如不可抗力、时

---

① 江平．民法学．北京：中国政法大学出版社，2007：143.

② 关于事实行为的国内外学说，参见常鹏翱．事实行为的基础理论研究．北京：北京大学出版社，2016：1－6。

间的经过、胎儿的出生、自然人的死亡等。事件是民事权利取得的依据之一。

§条文详解§

一、民事法律事实概述

依据本条规定，民事权利可以依据民事法律行为、事实行为、法律规定的事件或者法律规定的其他方式取得。这些能够引起民事法律关系变动、作为民事权利产生依据的各种主、客观事由包括人的行为与事件等，均属于“法律事实”。《民法典·总则编》第六章对作为民事权利发生依据的主要、常见法律事实——民事法律行为作出了全面、具体的规定。

“事实行为”与民事法律行为一样，均属于民事主体实施的行为，均为民事权利产生的依据之一。所不同的是，前者的本质属性在于其所包含的意思表示，使行为人的真实意思发生民法上的效果。后者则没有行为人就发生民事法律关系变动的意思，或者法律在确认行为的法律效果时不考虑行为人的意思，而是直接对产生何种效果作出规定。具体而言，先占、加工、遗失物的拾得、埋藏物的发现、无因管理、不当得利、住所的设定等，均属于此类。《民法典》第231条规定：“因合法建造、拆除房屋等事实行为设立或者消灭物权的，自事实行为成就时发生效力。”一般认为，侵权行为亦属于事实行为①，不发生行为人追求的、放任的效果，法律也不认可其疏忽（没有认识到损害可能会发生）或者轻信（损害不会发生）心态下发生的损害后果，而是直接规定：“行为人因过错侵害他人民事权益造成损害的，应当承担侵权责任。”② 学理上虽然有过关于事实行为合法性的讨论，但是主流观点认为，法律区分民事法律行为与事实行为，划分的标准不是合法与违法，而是行为实施者是否存在意思表示或者法律在确定行为的效果时是否考虑行为实施者的真实意思。因此，只要是没有意思表示或者法律在确定其效果时不考虑行为实施者的真实意思的行为，均为事实行为，能够引起民事权利义务关系的变动，是民事权利取得的依据。至于其在法律的价值判断上是否合法，与构成事实行为无关。

法律规定的事件也是取得民事权利的依据之一。“法律规定的事件”作为取得民事权利的依据之一，具有两个方面的本质特征：一是客观性，即其发生与否，发生、变化和消除，不以当事人的意志为转移，不受制于当事人的意志。事件的“客观性”是指不受民事法律关系当事人的意志的支配，并非一定与其他人的意志无关。如某外国的机场发生罢工，导致旅客运送合同不能履行，旅客享有

---

① 江平．民法学．北京：中国政法大学出版社，2007：144.

② 《民法典》第1165条第1款.

退票、改签等权利。尽管对于罢工的组织者、参与者而言，罢工是有意志支配的行为，但是对于航空公司来说罢工则是事件，不以其意志为转移。二是法定性，即某一客观事件是否成为某种或者某一特定民事权利取得的依据，是由法律加以规定的。法律或者直接规定某些客观事件导致某种民事权利的产生，或者认可当事人约定因特定事件取得民事权利的效力予以认可。尽管当事人可以约定某一客观事件作为民事权利取得的依据，但是这种约定也必须符合法律的规定，如当事人约定民事法律行为附条件（参见《民法典·总则编》第六章第四节）即如此。

二、关于“法律规定的其他方式”

本条还规定，“法律规定的其他方式”也是民事权利取得的依据之一。但是法律到底还规定哪些其他方式，则无进一步的内容。按照传统民法理论，似乎行为与事件已经包括了所有可能的民事权利取得的方式。在对草案的审议中，有人提出法院的裁判、仲裁庭的裁判似乎可以算作取得民事权利的其他方式。这样的认识可能并不妥当：所有裁判，对于特定的当事人，或者可以归入行为（对请求权人请求行为的确认与执行），或者可以归入事件。在未来《民法典》的实施中，司法实践到底确认哪些为“法律规定的其他方式”并作为取得民事权利的依据之一，还有待观察。

第一百三十条

民事主体按照自己的意愿依法行使民事权利，不受干涉。

【本条主旨】本条是关于民事主体依照自己的意愿依法行使民事权利、不受干涉的规定。

【核心概念】

民事权利的行使　民事权利的行使是指民事主体按照自己的意愿依法行使民事权利。于行使绝对权利（如所有权、人格权等），义务主体和任何其他个人和组织不得干涉；于行使相对权利（如债权等），义务主体应当依法履行其义务为积极的作为或者消极的不作为，以保障权利人的权利得到实现，任何其他个人和组织不得干涉。

§条文详解§

一、关于本条规定的立法形成

本条与另外两个条文（《民法典》第131条和第132条）一起构成“民事权利的行使”这一立法单元。本条规定，是为了落实《民法典》第5条规定的自愿原则和第3条规定的“民事主体的人身权利、财产权利以及其他合法权益受法律保护，任何组织或者个人不得侵犯”的基本原则。

二、民事权利的行使

本条规定的民事权利的行使有三层基本含义：首先，民事主体按照自己的意愿行使民事权利。这体现了民法的自愿原则（意思自治）的要求。在不违反法律规定和公序良俗的情况下，民事主体得依照自己的自由意志作出各种理性判断，行使自己的民事权利。其次，民事主体应当依法行使民事权利。在民法领域，民事主体享有广泛的民事权利和自由，但是其行使民事权利应当依法进行，尤其不得违反法律的禁止性规定，不得违背公序良俗，否则，其所实施的民事法律行为无效（《民法典》第153条）。最后，也是本条最核心的内容，民事主体行使民事权利，不受其他任何个人和组织的干涉。对民事权利行使的限制，必须由法律作出规定，而不能由行政机关通过规章甚至红头文件任意作出限制[①]，更不能通过具体的行政行为违法剥夺、限制民事主体的民事权利。即使是为了公共利益的需要，依照法律规定的权限和程序征收、征用不动产或者动产，也应当予以公平、合理的补偿。

三、民事权利的行使受到法律和政策的保护

为了加强对民事主体财产权益（产权）的保护，2016年8月30日中央全面深化改革领导小组第二十七次会议通过了《关于完善产权保护制度依法保护产权的意见》（以下简称《意见》）指出：“产权制度是社会主义市场经济的基石。”完善产权保护制度、依法保护产权，关键是要在事关产权保护的立法、执法、司法、守法等各领域体现法治理念，坚持平等保护、全面保护、依法保护。要在加强各种所有制经济产权保护，完善平等保护产权的法律制度，严格规范涉案财产处置的法律程序，完善政府守信践诺机制，完善财产征收征用制度，加大知识产权保护力度，健全增加城乡居民财产性收入的各项制度等方面，加大改革力度，不断取得工作实效。《意见》从以下十个方面对保护产权作出了规定：一是加强各种所有制经济产权保护。二是完善平等保护产权的法律制度。三是妥善处理历史形成的产权案件。四是严格规范涉案财产处置的法律程序。五是审慎把握处理产权和经济纠纷的司法政策。六是完善政府守信践诺机制。七是完善财产征收征用制度。八是加大知识产权保护力度。九是健全增加城乡居民财产性收入的各项制度。十是营造全社会重视和支持产权保护的良好环境。《意见》要求，各地区各有关部门要充分认识完善产权保护制度、依法保护产权的重要性和紧迫性，建立党委牵头，人大、政府、司法机关共同参加的产权保护协调工作机制，加强组

① 王利明．民法学．2版．上海：复旦大学出版社，2015：31.

织领导和统筹协调，抓紧制订具体实施方案，启动基础性、标志性、关键性工作，确保各项举措落到实处、见到实效。《意见》对于本条有关保护民事权利以及民事权利的行使等条文的起草和完善具有重要指导意义，对这些法律条文的实施也将起到政治和政策上的保障作用。

第一百三十一条

民事主体行使权利时，应当履行法律规定的和当事人约定的义务。

【本条主旨】本条是关于民事主体应当履行义务的规定。

【核心概念】

义务　义务是指根据法律的规定或者当事人的约定，一个法律主体应当为或不为一定的事项。义务是法学中的基础性概念，以至于很难再找出一个更基础的概念来解释它。[①] 一般认为，义务是与权利相对应的。一个人的义务与另一个人的权利相对应。

民事义务　民事义务是民事法律关系的当事人一方为了满足他方利益所应实施的行为依据。[②] 民事义务可能是积极的义务，即要求民事主体应当积极地为一定的行为，例如，债务人应当履行债务；也有可能是消极的义务，即要求民事主体消极地不为一定的行为，例如，所有权人之外的所有民事主体都应当不为损害该所有权的行为以尊重该权利人的民事权利。

履行义务　履行义务是指负有民事义务的民事主体通过为或不为该义务所要求的事项，来使该民事义务归于消灭或者阻止该义务转化成其他法律责任。在履行积极义务时，其目的通常是使该义务随着履行的完成而消灭，例如债务的履行。在履行消极义务时，其目的通常是阻止该义务转化成其他法律责任，因为消极义务通常是长期的（有时是永久的）。

§条文详解§

一、民事义务的本质

民事义务的本质是根据法律规范或者民事主体之间的约定，由法律的强制力所保证实现的对该民事主体科以的一种约束力。没有约束是自由的，有约束则是不自由的。因此，从“自由”这一角度来看，民事义务（约束）通常表现为法律

---

① 关于“义务”的讨论，参见布赖恩·H. 比克斯. 牛津法律理论词典. 邱昭继，马得华，刘叶深，冉杰，鲁强，译. 北京：法律出版社，2007：61-62。

② 张俊浩. 民法学原理：上册. 3版. 北京：中国政法大学出版社，2000：79.

上的不利益。[1] 一方面，民事主体承担一定的民事义务是保护民事主体所享有的民事权利、进而维护社会经济秩序正常运行的需要。我们可以想象，如果债务人无须承担履行债务的义务，那么债权人所享有的债权就没有意义；如果其他民事主体无须承担尊重他人所有权的义务，那么所有权人的所有权也就无从说起。我们也可以想象，如果每一个民事主体都不受任何的约束，那么一个正常的社会经济秩序势必无法建立，而在一个无序的社会中，任何个体（民事主体）都不可能受益。另一方面，民事义务的这种约束力是由法律的强制力予以保证实现的。这种强制力也使民事义务作为一种法律义务而与道德义务等其他义务类型区别开来。

二、民事主体必须履行义务

本条规定民事主体行使民事权利应当履行民事义务。一方面，民事权利的实现有赖于民事义务的履行；另一方面，民事主体之间的地位是平等的，没有任何一个民事主体可以只享有权利而不履行义务。在这种意义上可以说，民事主体履行民事义务，不仅是为了使其他民事主体能够顺利地行使民事权利，同时也是为了使自己能够顺利地行使民事权利。对相对权而言，权利主体与义务主体通常是特定的，一方不履行民事义务将导致另一方的民事权利无法实现，而另一方同样能以不履行民事义务的方式阻碍其相对方民事权利的实现。这是一个很清晰、直接的过程。例如，合同法中的同时履行抗辩权制度，一方不履行合同义务，则另一方也不履行合同义务，其结果是双方的合同权利都无法得到实现。但是对于绝对权而言，由于义务主体通常是不特定的，因而，一个民事主体不履行民事义务导致所有民事主体的民事权利无法顺利实现的过程就显得十分漫长。可以试想：甲不尊重乙的所有权，对乙所有的物进行毁坏，可能乙并不会直接诉诸侵害甲的所有权，但是如果法律不以强制力保证甲履行其民事义务，那么在一个漫长的过程之后，结果只能是所有民事主体的所有权都无法得到实现。

三、不履行或者不适当履行民事义务的后果

不履行或者不适当履行民事义务，将导致民事责任。这是法律以强制力保证民事主体履行民事义务的必然要求。《民法典·总则编》第八章专章详细规定了民事责任。承担民事责任的方式主要有：停止侵害；排除妨碍；消除危险；返还财产；恢复原状；修理、重作、更换；继续履行；赔偿损失；支付违约金；消除影响、恢复名誉；赔礼道歉等。一般而言，为了达到保证民事主体履行民事义务

---

① 张俊浩．民法学原理：上册．3版．北京：中国政法大学出版社，2000：79－80.

的目的，因不履行或者不适当履行民事义务所导致的民事责任的不利益应当大于原民事义务的不利益。

第一百三十二条

民事主体不得滥用民事权利损害国家利益、社会公共利益或者他人合法权益。

【本条主旨】 本条是关于禁止滥用民事权利损害国家利益、社会公共利益或者他人合法权益的规定。

【核心概念】

滥用权利 滥用权利也称为滥用民事权利或者权利滥用，是指民事主体以损害他人为目的行使民事权利或者行使民事权利所得利益微小而使他人遭受损害。[①] 当然，民事主体行使民事权利，尤其不得滥用其民事权利损害国家利益和社会公共利益。

§条文详解§

一、关于禁止滥用民事权利的规定

在《民法典》起草过程中，总则编草案第一次审议稿中没有关于禁止滥用民事权利的规定。关于禁止滥用民事权利的条文首次出现在总则编草案第二次审议稿总则编第一章“基本原则”中，作为一条基本原则被加以规定。[②] 总则编草案第三次审议稿在总则编第五章增设关于民事权利的产生和行使的条文，禁止滥用民事权利的规定作为第132条。

二、滥用民事权利的构成要件

关于滥用民事权利的构成要件，有些方面是确定的或者说是有共识的，而另一些方面的学理和判例则尚在发展中。有共识的构成要件是：

（1）民事主体享有某项民事权利或者其行为与民事权利的行使密切相关。

（2）民事主体行使权利的行为损害了国家利益、社会公共利益或者他人合法权益。

正在发展变化的要件是：

（3）关于目的或者说主观要件方面，存在不同的认识。早期的学说和判例支

---

① 梁慧星．中国民法典草案建议稿附理由·总则编．北京：法律出版社，2013：21.

② 《民法总则（草案）》（第二次审议稿）第8条规定：“民事主体从事民事活动，不得违反法律，不得违背公序良俗，不得滥用权利损害他人合法权益。”

持“主观说”，强调滥用民事权利之构成，以民事主体主观上有故意，将“专以损害他人为主要目的”作为构成要件。较晚的判决对“主要以损害他人非法权益为目的”之解释，不要求民事主体在行使权利之初就知道行为的结果是自己获益较少或者不获益而他人损害较大，而是从客观上比较他人的损害与行使民事权利者的收益。“权利之行使，是否以损害他人为主要目的，应就权利人因权利行使所能取得之利益，与他人及国家因此所受之损失，比较衡量以定之。倘若权利之行使，自己所得利益极少而他人及国家社会所受之损失甚大，纵此为权利人取得权利之初所不知，亦非不得视为以损害他人为主要目的，故权利之行使，司法以损害他人为主要目的，与权利人取得权利时是否知悉权利之行使将造成他人及国家社会之损失，并无必然关系。”①

三、本条的民事法律规范意义

滥用民事权利，本质上是民事主体行使自己享有的民事权利越出了边界，或者说民事权利的行使过头了。罗马法格言说：“极端的权利，乃最大的非正义。”滥用民事权利，将导致他人的合法权益受到损害或者面临威胁。法律规定禁止滥用民事权利，是对民事主体享有的民事权利划定边界，保护他人的合法权益，避免权利冲突与民事主体之间的矛盾，维护社会的和谐稳定。所以，近代以来的民法，特别是晚近的民法，都对禁止滥用民事权利作出相应的规定。② 从比较法的角度看，禁止滥用权利一般是作为民法的基本原则，大致有以下四方面的功能：（1）作为侵权行为的判断标准；（2）明晰民事权利的边界；（3）缩小某些民事权利的范围；（4）作为调停权利人与他人之利益冲突的依据。③

---

① 陈聪富．民法总则．台北：元照出版有限公司，2014：433.

② 《德国民法典》第 226 条，《瑞士民法典》第 2 条，《魁北克民法典》第 6 条，我国台湾地区“民法”第 148 条第 1 款。

③ 梁慧星．中国民法典草案建议稿附理由·总则编．北京：法律出版社，2013：23－24.

第六章　民事法律行为

本章提要

本章“民事法律行为”共有 4 节，从第 133 条到第 160 条共计 28 个条文。第一节“一般规定”规定了民事法律行为的一般问题；第二节“意思表示”规定了作为民事法律行为核心要素的意思表示的概念、方式与效力；第三节规定了民事法律行为的效力，包括有效的民事法律行为、效力待定的民事法律行为、可撤销的民事法律行为和无效的民事法律行为等内容；第四节是关于民事法律行为附条件和附期限的规定。

本章在《民法通则》和《合同法》之规定的基础上，对民事法律行为制度主要作了以下完善：一是扩充了民事法律行为的内涵，既包括合法的法律行为，也包括无效、可撤销和效力待定的法律行为。这样，既尊重了民事主体的意愿，也强调对自己的行为负责，有利于提升民事主体的规则意识和责任意识。二是增加了意思表示的规则。意思表示是民事主体希望产生法律效果的内心意愿的外在表达，是构成民事法律行为的基础。本章对其作出方式、生效和撤回等作了规定。三是完善了民事法律行为的效力规则。本章在规定民事法律行为之有效条件的同时，对重大误解、欺诈、胁迫、显失公平等行为的撤销，恶意串通行为的无效等，分别作了修改、补充。

第一节 一般规定

第一百三十三条

民事法律行为是民事主体通过意思表示设立、变更、终止民事法律关系的行为。

【本条主旨】 本条是关于民事法律行为概念的规定。

【核心概念】

民事法律行为（法律行为） 法律行为的概念源于德国民法。《德国民法典》本身并没有就法律行为作出定义，但是德国民法通说认为，法律行为是由至少一个意思表示构成的、其所引起的法律效果为当事人所意欲并得到法律秩序的认可的行为。[①] 我国《民法通则》规定了“民事法律行为”的概念[②]，强调民事法律行为必须为合法行为。《民法典·总则编》则作出了不同的规定。依据本条的规定，民事法律行为是指民事主体通过意思表示设立、变更、终止民事权利义务关系的行为。民事法律行为不再要求必须为合法行为。因此，我国民法中的“民事法律行为”，已经大致等同于德国民法中的“法律行为”。法律行为以意思表示为核心要素，包含民事主体对该法律效果的追求。但是，这一追求是否实现则并不强求。[③] 由此也划分出民事法律行为的不同效力类型。

意思表示 意思表示是指民事主体向他人表明其意欲设立、变更、消灭民事权利义务关系的行为，包括内在（效果）意思、表示意思和表示行为三个要素。判断意思表示的内容和性质，原则上以其所表达的意思作为依据，谓之“外观主义”或者“表示主义”，但是法律也设定必要的例外规则矫正外观主义（表示主义）之不足，如可撤销民事法律行为制度的设定即如此。

§条文详解§

一、民事法律行为的构成要件

民事法律行为的构成要件，也称成立要件，可以分为一般成立要件与特别成

---

① 陈卫佐．德国民法总论．北京：法律出版社，2007：178.

② 《民法通则》第54条规定：民事法律行为是公民或者法人设立、变更、终止民事权利和民事义务的合法行为。

③ 李永军．民法总论．3版．北京：中国政法大学出版社，2015：172.

一，决议行为中虽然也存在多个意思表示，但是决议行为不要求数个意思表示完全一致，而只要求意思表示一致的程度达到法律或者章程规定的议事方式和表决程序所要求达到的程度。第二，在决议行为中，即使是表达了不同意思的当事人，其仍然要受该决议行为的约束，而在双方行为与多方行为中，当事人不同的意思表示足以使其摆脱该行为的约束。

§条文详解§

一、依双方意思表示一致方可成立的民事法律行为

双方行为的典型样态就是合同。根据我国《民法典·合同编》的有关规定，当事人双方订立合同，采取要约、承诺方式。要约是希望和他人订立合同的意思表示，该意思表示内容必须具体确定，而且表明经受要约人承诺，要约人即受该意思表示约束。承诺是受要约人同意要约的意思表示。承诺生效时合同成立。

此外，双方行为还有一种表现形式，即双方当事人的意思表示完全一致且方向相同，例如，只有两个民事主体的合伙协议、公司发起协议等。这种双方行为与多方行为在性质上完全相同，只不过在民事主体的数量上存在差异。需要注意，对于这种双方行为而言，一方意思表示的无效也将导致整个双方行为的无效。

二、依多方意思表示一致方可成立的民事法律行为

多方行为要求各个民事主体作出的意思表示完全一致，且方向相同。换言之，即各民事主体作出了内容完全相同的意思表示。多方行为的典型表现是合伙协议、公司发起协议等。需要注意，此处的合伙协议，仅仅指订立合伙协议的行为，而不包括修改或者补充合伙协议的行为。《合伙企业法》第19条第1款规定，合伙协议经全体合伙人签名、盖章后生效。因此，订立合伙协议，要求所有合伙人完全同意协议内容，作出完全相同的意思表示。合伙人只要表达不同于合伙协议的意思表示，即不受该协议约束。因此订立合伙协议属于多方行为。但是，《合伙企业法》第19条第2款规定，修改或者补充合伙协议，应当经全体合伙人一致同意；但是，合伙协议另有约定的除外。由此可见，修改或者补充合伙协议，虽然原则上要求经全体合伙人一致同意，但是如果合伙协议另有约定的，则即使有部分合伙人表达不同的意思表示，仍需受最后经修改或补充的协议中的意思表示的约束。因此，修改或者补充合伙协议的行为在性质上已经更为偏向决议行为。[①]

---

① 即使是在合伙协议约定对该协议的修改、补充须经全体合伙人一致同意，也可以理解为决议行为中的共识决形式。决议行为区别于双方行为与多方行为的关键在于，是否可以以约定排除法律关于“意思表示一致”的要求。

同理，公司发起协议也仅指有限责任公司的股东共同制定公司章程的行为（《公司法》第23条），以及股份有限公司的发起人签订发起人协议（《公司法》第79条）。根据《公司法》的有关规定，有限责任公司以及股份有限公司章程的修改、采取募集方式设立的股份有限公司章程的通过等（《公司法》第43条、第90条），在性质上都应当属于决议行为，而非多方行为。①

三、依单方意思表示而成立的民事法律行为

仅依单方意思表示即可成立的民事法律行为主要包括以下三种类型：自己权利的处分、为他人创设权利、行使法律或者当事人约定的权利。自己权利的处分是指当事人抛弃自己所享有的权利，例如当事人放弃物权（《民法典》第409、435条）、债权人免除债务（《民法典》第557、575条）等。为他人创设权利仅指当事人为他人创设以当事人自己为义务人的权利，当事人当然地不能为他人创设以其他民事主体为义务人的权利。为他人创设权利的典型表现是立遗嘱行为。当事人处分自己的权利、为他人创设权利，除了给自己造成不利，并不会给其他民事主体造成不利，因此，民法允许这样的行为仅依单方意思表示即可有效。此外，根据法律的规定或当事人之间的约定，当事人还享有一些形成权，例如合同的法定解除权、撤销权、合同的约定解除权的行使等，对这些形成权的行使，也属于单方行为。

需要注意，单方行为仅依一方民事主体的意思表示即可成立，其他（即使是有利害关系的其他）民事主体的意思表示则在所不问，因此，不论单方行为是否会给他人造成不利，法律对其始终持十分谨慎的态度。②

四、决议行为的议事方式和表决程序

从比较法上看，《德国民法典》将决议行为规定在法人制度中，但是应当注意，虽然决议行为主要发生在法人领域，但是在非法人组织，例如在农村集体经济组织、业主大会的运作过程中，决议行为也时有发生，因此，我国《民法典·总则编》将决议行为直接规定在民事法律行为项下。③ 但是，并非所有的决议行为都是民事法律行为。有一些决议行为仅处理法人、非法人组织的内部事务（例如决定董事长人选），并不产生设立、变更、终止民事法律关系的效果，故不属

---

① 较为复杂的是股份有限公司发起人制订公司章程的行为。发起人制订公司章程是否需经所有发起人一致同意，取决于发起人协议的规定。如果发起人协议对此没有作出规定的，应当经所有发起人一致同意才可以制订公司章程。

② 迪特尔·施瓦布．民法导论．郑冲，译．北京：法律出版社，2006：296－297. 刘得宽．民法总则：增订四版．北京：中国政法大学出版社，2006：166－167.

③ 王雷．论民法中的决议行为——从农民集体决议、业主管理规约到公司决议．中外法学，2015（1）．

于严格意义上的民事法律行为。

决议行为不要求全体当事人的意思表示完全一致，而仅要求意思表示一致达到法律或者章程规定的议事方式和表决程序所要求达到的程度。根据我国目前法律的有关规定，法人、非法人组织之决议行为的议事方式和表决程序主要可以分为以下几种类型。

第一，共识决，即只有全体成员一致同意，才能形成决议，例如，《合伙企业法》第 31 条的规定等。

第二，绝对多数决，即只有达到了法律规定的绝对多数的意思表示一致，才能形成决议。所谓绝对多数，是相对于简单多数而言。简单多数即达到 1/2，绝对多数则为超过 2/3，至于具体需要达到多高的比例，则由法律具体规定。绝对多数决也有不同的形式，有一些仅需单一指标占绝对多数即可，有一些则需要复合指标同时达到绝对多数。前者例如，《民法典》第 301 条规定，共有人之间没有另行约定时，按份共有人对于共有的不动产或者动产进行处分或者作重大修缮的，应当经占份额 2/3 以上的按份共有人同意；后者例如，《民法典》第 278 条第 6 项至第 8 项规定的业主大会决定筹集建筑物及其附属设施的维修资金，改建、重建建筑物及其附属设施以及改变共有部分的用途或利用共有部分从事经营活动，需要经参与表决专有部分面积 3/4 以上的业主且参与表决人数 3/4 以上的业主同意，才能作出决议。

第三，简单多数决，即只要赞同的意思表示比例达到 1/2，即可作出决议，例如，《公司法》第 111 条的规定。

第四，少数决，即只需达到法律规定的少于 1/2 的一定比例的意思表示一致，即可作出决议。少数决一般适用于程序性的决议行为。在作出涉及实体内容的决议行为时，应当不允许采用少数决。例如，《公司法》第 39 条第 2 款规定，"……代表十分之一以上表决权的股东，三分之一以上的董事，监事会或者不设监事会的公司的监事提议召开临时会议的，应当召开临时会议"。

法律对于法人、非法人组织之决议行为的议事方式和表决程序没有作出规定，或者允许章程另行规定的，依照章程的规定作出决议。

第一百三十五条

民事法律行为可以采用书面形式、口头形式或者其他形式；法律、行政法规规定或者当事人约定采用特定形式的，应当采用特定形式。

【本条主旨】 本条是关于民事法律行为采用的表示方式的规定。

【核心概念】

书面形式 民事法律行为的书面形式是指以文字有形地表示所载内容的形式。书面形式的核心在于文字，至于文字的具体载体，则在所不问。[①] 例如，我国《民法典·合同编》第 469 条第 2 款规定，书面形式是合同书、信件和电报、电传、传真等可以有形地表现所载内容的形式。此外，以篆刻碑文等形式表明所载内容的，也都属于书面形式。

口头形式 民事法律行为的口头形式是指用说话的方式，且不被记录地表达内容。口头形式需要满足两个条件：一是以说话，即通过声音表达内容；二是该说话（声音）不被记录。说话，不同于手势，而是体现为声音（口语）。该说话被记录之后，就不再是口头形式。记录的方式包括书面记录、录影录音等。例如，依据我国《民法典·继承编》第 1135 条和第 1137 条的规定，说话被书面记录时，为代书遗嘱形式；说话被录音时，为录音形式立的遗嘱。但是，需要注意的是，“被记录”应当仅指当事人明知说话被记录的情形。如果当事人的说话是在其不知情的状态下被记录，则仍然应当认定为口头形式，该记录只是作为证明口头形式存在的证据。

要式行为 要式行为是指应当根据法律规定或者当事人约定的方式实施的民事法律行为。当事人之间基于意思自治可以约定某一民事法律行为应当采取特定的形式。对于要式行为未按特定形式实施会产生何种法律后果这一问题，学者间有不同观点：有的认为该民事法律行为不成立，也有的认为该民事法律行为成立但不生效。[②] 但是，不论是影响其成立还是仅影响其生效，这一影响对于要式行为而言都是直接的，并使要式行为由此区别于不要式行为。例如，当事人约定只有以书面形式订立，民事法律行为才成立的，则即使一方当事人能够证明该民事法律行为以口头形式存在，该民事法律行为仍然不成立。

不要式行为 不要式行为是指其实施不需要采取特定形式的民事法律行为。为了彻底地贯彻意思自治的原则，民事法律行为以不要式行为为常态。区分要式行为与不要式行为的意义在于，二者在未按特定形式实施时，产生不同的法律后果。在不要式行为，不按特定形式实施，仅仅具有证据法上的意义，例如，口头形式可能举证困难，公证形式可能具有极高的证明力。但不按特别形式实施并不影响该民事法律行为的成立及效力。但是，对于要式行为而言，是否按照特定形

---

① 需要注意，我国民法中，书面形式是一个比较宽泛的概念，既包括传统的书写形式，也包括电子形式。在其他法域，书面形式的意义可能有所不同。例如，在德国民法中，书面形式仅指在纸上或其他可以书写的材料上，以任何一种方式（手写、印刷、打字机打印）书面固定。而不包括电子形式。迪特尔·施瓦布．民法导论．郑冲，译．北京：法律出版社，2006：364－366.

② 王利明．民法总则研究．2 版．北京：中国人民大学出版社，2012：534－535. 李永军．民法总论．3 版．北京：中国政法大学出版社，2015：194.

式实施可能直接影响该民事法律行为的成立及效力。

§条文详解§

一、“意思自治”或者说“自愿原则”允许民事法律关系的当事人选择任何适当的方式为意思表示、实施民事法律行为，包括书面形式、口头形式和其他形式

民事法律行为是贯彻落实民法意思自治原则的基本工具，因此，为了保证这一基本工具充分发挥效能，民法原则上对于民事法律行为的形式并不作特别要求，当事人可以自由地选择其认为适当的方式来实施民事法律行为，这些方式包括书面形式、口头形式、其他形式等各种可能的方式，只要该方式能够充分地传递意思表示即可。其他形式包括但不限于以下种类：（1）录音录像方式，例如以录音方式立遗嘱，以微信发送语音的方式发出要约或作出承诺等。（2）行为方式，例如《民法典》第480条规定，根据交易习惯或者要约表明可以通过行为作出承诺的，承诺可以行为的方式作出。

二、法律、行政法规规定当事人的民事法律行为采用特定形式的，应当依法采用特定形式

法律、行政法规基于一定的政策目的，会要求当事人实施某些民事法律行为应当采取特定的形式，这些目的包括：借助于法定形式的规定，使法律行为意义上的“行为”可以为非当事人所认知，因为第三人与公众对此也具有利益；对于重要的法律行为，应当阻止出现法律上的不安全；通过形式的要求来阻止表意人对有风险的法律行为操之过急。[①] 此外，近代以来，外形信赖、迅速、安全等因素对于交易而言越来越重要，因此，要式行为的重要性也日益显现。[②]

民法关于民事法律行为采用特定形式的规定，散见于民法典的各个分则中，例如：继承编对遗嘱的形式作了十分严格的规定。婚姻家庭编规定夫妻财产约定应当采用书面形式。物权编中规定，建设用地使用权出让、转让、互换、出资、赠与或者抵押的合同，都应当采用书面形式订立；设立地役权合同、设立抵押权合同、设立质权合同均需采用书面形式订立。合同编中规定，非自然人之间的借款合同、租赁期限为6个月以上的租赁合同、融资租赁合同、建设工程合同、技术开发合同、技术转让合同等均需采取书面形式订立。

三、当事人约定民事法律行为采用特定形式的，应当采用特定形式

当事人约定民事法律行为采用特定形式的，应当采用特定形式。当事人约定

---

① 迪特尔·施瓦布．民法导论．郑冲，译．北京：法律出版社，2006：362.

② 我妻荣．我妻荣民法讲义：Ⅰ·新订民法总则．于敏，译．北京：中国法制出版社，2008：230.

的情形主要发生在双方法律行为中。在单方法律行为，当事人只有一方，无所谓约定与否，而且单方民事法律行为多在法律有特别规定的情况下才可以实施，因此，单方法律行为一般不涉及约定采用特定形式的问题。在多方民事法律行为和决议行为中，法律一般都已经规定需要采用特定形式（通常为书面形式）。

在双方民事法律行为中，如果当事人未按约定采用特定形式实施民事法律行为将产生何种法律后果，是一个值得讨论的问题。从比较法上看，德国民法认为此行为并非一概无效，而是只在发生疑义时无效，即：在判断该行为的效力时，需要考虑当事人在约定特定形式时，是否把对形式的遵守看得如此重要，以至于法律行为的有效性须取决于是否遵守该形式。[①] 换言之，在《德国民法典》的规定与民法理论中，未按约定的特定形式实施民事法律行为的后果较之未按法律规定的特定形式实施民事法律行为的后果要来得轻。本书作者对此表示部分赞同。一方面，诚然，在虽然当事人未按约定的特定形式订立合同，但是一方已经履行主要义务，另一方也表示接受时，应当判定这一合同成立，而不应再拘泥于原先约定的特定形式。实际上，这相当于双方以行为的形式重新订立了一个合同。但是另一方面，也要注意到，如果一方当事人坚持采用原先约定的特定形式实施民事法律行为，则应当认定未按该约定形式实施的民事法律行为不成立。本书作者认为，在当事人之间存在明确约定的情形下，应当严格按照其约定处理，除非当事人达成新的共识。这是对意思自治原则与条约必当信守原则的坚持，法律不应该也没有必要以鼓励交易之名对此予以干涉。[②] 例如，甲向乙发出要约，出售手表一块，但要求承诺只能以电话方式作出。后乙写信告知甲愿意购买该块手表。在这种情况下，除非甲接受这一形式的承诺，否则合同不成立。不能因书面形式较之电话更为严格就径行认为不论甲是否同意该合同都已经成立并生效。

第一百三十六条

民事法律行为自成立时生效，但是法律另有规定或者当事人另有约定的除外。

行为人非依法律规定或者未经对方同意，不得擅自变更或者解除民事法律行为。

【本条主旨】本条有两款。第1款规定原则上民事法律行为自成立时生效。第2款规定民事法律行为对行为人的约束力。

---

① 迪特尔·施瓦布．民法导论．郑冲，译．北京：法律出版社，2006：372-373.

② 霍姆斯法官尝言，“在不能被证明为一种善的地方，国家的介入就是一种恶”。小奥利弗·温德尔·霍姆斯．普通法．冉昊，姚中秋，译．北京：中国政法大学出版社，2006：84.

【核心概念】

民事法律行为的成立 民事法律行为的成立是指民事法律行为在客观上已经存在。具体而言，在无相对人的单方民事法律行为，自意思表示已经作出时成立；在有相对人的单方民事法律行为，自表意人发出的意思表示到达相对人时成立；在双方或多方民事法律行为，自各方当事人意思表示一致时成立①；在决议行为，自法人、非法人组织依照法律或者章程规定的议事方式和表决程序作出决议时成立。

民事法律行为的生效 民事法律行为的生效是指客观存在的民事法律行为因符合法定有效要件而取得法律所认可的效力。根据《民法典》第 143 条的规定，民事法律行为的生效需要满足以下要件：行为人具有相应的民事行为能力；意思表示真实；不违反法律、行政法规的强制性规定，不违背公序良俗。

§条文详解§

一、民事法律行为原则上自成立时生效，但是法律另有规定或者当事人另有约定的除外

民事法律行为原则上自成立时生效是民事法律行为的常态。虽然成立与生效存在一定的差别②，但是应当注意到，民事法律行为不成立与无效，在具体的法律效果上差异并不大。③ 因此，这里不再详细讨论民事法律行为的成立要件与生效要件。

法律另有规定或者当事人另有约定时，民事法律行为可以成立但并不生效。“法律另有规定”包括两种情形：一是民事法律行为欠缺一般的生效要件，二是一个正常成立的民事法律行为尚未具备法律规定的特别生效要件。关于第一种情形将在本章第三节展开，此处暂不赘述。在第二种情形下，民事法律行为已经正常成立，但是欠缺特别生效要件。特别生效要件在双方民事法律行为主要是指法律、行政法规规定应当办理的批准、登记等手续；在多方民事法律行为和决议行为中，则主要是指法律规定的特别通过程序。例如，我国《公司法》第 76 条第 4 项规定，设立股份有限公司时，“发起人制订公司章程，采用募集方式设立的经创立大会通过”。因此，采用募集方式设立股份有限公司的，在发起人制定完公司章程但尚未经创立大会通过时，该制定章程的行为已经成立，但是尚未生效。④

---

① 王利明．民法总则研究．2 版．北京：中国人民大学出版社，2012：569.

② 同①568－572.

③ 王泽鉴．民法总则．增订版．北京：中国政法大学出版社，2001：253－254.

④ 需要注意，此处是指：对于采用募集方式设立的股份有限公司而言，其章程已经成立但尚未生效。对于各发起人自己而言，其制订的章程对其已经具有效力（虽然章程主要是对公司产生效力），发起人不应当对其已经制订完成的章程任意变更。

当事人约定民事法律行为成立但尚不生效主要包括附生效条件和附生效期限两种类型。例如，当事人对合同的效力可以约定附条件。附生效条件的合同，自条件成就时生效。当事人为自己的利益不正当地阻止条件成就的，视为条件已成就；不正当地促成条件成就的，视为条件不成就。当事人对合同的效力可以约定附期限。附生效期限的合同，自期限届至时生效。《民法典·总则编》也对此作出了类似规定。需要注意的是，在多方民事法律行为中，当事人原则上也可以约定该行为成立但尚不生效，例如，当事人约定合伙协议自成立之日起 1 个月后生效。然而，对于单方民事法律行为而言，无所谓约定与否，因此，单方民事法律行为不在此处的讨论范围之内。但是本书作者主张原则上不应当允许单方民事法律行为成立但尚不生效，原因在于单方民事法律行为“赋予权利人单方面对另外一个人的法律地位进行干预的权利。其相对人不应再受到附条件或附期限造成的悬而未决状态的不利影响”[①]。对于决议行为而言，原则上也不应当允许当事人之间以约定的方式使该行为成立但尚不生效，因为决议行为依照法律或者章程规定的议事方式和表决程序作出后，即使是表达了不同意见的人也须受该决议的约束，因此，其同样不应当再受到“悬而未决状态的不利影响”。

二、民事法律行为对当事人的约束力

1. 民事法律行为对当事人具有约束力的理由

本条第 2 款规定了民事法律行为对当事人的约束力。如前所述，私法自治一方面强调当事人自主设计自己的生活，所谓意思自治；另一方面也强调当事人必须对自己的行为负责，所谓自己责任。对自己的行为负责，就要求当事人审慎地实施行为。对于民事行为中最具重要意义的民事法律行为就更是如此：由于民事法律行为是法律事实，一旦实施就能够产生相应的设立、变更、终止民事权利义务关系的法律效果，因此，已经实施的民事法律行为自然不得随意变更或解除。

此点为所有民事法律行为所共通。此外，不同类型的民事法律行为对当事人的约束力所考量的侧重点也略有不同。

在单方民事法律行为，仅依一方的意思表示就可以设立、变更、终止民事权利义务关系。这对于其他民事主体而言，利害非同小可。因此，单方民事法律行为必须严格依照法律的规定实施，同时，其变更与解除也必须严格按照法律的规定，以期不损害其他民事主体的权益。

在双方民事法律行为，民事法律行为的约束力体现得最为充分，理论建构也最为完善。双方民事法律行为的典型形态就是合同。“契约必须信守”是一项古

---

① 迪特尔·梅迪库斯．德国民法总论．邵建东，译．北京：法律出版社，2013：639-640．这一理由不仅适用于形成权的行使，对于所有单方民事法律行为而言，亦均成立。

老的法律原则，这一原则不仅在民法领域充分体现，在其他法律部门中也始终得到贯彻，例如国际法中就有“禁反言”原则，行政法中也十分强调信赖保护原则。对于合同当事人而言，双方的意思表示内容一致、方向相反。在通常情况下，只有双方都履行合同才能各获其利。如果一方不履行合同，则是以损害对方利益来谋求自身的不当利益。此点为法律所不允许。因此，“合同就是当事人之间的法律”，对于合同，各方必须信守、履行，否则将承担不利的法律后果。《民法典·合同编》第八章对于违约责任作出了详细的规定。

在多方民事法律行为，只有各方意思表示一致才能成立此一行为。行为一旦成立，即对各方均具约束力。该行为具有约束力这一期待是各方合作，志于同一项事业的基础，如果法律允许一方当事人随意变更或者解除的话，这一合作的基础势必随之瓦解。此于经济社会发展极为不利，故为法律制度所尽力避免。

在决议行为，之所以不要求一定为共识决，而是只要达到法律或者章程规定的议事方式和表决程序所要求达到的一致程度即可，乃是因为强调法人、非法人组织实施民事法律行为的效率，否则，若只需极少的力量就可以杯葛整个组织的运作，则法人、非法人组织的健康发展、事业拓展根本无从谈起。因此，法人、非法人组织中的成员必须受决议行为的约束，即使其表达了不同的意思表示。当然，为了保障反对者的利益，法律一般也会规定相应的“退出机制”，而不会一味强求（例如《公司法》第 74 条）。

2. 民事法律行为的变更或者解除

情事往往瞬息万变，在很多情况下已经实施的民事法律行为确实需要改变。法律并不禁止这些改变，但是这一改变必须按照法律的规定或者各方当事人共同的新的意思表示一致来进行。这也是充分保障意思自治的体现。以下主要讨论合同行为的变更或解除。

当事人协商一致的，可以变更合同或者解除合同；当事人也可以约定一方解除合同的事由，解除合同的事由发生时，解除权人可以解除合同（《民法典》第 562 条）。此外，法律还规定了合同的法定解除权。根据《民法典》第 563 条的规定，当事人在以下情形下可以解除合同：因不可抗力致使不能实现合同目的；在履行期限届满之前，当事人一方明确表示或者以自己的行为表明不履行主要债务；当事人一方迟延履行主要债务，经催告后在合理期限内仍未履行；当事人一方迟延履行债务或者有其他违约行为致使不能实现合同目的；法律规定的其他情形。

合同的解除需要遵守以下程序：第一，法律规定或者当事人约定了解除权行使期限，期限届满当事人不行使的，该权利消灭；法律没有规定或者当事人没有约定解除权行使期限，经对方催告后在合理期限内不行使的，该权利消灭。第二，有解除权的当事人一方主张解除合同的，应当通知对方，合同自通知到达对方时解除。对方有异议的，可以请求人民法院或者仲裁机构确认解除合同的效力。第三，合同解除后，尚未履行的，终止履行；已经履行的，根据履行情况和合同性质，当事人可以要求恢复原状、采取其他补救措施并有权要求赔偿损失。

第二节　意思表示

第一百三十七条

以对话方式作出的意思表示，相对人知道其内容时生效。

以非对话方式作出的意思表示，到达相对人时生效。以非对话方式作出的采用数据电文形式的意思表示，相对人指定特定系统接收数据电文的，该数据电文进入该特定系统时生效；未指定特定系统的，相对人知道或者应当知道该数据电文进入其系统时生效。当事人对采用数据电文形式的意思表示的生效时间另有约定的，按照其约定。

【本条主旨】 本条有两款。第 1 款是关于以对话方式作出的意思表示之生效时间的规定。第 2 款是关于以非对话方式作出的意思表示之生效时间的规定。

【核心概念】

到达主义　到达主义也称收到主义，是指意思表示到达相对人时生效。到达是指意思表示进入了相对人的影响范围之内，例如送到营业场所或者信件接收人手里，至于相对人是否实际了解、理解了该意思表示，在所不问。在到达主义下，作出意思表示的人要承担意思表示不能到达的风险，这样可以强化作出意思表示的人关于意思表示能否按时到达的意识，并激励其尽可能采取能确保意思表示顺利到达的发送方法。

发信主义　发信主义也称发出主义，是指意思表示一旦被发出（通常为邮寄）即发生法律约束力。按照发信主义原则，要约人只要发出了要约，即丧失了对要约的控制，便不可能再改变主意、撤回要约。一般认为，英美法采发信主义，而德国法等则采到达主义。《民法典》第 137 条将意思表示区分为对话形式作出与非对话形式作出，并规定了不同的生效时间。

数据电文　数据电文是指以电子、光学、磁或者类似手段生成、发送、接收或者储存的信息（《电子签名法》第 2 条）。数据电文的具体表现形式包括但不限于：电报、电传、传真、电子数据交换、电子邮件、短信、网页、客户端、电话语音。需要注意，并非所有的数据电文都是书面形式。只有能够有形地表现所载内容并可以随时调取查用的数据电文，才能被视为符合法律、法规要求的书面形式（《电子签名法》第 4 条）。

§条文详解§

一、对话方式与非对话方式作出的意思表示各自的生效时间

本条规定的意思表示都是有相对人的意思表示，无相对人的意思表示的生效时间依据《民法典》第 138 条的规定处理。对话方式主要是指当事人之间就意思表示的内容能够直接地、只耗费相当少时间地交流的方式；非对话方式是指当事人之间在意思表示的作出和得知之间存在一定时间距离的交流方式。[①] 交流意思表示是否需要一个客观的时间距离，是区分对话方式与非对话方式的真正意义所在，也是法律对以这两种方式作出的意思表示规定不同生效时间的原因。

1. 本条第 1 款规定，以对话方式作出的意思表示，相对人知道其内容时生效

对此进行理解时要把握两个重点：一是何谓"对话方式"，二是何谓"了解其内容"。在德国民法中，对于"对话方式"，一般理解为在场人的口头表示，或者通过电话、电视会议等能够保证当事人直接地、不必耗费较多时间地交流的方式表示。[②] 对话方式的核心在于能够即时交流，因此，只要是当事人之间作出和收到意思表示之间不必耗费可观时间的方式，都属于对话方式。对话方式虽然以当事人之间当场口头表达为典型表现形式，但是不应限定于此。不在现场的当事人通过电话、现场视频等方式与相对人即时作出意思表示的，也应当认定为对话方式。在现场的当事人不以口头语言形式，而以其他能够即时交流的方式作出意思表示的，例如，以纸笔书写方式（听觉障碍者）、手语方式（口语障碍者）、手势方式（拍卖中举牌）等等，都应当认定为属于对话方式。[③] 当事人通过传达人

---

① 迪特尔·施瓦布．民法导论．郑冲，译．北京：法律出版社，2006：374－375.

② 迪特尔·施瓦布．民法导论．郑冲，译．北京：法律出版社，2006：374. 王泽鉴．债法原理．北京：北京大学出版社，2009，126.

③ 相反，对于电子邮件、短信、微信信息等而言，通常其是否能进入相对人的系统并不取决于相对人的意志，因此也就不能保证相对人即时地了解对方的意思表示，进而不应认定为对话方式。但是，就电话或现场视频等方式而言，只要相对人不予开启，电话就无从接通，视频就无从开播，因此，这些方式是可以确保相对人即时地了解对方的意思表示的，进而应当认定为对话方式。

传达的口头表示，也应当认定为属于对话方式。[①]

“知道其内容”是指相对人“获悉”该意思表示的内容，至于相对人是否正确地理解了该意思表示的内容，则在所不问。具体来讲，通过当场口头表示或者非当场的电话、现场视频等即时形式表示的，“知道”是指相对人听到、听完意思表示；通过当场纸笔书写交流、手语交流、手势交流的，“知道”是指相对人看到、看完意思表示。

2. 本条第 2 款规定，以非对话方式作出意思表示的，到达相对人时生效

作出意思表示后，相对人不能即时接收该意思表示的，都应当认定为是以非对话方式作出意思表示。非对话方式有两个要件：第一，当事人一定不是当场作出和接收意思表示；第二，在表意人作出意思表示与相对人接收该意思表示之间存在一个可观的时间距离。

本条第 2 款规定的“到达”，并不要求意思表示之载体一定要交付到相对人手中，而只要求送达到相对人所能控制的领域，以至于相对人依通常情况已经具有得知意思表示内容的可能。[②] 但是，需要注意，并非任何将意思表示送达相对人控制领域的情况都可以被视为到达，意思表示必须以以下方式到达相对人的领域：以就该意思表示而言为通行的方式送达，或者虽然不是通行方式，但是该方式在表意人和相对人之间已经得到约定。[③]

二、数据电文方式的意思表示生效时间

本条第 2 款对于采用数据电文形式的意思表示进行了特别规定。本款区分了相对人是否指定了特定系统以接收数据电文的情况，规定了不同的生效时间。其中，相对人指定特定系统接收数据电文的，意思表示自该数据电文进入该特定系统时生效；在相对人未指定特定系统时，意思表示自“相对人知道或者应当知道该数据电文进入其系统时生效”。

在未指定特定系统的情况下，如果发送的是要约，则不论认为要约是自进入收件人任何系统的首次时间生效还是自收件人知道或应当知道其进入其系统时生效，影响不大，因为即使要约生效，只要相对人不承诺，要约即不对双方产生约束力，何况要约还能撤回或撤销。关键在于，如果发送的是承诺，则对于当事人而言，利害巨大。承诺生效时合同即成立，对双方当事人具有约束力。而相对人很有可能在不知合同已成立的情况下需要承担履行合同的义务、违约责任等，这

---

① 德国民法通说也认为表意人的传达人传达的口头表示，适用获悉说。迪特尔·施瓦布．民法导论．郑冲，译．北京：法律出版社，2006：376－377.

② 迪特尔·施瓦布．民法导论．郑冲，译．北京：法律出版社，2006：376. 韩世远．合同法总论．2版．北京：法律出版社，2008：72.

③ 同①376.

对于相对人来说并不公平、过于苛责。因此，《民法典》规定，自相对人知道或者应当知道数据电文进入其系统时生效。需要注意，此处的“知道或者应当知道”指的是对于该数据电文进入系统这一事实的知悉，至于是否了解、理解该数据电文的内容，在所不问。

这一规定对发出意思表示的一方分配了更重的举证责任负担，不过，这也是一种激励，即鼓励当事人之间尽量约定特定的系统接收数据电文，毕竟这一约定几乎不需要什么成本，而且也有利于减少纠纷的发生以及纠纷的解决。另外，法律之所以对数据电文与其他非对话方式作出区别，也是因为考虑到数据电文的特性。毕竟相较于传统方式，数据电文具有一定的“虚拟性”，当事人可能明确地知道自己有几个邮筒并会经常查看，但当事人很可能并不明确地知道自己究竟有几个数据系统，而且可能也不会经常予以查看。

本条第 2 款最后一句规定，“当事人对采用数据电文形式的意思表示的生效时间另有约定的，按照其约定”。这主要是考虑到相较于传统方式，数据电文的形式非常多样，法律不宜进行“一刀切”式的规定。《电子签名法》第 11 条第 3 款也作了类似规定。需要注意，当事人的约定应当明确；约定不够明确，应当根据法律的相关规定予以补足，根据法律的相关规定仍然不能补足其明确性的，应当视为未作约定。例如，对于采用数据电文形式的意思表示的生效时间，当事人约定自发送时生效，但是并未约定如何判断“发送时”。此时可以依据《电子签名法》第 11 条第 1 款的规定，认定“数据电文进入发件人控制之外的某个信息系统的时间，视为该数据电文的发送时间”。

第一百三十八条

无相对人的意思表示，表示完成时生效。法律另有规定的，依照其规定。

【本条主旨】 本条是关于无相对人的意思表示生效时间的规定。

【核心概念】

无相对人的意思表示 无相对人的意思表示是指不需要相对人受领，只要表意人完成表示行为就认为意思表示已经发出并且生效的意思表示。无相对人的意思表示一般存在于单方民事法律行为中。但并非所有的单方民事法律行为中的意思表示都是无相对人的意思表示。只有在无相对人的单方民事法律行为中，意思表示才无须相对人受领而自表示完成时生效。例如，放弃所有权的意思表示为无相对人的意思表示，但是放弃抵押权的意思表示则为有相对人的意思表示。

§条文详解§

一、无相对人意思表示的具体情形

无相对人的意思表示主要是指所有权的放弃以及立遗嘱行为。[①] 本条规定无相对人的意思表示自表示完成时生效，主要是指所有权的放弃。如上所述，在所有权放弃的情形，无法通知“所有相对人”使其获悉这一意思表示，因此，法律规定自表示完成时意思表示即生效。此外，这也是为了使民事法律关系尽快得到稳定，因为不论是相较于发信主义还是相较于到达主义，表示完成即生效都要来得更为迅捷。

二、对于无相对人意思表示“表示完成时生效”的理解

双方民事法律行为、多方民事法律行为都需要当事人意思表示的一致才能成立，决议行为一般也要求涉及多个民事主体，因此，在这些民事法律行为中，意思表示通常都是需要相对人受领的。只有在单方民事法律行为中，才有可能存在无相对人的意思表示。然而，即使是在单方民事法律行为中，意思表示通常也是有相对人的，例如，放弃抵押权的意思表示需要向相对人作出。理由在于，在这些单方民事法律行为中，所涉及的民事权利义务关系的变动，仅仅限于有限的民事主体。任何民事主体都有权利获悉自身权利义务关系的变动，哪怕是义务的免除，只要这一通知—获悉的程序是可能的并且是合适的。所有权的放弃没有相对人，是因为相对人是其他所有民事主体，通知—获悉的程序没有可能实施；立遗嘱不需要相对人是因为这一通知—获悉程序的实施会产生十分不合适的后果，即继承人之间过高的继承期待以及极有可能出现的干涉立遗嘱人使其改变遗嘱的情形。

对于“表示完成时”的理解，需要注意表示可以分为明示和默示两种。明示是指以语言、文字或其他的举动来直接表示内心的意思；默示则是指以其他方法间接使人推知其内心的意思。除了法律明确规定必须以明示作出意思表示的，明示的意思表示与默示的意思表示具有同等的效力。[②]

三、“法律另有规定”的情况

“法律另有规定的，依照其规定”主要是指立遗嘱的行为。立遗嘱的意思表示自被继承人死亡时生效。

---

① 对于继承权的放弃究竟是有相对人的意思表示还是无相对人的意思表示，比较法上有不同看法。王泽鉴．民法总则．增订版．北京：中国政法大学出版社，2001：350－351．刘得宽．民法总则：增订四版．北京：中国政法大学出版社，2006：166．

② 刘得宽．民法总则：增订四版．北京：中国政法大学出版社，2006：211．

第一百三十九条

以公告方式作出的意思表示，公告发布时生效。

【本条主旨】 本条是关于以公告方式作出的意思表示生效时间的规定。

【核心概念】

公告方式的意思表示　公告方式的意思表示，是指以公告的方式作出意思表示。公告，是指向公众发出的通告。公告既可以在公告栏或其他公共区域张贴，也可以在报纸、信息网络等媒体上刊登。① 公告的核心在于使不特定多数人具有知悉该意思表示的可能。

§条文详解§

一、以公告方式作出的意思表示

以公告方式作出的意思表示，既可以是有相对人的意思表示，也可以是无相对人的意思表示。对于无相对人的意思表示而言，由于不需相对人受领，因而原则上可以以公告方式作出。以公告方式作出的无相对人的意思表示，自公告发布时即表示完成时生效。但是，对于有相对人的意思表示，由于该意思表示需要向特定的相对人作出并送达，因而原则上不应当采用公告的方式作出，除非相对人难以联系或者因为各种客观情事，无法以其他方式作出意思表示。

此外，有一些意思表示对于当事人的民事权利义务关系将产生十分重大的影响，或者依据交易习惯、行为性质不适宜采用公告方式作出意思表示的，则这些意思表示绝对地不能以公告方式作出，例如承诺。根据《民法典》第480条的规定，承诺应当以通知的方式作出，但根据交易习惯或者要约表明可以通过行为作出承诺的除外。承诺应当在要约确定的期限内到达要约人。要约没有确定承诺期限的，承诺应当依照下列规定到达：要约以对话方式作出的，应当即时作出承诺，但当事人另有约定的除外；要约以非对话方式作出的，承诺应当在合理期限内到达。

以公告方式作出意思表示最为典型的情形是悬赏广告，因为在悬赏广告作出之时，还不存在确定的相对人，发出悬赏广告的人无从以其他方式向不特定相对人作出意思表示。

此外，需要注意，有一些公告在形式、内容上与意思表示相类似，但是在法律性质上并不属于意思表示。例如拍卖公告、招标公告、商业广告等，一般都只

---

① 《最高人民法院关于适用中华人民共和国民事诉讼法的解释》(法释〔2015〕5号）第138条.

能作为要约邀请，而不是要约（《民法典》第 473 条第 1 款）。

二、公告发布的程序与媒介

对于一般公告的发布程序与媒介，法律原则上不作要求，只要求具有使不特定多数人获得知悉该意思表示的可能。例如，如果仅仅是在自家封闭的院子里张贴公告，则几乎没有使得他人获悉该意思表示的可能，因此不宜认定为意思表示生效。但是如果是张贴在自家墙外，即使地处偏僻，少有人迹，也不妨碍意思表示的生效，因为不特定多数人知悉意思表示的可能性已然现实存在。至于在网络等媒介上发布公告，则只要已经公开发布，意思表示即已生效。

但是，对于一些特殊的以公告方式作出的意思表示，对于其发布程序与媒介，法律法规也可能作出一定的要求。法律法规明确作出要求的，依照其规定。

三、公告方式作出意思表示自公告发布时生效的原因

以公告方式作出意思表示的，之所以规定自公告发布时生效，主要是因为公告的受众具有不确定性，根本无从判断相对人何时了解该公告内容或该公告何时到达相对人。此外，在有相对人的意思表示，公告一经作出，即有被知悉的可能，相对人即可能采取预备行动。如果以公告方式作出的意思表示的生效时间规定得过晚，将不利于对相对人的保护。而在无相对人的意思表示，表示完成时即生效，此处表示完成时即是公告发布时。

另外需要注意，还有一些公告往往具有一定的公告期，在公告期满后才发生一定的法律效果。但是这些公告一般都并非作出意思表示，而是其他法律性质的公告。

第一百四十条

行为人可以明示或者默示作出意思表示。

沉默只有在有法律规定、当事人约定或者符合当事人之间的交易习惯时，才可以视为意思表示。

【本条主旨】本条有两款。第 1 款是关于行为人可以选择明示或者默示的方式作出意思表示的规定。第 2 款是关于沉默视为意思表示的规定。

【核心概念】

明示的意思表示　明示的意思表示是指行为人以语言、文字或其他方式直接地将内心意思予以表示的意思表示。明示的意思表示有多种表现形式，如口头形式、书面形式等等，不一而足。明示的意思表示的核心在于直接表达。所谓直接是指依据社会一般大众的认识，都能够充分地理解其内心的意思。例如，在拍卖场中，竞买人以举手的方式作出意思表示。这一“举手”的动作，虽然仅仅是一个手势，但是一般社会大众都能理解其意义。

默示的意思表示　默示的意思表示是指行为人以能够被推知的方式间接地将内心意思予以表示的意思表示。[①] 默示的意思表示的核心在于间接推知，即依据当事人的行为，可以推测其内心的意思。所谓间接是指依据社会一般大众的认识，尚不能够直接地判断其内心究竟具有何种意思，而只有结合各方相关当事人的其他行为才能加以判断。[②]

沉默　沉默是指单纯的不作为，即当事人既未直接明确表达其内心意思，也不能通过其他事实推知其内心意思。沉默原则上不具有意思表示的功能。沉默不同于默示的意思表示。在默示的意思表示，表意人是在作出行为，以至于其他人可以通过其他事实推知这一行为所包含的民事法律行为意义上的意思。但是，在沉默，则是当事人完全不作为。沉默仅仅在法律有明确规定、当事人有明确约定或者符合当事人之间的交易习惯时，才能被视为意思表示。

§条文详解§

一、明示或者默示意思表示方式的选择自由，体现了民法自愿原则（意思自治）的精神

本条第1款规定意思表示既可以以明示作出，也可以以默示作出。法律对于意思表示的形式不加严格限制，而是赋予当事人极大的选择权。这是民法意思自治原则的一种体现。当事人可以自主设计自己的生活，自然也可以自主选择意思表示的方式。

但是，需要注意，当事人作出意思表示将会影响民事主体之间的民事法律关系，因此，对于意思表示的形式，也应当有一定的限制，以平衡各方的利益。明示的方式简单明了、易于理解，因此，当事人应当尽可能地采用这一方式来作出意思表示，以减少误解等纠纷的发生。但是，如果双方之间对于特定的默示行为已经达成了相当的共识与默契，则强制当事人每一次都必须作出明示的意思表示也无必要。因此，当事人在何种情况下选择明示方式、在何种情况下选择默示方式，应当依据所表示之意思的内容、相对人可理解的程度、交易安全与便捷等因素综合确定。

---

① 有学者认为默示的意思表示包括行为推定与沉默。马俊驹，余延满．民法原论．3版．北京：法律出版社，2007：191. 本书作者对此表示反对。

② 有学者认为在自助店拿取面包、在停车场停车也属于默示的意思表示。王泽鉴．民法总则．增订版．北京：中国政法大学出版社，2001：339. 本书对此表示反对，因为依据拿取面包、停车场停车的行为已经足以判断当事人的内心意思，而无须再结合其他行为综合判断以推知其内心意思，大可认定为是明示的意思表示而无妨。

二、沉默视为意思表示的三种情况

沉默不同于默示，已如上述。本条第 2 款规定沉默原则上不得被视为意思表示，理由在于：民事法律行为不同于一般的行为，其作为法律事实，能够产生设立、变更、消灭民事法律关系的后果。这一行为的突出意义，使我们通常都是从一个人去做某件特定的事情来判断其意思，而不是从某人不做某件特定的事情来推断其意思。[①] 而且，如果一个人什么事情也没有做仍会产生变动民事法律关系的后果，则对于任何一个民事主体而言都是极其危险的。如果这成为常态，正常的民事生活将被毁灭，因为时刻可能“飞来横祸”。

沉默仅在以下三种情况下例外地被视为意思表示，这三种例外情况有一个共同点，即沉默作为意思表示都是针对特定的当事人而言，对于其他民事主体，该沉默没有任何法律意义。

第一，法律有明确规定。在一些特定情形下，法律对于沉默赋予意思表示的效果，其实质是对意思表示的拟制，至于当事人是否希望此种法律后果的发生，在所不问。[②] 法律作此拟制，意在使民事法律关系尽快被确定下来，而不要长期处于不确定的状态。法律既可能将沉默拟制为反对，也可能将沉默拟制为同意。前者如《民法典》第 145 条、第 171 条的规定，后者如《民法典》第 734 条第 1 款的规定。[③]

第二，当事人之间事先约定将沉默作为意思表示。在当事人已经进行了事先约定的情况下，沉默就已经不再是简单的“单纯不作为”，对于当事人而言，沉默俨然已经被看作是一种意思表示了，此时的不作为具有特殊的意义。[④] 但是，需要注意，沉默作为意思表示也仅仅是对于已经进行了约定的当事人而言，对于其他民事主体，该沉默同样不作为意思表示。

第三，该沉默符合当事人之间的交易习惯。这一交易习惯一般是指在一个固定的交易关系当中或者在特定的交易圈子中的通行做法。[⑤] 在存在这样的交易习惯的时候，相对人对于这一交易习惯是存在信赖利益的，因此应当予以保护。

第一百四十一条

行为人可以撤回意思表示。撤回意思表示的通知应当在意思表示到达相对人

---

① 迪特尔·施瓦布．民法导论．郑冲，译．北京：法律出版社，2006：347.

② 王泽鉴．民法总则．增订版．北京：中国政法大学出版社，2001：340.

③ 《民法典》第 734 条规定：租赁期限届满，承租人继续使用租赁物，出租人没有提出异议的，原租赁合同继续有效，但租赁期限为不定期。

④ 同①346－347.

⑤ 同①347.

前或者与意思表示同时到达相对人。

【本条主旨】本条是关于行为人撤回意思表示的规定。

【核心概念】

意思表示的撤回　意思表示的撤回是指意思表示发出以后、生效之前，表意人将其意思表示撤回。意思表示的撤回不同于意思表示的撤销，后者是指将已经生效的意思表示予以撤销。无相对人的意思表示只能撤销，无所谓撤回。有相对人的意思表示在生效以后不能撤回，只能撤销。对于采发信主义的英美法系而言，意思表示不能撤回。我国原则上采到达主义，意思表示到达相对人时生效，因此，撤回意思表示的通知应当在意思表示到达相对人前或者与意思表示同时到达相对人。

撤回意思表示的通知　撤回意思表示的通知是指以撤回原意思表示为内容的意思表示。撤回意思表示的通知在法律性质上仍然是一个意思表示，只是其内容是撤回原意思表示。撤回意思表示应当以通知的方式作出。但是，通知所采取的具体形式可以与原意思表示的形式不同，例如，原意思表示以信件寄出，撤回原意思表示的通知可以电报拍出。

§条文详解§

一、法律规定行为人“可以撤回意思表示”的原因

行为人可以撤回意思表示，最根本的原因在于该意思表示尚未生效。虽然一项意思表示自成立时起就对表意人具有一定的约束力，但是，在该意思表示生效之前，这一约束力是较弱的。既然意思表示尚未生效就意味着相对人还不知晓这一意思表示，那么，允许原表意人撤回对于相对人而言也并无不利之处。而且，是否撤回意思表示是当事人的独立意志，也是其践行意思自治原则的体现。因此，法律允许行为人撤回意思表示。

需要注意，并不是所有的意思表示都可以撤回。无相对人的意思表示以及以公告方式作出的意思表示，分别自表示完成时①、公告发布时生效，在意思表示作出与生效之间根本没有时间间隔，因此这些意思表示均不能撤回。此外，对于以对话方式作出的意思表示而言，因作出与接收（生效）之间的时间间隔也十分短暂，几乎可以忽略不计，所以，原则上其也不能予以撤回。

二、撤回的时间、方式

本条规定，撤回意思表示的通知，应当在意思表示到达相对人前或者与意思

---

① 虽然遗嘱是在立遗嘱人死亡时生效，但是其同样无所谓撤回的问题。

表示同时到达相对人。这是因为能够撤回的意思表示只能是生效之前的、有相对人的、以非对话方式作出的意思表示，按照《民法典》第 137 条第 2 款的规定，这类意思表示在到达相对人时生效。因此，撤回的通知必须在原意思表示生效（到达）前到达，或者二者同时生效（同时到达），才能产生撤回的效果。

撤回必须以通知的方式作出，而不能以其他方式作出。至于通知的形式，在所不问，口头、书面、数据电文等均可。法律对撤回的方式作出限制，是因为撤回意思表示对于相对人而言意义重大，如果撤回的意思表示不够清楚、明确，则很有可能损害相对人的利益，例如，相对人收到要约后即着手准备工作。而通知的方式足够清楚、明确能够确保相对人知晓表意人撤回原意思表示的意志。

由于撤回意思表示所撤回的是尚未生效的意思表示，因此相比于撤销已经生效的意思表示，其对相对人的利益影响较小，故法律一般仅要求撤回意思表示的通知提前到达或者同时到达，而不作其他限制。但是对于意思表示的撤销，则会规定更多的限制（《民法典》第 476 条）。

在原意思表示到达相对人之后，撤回的通知才到达相对人的，根据原意思表示性质的不同，会有不同的法律效果。第一，要约到达相对人后，撤回要约的通知才到达相对人的，如果相对人尚未发出承诺的通知，则该撤回的通知视同撤销的通知，产生撤销原要约的效果；但是，如果相对人已经发出承诺的通知，或者要约人确定了承诺期限或者以其他形式明示要约不可撤销，或者受要约人有理由认为要约是不可撤销的并已经为履行做了准备工作的，则该撤回的通知无效，不发生撤回或撤销原意思表示的法律后果。第二，承诺到达相对人之后，撤回承诺的通知才到达相对人的，撤回的通知无效，不发生撤回或撤销原意思表示的法律后果。

第一百四十二条

有相对人的意思表示的解释，应当按照所使用的词句，结合相关条款、行为的性质和目的、习惯以及诚信原则，确定意思表示的含义。

无相对人的意思表示的解释，不能完全拘泥于所使用的词句，而应当结合相关条款、行为的性质和目的、习惯以及诚信原则，确定行为人的真实意思。

【本条主旨】本条有两款。第 1 款是关于有相对人的意思表示的解释之规定。第 2 款是关于无相对人的意思表示的解释之规定。

【核心概念】

文义解释 文义解释又称文字解释或者语义解释，是指对所需解释之文本的字义的解释，尤其是指对其中疑难字句的解释。意思表示的文义解释，则是指通过对于意思表示所使用的文字、语句的含义的解释，来探求意思表示所表达的表意人的真实意思。对于文义解释，应当作如下理解：第一，如果使用的是一般词句，则应当按照一般的通常的含义来解释；如果使用的是专业用语，则应当按照专业上的特殊含义来解释。第二，如果各方当事人对于意思表示使用的词句存在一致的理解，则应当按照这一共同理解来解释。第三，如果当事人之间理解不同，则应当以一个合理的人处于缔约环境中对意思表示用语的理解为准，来探求该用语的含义。①

目的解释　目的解释是指对于意思表示的文本存在作两种解释的可能时，应当选取其中最合于意思表示目的的解释。② 对于目的解释，应当作如下理解：第一，如果某一意思表示既可以被解释为有效，也可以被解释为无效，则应当尽可能按照有效来解释。第二，根据意思表示的目的进行解释时，应当考虑的是当事人作出意思表示时的目的。第三，考虑意思表示的目的不仅需要考虑表意人的目的，存在相对人时也要考虑相对人的目的。③

§条文详解§

一、将意思表示的解释分为“有相对人的意思表示”与“无相对人的意思表示”的原因

法律之所以作此区分，一般认为是基于以下原因：有相对人的意思表示，其只有向相对人作出才能生效，作出这一意思表示的目的在于使相对人能够知悉意思表示的内容。因此，对于有相对人的意思表示而言，对其解释所应当探求的，不应该拘泥于表意人的内心真意（不足以保护相对人），也不应该只从相对人所了解的意思内容这一立场出发进行解释（不足以保护表意人）。为了平衡当事人的利益以及合理地分配风险，应当以客观上的表示作为认定意思表示内容的准则。相反，无相对人的意思表示无须向相对人作出，对其而言，并无相对人之信赖利益保护的问题，因此即应探求表意人的内心真意。④

虽然说有相对人的意思表示的解释应当探求表示的客观意义、无相对人的意思表示的解释应当探求表意人的内心真意，但是二者在解释时的鸿沟绝非表面上看上去那样大。有相对人的意思表示的解释同样需要尽量探求表意人的内心真意，例如，在表意人的表示行为出现错误时，就不能仍然按照原词句进行所谓的

---

① 苏号朋．合同法教程．3版．北京：中国人民大学出版社，2015：157.

② 需要注意，“意思表示的解释”这一语境下“目的解释”的含义与“法律解释”语境下“目的解释”的含义略有不同，后者是指“以法律规范目的，阐释法律疑义之方法”，其中的“目的”尤其是指“法律之整个目的”。杨仁寿．法学方法论．2版．北京：中国政法大学出版社，2013：172－175.

③ 同①158.

④ 王泽鉴．民法总则．增订版．北京：中国政法大学出版社，2001：408－409.

客观意义的解释。同时，在解释无相对人的意思表示时，同样也要考虑到所使用词句的客观意义，“不能完全拘泥”绝不意味着“不依据”。不论如何进行解释，除非有充分证据予以支持，否则解释的结果都不应当与所使用之词句的原意有过远的射程，否则，难免有“改变”原意思表示之嫌。因此，在对任何意思表示进行解释时，都应该同时兼顾表示的客观意义与表意人的内心真意，尽量调和二者之间的紧张状态；只不过，在解释这两种意思表示时，侧重点略有不同。

二、有相对人的意思表示的解释要遵循的原则和方法

对于有相对人的意思表示而言，如果表意人和相对人对意思表示的具体含义的理解并无二致，则几乎不需要特别的解释方法予以介入。只有在表意人所主张的理解与相对人所主张的理解存在差异时，才需要遵循一定的解释方法，来“决定”该意思表示“在法律上”的意义。① 因此，需要特别注意，以下关于有相对人的意思表示的解释，都是在当事人之间存在不同理解的前提下进行讨论的。具体而言，对于有相对人的意思表示的解释应当遵循以下原则、方法。

第一，应当按照所使用的词句进行解释。所谓词句，就是指对意思表示进行表达的语言、文字，至于其具体载体，在所不问，纸质、声音、影像、数据电文，无一不可。意思表示需要进行表示，词句就是意思外在表示的载体。表意人的意思表示是以“这样的词句”到达相对人并产生效力，相对人接受的也是“这样的词句”并据此进行理解。因此，意思表示的词句就构成了表意人与相对人之间沟通的桥梁，是二者达成共同理解的基石。因此，意思表示的解释，首先是依词句进行解释。尤其需要注意的是，本条第 2 款规定“不能完全拘泥于所使用的词句”，但是在第 1 款中未作此规定。但是不能由此得出在解释有相对人的意思表示时应当或者可以拘泥于所使用的词句的结论。在解释有相对人的意思表示时，同样不能完全拘泥于所使用的词句。当当事人之间各自的理解存在差异时，应当从一般社会大众的角度，基于意思表示作出时的具体情形，来判断“词句”所理应表达的意思。

第二，应当结合相关条款解释词句。文本不会孤立存在，对部分文本的理解必须依赖对整体文本的理解，而对整体文本的理解也必须依赖对部分文本的理解。这一“解释学循环”的基本原理要求我们在解释意思表示所使用的词句时，必须与该意思表示中的其他相关部分结合起来考虑，因为：毕竟，当事人作出与接收的是“那一整个意思表示的文本”，而不是其中的“那一部分词句”；而且，就词句作为语言而言，“语境”是至关重要的，脱离了一定的语境，词句难以表

---

① 至于这种差异的原因，根本在于“理解的多样性”。多样的不同理解，既可能来源于解释者，也可能来源于所需解释的文本。维尔纳·弗卢梅．法律行为论．迟颖，译．北京：法律出版社，2013：342.

达确定的含义。

第三，应当结合行为的性质和目的来对词句进行解释。一方面，如果行为本身的性质和目的不同，则对其进行解释时所循的原则和方法也可能有所不同。例如对于死因行为与身前行为的解释方法可能就存在较大差异。[①] 另一方面，表意人和相对人都不是孤立的民事主体，而是生活在社会中的人，故其理解意思表示时，势必会受到这个社会对该意思表示的理解的影响。而对一个“行为”进行“性质和目的”上的判断，体现的就是这个社会的共同认识。例如，买卖行为，其性质和目的就是有偿的、为转移物的所有权的，这是这个社会的共同认识，当事人必须予以遵守。

第四，应当结合习惯来解释词句。需要注意的是，这里的“习惯”与《民法典》第10条规定的“习惯”并不完全相同。在依“习惯”来解释意思表示时，要特别注意，只有在这一习惯是相关团体中所有成员都一致认同的[②]，而且可以推知当事人有遵守这一习惯的意思时[③]，才可以依据习惯来解释意思表示。此外，还需注意，某一部分人之间通行的习惯不能随意强加给这部分人以外的人。[④]

第五，应当依据诚信的原则来解释意思表示。这是指运用一切必要的方法，来尽量使意思表示解释的结果符合公平正义的要求。诚实信用是民法的基本原则，在进行意思表示的解释时，自然也应当遵守。诚实信用的具体内容无法一一列举，只要对于达到妥当的解释为必要，即可纳入此原则中。例如，人们所使用的表示标志（姿势、话语等）在不同的语言、生活、职业和商业圈中可能会有不同的含义，那么在解释时就需要特别予以注意；对于需受领的意思表示，应当尽量从受领人角度出发来予以解释[⑤]；等等。

唯应注意，诚信原则的这种不确定性非但不是应当将其予以废除的理由，反而恰恰是其应当存在的依据。因为关于解释的规则“主要是一些缺乏实证内容的思维准则：法官获得有关实践逻辑的指导。有鉴于此，存在着将这些条款视为真正法律原则的风险，且规定的文意将被视为基本准则，只有在法律特别允许的情形中，才可以偏离该准则，而法律恰恰不可能列举所有可能出现的重要情形”[⑥]。而诚信原则恰恰可以成为缓和本条规定与具体案例之解释的紧张关系的润滑剂。因此，本书作者主张，本条规定解释方法，提供的仅是原则性的、提示性的指引，而非硬邦邦的机械式的流程。为了得到一个妥当的解释结果，依据诚信原

---

① 崔建远．意思表示的解释规则论．法学家，2016（5）．
② 维尔纳·弗卢梅．法律行为论．迟颖，译．北京：法律出版社，2013：366.
③ 我妻荣．我妻荣民法讲义：Ⅰ·新订民法总则．于敏，译．北京：中国法制出版社，2008：237.
④ 迪特尔·施瓦布．民法导论．郑冲，译．北京：法律出版社，2006：403.
⑤ 同④402－403.
⑥ 同②359－360.

则，可以打破本条关于解释的规定。

三、无相对人的意思表示的解释要遵循的原则和方法

无相对人的意思表示的解释，在本质上与有相对人的意思表示的解释并无不同，同样需要按照所使用的词句（此点尤其需要注意）①，结合相关条款、行为的性质和目的、习惯以及诚实信用原则，来确定行为人的真实意思。但是，本条第2款特别规定了“不能完全拘泥于所使用的词句”。一般认为，这是因为在解释无相对人的意思表示时，如果完全拘泥于所使用的词句，则在出现笔误或口误时会无法查明表意人的真实意思；而且此时没有相对人，不涉及相对人的信赖利益保护问题，可以适当突破词句去探寻表意人的内心真意。② 在表意人尚未死亡且能够找到的情况下，并不存在笔误或口误无法查明的忧虑，探寻表意人内心真意也绝非以突破意思表示所使用的词句为前提。因此，“不完全拘泥”的规定仅仅是一个指引性、提示性的规定，而绝非意味着鼓励解释主体任意或轻松地突破意思表示所使用的词句去进行解释。法律之所以特别作此提示，是因为在某些情况下，由于表意人死亡（如遗嘱）或者表意人作出表示后失去联系，而无相对人的意思表示又不依赖其他人的受领与理解，此时较容易发生词句使用错误但难以得到纠正的情况。因此，法律特别提醒解释者此时不要完全拘泥于所使用的词句。③

第三节　民事法律行为的效力

第一百四十三条

具备下列条件的民事法律行为有效：

（一）行为人具有相应的民事行为能力；

① 从《民法总则》制定过程中本条的变化也可以印证这一点。在《民法总则（草案）》的一、二、三次审议稿，甚至是在提请第十二届全国人民代表大会第五次会议审议的提请稿中，本条的规定都是“不能拘泥于”，但是在大会审议过程中作了修改，最终通过的文本是“不能完全拘泥于”，增加了修饰语“完全”。《民法总则》编入《民法典》时，此条未修改。

② 崔建远．意思表示的解释规则论．法学家，2016（5）．

③ 在有相对人的意思表示，往往存在争论，双方当事人之间有一个“辩论”的过程；但是在无相对人的意思表示中，解释者是中立的，他往往并没有太大的兴趣去“穷究”意思表示的真意，其“懒于穷究，而拘泥于词句”的可能性较当事人的为大。

（二）意思表示真实；

（三）不违反法律、行政法规的强制性规定，不违背公序良俗。

【本条主旨】 本条是关于民事法律行为有效要件的规定。

【核心概念】

民事法律行为有效 民事法律行为有效是指民事法律行为满足法律规定的有效要件，发生当事人所意欲发生的法律效果。已经成立的法律行为并不当然有效，只有满足了有效要件后，才能确定地有效，从而产生当事人在作出意思表示时所希望达到的法律效果。民事法律行为的有效要件包括：行为人具有相应的民事行为能力；意思表示真实；不违反法律、行政法规的强制性规定；不违背公序良俗。

§条文详解§

一、民事法律行为“有效”的三个要件

本条规定了民事法律行为有效所需具备的三个要件。

第一，行为人具有相应的民事行为能力。根据《民法典·总则编》第二章第一节的相关规定，不满8周岁的未成年人、8周岁以上不能辨认自己行为的未成年人、不能辨认自己行为的成年人，没有民事行为能力；8周岁以上的未成年人、不能完全辨认自己行为的成年人，具有部分民事行为能力；成年人、16周岁以上以自己的劳动收入为主要生活来源的未成年人，具有民事行为能力。法人、非法人组织具有完全民事行为能力。

行为人具有相应的民事行为能力意味着无民事行为能力人不能实施任何民事法律行为，限制民事行为能力人只能实施与其年龄、智力、精神健康状况相适应的民事法律行为，完全民事行为能力人可以正常实施民事法律行为。

第二，意思表示真实。意思表示真实是指表意人的表示行为应当真实地反映其内心的效果意思。意思表示不真实的情形及发生的原因有许多种：既可能是表意人故意使其内心真意与表示的意思不一致，例如心中保留、虚假行为；也有可能是表意人偶然地使内心真意与表示的意思不一致，此即民法中的“错误”；还有可能是存在意思表示的瑕疵，例如在受欺诈、受胁迫的情形下作出意思表示。[①] 在这些情形中，意思表示都是不真实的，但是这种不真实究竟会产生何种法律效果，有赖于法律的规定。

第三，不违反法律、行政法规的强制性规定，不违背公序良俗。前者属于“合法”要件，后者属于“妥当”要件。对“合法”要件进行理解时需要注意，

---

① 刘得宽. 民法总则：增订四版. 北京：中国政法大学出版社，2006：214-239.

在规范性文件的层级上，以法律、行政法规为限，违反其他规范性文件的规定不影响民事法律行为的效力。需要注意，这里的法律、行政法规并不单指民事法律、行政法规，而是指所有的法律、行政法规。只要其规定了涉及民事法律行为的效力性强制规定，即不得违反。此外，在规范类型上，以“强制性规定”为限，违反任意性规定的，不影响民事法律行为的效力。需要注意，虽然本条并没有明确区分“效力性的强制性规定”与“管理性的强制性规定”。但是，应当认为并非违反所有的强制性规定都会影响民事法律行为的效力，《民法典》第153条的规定也体现了这一点。只有违反效力性的强制性规定才会影响民事法律行为的效力。因此，本条中的“强制性规定”原则上是指效力性的强制性规定。

关于如何判断一项强制性规定究竟是否是“效力性”的，主流观点认为，可以从形式和实质两方面予以考察：从形式上看，如果一项强制性规定是“禁止任何人、在任何时间、在任何地点、以任何方式从事某类交易行为”，则该项强制性规定是效力性的；相反，如果一项强制性规定仅仅是“或者禁止特定人，或者禁止在特定时间，或者禁止在特定地点，或者禁止以特定方式从事某类交易行为”，则该项强制性规定是非效力性的。从实质上看，如果某项强制性规定的规范目的在于“直接维持或保护国家利益或社会公共利益”，则该项强制性规定属于效力性的强制性规定；相反，如果某项强制性规定的规范目的仅在于“直接维护特定的管理秩序，并不直接涉及国家利益或社会公共利益的维持或保护”，则该项强制性规定属于非效力性的强制性规定。[①]

对于“妥当”要件而言，公序良俗的概念具有一定的模糊性。我国学界对于违反公序良俗之情形的阐述也并不充分。然而，违反公序良俗的民事法律行为的法律效果则是直接无效。这一法律后果是如此严重，因此，在认定民事法律行为因违反公序良俗而无效时，应当特别慎重，以防公序良俗之违反沦为肆意否定民事法律行为之效力的工具。

二、民事法律行为成立、有效与生效的关系

民事法律行为的成立、有效与生效是不同的概念。成立，是指一项民事法律行为在事实上已经存在，但是是否能够顺利地实现当事人在这一民事法律行为中所欲达到的私法效果，则在所不问。民事法律行为的成立仅要求存在行为人、标的与意思表示即可。需要注意，作为成立的要件，“行为人、标的、意思表示”都不是严格要求的，而只是要求存在“类似的”“好像是的”行为人、标的、意思表示。例如，某中学高二（3）班与甲签订了一份买卖合同。此时，严格来说并不存在两个行为人，因为“高二（3）班”不是一个民事主体，它只是“像”

① 王轶．强行性规范及其法律适用．南都学坛（人文社会科学学报），2010（1）．

一个行为人。但对于判断合同是否成立来说，“行为人”的要件已经被满足了。

此点在“标的”“意思表示”两要件亦是如此。需要注意，《民法典》第502条第1款中规定，“依法成立的合同，自成立时生效”。《民法典》第136条也规定，“民事法律行为自成立时生效，但是法律另有规定或者当事人另有约定的除外”。这两个条文中的“成立时生效”只是描述正常的、典型的民事法律行为的“成立”与“生效”之间的通常关系，不能由此反推，认为民事法律行为“成立”也要求严格意义上的“具有民事行为能力的行为人、真实的意思表示、合法且妥当的标的”。

一项已经成立的民事法律行为并不必然有效，它只有满足了本条规定的有效要件，才是有效的，否则，它可能是无效的、效力待定的、可撤销的。“有效”和“生效”几乎具有相同的意义，在平常的使用中大家也不会刻意加以严格区分。但是，此二者之间也有细微的差别，差异主要在于附条件与附期限的民事法律行为。在此情形下，“有效”的民事法律行为可能尚未“生效”，其只有在生效条件成就或者生效期限届至时，才“生效”。

第一百四十四条

无民事行为能力人实施的民事法律行为无效。

【本条主旨】本条是关于无民事行为能力人实施的民事法律行为无效的规定。

【核心概念】

民事法律行为无效　民事法律行为无效是指已经成立的民事法律行为，由于缺乏法律要求的有效要件并具备法律规定的无效要件，而自始、当然地不发生效力。对此予以理解时需要注意以下几点：第一，缺乏有效要件的民事法律行为不一定无效，也可能是属于效力待定、可撤销等。只有具备了法律特别规定的无效要件，民事法律行为才无效。第二，民事法律行为无效，是自始、当然地无效。所谓自始无效，是指自作出这一民事法律行为开始，就一直是无效的，从不曾有效过。由此区别于嗣后无效。[①] 所谓当然无效，是指无效的民事法律行为无须任何人主张，自然就是无效的。但是，需要注意，这是在对无效要件不存在争议的情况下而言，如果对于是否满足无效的要件尚存争议，则各当事人需要对各自的主张负担举证责任，或者由人民法院依职权查明。

① 例如，附解除条件或附终止期限的民事法律行为在条件成就前或期限届至前是有效的，嗣后才失去效力。

§条文详解§

一、两种无民事行为能力人实施的民事法律行为无效

无民事行为能力人是针对自然人而言的，法人、非法人组织都具有完全的民事行为能力。至于不具有民事主体资格的非法人组织所作出的民事法律行为，应当认定为是由该组织的自然人、法人、非法人组织等成员作出。根据本法的规定，无民事行为能力人包括：第一，不满8周岁的未成年人；第二，不能辨认自己行为的人。需要注意，这两个条件只要满足其一，就是无民事行为能力人。不满8周岁的未成年人，即使能够辨认自己的行为，也是无民事行为能力人。只要不能辨认自己的行为，不论年龄大小，都是无民事行为能力人。无民事行为能力人实施的民事法律行为无效。

二、"无效"的理由及"无效"的具体效果

法律之所以规定无民事行为能力人实施的民事法律行为无效，是因为其根本缺乏有效要件中的"具有相应的民事行为能力"这一要件。从更深层次讲，无民事行为能力人根本无法作出或接收真正的意思表示，而民事法律行为的有效以合格的意思表示为基础。换言之，在民法看来，一个无民事行为能力人在"实施民事法律行为"时，他根本不知道这会产生什么样的法律后果，自然也就谈不上去追求这种法律后果的实现。对于自己实施的行为的这种"完全不理解"，是法律直接规定该行为无效的根本理由。而且，如果法律允许这样的行为正常发生效力，无疑会给行为人带来巨大的风险，可能极大地损害他的权益。在这里，对无民事行为能力人利益的保护，优于对交易安全的考量。

这一"无效"具体产生以下法律效果：第一，该民事法律行为自始、当然地不发生效力。在效果上等同于意思表示根本没有作出，民事法律行为从来没有成立。第二，该民事法律行为并不随着无民事行为能力人成为限制民事行为能力人或者完全民事行为能力人而变得"有效"。在未成年人长大、成年，或者在不能辨认自己行为的人获得辨认的能力后，其在无民事行为能力期间实施的行为依然是无效的。这是自始、当然无效的必然逻辑结果。"已然无效的法律行为不因无效原因事后消失而受到影响"[①]。第三，"无效"指的是该行为不能发生预期的法律效果，而不是不发生任何法律效果；是"民事法律行为"无效，而不是"行为"无效。具体法律效果如下：首先，民事法律行为无效后，无民事行为能力人不负任何信赖利益的赔偿责任。[②] 其次，无民事行为能力人不负民事法律行为上

---

① 维尔纳·弗卢梅．法律行为论．迟颖，译．北京：法律出版社，2013：656－657.

② 王泽鉴．民法总则．增订版．北京：中国政法大学出版社，2001：317－318.

的责任，但是依情形可能负以下非民事法律行为上的责任：因该行为取得的财产，予以返还；不能返还或者没有必要返还的，折价补偿；有过错的，依据过错承担各自的责任。

第一百四十五条

限制民事行为能力人实施的纯获利益的民事法律行为或者与其年龄、智力、精神健康状况相适应的民事法律行为有效；实施的其他民事法律行为经法定代理人同意或者追认后有效。

相对人可以催告法定代理人自收到通知之日起三十日内予以追认。法定代理人未作表示的，视为拒绝追认。民事法律行为被追认前，善意相对人有撤销的权利。撤销应当以通知的方式作出。

【本条主旨】本条有两款。第 1 款是关于限制民事行为能力人实施的民事法律行为之效力的规定。第 2 款是关于相对人催告的规定。

【核心概念】

同意 同意有广义与狭义之分。广义的同意包括事前的同意和事后的同意。狭义的同意仅指事前的同意。传统大陆法系民法中，“同意”多在广义上使用，事前的同意称允许，事后的同意称承认。[①] 我国民法中，“同意”多在狭义上使用，特指事前的同意，事后的同意则称追认。同意和追认，在法律性质上都是意思表示，而且依同意人或追认人一方的意思表示即可成立。

追认 追认是指事后的同意。同意和追认都意在补足民事法律行为之有效要件的瑕疵。事先得到同意的民事法律行为，自始生效。事后得到追认的民事法律行为，也是自行为作出时起即生效，而非自追认后始生效。

催告 催告是指向特定的民事主体发出的载有一定内容的通知。第一，催告不是意思表示，而是准民事法律行为。催告所产生的法律效果由法律直接加以规定。第二，催告是向特定的民事主体作出的准民事法律行为。催告不能向不特定的民事主体作出。第三，催告应当以通知的方式作出。催告不能以行为等默示的、非通知的方式作出。至于通知的具体形式，在所不问，书面、口头、数据电文均可。

---

① 维尔纳·弗卢梅．法律行为论．迟颖，译．北京：法律出版社，2013：1060 以下．刘得宽．民法总则：增订四版．北京：中国政法大学出版社，2006：313.

§条文详解§

一、第1款：原则上经事前同意或事后追认方为有效

本条规定，限制民事行为能力人实施的民事法律行为，原则上需要经法定代理人事前同意或者事后追认，方为有效。这是因为限制民事行为能力人只具有不完全的民事行为能力，不能作出和接收所有意思表示。基于与无民事行为能力人相同的理由，为了保护其利益不至于受损，因此要求限制民事行为能力人实施的民事法律行为需要经其法定代理人事前同意或者事后追认方为有效。

二、第1款：纯获利益的民事法律行为和与其年龄、智力、精神健康状况相适应的民事法律行为不需要同意、追认，即为有效

本条同时规定，纯获利益的民事法律行为或者与限制民事行为能力人的年龄、智力、精神健康状况相适应的民事法律行为，不需同意、追认，即为有效。理由在于：一方面，法律规定限制民事行为能力人实施的民事法律行为原则上须经同意、追认，其目的就是保护限制民事行为能力人的利益不至于受损，而在该行为对限制民事行为能力人而言是纯获利益时，已经没有利益受损之虞，因此，也就没有必要再要求此类行为获得同意、追认。另一方面，限制民事行为能力人不同于无民事行为能力人，其具有一定的民事行为能力，自然可以实施与其民事行为能力相适应的民事法律行为。此外，人作为社会动物，必须与他人、社会保持必要的联系，如果要求限制民事行为能力人实施任何民事法律行为都须经其法定代理人同意、追认，将严重影响限制民事行为能力人的日常生活[①]，而且，也不利于限制民事行为能力人向完全民事行为能力人发展。毕竟其终有一天是要、可以、应当成为一个完全民事行为能力人的，如果不允许其为适当、充分的对于实施民事法律行为的“练习”，我们不能想象其能瞬间地具有完全民事行为能力，成为完全民事行为能力人。

对于这两个例外的理解，需要注意以下几点。

第一，对于“纯获利益”的判断。在传统大陆法系民法中，规定的都是“纯获法律上利益”（《德国民法典》第107条，我国台湾地区“民法”第77条），并特别强调“法律上”的利益不同于“经济上”的利益，是否为纯获法律上利益不以经济利益为衡量标准。我国在《民法通则》及其意见[②]中，都没有明确规定“纯获利益”，《民法典》规定了“纯获利益的民事法律行为”，但是本条规定的

---

① 这也是我国台湾地区“民法”中规定限制民事行为能力人实施的“日常生活所必需”的民事法律行为有效的原因。王泽鉴．民法总则．增订版．北京：中国政法大学出版社，2001：328.

② 该意见第6条规定，无民事行为能力人、限制民事行为能力人接受奖励、赠与、报酬，他人不得以行为人无民事行为能力、限制民事行为能力为由，主张以上行为无效。

“纯获利益”是否等同于传统大陆法上的“纯获法律上利益”，值得讨论。

本书作者主张，“纯获利益”等同于传统大陆法系中的“纯获法律上利益”，即限制民事行为能力人仅享有权利、不负担义务，例如，无附加条件的赠与等。对于既有权利也有义务，即使权利明显重于义务的，也不属于“纯获利益”。但是，需要注意，法定代理人必须按照最有利于被代理人的原则履行代理职责（《民法典》第 35 条第 1 款），依据此原则，如果法定代理人拒绝同意或者追认，造成被代理人损失的，法定代理人应当依法承担相应的责任（《民法典》第 34 条第 3 款）。

第二，判断限制民事行为能力人实施的行为是否与其年龄、智力、精神健康状况相适应，要根据个案中的具体情形加以判断。是否与年龄、智力、精神健康状况相适应，核心在于“是否能辨认自己的行为”，因此，行为在生活中发生的频率①、行为所涉金额的大小、行为所需知识的多寡，也都是具体的考量因素。此外，主张“相适应”与“不相适应”的各方当事人对自己的主张应当负有举证责任。

三、第 2 款：相对人的催告及其法律效果

本条第 2 款规定了相对人的催告及其效果。法律规定此项制度，是为了使不确定的法律关系尽快确定下来，因此，在催告后的 30 日内，无论如何法律关系是确定了的，要么经追认而生效，要么因拒绝追认或未追认而视为拒绝追认而无效。

对于本款中的催告，需要注意以下几点：第一，催告须向该限制民事行为能力人的法定代理人发出。催告只有向特定的民事主体发出才产生催告的法律效果，向其他民事主体发出的催告对该限制民事行为能力人及其法定代理人不生效力。如果法定代理人为多人的，则以向其中一人发出催告为已足。

第二，催告需要以通知的方式作出。其他方式都不产生催告的法律效力。例如，以行为、公告等方式进行催告的，催告不生效力。但是，通知的具体形式在所不问，书面、口头、数据电文均可。

第三，催告期间为 30 日，不得改变，自法定代理人收到通知之日起计算。这 30 日的期间，在性质上属于除斥期间，一经开始，不得中止、中断、延长。当事人之间不得就催告期间的长短进行约定，进行约定的，约定无效，催告期仍然为 30 日。催告期间的起算时间为法定代理人收到催告的通知之日。虽然催告不是意思表示，但是判断“收到催告的通知”的具体时间点，可以参照《民法典》第 137 条关于意思表示到达相对人的规定。关于 30 日期间的具体计算，依

① 例如，购买普通衣服的行为是常见的，购买机动车的行为则是不常见的。

照《民法典》第 201 条至第 203 条的规定处理。

四、第 2 款：法定代理人追认或拒绝追认

本条赋予了法定代理人追认或拒绝追认的权利。对此理解，需要注意以下几点。

第一，追认或拒绝追认需以意思表示作出，至于意思表示的形式，不作要求，既可以明示作出，也可以默示作出。与“催告”“撤销”不同，法律并没有规定“追认”必须以通知的方式作出，因此，只要能够向相对人表达追认或不予追认的意思表示即可。例如，15 岁的甲在商场买了一台电脑，与店主乙约定分期付款。第二天甲的母亲丙向乙的支付宝转账，付完了剩余价款。此时虽然丙没有以通知的方式向乙追认电脑买卖合同，但是可以认为其以实际履行的方式对此予以了追认。唯应注意，不论明示或默示，都应当在催告期间内完成。

第二，法定代理人未作表示的，视为拒绝追认。法定代理人未作表示，究竟是仅指在催告期间内法定代理人没有发出追认的意思表示，还是也指法定代理人虽然在催告期间内作出了追认的意思表示，但是该意思表示在催告期间内未能到达相对人这一问题值得讨论。本书作者主张，催告制度的目的就是通过赋予相对人催告权来尽快地使不确定的民事法律关系确定下来，因此，此处的“未作表示”，应当理解为“表示未到达相对人”，否则，由相对人来承担表示在途中延误的风险，与催告制度的目的不相符。法定代理人予以追认的意思表示在催告期间届满后到达相对人的，不发生追认的效力，该意思表示被视为新的要约，相对人同意的，应当作出承诺的意思表示。

此外，还需注意，法定代理人作出多个意思表示的，以最先到达相对人的意思表示为准。予以追认的意思表示先到达的，民事法律行为终局地自始生效。拒绝追认的意思表示先到达的，民事法律行为终局地归于无效。之后到达的意思表示视为新的要约，相对人同意的，应当作出承诺的意思表示。

五、第 2 款：善意相对人的撤销权

为了充分保障善意相对人的利益，本条同时规定了善意相对人的撤销权。所谓善意，是指相对人不知道也不应当知道交易对方是限制民事行为能力人。之所以赋予其撤销权，是因为善意相对人本着与一个完全民事行为能力人进行交易的心理状态进行交易活动，其与限制民事行为能力人及其法定代理人之间的地位是平等的。既然法定代理人可以通过拒绝追认来让该民事法律行为归于无效，那么善意相对人也就有同样的权利以撤销来让该民事法律行为归于无效。

对于善意相对人的撤销权，需要注意以下几点：

第一，善意相对人撤销的意思表示应当在民事法律行为被追认前作出。对“被追认前”的判断，同样面临与上述“未作表示”的判断相类似的问题。首先，在追认的意思表示已经到达相对人之后，相对人不能再作出撤销的意思表示。其次，在追认的意思表示到达相对人之前，相对人作出撤销的意思表示的，如果撤销的意思表示先到达法定代理人，原民事法律行为被撤销；如果追认的意思表示先到达相对人，原民事法律行为有效，相对人的撤销不生效力。

第二，撤销应当以通知的方式作出。与催告相同，法律规定撤销应当以通知的方式作出，不得以行为、公告等方式作出。至于通知的形式，在所不问，书面、口头、数据电文均可。

第三，撤销权行使的期间。撤销权行使的期间依照《民法典》第 152 条的规定处理。

六、其他需要注意的问题

除了上述催告、追认或者拒绝追认、撤销等问题，还有一些问题值得讨论。第一，限制民事行为能力人自己是否享有撤销的权利。应当认为，限制民事行为能力人可以撤销自己实施的民事法律行为。一方面，这是为了更好地保护限制民事行为能力人。另一方面，承认其撤销权并不会给相对人带来额外的交易风险，因为相对人与限制民事行为能力人进行交易，不论如何，都存在着该行为可能被拒绝追认的交易风险。此外，限制民事行为能力人与善意相对人具有平等的民事地位，法律既然赋予善意相对人以撤销权，那就没有理由否定限制民事行为能力人也享有撤销权。其撤销权的行使方式与善意相对人的相同。[①] 第二，限制民事行为能力人的意思表示与法定代理人的意思表示相冲突时的处理。法定代理人的意思表示与限制民事行为能力人的意思表示极有可能是不同的。当法定代理人拒绝追认时，不论限制民事行为能力人作何表示，原民事法律行为都终局地归于无效。这一点无须赘言。但是，当法定代理人愿意追认，但是限制民事行为能力人希望撤销时，法定代理人的意思表示是否还具有终局的权威性就值得考虑。法定代理人作为监护人，必须尊重被监护人的真实意愿，不得以法定代理人的身份肆意凌驾于被监护人的真实意愿之上。因此，在限制民事行为能力人明确表达撤销的意愿时，法定代理人应当作出拒绝追认的意思表示。如果法定代理人仍然作出予以追认的意思表示，则应区分以下情形处理：A. 限制民事行为能力人也向相对人发出了撤销的意思表示的，以先到达相对人的意思表示为准；B. 限制民事行为能力人没有向相对人发出撤销的意思表示的，法定代理人的意思表示对相对人发生效力。如果因法定代理人的追认给被代理人造成损失的，依据《民法典》第 34 条的规定处理。

---

① 至于“限制民事行为能力人所作的撤销的意思表示为何完全有效”的问题，本书作者认为，可以理解为：将这一撤销行为视为“纯获利益的民事法律行为”，因为这一撤销的结果是使得限制民事行为能力人从一项合同中解放出来，免除了履行义务这一负担。

第一百四十六条

行为人与相对人以虚假的意思表示实施的民事法律行为无效。

以虚假的意思表示隐藏的民事法律行为的效力，依照有关法律规定处理。

【本条主旨】本条有两款。第1款是关于行为人与相对人合意以虚假的意思表示所实施的民事法律行为无效的规定。第2款是关于以虚假的意思表示隐藏的民事法律行为的效力的规定。

【核心概念】

以虚假的意思表示实施的民事法律行为 以虚假的意思表示实施的民事法律行为是指表意人与相对人合意，以虚假的意思表示来实施民事法律行为。这类行为在双方民事法律行为、多方民事法律行为以及有相对人的单方民事法律行为中，不论其为财产行为还是身份行为，都有发生的可能。但是在无相对人的单方民事法律行为中，则不可能发生。①

以虚假的意思表示隐藏的民事法律行为 以虚假的意思表示隐藏的民事法律行为是指行为人与相对人合意，以虚假的意思表示所实施的民事法律行为所欲掩盖的真实的民事法律行为。双方当事人合意，以虚假的意思表示实施民事法律行为，既有可能是为了掩盖另一项真实的民事法律行为，也有可能并不是为了掩盖另一项民事法律行为，而是为了达成其他目的。于前者，被掩盖的民事法律行为就是“隐藏的民事法律行为”。

§条文详解§

一、第1款：以虚假的意思表示实施的民事法律行为（虚假行为）的构成要件

本条第1款规定的以虚假的意思表示实施的民事法律行为（以下简称“虚假行为”）需要满足以下要件：第一，存在意思表示。在虚假行为中，有一项意思表示在外观上存在。第二，该意思表示的外在表现形式与表意人的内心真意不符，即该在外观上存在的意思表示实际上不具有效果意思。效果意思是指行为人希望依据其表示而发生特定的法律效果的意思。在此，这一虚假的意思表示外在所表现的内容，与表意人内心所真正追求的内容，并不一致。第三，行为人和相

① 王泽鉴．民法总则．增订版．北京：中国政法大学出版社，2001：359－360．需要注意，共有人与其他共有人通谋，作出的抛弃其共有份额的行为，虽然属于无相对人的单方民事法律行为，但是仍然可以成立此处的“以虚假的意思表示实施的民事法律行为”。刘得宽．民法总则：增订四版．北京：中国政法大学出版社，2006：218．

对人之间存在“合意”，一致同意该虚伪的意思表示并不实际发生效力。这是虚假行为区别于心意保留等行为的关键地方。正是因为虚假行为需要“合意”，所以无相对人的单方民事法律行为原则上就不会产生虚假行为的问题。

还需要注意，“规避法律行为”不属于虚假行为。规避法律行为是指“那些当事人希望以法律行为的形成方式来规避某一法律规定或法律行为规则的行为”。规避法律行为是当事人所真正希望发生效力的法律行为，因为只有这一行为真正有效，才能达到规避法律的目的。因此，规避法律行为不满足虚假行为的第三个要件（双方都一致同意虚假行为不生效）。所以，规避法律行为不属于虚假行为。[①]

二、第 1 款：虚假行为原则上无效及其理由

虚假行为原则上无效，这是因为对于行为人和相对人而言，都明知这一外观上的意思表示是虚假的，因此，在虚假行为中不存在相对人的信赖及其保护的问题，法律自然没有必要让这样的行为有效。换言之，在虚假表示中，一个真正的、各方当事人之间的意思表示的合意并没有达成，因此，虚假行为欠缺了“意思表示真实”这一有效要件，无从有效。

法律规定虚假行为无效，仅仅在当事人之间就是否实际履行这一虚假行为有不同主张时才具意义。因为如果各方都默契地不实际履行这一虚假行为，则这一行为的效力究竟如何无关紧要。而在各方均同意按此虚假行为履行时，相当于产生了一个新的合意，实施了一个新的民事法律行为。只有在当事人之间有不同主张时，无效的规定才有意义，即任何一方当事人不得主张实际履行虚假行为，除非所有当事人一致同意。

三、第 2 款：以虚假的意思表示隐藏的民事法律行为的成立及效力

虚假行为在很多情况下都是为了掩盖另一个真实的民事法律行为，这个被隐藏的民事法律行为（简称隐藏行为），如果满足了民事法律行为的成立要件，即单方的意思表示、双方或者多方的意思表示一致（《民法典》第 134 条），即可成立。此和一般民事法律行为成立与否的判断无异。

本条第 2 款规定，隐藏行为的效力依照有关法律规定处理。“依照有关法律规定处理”，是指将隐藏行为作为一个一般的民事法律行为来进行效力判断。如果满足了《民法典》第 143 条规定的有效要件，则隐藏行为有效。如果不满足，则分别按照本节其他条文的规定，以及其他法律中关于民事法律行为之效力的规定来判断其效力。

---

① 维尔纳·弗卢梅．法律行为论．迟颖，译．北京：法律出版社，2013：484－485.

第一百四十七条

基于重大误解实施的民事法律行为，行为人有权请求人民法院或者仲裁机构予以撤销。

【本条主旨】本条是关于基于重大误解实施的民事法律行为之效力的规定。

【核心概念】

重大误解 重大误解是指行为人对于与民事法律行为有关的重大事项具有错误的认识，并因该错误认识而使自己的表示行为与自己的真实意思不一致的情形。“重大误解”不是传统民法固已有之的概念，而是为我国民法所特有。关于重大误解与传统民法中“错误”的概念，我国学者间存在着两种观点：主流观点认为重大误解既包括表意人方面的错误，也包括接收意思表示的人（受意人）方面的误解。另一种观点则认为，重大误解中“误解”的概念完全等同于传统民法中“错误”的概念。[①]

§条文详解§

一、“重大误解”的构成要件

要构成本条规定的行为人有权据以请求人民法院或者仲裁机构予以撤销的“重大误解”，需要满足以下构成要件。[②]

第一，重大误解是民事法律行为实施的原因，例如，在订立合同的情形，要求重大误解与合同的订立具有因果关系。这是指，这一误解导致了合同的订立。如果没有这种误解，当事人就不会订立合同，或者虽然会订立合同但是合同的条件将发生重大的改变。否则，即使存在误解也不属于本条所说的重大误解。此外，需要注意，如果一方的误解是另一方欺诈所致，则误解不是合同订立的原因，欺诈才是合同订立的原因，应当按照《民法典》关于欺诈的规定处理。在实施单方民事法律行为与多方民事法律行为时，也是如此。如果重大误解不是实施民事法律行为的原因，自然也就不能以重大误解来主张撤销。

第二，误解是当事人自己的误解。因重大误解主张撤销原民事法律行为的，该误解必须是当事人自己的误解。第三人的误解、错误、误传可能导致民事法律行为的不成立，但不应导致本条规定的基于重大误解的可撤销，除非第三人的错误转化为当事人的错误。例如，在订立合同的场合，甲的要约由中介乙转达至相

---

① 张传奇．论重大误解的可变更效力．中外法学，2014（6）．

② 关于重大误解的构成要件，参见隋彭生．关于合同法中“重大误解”的探讨．中国法学，1999（3）。

对人丙，但乙在转达过程中出现错误。在丙按照乙所转达的错误意思作出承诺后，不应当认为合同已经基于重大误解成立但可撤销，而应当认为合同双方（甲与丙）根本未达成合意，合同不成立。由此造成损失的，应当由合同双方根据各方的过错予以承担。

第三，误解必须是重大的。如果误解并不重大，则出于对交易安全以及相对人信赖利益的保护，不应当赋予当事人以撤销的权利。重大误解是指对与民事法律行为实施的后果存在密切联系的基本条件的错误理解。对于误解是否重大，可以从以下两个方面进行衡量：首先，对民事法律行为的基本要素的误解可以认定为重大误解。其次，误解是否会造成对当事人的重大不利后果。对这种重大不利后果进行衡量时，不应仅仅从经济利益上考虑，还应当考虑是否会使当事人实施民事法律行为的目的完全落空。

第四，当事人不是因故意而产生误解。如果当事人故意使表示与意思不一致或者故意对相对方的意思作错误理解，则不属于重大误解，而是虚伪表示。也有学者认为，在当事人基于重大过失导致误解时，也不成立重大误解。[①] 本书作者主张，当事人即使是基于重大过失而产生误解，也可以成立重大误解，因为：重大误解的核心在于意思表示没有真实地表达，是指当事人基于错误的认识而作出了如果没有这种错误认识就不会作出的意思表示。在重大过失导致错误认识时，认识依然是错误的，因此仍然可以成立重大误解。但是在故意的情况下，错误并不存在，因此不能成立重大误解。需要注意，允许重大过失导致误解时仍然成立重大误解并可主张撤销，并不意味着表意人无须为其重大过失负责。根据《民法典》第 157 条的规定，有过错的一方应当对损失承担赔偿责任。

此外，在判断是否构成重大误解时，应当对表面的错误进行解释，如果通过解释，能够得出各方的内心真意一致，则没有必要通过重大误解的途径处理。[②] 例如，甲与乙签订一份买卖合同，将甲所有的清代青花梅瓶卖给乙。甲与乙对标的物进行了考察。但是买卖合同上错写成“元代青花梅瓶”。此时，乙内心完全是知道所要交易的是清代青花梅瓶，而不是元代青花梅瓶，因此，甲与乙的内心真意是一致的，只不过是合同书笔误。此时，不成立重大误解。

二、基于重大误解实施的民事法律行为是“可撤销的民事法律行为”的理由

本条规定，对于基于重大误解实施的民事法律行为，行为人有权请求人民法院或者仲裁机构予以撤销。重大误解并不直接导致民事法律行为无效，是基于以下理由：第一，在重大误解的情况下，有一方的意思表示错误，是不真实的，因

---

① 李永军．民法总论．3 版．北京：中国政法大学出版社，2015：216．

② 王泽鉴．民法总则．增订版．北京：中国政法大学出版社，2001：371．

此不满足《民法典》第143条规定的有效要件，不是完全有效的民事法律行为。第二，直接规定重大误解无效，对各方当事人而言并非有利。对于误解人而言，随着情事的变化，其基于误解而实施的民事法律行为不一定会给其造成巨大的不利后果。如果误解人自己愿意依照其所错误表示的那个意思表示继续完成民事法律行为，则法律自然没有必要予以干涉。而对于相对人而言，为保护其对交易安全的信赖利益，也不应当径直认定该民事法律行为无效。第三，重大误解可以撤销的制度之旨趣在于救济误解人，使其免于因自己的错误而使自己陷于重大的不利境地。在这里，使民事主体免于陷入困境的考虑超过了对于维护交易安全的考虑。

三、撤销权的行使

对于撤销基于重大误解实施的民事法律行为的理解，需要把握以下几点。

第一，享有撤销权的主体。只有具有重大误解的一方才能主张行使撤销权，本身没有误解的当事人不能够主张撤销。这是意思自治、信守契约原则的当然要求。

第二，行使撤销权的期间。撤销权的行使将给相对人对交易安全的信赖带来巨大的损害，因此撤销权必须在法律规定的期间内行使。根据《民法典》第152条的规定，重大误解的当事人自知道或者应当知道撤销事由之日起90日内，或者自民事法律行为发生之日起5年内没有行使撤销权的，撤销权消灭。这90日、5年的期间，属于除斥期间，不能中止、中断、延长。期间最后一日的确定依照《民法典》第201～203条的规定处理。此外，当事人知道撤销事由后明确表示或者以自己的行为表明放弃撤销权的，撤销权也消失。

第三，行使撤销权的方式。重大误解的一方只能以请求人民法院或者仲裁机构予以撤销的方式行使撤销权，而不能以自己的通知等意思表示径直撤销原民事法律行为。

第四，不得撤销的几种特殊情况。基于重大误解实施的民事法律行为虽然原则上可予撤销，但是在以下特殊情形下，一般不得撤销：A. 民事法律行为实施时有利于误解人。例如，甲将价金10万元误写为15万元，乙不知情而对15万元的价金作出了承诺。之后不论标的物的价值如何变化，均不应允许甲以重大误解为理由行使撤销权。[①] 实际上，在这种情况下，相当于不满足重大误解上述构成要件中的第三个要件，即误解并不重大（虽然对价款产生误解，但是不会产生不利的经济后果，也不会使行为目的完全落空）。B. 相对人愿意接受误解人之内心真意的，误解人不得主张撤销。例如，上例中甲将价金10万元误写为9万元，

---

① 王泽鉴．民法总则．增订版．北京：中国政法大学出版社，2001：372.

乙知情后仍然愿意以 10 万元购买的，甲不得主张撤销。[①] C. 在结婚行为中，无所谓重大误解与否，不得依此主张撤销缔结婚姻的行为。

第一百四十八条

一方以欺诈手段，使对方在违背真实意思的情况下实施的民事法律行为，受欺诈方有权请求人民法院或者仲裁机构予以撤销。

【本条主旨】 本条是关于一方以欺诈手段使对方在违背真实意思的情况下实施的民事法律行为之效力的规定。

【核心概念】

欺诈　欺诈是指行为人故意实施的，以引起、强化或维持他人的错误认识并使其基于此错误认识而作出意思表示为目的的欺骗行为。欺诈的目的是使他人陷于错误的理解，并基于该错误的理解作出意思表示。欺诈的类型包括积极欺诈和消极欺诈两种。积极欺诈是指行为人主动提供虚假情况，使相对人在意思形成的过程中受到自身以外的因素的影响，形成错误的认识，并基于此错误认识作出意思表示。消极欺诈是指行为人根据法律的规定、双方的约定或者诚信原则，负有对相关事实进行说明的义务，但是，行为人违反这种义务而故意不作说明，导致相对人形成错误的认识，并基于此错误认识而作出意思表示。[②]

§条文详解§

一、“一方以欺诈手段使对方在违背真实意思情况下实施的民事法律行为”之构成要件

要构成本条所规定的欺诈，需要满足以下要件。

第一，行为人有欺诈的故意。此处的故意包括两部分的内容：欺骗对方当事人以使其陷入错误的认识的故意；使对方当事人基于这一错误的认识而作出意思表示的故意。只有同时具有这两项故意的内容，才构成欺诈的故意。例如，新闻媒体虚假报道，则只有第一项故意，而没有第二项故意，不成立此处的欺诈。[③]

第二，行为人有欺诈的行为。欺诈的行为是指将不真实的事实表示为真实。欺诈既可以是积极地捏造虚假的事实，也可以是消极地隐匿真实的事实，已如上述。需要注意，轻微的夸张不属于欺诈，这是市场经济与自由社会所不能避免

---

① 王泽鉴．民法总则．增订版．北京：中国政法大学出版社，2001：372.

② 李永军．民法总论．3 版．北京：中国政法大学出版社，2015：217.

③ 我妻荣．我妻荣民法讲义：Ⅰ·新订民法总则．于敏，译．北京：中国法制出版社，2008：288-289.

的。夸张到何种程度可以构成欺诈，需要结合个案的实际情形进行衡量，可以参考《广告法》第28条关于虚假广告的规定。①

单纯的沉默，一般不成立欺诈，但是如果依据法律的规定、双方的约定或者交易习惯或者诚信原则，行为人有告知的义务却故意不告知，使对方陷于错误认识，或者阻止了对方发现错误，或者加深了对方的错误，则同样构成欺诈。②

第三，欺诈的行为与引起、强化或维持相对人的错误认识之间存在因果关系。如果相对人根本就没有陷于错误认识，或者相对人的错误认识不是由欺诈行为所引起、强化或维持的，则不属于本条所称的欺诈。

第四，相对人基于该错误认识作出了违背真实意思的意思表示。这里的“违背真实意思的意思表示”，不是指表意人内心的意思和所表示出来的意思不一致，而是指表意人作出意思表示所依据的认识并非真实的认识。换言之，一般情况下，如果表意人获得了真实的认识（即摆脱了这一错误认识），就不会作出这样的意思表示。需要特别注意的是，不能够再进一步去认为：如果表意人获得了真实的认识，也会作出同样的意思表示，就认为表意人实际上是作出了真实的意思表示。而应当这样认为：不论表意人在获得真实认识的情况下究竟会不会作出相同的意思表示，只要这一意思表示是基于错误认识作出的，那么这一意思表示就是违背真实意思的。例如，甲将一个清代青花梅瓶卖给乙，谎称是元代青花梅瓶，价格为1万元。乙基于甲的欺骗，产生了错误认识，以为这真的是元代的，并基于这一错误认识与甲签订了买卖合同。在此例中，乙作出购买的意思表示是基于对标的的错误认识，因此这一意思表示就是违背真实意思的。即使这一清代青花梅瓶的市场价格为1万元，可能乙在具有真实认识即认识到这是清代青花梅瓶时也会作出购买的意思表示，乙也仍然可以因欺诈而主张撤销。这是因为，没有人可以代替其他民事主体去形成意思、作出意思表示，一个民事主体享有自主地决定是否实施一项民事法律行为的自由。哪怕一项民事法律行为对其而言具有巨大的利益，其依然有权利拒绝实施。而且，这也充分体现出法律对于欺诈行为的否定性评价。

第五，实施欺诈的是一方当事人，被欺诈的是另一方当事人。如果欺诈不是

---

① 《广告法》第28条规定，“广告以虚假或者引人误解的内容欺骗、误导消费者的，构成虚假广告。”“广告有下列情形之一的，为虚假广告：（一）商品或者服务不存在的；（二）商品的性能、功能、产地、用途、质量、规格、成分、价格、生产者、有效期限、销售状况、曾获荣誉等信息，或者服务的内容、提供者、形式、质量、价格、销售状况、曾获荣誉等信息，以及与商品或者服务有关的允诺等信息与实际情况不符，对购买行为有实质性影响的；（三）使用虚构、伪造或者无法验证的科研成果、统计资料、调查结果、文摘、引用语等信息作证明材料的；（四）虚构使用商品或者接受服务的效果的；（五）以虚假或者引人误解的内容欺骗、误导消费者的其他情形。”

② 刘得宽．民法总则：增订四版．北京：中国政法大学出版社，2006：232-233.

由民事法律行为的当事人实施的，而是由第三人实施的，则适用《民法典》第149条的规定。

二、欺诈是民事法律行为可撤销的理由

本条将"一方以欺诈手段，使对方在违背真实意思的情况下实施的民事法律行为"规定为可撤销这一效力类型，是基于以下理由：第一，虽然表意人的内心真意与所表示的意思是一致的，但是，这一意思表示并非基于表意人正常的自由意思而形成并作出，而是受他人欺骗的结果，在表意人内心效果意思的决定形成过程中存在着瑕疵。因此，法律规定这一意思表示并不当然有效，是为了充分地、有力地保障民事主体的意思自治。第二，规定为可撤销较规定为无效更有利于被欺诈一方。因为客观情事瞬息万变，因被欺诈而作出意思表示嗣后不一定对被欺诈一方有害，因此没有必要直接规定为无效。而仅赋予被欺诈一方以撤销权，不赋予欺诈一方以撤销权，体现的是对表意人的保护以及对欺诈人的否定性对待。

三、撤销权的行使

对于受欺诈方的撤销权的行使，需要把握以下几点。

第一，享有撤销权的主体是受欺诈的一方。实施欺诈行为的一方不享有撤销权。

第二，撤销权行使的期间。受欺诈方自知道或者应当知道撤销事由之日起1年内或者自民事法律行为发生之日起5年内没有行使撤销权的，撤销权消灭。这1年、5年的期间，属于除斥期间，不能中止、中断、延长。期间最后一日的确定依照《民法典》第201～203条的规定处理。

第三，行使撤销权的方式。受欺诈方只能以请求人民法院或者仲裁机构予以撤销的方式行使撤销权，而不能以自己的通知等意思表示径直撤销原民事法律行为。

第一百四十九条

第三人实施欺诈行为，使一方在违背真实意思的情况下实施的民事法律行为，对方知道或者应当知道该欺诈行为的，受欺诈方有权请求人民法院或者仲裁机构予以撤销。

【本条主旨】 本条是关于第三人实施欺诈行为使一方在违背真实意思的情况下实施的民事法律行为之效力的规定。

【核心概念】

第三人欺诈 第三人欺诈是指民事法律行为当事人以外的第三人故意实施

的，以引起、强化或维持他人的错误认识并使其基于此错误认识而作出意思表示为目的的欺骗行为。第三人欺诈是欺诈的一种类型，第三人欺诈的目的仍然是使他人陷于错误的认识并基于该错误的认识作出意思表示。只不过与一般的欺诈不同，在第三人欺诈，受欺诈方并非向欺诈行为人作出意思表示，而是向欺诈行为人以外的其他民事主体作出意思表示。因此，与一般欺诈中保护被欺诈方、否定欺诈行为人的泾渭分明的法律政策不同，在第三人欺诈中，涉及民事法律行为中未被欺诈的当事人是否应当予以保护的问题。对此，法律区分其善意与否，而作出了不同的规定。

§条文详解§

一、第三人欺诈的构成要件

第三人欺诈的构成要件与《民法典》第148条规定的当事人的欺诈行为都属于欺诈，有相当多的共同之处，因此，关于第三人欺诈的构成要件的具体内容可以参考前条的释义，以下仅论述第三人欺诈的特殊之处。

第一，第三人具有欺诈的故意。对于欺诈的两部分故意内容，第三人须具有使对方陷于错误认识的故意，自不待言。需要讨论的是，对于使对方基于此错误认识而作出意思表示的故意，是否要求第三人具有使相对人向特定的民事主体作出意思表示的故意。例如，甲欺骗乙说黄金即将大幅涨价，劝乙大量购买。此时，甲的目的确实是使乙误以为黄金真的大涨而作出大量购买的意思表示。但是，甲并没有使乙向某个或某些卖家大量购买黄金的故意。此时，甲是否具有本条意义上欺诈的故意，值得讨论。本书作者认为，此时甲不具有本条所称欺诈的故意，即“第三人具有欺诈的故意”是指第三人具有使对方陷于错误认识，并基于此错误认识向特定的民事主体作出意思表示的故意。原因在于，如果不作这样的解释，将会使被欺诈方意思表示的接收者（即交易相对人）陷于一种必须主动揭发第三人的欺诈行为的境地，而这与意思自治原则所要求的每个人独立自主地设计自己的生活之间存在矛盾。例如，如果不作这样的解释，那么在上例中，如果有一家黄金店主丙偶然知道了甲的欺诈行为，那么他在与乙的交易中，就负有了主动告知乙黄金并不会大幅涨价的义务，否则，因为他知道该欺诈行为，他与乙之间的交易就存在着被撤销的风险。但是，这样的一种结果，是与我们法律的原则不相容的。市场经济、自由竞争、意思自治要求黄金店主丙自己不得欺诈，但是并不要求他必须检举他人的欺诈行为，因为每个民事主体都享有沉默的权利，除非，他的这种沉默达到了令正义感无法承受的程度——甲就是为了骗乙，让乙与丙进行交易，而丙对这一点也心知肚明。只有在这种情形下，丙才成了欺诈者的帮凶，而根本不值得保护。

但是，需要注意，这里所称“向特定的民事主体作出意思表示”中的“特定”并不仅指某个，也可以是一定范围内的“某些”。例如，甲在一露天中药材市场，面对着十几个商贩，骗乙说南沙参的功效堪比人参的（实际上并非如此），价格又较人参的便宜，应该多买。此时，虽然甲没有直接让乙向某个商贩购买南沙参，但是应当认为其具有让乙向这些商贩（特定的多数人）作出意思表示的故意。

第二，第三人实施了欺诈的行为。第三人的行为是否属于欺诈，判断标准与当事人是否实施欺诈的判断标准大体相当。唯应注意，为了维护、鼓励自由交易和活跃市场气氛，以及保护第三人的言论自由，对第三人之欺诈行为的认定应该秉持更为严格的标准，尤其是在单纯的沉默的情形，要特别注意避免对第三人科以过重的说明义务。

第三，欺诈的行为与引起、强化或维持相对人的错误认识存在因果关系。这一点与当事人欺诈的情形基本相同，同时也应当遵循上述“第三人标准从严”的原则。

第四，相对人基于该错误认识作出了违背真实意思的意思表示。这一点与当事人欺诈的情形基本相同。

第五，对方知道或者应当知道该欺诈行为。这一要件是本条规定的第三人欺诈与《民法典》第 148 条规定的当事人欺诈相区别的关键，也是本条规定第三人欺诈情形下民事法律行为之效力的根本原因。对方知道，是事实状态，即对方对于受欺诈方受欺诈是知悉的。对方应当知道，是法律的拟制，即根据一定的客观情事，一般社会大众都会认为对方对于受欺诈方受欺诈是知悉的。基于对交易安全的保护，这里的“应当知道”的认定标准应该适当从严。同样，基于与第一个要件相同的理由，此处的知道或者应当知道，要求知悉的是“受欺诈方受何人欺诈”。这虽然不要求对方明确知道欺诈人的具体信息，但是要求对方应当知悉实施欺诈的是“那个人”。这也是本条明确规定对方知道或者应当知道“该”欺诈行为的旨趣所在。

此外，还需要注意本条规定的第三人欺诈的情形与这一情形的区别：一方当事人与第三人串通，欺诈另一方当事人。这就是我们在生活中经常听到的各种“托”。应当说，这两种情形可能存在一定程度的交叉。在一方当事人与第三人串通，欺诈另一方当事人的情形，串通的当事人对于欺诈行为肯定是知悉的，而且也往往会构成《民法典》第 148 条规定的当事人欺诈的情形。此时的法律后果都是：受欺诈方有权主张撤销。但是如果不存在串通，则只有在一方当事人知道或应当知道该欺诈行为时，受欺诈方才有权主张撤销。

二、法律规定该行为为可撤销的民事法律行为的理由

法律之所以规定在满足以上五个要件的情况下，受欺诈方有权请求人民法院或者仲裁机构予以撤销，是基于以下理由：第一，意思表示真实要件的欠缺使得这一民事法律行为无法正常有效；而径直规定为无效对于各方民事主体又未必有利。这两点与《民法典》第147条、第148条的立法理由大体是相同的，此处不再赘述。第二，本条规定的行为具有自己较为特殊的地方。这一行为涉及三方民事主体，其中实施欺诈行为的民事主体不值得保护自无异议。如果民事法律行为中的对方是不知道也不应当知道这一欺诈行为的，则保护交易安全的考量就超过了保护受欺诈方的考量，此时民事法律行为有效。只有在对方知情（知道或者应当知道）的情况下，其相对于受欺诈方而言，才显得更有“过错”，也因此需要使该民事法律行为处于可被撤销的境地，因为在对方知情时，他就应当具有该行为可能被撤销的心理预期。但是，就如同上文所一直强调的，毕竟对方不是自己作出欺诈行为，因此对于本条规定的欺诈成立所需之要件的把握就必须相当谨慎。

三、撤销权的行使

本条规定的受欺诈方的撤销权的行使与前条规定的撤销权的行使大体相同。

第一百五十条

一方或者第三人以胁迫手段，使对方在违背真实意思的情况下实施的民事法律行为，受胁迫方有权请求人民法院或者仲裁机构予以撤销。

【本条主旨】本条是关于在受到胁迫违背真实意思情况下实施的民事法律行为效力的规定。

【核心概念】

胁迫　胁迫是指胁迫人事先告知被胁迫人，他将影响被胁迫人未来的不利的发生。受胁迫的意思表示是指表意人因被胁迫，内心产生恐惧而作出的意思表示。在受胁迫作出意思表示时，其与因重大误解、受欺诈而作出意思表示的不同之处在于，在受胁迫的情形表意人没有发生错误。而胁迫能够导致意思表示被撤销是因为法律必须保护民事主体自由地形成意思、作出决定。[①]

§条文详解§

一、胁迫的构成要件

要构成本条规定的因胁迫实施民事法律行为，需要满足以下要件：第一，胁

---

① 汉斯·布洛克斯，沃尔夫·迪特里希·瓦尔克．德国民法总论：第33版．张艳，译．杨大可，校．北京：中国人民大学出版社，2012：282.

迫人有胁迫的故意。胁迫的故意是指使表意人产生恐惧，进而作出意思表示的故意。与欺诈相同，胁迫的故意也分为两个部分：一是使表意人产生恐惧的故意，二是使表意人基于这一恐惧的状态而作出意思表示的故意。[①] 需要注意，胁迫人在作出胁迫行为时，是否具有过错，在所不问。[②] 此外，在第三人实施胁迫行为时，与第三人欺诈不同，由于胁迫行为对受胁迫方的意思自由的损害更大，受胁迫方需要更多的保护，因此，只要第三人具有以胁迫的方式使受胁迫方基于恐惧作出意思表示的故意，就可以认为第三人具有胁迫的故意，而不再要求第三人具有胁迫受胁迫方向特定民事主体作出意思表示的故意。

第二，胁迫人实施了胁迫的行为。胁迫的行为是指使对方产生恐惧的行为，通常就是胁迫人向被胁迫人宣告对其不利的后果。至于不利的具体类型，在所不问。例如，以被胁迫人本人或者与其具有利害关系之人的生命、身体、自由、名誉或财产的不利后果进行胁迫，均可。

对于胁迫的理解，还需要注意：A. 这一不利无须特别严重，只要能使被胁迫人产生恐惧即可。B. 胁迫人告知不利后果并不要求胁迫人真的想要实现这一后果，只要被胁迫人以为其真的想要实现这一不利后果即可。C. 被胁迫人须认为不利后果是否会发生取决于胁迫人的意愿。如果被胁迫人认为不论胁迫人意愿为何，不利后果都会发生，则胁迫人将不利后果予以告知不属于胁迫。[③] 因此，本书作者认为，如果行为人以告知天灾、地变或神罚的方式使对方作出不真实的意思表示的[④]，不应当属于胁迫行为。

本条规定，胁迫人既可以是民事法律行为的一方，也可以是民事法律行为当事人以外的第三人。

第三，胁迫人因受胁迫而产生恐惧。胁迫与恐惧需要具有因果关系。如果虽然胁迫人实施了胁迫行为，但是被胁迫人并没有产生恐惧，或者被胁迫人虽然产生了恐惧但是恐惧不是因胁迫而产生，则同样不成立胁迫。需要特别注意，胁迫与恐惧之间是否存在因果关系，不是从一般理性人的角度判断，而是取决于具体的被胁迫人的精神状况。一项威胁对于坚强的甲来讲可能根本不构成恐惧，但对于脆弱的乙来讲可能已经产生了相当的恐惧感。[⑤]

---

① 我妻荣．我妻荣民法讲义：Ⅰ·新订民法总则．于敏，译．北京：中国法制出版社，2008：293.

② 汉斯·布洛克斯，沃尔夫·迪特里希·瓦尔克．德国民法总论：第33版．张艳，译．杨大可，校．北京：中国人民大学出版社，2012：285.

③ 同②282 283.

④ 我妻荣教授则认为告知天灾、地变或神罚也属于胁迫。我妻荣．我妻荣民法讲义：Ⅰ·新订民法总则．于敏，译．北京：中国法制出版社，2008：293.

⑤ 汉斯·布洛克斯，沃尔夫·迪特里希·瓦尔克．德国民法总论：第33版．张艳，译．杨大可，校．北京：中国人民大学出版社，2012：283.

第四，受胁迫人因恐惧而作出违背真实意愿的意思表示。这要求被胁迫人作出意思表示是因为对于胁迫人所告知的不利后果的恐惧。如果被胁迫人不是出于恐惧而作出意思表示，则不利后果（胁迫）——恐惧——意思表示的因果关系链条就无法成立，也就不属于本条所规定的情形。需要注意，因恐惧而作出意思表示，是指恐惧的心理状态对被胁迫人的精神具有强制力，而不是指对被胁迫人的身体具有强制力。在胁迫的情形，被胁迫人仍然具有选择的余地；但是在后者，被强制人根本没有自由选择的余地，此时不是意思表示不自由，而是意思表示根本不成立。因此，被胁迫实施的行为才是可撤销的，而被完全强制而实施的行为根本就是无效的。[①] 例如，甲用枪抵乙的头逼迫乙签字，或强力控制乙的手按手印，都不是被胁迫而实施的，而是被完全强制实施的，此时都完全谈不上是乙"实施"了这一行为。

除了上述四个构成要件，还有一个问题需要讨论。通说认为胁迫需要具有不法性要件，即或者胁迫的手段不法，或者欲达到的目的不法，或者手段与目的的关联不法。[②] 本书作者认为，没有必要强调胁迫必须具有不法性。本条条文也没有强调"非法""不法"。实际上"不法性"要件完全可以为胁迫的其他要件所吸收。以不利后果相威胁来强制他人的精神自由，使他人陷于恐惧，这本身就不为法律所允许。而且，学者所举的证明"不法性"要件具有实益的例子通常就是以起诉来胁迫债务人履行债务（因不具不法性而不属于被胁迫的情形）。但实际上，就这一例子而言，债务人被迫履行债务，根本就不是实施民事法律行为，而是一个事实行为，其与本条的规定没有关系。

二、受胁迫方有权请求撤销的理由

本条规定受胁迫方有权请求人民法院或者仲裁机构予以撤销的原因，除与上述重大误解、欺诈的情形下相似的部分外，还特别体现了对受胁迫人之意思表示自由形成的高度保护。与实施欺诈行为的人相比，实施胁迫行为的人的主观恶性更大，受胁迫人意思表示的不自由、被强制的程度来得更高，因此，法律为受胁迫人提供了更为充分的保护——不论民事法律行为的其他当事人是否知道此人受胁迫，受胁迫人都可以行使撤销权。

三、撤销权的行使

理解本条规定的受胁迫人的撤销权的行使，需要注意以下几点：第一，享有撤销权的主体是受胁迫的一方。实施胁迫行为的一方不享有撤销权。在第三

---

① 汉斯·布洛克斯，沃尔夫·迪特里希·瓦尔克．德国民法总论：第33版．张艳，译．杨大可，校．北京：中国人民大学出版社，2012：282－283. 刘得宽．民法总则：增订四版．北京：中国政法大学出版社，2006：237－238.

② 王泽鉴．民法总则．增订版．北京：中国政法大学出版社，2001：398－400.

人实施胁迫行为的情形下，只有因胁迫而生恐惧并据此作出意思表示的民事法律行为的当事人才享有撤销权，即只有真正“受胁迫”的一方才享有撤销权。此外，如果民事法律行为的双方（在双方民事法律行为）或多方（在多方民事法律行为，但是不要求所有各方）都是被胁迫的，则任何一个被胁迫的民事主体都可以主张撤销权，因为双方或多方民事法律行为的成立，要求各方意思表示的一致。

比较特殊的是，在决议行为，受胁迫方是否能够请求人民法院或者仲裁机构撤销该决议行为，取决于依据法律或者章程规定的议事方式和表决程序，受胁迫方被胁迫的事实是否可以构成对决议的推翻（例如扣除受胁迫方的份额后，意思表示的共同程度低于作出决议行为所要求的程度；或者不受胁迫是作出决议行为必不可少的程序要求）。

第二，撤销权行使的期间。受胁迫方自胁迫行为终止之日起 1 年内没有行使撤销权的[①]，撤销权消灭。这 1 年的期间，属于除斥期间，不能中止、中断、延长。期间最后一日的确定依照《民法典》第 201～203 条的规定处理。

第三，行使撤销权的方式。受胁迫方只能以请求人民法院或者仲裁机构予以撤销的方式行使撤销权，而不能以自己的通知等意思表示径直撤销原民事法律行为。

第四，需要特别注意，受胁迫方所享有的撤销权可以对抗善意的相对人。即使在第三人胁迫、受胁迫方的相对人并不知道其受胁迫的情形下，受胁迫人仍然可以撤销其实施的民事法律行为。相对人因此受到损失的，应当向胁迫方主张损害赔偿。[②]

第一百五十一条

一方利用对方处于危困状态、缺乏判断能力等情形，致使民事法律行为成立时显失公平的，受损害方有权请求人民法院或者仲裁机构予以撤销。

【本条主旨】本条是关于显失公平的民事法律行为效力的规定。

【核心概念】

显失公平　显失公平是指一方当事人在处于危困状态、缺乏判断能力等情形下，实施了某项民事法律行为，对自己造成了明显的、重大的不利后果。在《民

① 需要注意，因胁迫而产生的撤销权的行使期间具有特殊性，原则上不适用《民法典》第 152 条第 2 款的规定。具体参见对《民法典》第 152 条的讨论。

② 关于相对人信赖利益保护的问题，可参见王泽鉴．民法总则．增订版．北京：中国政法大学出版社，2001：400。

法通则》和《合同法》中，都将乘人之危与显失公平规定为影响民事法律行为效力的两种情形。但是，这在逻辑上存在一些问题。而且从大陆法系多数的规定来看，这两个因素应当是结合在一起的，即乘人之危是引起显失公平的原因，而显失公平是乘人之危的后果。[①]《民法典》参考了大陆法系一些法典的规定，将乘人之危与显失公平结合在一起规定。

§条文详解§

一、显失公平的构成要件

要成立本条规定的显失公平，需要满足以下要件。

第一，一方利用对方处于危困状态、缺乏判断能力等情形。

首先，对方处于危困状态、缺乏判断能力等情形。处于危困状态，是指处于任何一种重大的困难状态。重大的困难状态既可以是经济方面的，也可以是健康方面的，还可以是精神状态方面的。[②] 对"处于"应当适当作扩大解释，既包括现在已经处于重大的困难状态，也包括即将面临重大的困难状态（因为这种面临本身就是一种危困状态）。尤其需要注意的是，"对方处于危困状态"并不要求一定是当事人本人处于危困状态，与当事人本人具有相当关系的人处于危困状态，也属于这里的"对方处于危困状态"[③]。缺乏判断能力，是指行为人缺乏必要的经验，或者行为人辨认自己行为的能力虽然没有达到不能完全辨认（限制民事行为能力）的程度，但较之正常的民事主体已经出现一定程度的偏差。唯应注意，一般认为，缺乏判断能力是指对一般的生活事务缺乏判断能力，对某个特定的商业领域或行业领域的事务缺乏判断能力不构成本条所说的缺乏判断能力[④]，因为法律不要求每个民事主体都成为各个领域的专家。

其次，对"利用"应当作适当的扩大解释。在通常意义上，利用是指有意识地设法为己所用。在德国民法上，对于"利用"已经作了较为广义的解释，即"利用"不要求当事人实施行为的动机是获得暴利；应处于困境、缺乏判断能力一方的请求而实施民事法律行为，也构成"利用"；"利用"不要求行为人具有损害对方权益的故意。而且，即使在不满足德国民法上的"利用"的要求时，只要

---

① 李永军．民法总论．3版．北京：中国政法大学出版社，2015：220.

② 处于危困状态大致上相当于德国民法中的"急迫情势"。迪特尔·施瓦布．民法导论．郑冲，译．北京：法律出版社，2006：480.《德国民法典》第138条规定：(1) 违反善良风俗的法律行为无效。(2) 某人利用他人处于急迫情势、无经验、欠缺判断力或意志显著薄弱，以法律行为使该他人就某项给付向自己或第三人约定或给予与该项给付明显地不相当的财产利益的，该法律行为尤其无效。

③ 维尔纳·弗卢梅．法律行为论．迟颖，译．北京：法律出版社，2013：451.

④ 迪特尔·施瓦布．民法导论．郑冲，译．北京：法律出版社，2006：480.

存在显失公平的事实状态，还要考察该行为是否因违反善良风俗而无效（《德国民法典》第 138 条第 1 款）。

基于我国民法中对于因违反公序良俗而无效的研究不甚发达的事实，为了更好地保护显失公平中的受损害方的权益，对“利用”的解释可以适当扩大，即只要一方知道或者应当知道对方处于危困状态、缺乏判断能力的客观状态，仍然与其进行民事法律行为，即构成此处的“利用”。这样的解释对于利用一方并不会产生不公平的结果，因为任何人本来就不应当从他人的不幸中获利。而且，如果一方虽然知道或应当知道对方处于不利地位，也与其进行了民事法律行为，但是行为实施时是公平的而不是显失公平的，那么也不会构成本条规定的可撤销的情形。而一个当事人在与对方实施民事法律行为时，本来就应当本着公平对待的态度进行，这也是诚信原则的要求。

第二，这一民事法律行为在成立时明显地不公平。

所实施的民事法律行为既可以是典型的双方民事法律行为，也可以是单方民事法律行为或者多方民事法律行为。明显的不公平是指处于危困状态、缺乏判断能力等情形的当事人一方的付出与所得之间存在着显著的不对称。付出与所得的衡量以市场客观价值为准，而无须考虑这一付出与所得对于当事人而言所具有的价值。二者之间的不对称必须达到这一程度：对于民事主体的行为无法作出符合常理的解释。换言之，这一差异的程度使人可以反推出遭受不利的那一方当事人的自由意志的形成受到了限制。[①] 一般而言，差异的绝对值也应该较大。如果虽然具有明显的不对称，但是整个标的数额很小，则也没有必要成立显失公平。

需要注意的是，对于是否构成明显的不公平的判断，应当依民事法律行为成立之时的情形加以判断。如果民事法律行为成立时是公平的，但是因为客观情事的变化嗣后变得不公平，则不是本条规定的显失公平的情形。

二、显失公平的民事法律行为是可撤销的民事法律行为的理由

本条规定显失公平的民事法律行为可撤销，除与前述重大误解、欺诈、胁迫情形下相同的意思表示不真实，径直规定为无效不利于各方等理由之外，尤其基于以下理由：第一，显失公平的民事法律行为的后果具有极大的不公平性，即处于危困状态、缺乏判断能力等情形的当事人受到了巨大的损害，而这一损害的产生并非由于商业风险等客观因素，而是因为当事人的不利情形。换言之，这一损害后果的不公平性体现在：如果让另一个正常的民事主体来替换处于不利情形的这一主体，这一损害就不会发生。对这种违反民法平等原则的“差异对待”的纠

---

① 迪特尔·施瓦布．民法导论．郑冲，译．北京：法律出版社，2006：480.

正，是法律允许显失公平的行为被撤销的制度之旨趣所在。第二，在显失公平的情形中，一方处于危困状态、缺乏判断能力等情形，这一不利情形实际上影响到了其意思表示的自由形成。意思自治原则的理论前提是主体之间地位平等，但是，一方的不利情形实际上已经使其丧失了与对方平等协商的地位，其处于严重的弱势地位。因此，允许这一行为被撤销，一定程度上也是对这一“地位不平等”的扭曲状态的纠正。

三、撤销权的行使

第一，享有撤销权的主体是受损害的一方。这里的“受损害方”是指民事法律行为成立时受损害的一方。利用他人处于危困状态、缺乏判断能力等情形实施民事法律行为的当事人，不论其后来是否受损害，都不能主张行使撤销权。如果处于危困状态、缺乏判断能力的一方在民事法律行为成立时并没有受损害，后来因为客观情事变化而遭受损害的，也不能主张行使撤销权，因为此时根本就不满足显失公平行为的构成要件。

第二，撤销权行使的期间。显失公平可以分为两种情形：一是处于危困状态的显失公平，二是缺乏判断能力的显失公平。其中，处于危困状态的显失公平类型的撤销权行使的期间较为特殊：其一，在处于危困状态类型的显失公平行为中，各方当事人对于行为“显失公平”一开始就是知情的，因此，自行为成立之日起，当事人就是知道撤销事由的。其二，与被胁迫不同，在处于危困状态类型的显失公平行为中，当事人意思自由被限制的程度并没有那么高（在胁迫情形，胁迫行为不终止，被胁迫人可能甚至根本就无法提起诉讼），其还是拥有相当的意思自由的，因此不宜参照胁迫行为“自胁迫行为终止之日起”的规定，而让显失公平行为自“摆脱危困状态之日起”计算撤销期间。其三，正是因为处于危困状态类型的显示公平行为之当事人自行为成立时就知情，但是受损害方始终还是享有行使撤销权的自由，因此，《民法典》第 152 条第 2 款的规定也就没有适用的可能性。

基于上述分析，处于危困状态的显失公平行为之当事人行使撤销权的期间，就是自行为成立之日起 1 年内。受损害方在这 1 年内没有行使撤销权的，撤销权消灭。这 1 年的期间，属于除斥期间，不能中止、中断、延长。期间最后一日的确定依照《民法典》第 201～203 条的规定处理。

此外，缺乏判断能力类型的显失公平行为与欺诈、重大误解等情形相同，受损害方自知道或者应当知道撤销事由之日起 1 年内或者自民事法律行为发生之日起 5 年内没有行使撤销权的，撤销权消灭。

第三，行使撤销权的方式。受损害方只能以请求人民法院或者仲裁机构予以撤销的方式行使撤销权，而不能以自己的通知等意思表示径直撤销原民事法律行为。

第一百五十二条

有下列情形之一的，撤销权消灭：

（一）当事人自知道或者应当知道撤销事由之日起一年内、重大误解的当事人自知道或者应当知道撤销事由之日起九十日内没有行使撤销权；

（二）当事人受胁迫，自胁迫行为终止之日起一年内没有行使撤销权；

（三）当事人知道撤销事由后明确表示或者以自己的行为表明放弃撤销权。

当事人自民事法律行为发生之日起五年内没有行使撤销权的，撤销权消灭。

【本条主旨】本条是关于撤销权之消灭事由的规定。

【核心概念】

撤销权　撤销权是指依据法律的规定，特定民事主体享有的主张撤销某项民事法律行为，使其自始不发生效力的权利。撤销权属于形成权，依权利人一方的意思表示即可发生民事法律关系变化的效果。撤销权一般需要在一定的期间内行使，该期间属于除斥期间。至于撤销权行使的方式，依据法律的规定，有些可以向对方直接为意思表示而撤销，有些则必须请求人民法院或者仲裁机构予以撤销。

§条文详解§

本条规定了撤销权消灭的具体情形，一般而言，只要满足其中的一种情形，撤销权即宣告消灭。对本条的理解，需要把握以下方面。

一、自知道或者应当知道撤销事由之日起算的撤销权类型

该种情形是自当事人知道或者应当知道撤销事由之日起计算撤销权期间。适用这一情形的撤销权类型包括：撤销限制民事行为能力人实施的民事法律行为（《民法典》第 145 条）；撤销因重大误解、欺诈、显失公平而实施的民事法律行为（《民法典》第 147～149 条、第 151 条）；善意相对人撤销无权代理人实施民事法律行为（《民法典》第 171 条）。因胁迫而撤销民事法律行为的撤销权的行使期间不适用本项规定。

对显失公平情形而言，应当区分处于危困状态与缺乏判断能力两种类型：于处于危困状态的情形，当事人自民事法律行为成立之日起就知道撤销事由，因此，其撤销权必须自民事法律行为成立之日起 1 年内行使（同时也不适用本条第 2 款的规定）。

起算之日确定后，除重大误解情形下撤销权的行使期间是 90 日外，其他情形下撤销权行使的期间是1年。这里的90日、1年，以及本条第1款第2项中的1年、第2款中的5年，都属于除斥期间，不得中止、中断、延长。期间最后一日的确定依照《民法典》第201～203条的规定处理。

二、胁迫行为终止之日起1年内未行使撤销权的，撤销权消灭

民事法律行为因胁迫被撤销的，撤销权行使的期间具有特殊性，这种特殊性体现在以下两个方面。

第一，在胁迫情形，撤销权的行使期间的起算时间是胁迫行为终止之日。胁迫情形具有两个特点：一方面，在胁迫情形，胁迫的行为不终止，受胁迫方恐惧的心理状态就无从消除，因此受胁迫方在实际上也就没有主张撤销的自由。另一方面，在胁迫情形，自民事法律行为成立时起，当事人对于撤销事由的存在就是知悉的。因此，如果法律还是规定自知道或者应当知道撤销事由之日起计算撤销权的行使期间，则只会产生一个后果：鼓励胁迫者持续地实施胁迫行为超过1年，因为这样受胁迫方就不会有撤销的可能性了。因此，法律对胁迫作了特殊的规定，即自胁迫行为终止之日起计算撤销权的行使期间。

第二，胁迫情形下撤销权的行使期间原则上不适用本条第2款的规定。基于同样的理由：胁迫行为的持续使受胁迫方没有行使撤销权的可能性。因此本条第2款的规定不能适用于胁迫情形，否则只会产生一个后果：鼓励胁迫者持续地实施胁迫行为超过5年，因为这样就终局地使因胁迫而实施的民事法律行为无法被撤销。

因此，本书作者主张，因胁迫实施的民事法律行为，只有在受胁迫方自胁迫行为终止之日起1年内没有行使撤销权，或者受胁迫方明确表示或者以自己的行为表示放弃撤销权的，撤销权消灭。

三、知道撤销事由后明确表示或者以自己的行为表示放弃撤销权的，撤销权消灭

这一撤销权消灭的事由适用于所有撤销情形。放弃撤销权是一个单方民事法律行为，其同样需要符合《民法典》第143条规定的有效要件才能生效。尤其需要注意：第一，放弃撤销权的意思表示必须是撤销权人的真实意思表示。如果撤销权人放弃撤销权的意思表示是基于重大误解、欺诈、胁迫、显失公平的情形作出的，则该放弃撤销权的意思表示就不是真实的。对此，撤销权人可以撤销其作出的放弃撤销权的意思表示（因为放弃撤销权这一行为也是一个独立的民事法律行为）。

第二，放弃撤销权的意思表示必须是明确的。放弃撤销权对于撤销权人而言利害关系重大，故其作出的放弃撤销权的意思表示必须是明确的，不能模棱两可，否则，为保护撤销权人的利益计，应当认为其没有作出放弃撤销权的意思表示。

第三，放弃撤销权的意思表示既可以以通知方式作出，也可以以行为方式表明。行使撤销权是一个单方民事法律行为（虽然在行使方式上有时需要请求人民法院或者仲裁机构予以撤销），同样，放弃撤销权也是一个单方民事法律行为，依据撤销权人单方的放弃的意思表示就可以发生撤销权消灭的法律效果。撤销权人放弃的意思表示既可以以明确的通知形式，也可以以自己的行为表明放弃撤销权。在以自己的行为表明放弃撤销权的情形，尤其需要注意，该行为必须达到足够表明撤销权人放弃撤销权的意思的程度方可认定确已放弃。

第四，放弃撤销权之后不能再主张撤销权。放弃撤销权的行为生效后，即发生撤销权消灭的法律后果，撤销权人不得再主张行使撤销权。但是，需要注意，由于放弃撤销权的意思表示同样是一个正常的意思表示，因此，同样适用《民法典》第141条的规定，可以依法撤回该意思表示。放弃撤销权的意思表示被依法撤回的，不发生放弃的后果，撤销权依然存在。

第五，放弃撤销权而导致撤销权消灭，对于所有类型的撤销，都一体适用。即使是在特殊的胁迫情形，如果受胁迫方依照其内心的真实意思，作出了放弃撤销权的意思表示或者以自己的行为表明放弃撤销权的，撤销权即消灭。

法律之所以规定放弃撤销权可以导致撤销权的消灭，是因为是否放弃撤销权同样是撤销权人意思自治的自由。放弃撤销权是一个单方民事法律行为，在撤销权人放弃的意思表示真实的情况下，就可以发生放弃的效果。此时，放弃撤销权这一民事法律行为生效，当事人（撤销权人）必须对自己的意思表示负责，不得再主张行使原来的撤销权。

四、民事法律行为发生之日起5年内未行使撤销权的，撤销权消灭

自民事法律行为发生之日起5年内未行使撤销权的，撤销权消灭。法律作此规定是为了使民事法律关系不要长久地处于不确定的状态，而尽快稳定下来，否则对于交易安全是一个严重的威胁，也不利于民事活动秩序的维护。唯应注意，如前述理由，于处于危困状态类型的显失公平行为与胁迫情形，不应适用本条第2款规定。

第一百五十三条

违反法律、行政法规的强制性规定的民事法律行为无效。但是，该强制性规定不导致该民事法律行为无效的除外。

违背公序良俗的民事法律行为无效。

【本条主旨】本条是关于民事法律行为违反法律、行政法规的强制性规定或者违背公序良俗无效的规定。

【核心概念】

法律、行政法规的效力性强制性规定 法律、行政法规的效力性强制规定是指法律、行政法规中直接影响民事法律行为效力的强制规定，对其的违反将导致民事法律行为无效。一方面，这一强制性规定只能由法律、行政法规予以规定，其他规范性文件中的强制性规定不影响民事法律行为的效力。另一方面，只有法律、行政法规的效力性强制性规定才影响民事法律行为的效力，管理性强制性规定不影响民事法律行为的效力。

§条文详解§

一、民事法律行为无效的含义与效果

民事法律行为无效，是指民事法律行为因缺少法律规定的有效要件并具有法律规定的无效要件而自始、确定地不发生效力。民事法律行为发生后，如果缺少《民法典》第143条规定的有效要件，就不能确定地有效。但是，并非缺少任何一个有效要件都会直接导致民事法律行为的无效。民事法律行为只有同时具备法律规定的无效要件，其效力才是确定地无效。例如，无民事行为能力人实施的民事法律行为无效（《民法典》第144条）；行为人与相对人以虚假的意思表示实施的民事法律行为无效（《民法典》第146条）；违反法律、行政法规的强制性规定或者违背公序良俗的民事法律行为无效（《民法典》第153条）；行为人与相对人恶意串通，损害他人合法权利的民事法律行为无效（《民法典》第154条）。

无效的民事法律行为自始、确定地无效。自始无效，是指无效的民事法律行为从其发生时起就不产生当事人所意欲的效力。确定无效，是指无效的民事法律行为从其发生之时起就不发生效力，而且之后也没有发生效力的可能性。即使效力瑕疵得到补足，原无效民事法律行为也不生效，而应当视为一个新的民事法律行为生效。[①] 此外，民事法律行为的无效还可以分为绝对的无效与相对的无效。绝对无效的民事法律行为，不论当事人或第三人是否主张无效，任何人都可以主张该民事法律行为无效，法院也可以依职权认定该民事法律行为无效；相对无效的民事法律行为，则只能由相关的民事主体主张，其他人一般不得主张该民事法律行为无效，法院一般也不得依职权认定该民事法律行为无效。[②]

需要注意，民事法律行为无效，只是指不发生当事人原来所意欲发生的法律

---

① 王泽鉴．民法总则．增订版．北京：中国政法大学出版社，2001：479－480.

② 王利明．民法总则研究．2版．北京：中国人民大学出版社，2012：599.

效果，而不是不发生任何法律效果。一般认为，无效的民事法律行为可以视为一个“事实行为”，从而依据法律的规定发生返还财产、折价补偿、损害赔偿等法律效果（《民法典》第 157 条）。

二、违反法律、行政法规的效力性强制规定或者违背公序良俗的民事法律行为无效

本条规定了民事法律行为无效的两种情形，在这两种情形下，民事法律行为无效都是绝对地无效。不仅当事人可以主张其无效，其他任何人也可以主张其无效，人民法院也可以依职权判定其无效。

1. 第 1 款：违反法律、行政法规的效力性强制性规定的民事法律行为无效

本条第 1 款前半句虽然规定违反法律、行政法规的强制性规定的民事法律行为无效，但是后半句的但书将不导致该民事法律行为无效的强制性规定排除在外。由此可知，对于强制性规定而言，有两种类型：一种是影响民事法律行为效力的，另一种是不影响民事行为效力的。前者就是效力性强制性规定，后者就是管理性强制性规定。应当将本条第 1 款理解为：只有违反效力性强制性规定的民事法律行为才无效，违反管理性强制性规定的民事法律行为并不无效。

对于“法律、行政法规的效力性强制性规定”这一概念的阐述，已如前述（参见《民法典》第 143 条的相关释义）。此处着重分析违反效力性强制性规定所产生的效力。与一般的无效民事法律行为的通常效果一样，违反法律、行政法规的效力性强制性规定的民事法律行为自始、确定地无效。唯应注意，法律、行政法规并非一成不变，效力性强制性规定也会随着经济社会的发展而不断变化。此时，这种变化将会给民事法律行为的效力带来何种影响，实在值得研究。

第一，效力性强制性规定的废止对于原来因此规定而无效的民事法律行为效力的影响。在民事法律行为成立时，存在着效力性强制性规定，该民事法律行为因此无效。如果导致该民事法律行为无效的规定在民事法律行为无效后被废止，一般认为，对于已经无效的民事法律行为不发生效力上的影响，即规定的废止并不导致已经无效的民事法律行为变为有效。如果当事人之间仍然希望实施这一民事法律行为，则需要实施新的民事法律行为。[①] 如果是单方民事法律行为的，需要重新作出意思表示；如果是双方或者多方民事法律行为的，需要重新达成合意。尤其需要注意的是，在双方或者多方民事法律行为中，不能达成新的合意的，一方当事人不得主张其他当事人依据原已经无效的民事法律行为履行义务。

第二，新的效力性强制性规定对于已经生效的民事法律行为之效力的影响。一项民事法律行为在成立时，尚无否定其效力的效力性强制性规定存在，因此该民事法律行为正常生效。但是，之后出现了新的效力性强制性规定，依此规定，

---

① 王泽鉴．民法总则．增订版．北京：中国政法大学出版社，2001：281.

原民事法律行为构成了对它的违反。此时，该新的规定对于原民事法律行为的效力是否发生影响，值得讨论。根据法律不溯及既往的原则以及《立法法》第93条的规定①，应当根据民事法律行为是否已经履行完毕来区别对待：已经履行完毕的民事法律行为不受后来生效的效力性强制性规定的影响，各方不得主张原民事法律行为无效。这是对当事人信赖利益的充分保护，也有利于维护稳定、可期待的民事法律关系。但是，已经生效但尚未履行或尚未履行完毕的民事法律行为，则应当受到后来生效的效力性强制性规定的影响，即原民事法律行为无效，并产生终止履行、返还财产、折价补偿等法律效果。唯应注意，一方当事人所受的损失，应该在双方之间本着公平合理的原则予以承担（因为无效并非对方的过错）。之所以作区别对待，理由在于：一方面，为法律、行政法规的效力性强制性规定所禁止的事项，一般都涉及公共秩序的维护或公共利益等的保护；另一方面，民事法律行为的履行虽然是事实行为而非民事法律行为，但是民事法律行为只有通过履行才能最终实现实益。因此，对于民事法律行为的履行，必须将其与民事法律行为本身一体看待，才能达到效力性强制性规定所欲实现的目的，否则，将产生一个荒唐的结果，即虽然民事法律行为是无效的，但是对这一民事法律行为的履行是有效的。这样的话，民事法律行为的无效将丧失意义。例如，假设现在大麻的买卖是合法的，甲与乙订立了大麻买卖合同，但尚未履行。后颁布了法律禁止大麻交易。此时，甲与乙自然不得再履行原大麻买卖合同，否则，禁止大麻交易的立法目的根本无从达到。

2. 第2款：违背公序良俗的民事法律行为无效

如前所述，公序良俗具有模糊性。② 从比较法上进行考察，一般认为违背公序良俗的行为包括以下情形：违反人伦的行为，例如约定同居关系存续则借款免于偿还，一经断绝则立即偿还；违反正义的行为，例如雇凶杀人；过分限制自由的行为，例如约定一生不结婚；显著的射幸行为，例如赌博等。③

三、违反法律、行政法规的效力性强制性规定、违背公序良俗的民事法律行为无效的理由

民事法律行为违反法律、行政法规的效力性强制性规定的，无效。这是因为民事法律行为虽然由当事人实施，是当事人意思自治的工具，但是，意思自治是在法律范围内的自治，而不是完全的自治，否则也就没有颁布法律的必要。在法律、行政法规的效力性强制性规定中，就包含了立法者对于某一类型的民事法律

---

① 《立法法》第93条规定，法律、行政法规、地方性法规、自治条例和单行条例、规章不溯及既往，但为了更好地保护公民、法人和其他组织的权利和利益而作的特别规定除外。

② 不过，从另一个角度看，公序良俗的模糊性也正是这一制度能够发挥作用的原因。王泽鉴．民法总则．增订版．北京：中国政法大学出版社，2001：289-290.

③ 刘得宽．民法总则：增订四版．北京：中国政法大学出版社，2006：200-205.

行为的否定性评价，该规定的目的就是使这类民事法律行为无效。因此，在这种情况下，当事人的意思自治当然要让位于立法者的意志。

违背公序良俗的民事法律行为无效，则是基于不同的理由。在因违背公序良俗而无效的情形，判断民事法律行为无效的，不是具体的法律规范，而是存在于法律本身的价值体系，即公共秩序，或者是法律外的伦理秩序，即善良风俗。规定违背公共秩序或善良风俗的民事法律行为无效，其目的不在于使道德性的义务成为法律义务，而在于不使民事法律行为沦为违反伦理性的工具。一言以蔽之，即法律不能允许违反法律本身价值体系（公共秩序）或违反伦理（善良风俗）的行为获得法律上的强制力（正常有效的民事法律行为具有强制力）。因此，公序良俗规则具有以下功能：第一，对不属于法律规范的其他规范赋予法律上的规范意义；第二，在法院面临新问题而进行“造法”时，以公序良俗对这一造法行为予以正当化。[①]

基于公序良俗的模糊性以及违背公序良俗所致后果的严重性（径直无效），在以违背公序良俗认定民事法律行为无效时，需要格外谨慎。

第一百五十四条

行为人与相对人恶意串通，损害他人合法权益的民事法律行为无效。

【本条主旨】本条是关于行为人与相对人恶意串通，损害他人合法权益的民事法律行为无效的规定。

【核心概念】

恶意串通　恶意串通是指当事人以恶意实现了通谋的状态，包含主观上的恶意与客观上的通谋两个要件。所谓恶意，是指故意中的恶劣者。[②] 恶意相对于一般的故意，其性质更为恶劣，具有极强的可责性。串通即通谋，是指通谋的各方对于彼此的意图都是明了的，而非不知情。[③] 此处的通谋仅要求通谋各方都明了彼此的意图，至于各方之间是否进行了协商、讨论、策划等，在所不问；至于各方对于各自意图是予以明示还是仅予以默示，也在所不问。只要相关民事主体在主观上都表现为恶意，在客观上对于对方的恶意都是明了的，即构成恶意串通。当然，对恶意串通之主、客观两方面的判断都有赖于证据规则的应用，以一定的证据来进行证明。

---

① 王泽鉴．民法总则．增订版．北京：中国政法大学出版社，2001：289.

② 张新宝．侵权责任法．4版．北京：中国人民大学出版社，2016：35.

③ 陈敦．论恶意串通损害损害他人利益的合同．北京工商大学学报（哲学社会科学版），2006（6）.

§条文详解§

一、恶意串通，损害他人合法权益的民事法律行为的构成要件

恶意串通，损害他人合法权益的民事法律行为，需要满足以下构成要件。

第一，行为人与相对人存在恶意串通的事实。所谓恶意，是一种恶劣的主观状态，即行为人与相对人的主观愿望就是损害他人的合法权益。所谓串通，是指行为人与相对人对于对方的意图是明了的，至于其是否进行了明示的沟通、讨论、策划，在所不问。在具体表现上，既可以表现为双方当事人事先达成协议，也可以表现为一方当事人作出意思表示，对方当事人明知其目的非法而用默示的方式接受。[①] 需要注意，民法中的“恶意串通”相较于刑法中的恶意串通的概念，不论是在主观方面还是在客观方面的要求都要来的低。

第二，恶意串通实施的民事法律行为损害了他人的合法权益。需要注意，这里的他人包括国家、集体、不特定第三人等任何一个恶意串通行为的当事人以外的民事主体。恶意串通实施的民事法律行为损害国家利益和公共利益（不特定第三人利益）的，属于绝对无效，任何人都可以主张其无效，法院也可以依职权判决其无效；如果仅仅是损害特定第三人利益的，属于相对无效，则只有该特定第三人才可以主张该行为无效。

二、恶意串通，损害他人合法权益的民事法律行为无效的理由

有学者认为，恶意串通的概念范围过于宽泛，以致存在滥用以肆意否定民事法律行为的效力的可能性，因此没有必要规定恶意串通，损害他人合法权益的民事法律行为无效。[②] 作者认为，不能因为恶意串通的概念存在一定的模糊性，就否定这一规定存在的必要。

第一，恶意串通，以损害他人合法权益为目的而实施民事法律行为，存在很大的主观恶性，此为法律所不允许。任何人实施民事法律行为，不能以损害他人合法权益为直接目的。这体现的是法律制度对正义理念的追求。法律不允许任何人以损害他人作为手段而直接获利。

第二，恶意串通，以损害他人合法权益为目的而实施的民事法律行为无效，这在一定程度上可以作为一个兜底条款，来切实保护民事主体的权益。这样的规定，可以对恶意串通的行为人产生相当的威慑作用，有利于预防恶意串通，损害他人合法权益行为的发生。

---

① 崔建远．合同法总论：上卷：北京：中国人民大学出版社，2008：262.

② 杨代雄．恶意串通行为的立法取舍——以恶意串通、脱法行为与通谋虚伪表示的关系为视角．比较法研究，2014（4）.

第三，通过区分绝对无效和相对无效，可以有效降低本条规定被滥用的可能性。如前所述，恶意串通实施的民事法律行为损害国家利益和公共利益（不特定第三人利益）的，属于绝对无效，任何人都可以主张其无效，人民法院也可以依职权判决其无效；如果仅仅是损害特定第三人利益的，则只有该特定第三人才可以主张该行为无效，人民法院不能依职权判决其无效。作此区分，学者对于本条规定被滥用的担忧应该可以大幅减轻。

第一百五十五条

无效的或者被撤销的民事法律行为自始没有法律约束力。

【本条主旨】本条是关于无效的或者被撤销的民事法律行为自始没有法律约束力的规定。

【核心概念】

法律约束力 法律约束力是指法律规范所特有的由国家强制力保证予以实施的效力。其他规范，对于行为人而言，可能也具有一定的约束力，例如道德规范等。但这种约束力并不能由国家机器以强制力予以保证，例如道德规范的约束力主要来自对违反道德行为的谴责。法律约束力主要是针对法律规范而言，但是，在法律规范赋予其他规范以法律约束力时，法律约束力这一国家强制力保证予以实施的效力，也就涵盖到其他规范。在民事法律中，法律赋予正常、有效的民事法律行为以法律约束力，由国家机器以强制力保证予以实施。本条的“法律约束力”还尤其是指由有效的民事法律行为所产生的民事主体之间的约束力。例如，合同双方基于合同产生的权利义务关系可由国家以强制力保证予以实现。

§条文详解§

一、自始没有法律约束力的理由

本条规定，无效的或者被撤销的民事法律行为，自始就没有法律约束力。之所以规定自始就没有法律约束力，是基于以下理由。

第一，有效的民事法律行为具有法律约束力，是由法律赋予的。法律之所以赋予其法律约束力，是因为其是实现意思自治的基本工具。法律规范，相较于其他规范类型，最大的特点就是能够由国家以强制力保证予以实施。其他的所有规范都不能够动用国家机器予以强制实施。例如在刑法领域，就表现为“法无明文规定不为罪，法无明文规定不处罚”。只有在民事领域，为了保证人的全面发展，充分保障每个人自己安排自己的生活这一目标的实现，民法树立起了坚固的意思自治制度，通过这一制度的实施，每个人能够自由地、充分地按照自己的意志生活。

需要注意，意思自治所赖以实现的工具，就是民事法律行为。一方面，只有赋予正常、有效的民事法律行为以法律强制力，才能保障意思自治的最终实现。另一方面，民事法律行为的法律约束力也不是天然产生的，而是民法赋予的结果。由此，就产生了以下的循环：民法将意思自治规定为民事基本制度，意思自治这一制度赋予正常、有效的民事法律行为以法律约束力，民事法律行为具有法律约束力这一特性又反过来充分地保障意思自治的实现。

第二，无效的或被撤销的民事法律行为不具有实现意思自治之功能，法律不应赋予其法律约束力。与正常、有效的民事法律行为不同，无效的或被撤销的意思表示或者具有意思表示不真实的瑕疵（当事人不具有相应的民事行为能力所导致的结果也是不能形成真正有效的意思表示），或者违反了法律、行政法规的强制性规定，或者违背了公序良俗。因此，不同于正常、有效的民事法律行为，无效的或被撤销的民事法律行为从根本上就不能达到实现意思自治的功能，因此法律也就没有必要赋予这样的行为以法律约束力。而且，就无效的或被撤销的民事法律行为而言，其或者是损害了当事人的利益（意思表示不真实），或者是损害了公共利益（违反法律法规的效力性强制性规定、违背公序良俗）。如果赋予这样的行为以法律约束力，不但不能实现意思自治，而且会给民事主体或者整个市民社会带来负面的影响。因此，法律必须规定无效的或被撤销的民事法律行为没有法律约束力。

第三，无效的或被撤销的民事法律行为从开始时起就不应该具有法律约束力。一方面，无效的或被撤销的民事法律行为从一开始就不具有实现意思自治的功能，法律应当从其开始时起就否定其效力。另一方面，无效的或被撤销的民事法律行为会损害民事主体或者整个市民社会的利益，而且这一损害从行为产生时起就发生，如果法律赋予其部分法律约束力（认定无效前或被撤销前具有法律约束力），则势必会对民事主体或整个市民社会的利益造成损害。只有全面否定其效力，规定无效的或被撤销的民事法律行为从开始时起就没有法律约束力，才能够彻底弥补这样的行为自产生以来所造成的损害。

二、自始没有约束力是指不产生当事人意思中所追求的通过民事法律行为变动民事权利义务关系的效果，并不是不产生任何后果

本条所说的“没有法律约束力”，是指不能产生当事人所意欲的法律效果，即当事人不能请求国家机器以国家强制力来保证实现其在这一行为中所意欲实现的法律效果，而不是指这一行为不产生任何法律后果。

正常、有效的民事法律行为具有法律约束力，能够产生当事人所意欲的法律效果，当事人可以请求国家机器（法院）以国家强制力（判决）来保证实现其在这一行为中（例如合同）所意欲实现的法律效果。换言之，当事人的意思表示能够保证得到实现。但是，基于上述理由，无效的或被撤销的民事法律行为不具有这样的法律约束力，当事人的“意思表示”无法得到实现。但是，其作为一个事实行为，仍然是一个法律事实，将产生一定的法律效力，只不过这一法律效力不是依当事人的意志而发生，而是依据法律的直接规定而发生。

法律之所以要规定无效的或被撤销的民事法律行为的法律后果，是因为这样的行为使正常的法律秩序产生了“扭曲”，而这种法律秩序被扭曲的状态必须得到纠正。具体的纠正途径在《民法典》第157条进行了规定。通过这些纠正途径（这一事实行为的法律效果），正常的法律秩序重新得到恢复。

第一百五十六条

民事法律行为部分无效，不影响其他部分效力的，其他部分仍然有效。

【本条主旨】本条是关于民事法律行为部分无效情况下其他部分之效力的规定。

【核心概念】

民事法律行为部分无效　民事法律行为部分无效是指无效的原因仅存在于民事法律行为的一部分之中。如果无效的原因存在于民事法律行为的全部，则为民事法律行为全部无效。在全部无效的情形下，民事法律行为当然全部不生效力，并无疑义。但是在民事法律行为部分无效的情形下，该部分无效是否及于其他部分，则存在着不同处理原则。在罗马法上，坚持“有效之部分，不因无效之部分，而受影响”的原则。但是，在德国民法、瑞士民法与我国台湾地区民法中，则坚持以“部分无效，则全部无效”为原则，以“部分无效，但其余部分有效”为例外。①

§条文详解§

一、民事法律行为部分无效，对其他部分之效力的影响

本条规定民事法律行为部分无效，不影响其他部分效力的，其他部分仍然有效。关于民事法律行为部分无效是否会导致其他部分的无效这一问题，区分标准在于该民事法律行为是否具有可分性。如果该民事法律行为的无效部分与其余部分是可分的，则无效部分并不必然导致其余部分无效；如果该无效部分与其余部分是不可分的，则部分无效将导致整个民事法律行为的无效。具体说明如下。

---

① 王泽鉴．民法总则．增订版．北京：中国政法大学出版社，2001：487.

第一，讨论的前提是存在一个“单一的”[①] 民事法律行为。民事法律行为部分无效是否会导致其余部分的无效，只有在针对一个单一的民事法律行为而言时，才有讨论的必要。对于当事人实施的数个各自独立的民事法律行为而言，其中之一无效并不会影响其他行为的效力，自不待言[②]，除非依据法律的规定或者当事人的约定，一个独立的民事法律行为的效力构成另一个民事法律行为的效力的前提条件。

第二，民事法律行为是否为“单一的”之判断标准。判断民事法律行为是否是一个单一的民事法律行为，起决定性作用的是参与人的意思。[③] 一般认为，可以从同时实施行为或者在统一的文件上签名推知民事法律行为的统一性，从而认定是单一的民事法律行为。[④] 在进行判断时，需要根据案件的具体情形进行判断。尤其需要注意，在表面上存在多个独立的民事法律行为，但是这些行为之间存在密切的联系时[⑤]，往往也会将这些行为认定为一个单一的（统一的）民事法律行为，其中一个行为的无效可能导致其他行为的无效。

第三，该单一的民事法律行为部分无效是否直接影响其余部分的效力，取决于无效部分与其余部分是否具有可分性。一般而言，具有不可分性的，部分无效将导致整个民事法律行为的无效；具有可分性的，部分无效并不影响其余部分的效力。“可分性”，是指将民事法律行为的无效部分分离后，其余部分仍然可以作为独立的民事法律行为存在[⑥]，即本条规定的“部分无效，不影响其他部分效力的”。需要注意的是，对于民事法律行为各部分之间是否具有可分性（部分无效是否会影响其余部分效力）的判断，没有统一、僵化的标准，而应该根据法律的相关规定、民事法律行为的性质、当事人的意思表示、交易习惯以及个案中的具体情形，综合考量，并参酌诚信原则予以最终判断。[⑦]

一般认为，如果仅仅涉及标的物数量上的超出，则超出部分与原有约定部分是可分的。[⑧] 例如我国《民法典》第 629 条第一句规定，“出卖人多交标的物的，买受人可以接收或者拒绝接收多交的部分”。由此可知，当出卖人多交标的物而

---

① 有学者也称此为“统一的法律行为”。汉斯·布洛克斯，沃尔夫·迪特里希·瓦尔克．德国民法总论：第 33 版．北京：中国人民大学出版社，2012：225.

② 黄立．民法总则．北京：中国政法大学出版社，2002：430.

③ Vgl. Mot. Ⅰ，222//汉斯·布洛克斯，沃尔夫·迪特里希·瓦尔克．德国民法总论：第 33 版．北京：中国人民大学出版社，2012：225.

④ 同③.

⑤ 判断的标准一般是是否“构成了经济上的整体”。同③，88，226.

⑥ RGZ93，338；BGHNJW1962，913//汉斯·布洛克斯，沃尔夫·迪特里希·瓦尔克．德国民法总论：第 33 版．北京：中国人民大学出版社，2012：226.

⑦ 林诚二．民法总则：下册．北京：法律出版社，2008：473.

⑧ 刘得宽．民法总则：增订四版．北京：中国政法大学出版社，2006：303－304.

买受人拒绝接收多交的部分时，关于该多交部分的合同就是无效的民事法律行为(有要约但未获承诺)，但是，对于原来合同双方约定的数量范围内的标的物，则买受人不得拒绝接收，即买受人不得主张超出部分的无效使整个民事法律行为全部归于无效，因为该民事法律行为具有可分性。需要注意，民事法律行为是否可分与其是否能够得到实际履行没有必然联系。例如，甲向乙购买 1 吨煤油，但乙交付时送来 2 吨装的煤油一桶，而甲拒绝接收多交的标的物。在此情形下，甲与乙之间关于买卖 1 吨煤油的合同这一民事法律行为是有效的，即使乙实际上不能履行（例如乙只有这一桶煤油，无法分装）。乙在不能实际履行时，构成违约责任，但不涉及原买卖合同效力的判断。

此外，如果一个买卖合同中涉及多个标的物，对于各个标的物而言，一般也认为是可分的。例如，在超市购买物品时，其中一件物品的买卖合同的无效，不影响其他物品买卖的效力。

第四，具有可分性的单一的民事法律行为其余部分的效力，应当根据《民法典》第 143 条的规定予以判断。民事法律行为部分无效，不影响其他部分效力的，其他部分仍然有效。需要注意，这里规定的“其他部分仍然有效”，是指其他部分并不因为同一民事法律行为中无效部分的影响而当然无效，但并不是说其他部分一定有效。而是说，如果其他部分满足民事法律行为有效要件的，则“仍然有效”。因此，其他部分的效力究竟如何，应当根据《民法典》第 143 条规定的有效要件予以判断。

二、无效部分和其他有效部分之间的关系

是否具有可分性，即民事法律行为的多个部分能否各自成为独立的民事法律行为，是判断部分无效是否影响其余部分效力的标准。因此，当判定某个民事法律行为“部分无效，但其他部分仍然有效”时，所蕴含的前提条件是，该无效的部分与该有效的部分可以各自作为一个独立的民事法律行为而存在。因此，无效部分与有效部分就各自发生效力，即无效部分依据《民法典》第 157 条的规定，发生返还财产、折价补偿、赔偿损失等效力，而有效部分应当继续履行。

例如，《民法典》第 705 条第 1 款规定，“租赁期限不得超过二十年。超过二十年的，超过部分无效”。如果甲与乙签订了一份租赁合同，租期 30 年，则超过的 10 年无效，其余的 20 年仍然有效，各自发生以下法律效力：对于无效的 10 年部分，如果已经给付租金的，承租人可以要求返还租金；对于有效的 20 年部分，双方应当继续履行，即出租人应当将租赁物交付承租人使用，承租人应当支付租金。

第一百五十七条

民事法律行为无效、被撤销或者确定不发生效力后，行为人因该行为取得的财产，应当予以返还；不能返还或者没有必要返还的，应当折价补偿。有过错的一方应当赔偿对方由此所受到的损失；各方都有过错的，应当各自承担相应的责任。法律另有规定的，依照其规定。

【本条主旨】 本条是关于民事法律行为无效、被撤销或者确定不发生效力后有关返还财产、折价补偿、赔偿损失等的规定。

【核心概念】

返还 返还是指将他人所有的财产返还给该人。返还遵循“原物返还”的原则：如果原物尚存的，应当返还原物。如果原物已经灭失的，原物是种类物的，以种类物返还；原物是特定物的，则应当折价补偿或者赔偿损失。在金钱之债的情形下，返还即是指返还相同币种、数额的金钱。

折价补偿 折价补偿是指对于他人的财产，在不能返还或者没有必要返还的情况下，根据该财产的价值以一定的金钱予以补偿。折价补偿既可能是等额的补偿，即根据原有财产的价值予以补偿，也可能是不等额的补偿，即以原财产的价值数额为依据，依一定比例上下浮动，补偿浮动后的金钱数额。

§条文详解§

一、返还财产、折价补偿是恢复原财产权利、义务状态的主要方式

民事法律行为被确认无效、被撤销或者确定不发生效力后，不当变动的权利义务关系一定要依法恢复到变动前的状况。本条规定的主要是不当变动的财产关系如何恢复到无效、被撤销或确定不发生效力的民事法律行为发生前的状况。如果是涉及人身关系的变动，则一般不适用本条的规定。

在财产关系的回复方式中，主要的方式是返还因民事法律行为而取得的财产以及折价补偿。关于返还财产、折价补偿的理解，需要注意以下几点。

1. 返还财产

第一，返还财产的适用情形。根据本条的规定，返还财产的适用情形是行为人因该行为取得财产，即在该民事法律行为尚未被宣告无效、被撤销或确定不发生效力时，行为人依据该民事法律行为取得了财产权益。根据民事法律行为类型的不同，行为人可能取得所有权、用益物权、担保物权等物权权益，也有可能取得债权权益，还有可能取得金钱等其他财产权益。因此，本条规定的“返还财产”的概念范围要大于物权法上的“返还原物”的概念范围，对于后者而言，仅

指返还特定物，即转移特定物的占有。

第二，返还财产的形式。根据行为人获得的财产权益类型的不用，其返还该财产的方式及范围自然也有所不同。返还财产既可以是返还有形的财产，例如返还有体物、权利凭证等，也可以是返还无形的财产，例如转让债权等。

对于有形财产的返还而言，如果财产权益的标的物是特定物，则应当返还该特定物，而不能以其他物代替；如果财产权益的标的物是种类物，则应当返还其取得的该物，或者返还与该物属于同一种类的其他物。

对于无形财产的返还而言，如果财产权益是债权，则应当向原债权人转让债权，并应当通知债务人。需要注意，在民事法律行为无效、被撤销或者确定不发生效力后，在当事人之间该民事法律行为自始不发生效力，因此，“向原债权人转让债权”只是一个理论上的描述，即使行为人没有作出“转让债权”这一意思表示，该债权也仍然回复到由原债权人享有的状态。但是，对于第三人而言，其难以知晓相关权利义务关系的变化。因此，本书作者主张，如果未经通知原债务人，则该债权转让对债务人不发生效力。换言之，原债务人仍然可以向该行为人履行债务而使该债务消灭。例如，甲与乙签订红酒买卖合同，甲向乙购买 A 品牌红酒 100 瓶，总价款 1 万元。甲向乙支付了价款，乙尚未交付红酒。甲将其债权（请求乙交付红酒）转让给丙，并对乙通知了这一债权转让。后来，甲与丙之间的债权转让合同被撤销。此时，如果不对乙通知这一撤销的情况，而乙向丙交付了红酒，则甲与乙之间的债权债务关系也归于消灭，甲不得再主张乙交付红酒。尤其需要注意的是，这一通知义务对所有情形均一体适用。即使是在该债权转让因胁迫而被撤销时，仍然需要对乙作出通知。虽然甲与丙之间的债权转让因胁迫而被撤销，原则上可以对抗善意第三人，但不适用于此处的情形，因为此时，科甲或丙以通知义务，对其而言并非难事，而要求乙随时知悉甲与乙之间的权利、义务变动状况则几乎不可能。因此，如果这一变动未向原债务人作出通知，则对原债务人不生效。

如果行为人取得的财产就是金钱本身，则行为人应当返还相同的价金。需要注意，在此情形，不应当视为“折价补偿”，而应当认定为返还财产。因为取得的财产本身就是金钱时，根本就不存在“折价”这一过程，其金钱数额是当然明确的。例如，甲向乙借款 1 万元，后借款合同被撤销，则甲向乙返还 1 万元的行为就是返还财产。

第三，返还财产的范围。不论返还的是有形财产还是无形财产，对于原财产本身都应当予以返还。此点自无疑问。如果民事法律行为无效、被撤销或者确定不发生效力后，依据《民法典》第 156 条的规定，该民事法律行为中关于孳息的约定仍然有效的，则依据该约定决定是否一并返还孳息。如果该约定也一同无效的，则按照法律的有关规定判断孳息是否应当一并返还。

2. 折价补偿

第一，折价补偿的适用情形。根据本条的规定，在“不能返还或者没有必要返还”的情形下，应当折价补偿。不能返还，是指客观上不能返还原物。① 所谓“客观”，是指不能返还不是基于行为人的主观因素，例如其不愿意返还。换言之，原物不能返还不依赖行为人的意志。在这种情形下，要求行为人返还原物（财产）实际上不可能，因此只能折价补偿。一般来说，客观上无法返还包括物质障碍与权利障碍两种情形。所谓物质障碍，是指因原物（特定物）已经毁损、灭失等而存在物质上的障碍，从而无法返还原物。所谓权利障碍，是指原物上已经有其他权利的存在，而依据该权利的内容，无法依照行为人自己的意思来返还原物。例如，原物已经由第三人善意取得，此时在客观上已经无法返还原物。需要注意，如果原物不是在客观上无法返还，而是可以归责于行为人主观上的原因，则不构成本条规定的“不能返还”。原权利人可以请求人民法院强制执行，返还原物。

没有必要返还，是指虽然存在返还的可能性，但是返还会给行为人或者对方造成较大损失，因此出于经济的考量，没有必要予以返还。这包括两种情形：第一种是返还原物会给行为人造成较大的经济损失，例如，返还原物的费用过高等情形。第二种是返还原物会给原权利人造成较大的经济损失，例如，原物的价值已经贬损。在没有必要返还而折价补偿的情形下，返还原物是可能的，但是随之带来的经济上的不利益过大，因此法律规定可以折价补偿。

此外，如果当事人之间对于“折价补偿”达成了一致意见的，则即使原物在客观上可以返还，也可以直接适用“折价补偿”的方式。法律没有必要对此再予以干涉。

第二，对“折价补偿”的理解。折价，是指将原财产所含的财产利益以金钱数额的形式予以衡量。例如，一把椅子作为一项财产，其包含着一定量的财产利益，这一财产利益是能够以金钱数额的形式予以衡量的，例如为500元人民币。需要注意，“折价”是指折合价格，而不是指对原财产的价值进行折扣。折价之后所表现的金钱数额形式的价值，不一定低于原财产的价值。例如，对一把价值500元的椅子进行“折价”，不是说是将其价值（500元）进行折扣，减为400元。因此，本条规定的“补偿”也是在广义上使用。在平常的用语中，“补偿”

---

① 需要注意，此处所言“客观上不能返还原物”中的“客观上不能”概念不同于比较法上关于标的不能的讨论中的“客观的不能”。此处的客观上不能返还原物，是指并非行为人主观上不愿意返还原物，而是即使其愿意返还原物，客观上也无法返还。换言之，原物是否能够得到返还，并不取决于行为人的意志。标的客观的不能，是指对于社会一般之人均属不能，而不同于仅因当事人个人之事由而不能的“主观的不能”。刘得宽．民法总则：增订四版．北京：中国政法大学出版社，2006：192.

通常和“赔偿”相对应；补偿一般不是全额赔付全部损失，而往往是赔付部分的损失；赔偿则是以全部赔偿为原则。但是，对于这里的“补偿”不能作这样的理解，而应该理解为依据折合之后的价格支付金钱。至于所支付的金钱的数额是与原财产价值相等还是超出或减少，在所不问。本条此处之所以使用“补偿”的用语，主要是因为考虑到“赔偿”一词具有一定的贬义色彩，通常包含着可责性的意味，而且在无效、被撤销或者确定不发生效力的民事法律行为中，并非所有行为人都具有可责性（过错），因此，使用中性的“补偿”更为合适。

第三，“返还财产”与“折价补偿”方式的选择。根据本条规定的字面表述，在民事法律行为无效、被撤销或者确定不发生效力后，“返还财产”这一方式的适用应当优先于“折价补偿”方式的适用。本书作者主张，对于这两种方式的选择，应当遵循以下判断路径：首先，如果当事人之间已经就“返还财产”或者“折价补偿”作出了约定或达成了一致意见的，依据其约定。其次，如果当事人没有达成一致意见，则应当按照本条的规定处理，即尚可以返还的，应当返还财产，原权利人不能拒绝接收原物而主张折价补偿，行为人也不能拒绝返还原物而主张折价补偿；不能返还或者没有必要返还的，应当折价补偿，原权利人不能拒绝接收价款而一定主张返还原物，行为人也不能不支付价款而主张返还原物。

二、基于过错责任原则的赔偿损失

本条同时还规定了赔偿损失这一责任承担方式。需要注意，不论是单方赔偿损失还是双方赔偿损失，其责任的基础一般都在于过错。原则上只有有过错的一方才需要对于对方的损失予以赔偿。如果没有过错，则当事人仅承担返还财产或折价补偿的责任。对于本条中“过错”的理解，可以参照侵权责任法理论中的一般理性人标准，即没有达到一般理性人的注意义务的，构成过错。此外，这一“过错”指的是行为人在实施民事法律行为过程中导致该行为无效、被撤销或确定不发生效力的过错，例如，行为人使用胁迫、欺诈等手段与对方订立合同。

“有过错的一方应当赔偿对方由此所受到的损失”，属于单方赔偿损失的情形。至于损失的范围，根据民事法律行为类型的不同而有所不同，此外，也要考虑到行为人主观过错的程度。

对于“各方都有过错的，应当各自承担相应的责任”，需要注意的是，此处“各自承担相应的责任”，既包括各方承担按份责任，也包括各方承担连带责任。例如，在行为人与相对人恶意串通，实施损害他人合法权益的民事法律行为的情形下，该行为无效，行为人与相对人均为恶意（有过错），其对于他人的合法权益因此受到的损失就需要承担连带责任。至于在按份责任或者连带责任中各债务人之间的责任份额的划定，一般需要考虑有过错的行为人主观过错的严重程度、其行为对损失的原因力大小等因素。

三、法律另有规定的，依照其规定

本条属于民事法律行为无效、被撤销或者确定不发生效力后在当事人之间所产生的法律效力的一般性规定。因此，根据特别法优于普通法的原则，如果法律另有规定的，应当依照其规定。需要注意，对于此处的“法律另有规定”，不能机械地理解为仅仅是指法律关于民事法律行为无效、被撤销或者确定不发生效力之后的法律效果的规定，而应当理解为：如果法律对类似问题作出了规定，则应当依照该规定处理。例如，《民法典》第584条规定，“当事人一方不履行合同义务或者履行合同义务不符合约定，造成对方损失的，损失赔偿额应当相当于因违约所造成的损失，包括合同履行后可以获得的利益；但是，不得超过违约一方订立合同时预见到或者应当预见到的因违约可能造成的损失”。这一条文虽然是针对当事人违约时的损害赔偿范围所作出的规定，但是，其也可以参照适用于本条规定的情形。例如，一方当事人以欺诈方式与对方订立合同的，合同被撤销后，其承担的损害赔偿范围的确定就应当依据《民法典》第584条的规定处理。

第四节　民事法律行为的附条件和附期限

第一百五十八条

民事法律行为可以附条件，但是根据其性质不得附条件的除外。附生效条件的民事法律行为，自条件成就时生效。附解除条件的民事法律行为，自条件成就时失效。

【本条主旨】本条是关于民事法律行为附条件的规定。

【核心概念】

民事法律行为附条件　民事法律行为附条件是指民事法律行为以将来客观上不确定事实的成就与否作为判断民事法律行为效力发生或消灭的依据。条件是指将来客观上不确定的事实，即在民事法律行为成立时，某一事实是否会发生，在客观上是不确定的。需要注意，在约定条件时，相关事实在客观上已经确定，则即使当事人主观上对此并不知悉，也不能作为条件。[①] 此外，条件只能以不确定

① 刘得宽．民法总则：增订四版．北京：中国政法大学出版社，2006：248.

的事实为内容。如果以将来客观上确定会发生的事实为内容，则属于期限而不是条件。

生效条件 生效条件也称停止条件，是指限制民事法律行为效力发生的条件，即在生效条件为不成就时，民事法律行为不生效；在生效条件成就时，民事法律行为生效。例如，甲、乙双方约定，如果中国国家足球队在下一届世界杯进入16强，则甲以50万元价款购买乙的翡翠手镯。此例中规定的就是生效条件。

解除条件 解除条件是指限制民事法律行为效力消灭的条件，即已经生效的民事法律行为在解除条件不成就时保持其效力；在解除条件成就时，民事法律行为则失去其效力。例如，甲、乙双方约定，甲每天向乙购买一杯豆浆，直到中国国家足球队进入世界杯16强。此例中规定的就是解除条件。

条件成就 条件成就是指构成条件内容的不确定事实已经得到实现，既包括确定地发生，也包括确定地不发生。条件的“成就”与“不成就”和不确定事实的“发生”与“不发生”并非一一对应的关系。对于积极条件（以某种客观上不确定的事实的“发生”为条件）而言，条件成就是指不确定的事实已经发生；对于消极条件（以某种客观上不确定的事实的“不发生”为条件）而言，条件成就是指不确定的事实已经确定不发生。条件是否成就，应当由主张的一方负举证责任。①

§条文详解§

一、对“条件”的理解

本条规定了民事法律行为的附条件。关于对本条中的“条件”的理解，需要注意以下几点。

第一，“法定条件”不是本条所说的“条件”。法定条件并不以当事人的合意作为基础，而是法定的民事法律行为的生效要件。虽然法定条件也可以造成不确定的状态，但是规定了法定条件的民事法律行为，不能适用本条以及《民法典》第159条关于民事法律行为附条件的相关规定。对于规定了法定条件的民事法律行为，应当视为未附条件，即视之为普通的民事法律行为。②

第二，条件的内容，必须是不确定的事实。在约定条件时，该事实是否会发生并不确定。因此，如果以现在或者过去已经发生的事实作为条件的，则实际上并没有真正条件的存在。这被称为“虚伪条件”或“既成条件”。在民事法律行为成立时，所约定的“条件”就已经成就的，如果是生效条件，则视为没有约定

① 林诚二．民法总则：下册．北京：法律出版社，2008：415.

② 黄立．民法总则．北京：中国政法大学出版社，2002：366.

条件，民事法律行为自成立时起生效；如果是解除条件，则民事法律行为自成立时起即无效，因为自该行为成立时起即已解除了效力，相当于无效。[①]

第三，如果以自始即明确知道不可能发生的事实作为条件的，是“不能条件”，不属于本条规定的附条件。如果是以此种事实作为生效条件的，则该民事法律行为无效；如果是以此种事实作为解除条件的，则该民事法律行为完全生效。需要注意，这里所谓的不可能发生，是指客观上不能，即违反自然规律，在客观上根本不可能发生。[②]

第四，如果所附条件的内容违反法律、行政法规的效力性强制规定或者违背公序良俗的，则该附条件的约定无效（《民法典》第153条）。需要注意的是，这一条件的无效是否会导致该民事法律行为其余部分的无效。一般认为，民事法律行为所附的条件与该民事法律行为其余部分构成一个不可分的整体，因此，在该条件无效的情况下，整个民事法律行为都归于无效。但在极特殊的情况下，如果该条件的无效并不影响该民事法律行为其他部分效力的，则其他部分仍然有效（本法第156条）。[③]

二、附生效条件的民事法律行为的效力

本条规定，“附生效条件的民事法律行为，自条件成就时生效”。对这一规定予以理解时需要注意以下几点。

第一，附生效条件的民事法律行为生效的前提是其在成立时满足《民法典》第143条规定的民事法律行为的有效要件。在此基础上，该民事法律行为才在条件成就时生效。如果一个附生效条件的民事法律行为根本就不满足《民法典》第143条规定的有效要件，则不论该生效条件是否成就，该民事法律行为都不生效。换言之，“自条件成就时生效”是对于没有其他效力瑕疵的民事法律行为而言的。需要注意的是，附生效条件的民事法律行为满足《民法典》第143条规定的有效要件的时间点，是该民事法律行为“成立”时。于是，产生了这一问题：如果在民事法律行为成立时，该行为满足《民法典》第143条规定的有效要件，但是在条件成就时，有效要件出现了缺失，此时该民事法律行为是否还正常生效？换言之，有效要件嗣后丧失，是否会影响民事法律行为的效力？本书作者认为，有效要件的嗣后丧失，不影响该民事法律行为的效力，该民事法律行为仍然在条件成就时生效。[④] 理由在于：一方面，这涉及附条件的民事法律行为在效力

---

① 黄立．民法总则．北京：中国政法大学出版社，2002：368.

② 同①368－369.

③ 同①369.

④ 除非出现了以下情形：新的法律、行政法规的效力性强制规定在该民事法律行为成立后、生效前颁布并生效，从而构成了《民法典》第153条规定的情形。根据本书作者在上文所述的观点，这种情况下，该民事法律行为无效。

未定期间权利人所享有的“期待权”。另一方面，当事人在设立民事法律行为时，已经受其意思表示的约束，因此民事法律行为的各种生效要件均应以缔结行为时（即民事法律行为成立时）为准。①

可以这样理解：在当事人作出一个附条件的民事法律行为时，其实这整个民事法律行为是已经生效的，即“如果 A，那么就 B”作为一个整体是生效的。而我们所说的自条件成就时生效，指的是里面的“B”作为一个单独的部分在 A 成就时生效。例如，甲与乙约定，如果明天下雨，那么甲向乙买 50 公斤大米。在甲与乙作出这一约定时，“如果明天下雨，那么甲向乙买 50 公斤大米”作为一个整体，是已经生效的。在第二天真的下雨（条件成就）时，“甲向乙买 50 公斤大米”作为一个单独的部分，就确定地生效。在条件尚未成就时，效力不确定的仅仅是作为部分的 B，而不是作为整体的 A。在先的关于附条件民事法律行为的约定，使在条件成就时当事人无须再作出意思表示，就可以成立一个确定生效的民事法律行为。

第二，生效的时间是条件成就时。对于附生效条件的民事法律行为而言，其生效时间就是条件的成就时间。所谓条件的成就，是指条件中规定的将来不确定的事项已经得到了实现。需要注意，如果条件中约定的相关情况在客观上已经确定，但是有一方当事人主观上并不确定，则一般认为一直到其确定知悉时为止，对于该当事人而言，可以视为条件尚未成就。②

根据本条的规定，一般认为条件成就所致的生效并不溯及至民事法律行为成立之时。需要讨论的是，当事人是否能够以意思表示约定，附生效条件的民事法律行为条件成就，生效的效力溯及至该民事法律行为成立之时。从比较法上的考察看，一般都允许当事人作出这样的约定。③ 本书作者主张，是否对民事法律行为附条件，是当事人意思自治的自由，因此，基于对当事人意思自由的尊重，原则上也应当允许当事人约定条件成就时，生效的效力可以溯及至民事法律行为成立之时。但是，唯应注意，这一约定仅在民事法律行为的各方当事人之间具有法律约束力。基于保护交易安全以及他人合理信赖的考量，该溯及既往的生效的效力，不能对抗善意第三人。在涉及物权变动的情形，需要特别注意。④

---

① 黄立．民法总则．北京：中国政法大学出版社，2002：371.

② 同①368.

③ 汉斯·布洛克斯，沃尔夫·迪特里希·瓦尔克．德国民法总论：第 33 版．北京：中国人民大学出版社，2012：295. 山本敬三．民法讲义：Ⅰ·总则：第 3 版．解亘，译．北京：北京大学出版社，2012：267.

④ 例如，在德国民法上，就认为当事人之间约定附生效条件的民事法律行为之条件成就所致的生效效力溯及至行为成立之时的，该约定仅具有债法上的效果，而不具有物权上的效果。汉斯·布洛克斯，沃尔夫·迪特里希·瓦尔克．德国民法总论：第 33 版．北京：中国人民大学出版社，2012：295.

第三，条件成就时，该民事法律行为自动生效。附生效条件的民事法律行为，在生效条件成就时，自动生效，当事人无须再作出意思表示。与此相对应，如果条件已经确定地不成就，该民事法律行为也就自动无效，并根据《民法典》第157条的规定处理，当事人无须再作出其他的意思表示。唯应注意，主张条件成就或者不成就的当事人都应当对自己的主张负担举证责任。

三、民事法律行为成立但是在所附生效条件未成就情况下的效力讨论

一般认为，在附生效条件的民事法律行为成立后、生效条件尚未成就时，当事人享有附条件利益，也称“期待权”。附生效条件的民事法律行为，在条件成就之前，其是否会生效处于一种不确定的状态（也称为效力未定期间）。但是，此时当事人仍然应当受该民事法律行为的拘束。具体而言，附生效条件的民事法律行为在成立后、条件成就之前，对当事人的法律约束力体现在以下两个方面：第一，当事人不得单方撤回意思表示；第二，当事人应当负有注意义务（在比较法上也称为“法律行为先效力”），确保民事法律行为所意欲实现的法律效果在条件成就时能够顺利获得实现。[①] 因此，在附条件的民事法律行为效力未定时，如果当事人以自己的过错破坏或者损害附条件的权利，则权利人有权要求其赔偿损害。[②]

此外，还需要注意，一般认为，虽然在效力未定期间权利人是否能最终因条件的成就而确定地获得权利存在变数，但并不意味着其不能对这一“期待权”作出处分。即使是在效力未定期间，如果附条件的权利是可以继承的，则这一期待权也可以继承；如果附条件的权利是可以转让的，则针对附条件的权利所享有的期待权也是可以转让的。[③]

四、附解除条件的民事法律行为的效力

如果民事法律行为是附解除条件的，则该民事法律行为的生效时间与一般的民事法律行为的生效时间相同，即自民事法律行为成立时起生效，法律另有规定或者当事人另有约定的除外（《民法典》第136条）。

附解除条件的民事法律行为在生效后、解除条件是否成就尚未确定以前，均处于生效的状态。只有在解除条件成就时，该民事法律行为才失效。如果解除条件确定地不成就，则该民事法律行为确定地维持其原有效力，相当于该民事法律行为没有附条件。有关解除条件成就所致民事法律行为的失效是否具有溯及力的问题，可以参见上文关于生效条件部分的讨论，二者的处理大体相同。

此外，需要注意的是，解除条件与解除权不同。附解除条件的民事法律行

---

① 王泽鉴．民法总则．增订版．北京：中国政法大学出版社，2001：433.

② 此点也为《德国民法典》第160条所规定。迪特尔·梅迪库斯．德国民法总论．邵建东，译．北京：法律出版社，2013：635－636.

③ 维尔纳·弗卢梅．法律行为论．迟颖，译．北京：法律出版社，2013：838－839.

为，在解除条件成就时，当然地失效；但对于解除权而言，以解除权人行使解除权为必要，解除权人须作出行使解除权的意思表示，方产生解除民事法律行为效力的效果。而且一般认为解除权的行使具有溯及力，但解除条件的成就原则上没有溯及力。①

五、按性质不得附条件的民事法律行为

按照民事法律行为的性质不得附条件的，该民事法律行为不可以附条件。具体而言，主要包括以下情形。

第一，为维护公共利益，不得附条件。首先，结婚、离婚、收养等身份行为不得附条件。这是因为如果允许身份行为附条件，则会影响身份秩序的安定，对公序良俗会造成损害。但是，一般认为财产行为可以以身份行为为其条件，并不受限制，例如因订立婚约赠送礼金。② 其次，继承的放弃不得附条件。③ 最后，各种票据行为不得附条件（《票据法》第 19、33、43、48、73、81 条）。

第二，为维护第三人利益，不得附条件。这主要是指形成权的行使不得附条件。因为形成权的行使贵在迅速、明确，否则将对相对人的利益造成重大的影响。因此，一般认为抵销权、承认权、选择权、解除权等，在性质上不得附条件。④ 但是，需要注意的是，如果这些民事法律行为的行使并不会对相对人造成特别不利或者得到相对人同意的话，则仍然可以附条件，例如约定 10 日内不为给付则合同视为当然解除。⑤

第三，非持续性民事法律行为，一般不得附解除条件。这是由附解除条件的性质决定的。在民事法律行为附有解除条件时，在条件成就前，该民事法律行为一直有效，直到解除条件成就时才失去效力。这就要求该民事法律行为一定是持续性的，否则，对于非持续性的民事法律行为而言，根本就没有解除条件适用的余地。

在性质上不许附条件的民事法律行为被附以条件的，其效力应当分别对待。对于违背公共秩序、善良风俗等公共利益的，民事法律行为无效。对于违反形成权的行使等私益的，由于其将使法律关系更为复杂且陷于不安定的状态，因此原则上也为无效。此外，还需注意，条件与附条件的民事法律行为中其他的部分一般被视为不可分的整体，因此，性质上不能附条件的民事法律行为被附条件的，不能将条件予以剥离而认为其他部分仍然有效，而应该将整个民事法律行为认定

---

① 黄立．民法总则．北京：中国政法大学出版社，2002：375－376.

② 刘得宽．民法总则：增订四版．北京：中国政法大学出版社，2006：248.

③ 施启扬．民法总则：修订第八版．北京：中国法制出版社，2010：264.

④ 同③.

⑤ 同②255.

为无效。①

第一百五十九条

附条件的民事法律行为，当事人为自己的利益不正当地阻止条件成就的，视为条件已成就；不正当地促成条件成就的，视为条件不成就。

【本条主旨】本条是关于当事人不当阻止条件成就和不当促成条件成就情况下，法律对条件是否成就的拟制规定。

【核心概念】

不当阻止条件成就 不当阻止条件成就是指当事人采取不当的行为来阻止条件的成就。在当事人以不当的行为主动阻止条件成就时，法律对此拟制为条件成就。要构成法律拟制的条件成就，需要满足以下要件：第一，存在当事人阻止条件成就的行为；第二，该行为是不正当的；第三，当事人有阻止条件成就的故意；第四，阻止行为与条件之不成就之间具有因果关系。

不当促成条件成就 不当促成条件成就是指当事人采取不正当的行为促成条件的成就。此时，法律将此拟制为条件不成就。要构成法律拟制的条件不成就，需要满足以下要件：第一，存在促成行为；第二，该促成行为是不正当的；第三，当事人有促成条件成就的故意；第四，促成行为与条件的成就之间具有因果关系。

§条文详解§

一、条件成就的拟制

本条规定，对于附条件的民事法律行为，如果当事人为自己的利益不正当地阻止条件成就的，则视为条件已成就。这就是条件成就的拟制，即条件在客观事实上并没有成就，但是法律将其拟制为已成就。对此理解，需要注意以下几点。

1. 法律将条件拟制为已成就的构成要件

第一，当事人实施了阻止行为。一般而言，条件的成就或不成就，都会给部分当事人带来利益，而给其他部分当事人带来不利益。因此，因条件成就可能遭受不利益的当事人就有可能主动地采取行为来阻止条件成就。需要注意，这里的当事人，并不以订立附条件的民事法律行为的当事人为限，凡是因条件之成就而将遭受不利益的第三人都属于这里所说的当事人。例如，原当事人死亡，其继承

① 施启扬．民法总则：修订第八版．北京：中国法制出版社，2010：265.

人采取阻止行为阻止条件成就的，该继承人也属于这里的当事人。[①]

第二，该阻止行为属于不当行为，即该行为须“不正当地”阻止条件的成就。需要注意，这里的“不正当地”，需要作广义的理解，并非仅指犯罪行为或侵权行为，而是指所有违反诚信原则的行为。[②] 根据诚信原则，条件成就与否应该全然交由人的意志之外的因素来决定，而不应当由人主动采取行为去人为地阻止条件的成就。需要注意，通常情况下要求阻止行为是积极行为，如果是单纯的不作为，一般不宜认定为“不正当地阻止”；但是消极行为如果依社会观念以及诚信原则，可以被认定为是故意的且不正当的，则也属于这里所规定的“不正当地阻止”[③]。

第三，当事人具有阻止条件成就的故意，即采取阻止行为的人明知自己的行为足以妨碍条件的成就，但依然采取这一阻止行为。至于行为人主观上是否具有逃避自己责任的意图，在所不问。需要注意，如果行为人仅仅是过失实施了妨害条件成就的行为，则不适用本条的规定，并不拟制为条件已成就。[④]

第四，阻止行为与条件的不成就之间具有因果关系。所谓具有因果关系，即是指能够认定若无该阻止行为则条件很可能已成就。只有成立这一因果关系，才适用本条的规定。否则，如果因果关系不成立，则即使没有实施阻止行为，该条件也不会成就，则不适用本条的规定，即不拟制为条件已成就。[⑤]

2. 条件拟制为已成就的结果

在满足以上构成要件的情况下，条件视为已成就，即产生以下法律效果：附生效要件的，民事法律行为生效；附解除条件的，民事法律行为失效。需要注意的是，在法律拟制条件为已成就的情况下，不论是民事法律行为生效或失效，其生效或失效的时间点应当界定在什么时候。本书主张，这一时间点应当界定在条件客观事实上确定地不成就之时。因为只有在客观上条件已确定地不成就时，才有法律拟制其为已成就的必要。否则，即使当事人实施了阻止行为，如果条件是否成就仍未确定，则没有必要适用本条关于拟制的规定。

二、条件不成就的拟制

条件不成就的拟制在构成要件与法律效果上和条件成就的拟制大体相同，只是方向相反。

在构成要件上，要求有当事人的促成行为、该促成行为为不当行为、当事人

---

① 刘得宽．民法总则：增订四版．北京：中国政法大学出版社，2006：256.

② 同①256－257.

③ 施启扬．民法总则：修订第八版．北京：中国法制出版社，2010：265－266.

④ 同①257.

⑤ 同①257－258.

具有促成条件成就的故意、促成行为与条件成就之间具有因果关系。在法律效果上，法律对此拟制为条件不成就：附生效条件的，民事法律行为无效；附解除条件的，民事法律行为维持其原有效力，且不再附有任何条件。

三、法律作此拟制的理由

法律在当事人采取行为不正当地阻止条件成就或者促成条件成就时，分别拟制为条件成就或条件不成就，是基于以下几点理由。

第一，以法律拟制的手段还原“原本应有”的事实。从上述构成要件中的因果关系这一要件可知，在阻止条件成就而法律拟制为条件成就时，如果没有该阻止行为，条件“原本”就是可以成就的；在促成条件成就而法律拟制为条件不成就时，如果没有该促成行为，则条件“原本”就是不成就的。因此，法律在这里是以“拟制”这一法律的技术手段，使遭到不当干扰、扭曲的事实重新得到纠正。

第二，对采取不正当行为的当事人进行否定。条件，不论成就与否，都应该顺其自然，不应人为地加以干涉。因为条件的成就或者不成就，总是会给一部分当事人带来利益而给另一部分当事人带来不利益，如果任由部分当事人出于维护自身利益的考虑，肆意以自己的积极行为改变条件的成就或者不成就，则对于另一部分当事人来说，绝非公平。而且，各方当事人在作出附条件的意思表示时，该意思表示中当然地包含尊重条件依其自然成就或不成就的意思，对于这一意思表示，各方当事人自然都应当一体遵守、受其约束，而绝不能在作出这一意思表示之后，又单方地予以改变。法律通过“拟制”这一法技术手段，对于采取不正当行为的当事人予以了否定评价。这一否定，不仅是名义上的，而且是实体层面的利益否定（拟制为与实际的成就或不成就相反的状态，当事人之间的利与害自然也就翻转）。

第一百六十条

民事法律行为可以附期限，但是根据其性质不得附期限的除外。附生效期限的民事法律行为，自期限届至时生效。附终止期限的民事法律行为，自期限届满时失效。

【本条主旨】本条是关于民事法律行为附期限的规定。

【核心概念】

期限 期限是指当事人在民事法律行为中约定的，使民事法律行为之效力的发生或消灭取决于将来客观上确定到来之事实的附款。期限是民事法律行为的附款，专为限制民事法律行为的效力。期限与条件不同：条件以将来客观上不确定的事实为其内容，而期限以将来客观上确定发生的事实为其内容。在附期限的情形，不论期限长久或短暂，终有届至的时候。

生效期限　生效期限也称“始期”，是指民事法律行为开始发生效力的期限。生效期限届至的，民事法律行为生效。

终止期限　终止期限也称“终期”，是指已经生效的民事法律行为之效力消灭的期限。终止期限届至的，已经生效的民事法律行为失去效力。

§条文详解§

一、法律规定民事法律行为可以附期限的理由

民事法律行为可以附期限是各国民事立法的通例。法律允许民事法律行为附期限，理由在于以下方面：一方面，如果当前使民事法律行为生效的条件尚不十分成熟，或者立即生效并不符合当事人的利益，那么当事人之间就有可能约定一项附生效期限的民事法律行为。另一方面，对一项持续性的民事法律行为而言，如果不附有一定的期限，则会使各方当事人陷入没有止境的履行义务的状态，因此，他们通常会约定一个终止期限。这些情况下，当事人基于维护自身的利益，约定附期限的民事法律行为，完全属于意思自治所允许的范畴，法律没有理由予以禁止。

相较于附条件，民事法律行为附期限，一方面更为简单，因为期限迟早是会到来的，不像条件是否成就并不确定；另一方面，也是更为常见的。需要注意，几乎绝大部分的民事法律行为都会涉及履行期限的问题。而在规定履行期限的情形下，其与严格意义上的“附生效期限”，在法律效果的实益上几乎没有实质的差别。例如，甲与乙在10月1日约定，甲向乙购买一箱苹果，由乙在10月15日交货。此时，买卖合同自成立时生效，但履行期尚未届至。如果甲与乙在10月1日约定，甲在10月15日向乙购买一箱苹果，乙须当场交货。此时，买卖合同是附期限的买卖合同，自期限届至即10月15日时生效。在这两种情形下，虽然前者在成立时即已生效，后者在期限届至时生效，但是显然在实际的法律效果上并没有差别。因此，越来越占据主流地位的观点是：尚未到期的债权和仅于生效期限到来时才生效的债权的区分仅具有逻辑上的想象意义，其对于法律适用而言几乎没有实际意义。[①]

二、附生效期限的效力与附终止期限的效力

1. 期限到来前的效力

期限到来前，附生效期限的民事法律行为尚不生效，附终止期限的民事法律

---

① 维尔纳·弗卢梅. 法律行为论. 迟颖，译. 北京：法律出版社，2013：871.

行为一直有效。

与条件成就之前相似，附期限的民事法律行为，在期限到来之前当事人之间的权利、义务状态尚未确定，但是在生效期限或者终止期限届至前，其都有取得权利或者回复权利的希望，这种希望就是“期待权”。这是一种附期限的权利，在法律上必须予以保护。而且，与附条件之条件是否成就尚未确定不同，期限是必定到来的，因此在附期限的情形下，当事人的这一期待权更加需要保护。[①] 需要注意的是，期限确定会到来，因此，《民法典》第159条关于条件拟制成就或拟制不成就的规定原则上不能适用于附期限的情形。但是，期限虽然一定会到来，但是对于不确定期限而言，期限具体何时到来仍然是不确定的，因此，在特定情形下，仍然可以参照适用《民法典》第159条的规定。例如，甲与乙约定以甲死亡之日作为民事法律行为的生效期限或终止期限，后乙竟将甲杀害，使期限提前到来。在这种情形下，应该类推适用《民法典》第159条的规定，认为期限届至的法律效果不发生。[②] 我国《民法典》第1125条也有类似规定：故意杀害被继承人的，继承人丧失继承权。

2. 期限届至的效力

对于附生效期限的民事法律行为而言，生效期限届至时，该民事法律行为生效；对于附终止期限的民事法律行为而言，终止期限届至时，该民事法律行为失效。

需要注意的是，于附期限的民事法律行为，生效期限届至所致的生效效力与终止期限届至所致的失效效力，都不得溯及既往。而且不同于附条件的情形，当事人之间也不能以意思表示约定该期限届至的效力溯及既往。因为期限是必定会到来的，如果再赋予溯及既往的效力，则附期限便毫无意义。[③]

三、按照性质不得附期限的民事法律行为

一般而言，身份行为不得附期限，形成权的行使也不得附期限（例如抵销不得附期限）。需要注意，票据行为虽然不能附条件，但是可以附期限。[④] 此外，债务的免除，可以附生效期限，但是不得附终止期限。[⑤] 非持续性的民事法律行为在性质上也不可能附终止期限。

---

① 施启扬．民法总则：修订第八版．北京：中国法制出版社，2010：272.

② 黄立．民法总则．北京：中国政法大学出版社，2002：387－388.

③ 刘得宽．民法总则：增订四版．北京：中国政法大学出版社，2006：265.

④ 同③266－267.

⑤ 同①271.

第七章 代　理

本章提要

本章是关于代理制度的规定，从第 161 条到第 175 条共计 15 个条文，分为三节，分别规定代理的一般问题（第 161～164 条）、委托代理（第 165～172 条）和代理的终止（第 173～175 条）。经典的大陆法系民法典通常是将代理制度规定在“法律行为”一章中，在法律逻辑上认为代理即为代理人代理他人为法律行为。我国自《民法通则》以来，就将代理作为与民事法律行为相对独立的一节加以规定。我国的代理制度不仅调整基于委托产生的代理，也调整基于监护产生的法定代理。这是我国代理制度的一个重要特点。

在委托代理领域，本章对于实践中经常出现的共同代理、双方代理、自己代理、表见代理等问题作出了具体规定。同时还规定了代理人知道或者应当知道代理事项违法仍然实施代理行为，或者被代理人知道或者应当知道代理人的代理行为违法未作反对表示的情形下，被代理人和代理人的连带责任。

第一节　一般规定

第一百六十一条

民事主体可以通过代理人实施民事法律行为。

依照法律规定、当事人约定或者民事法律行为的性质，应当由本人亲自实施的民事法律行为，不得代理。

【本条主旨】本条有两款规定。第1款规定民事主体可以通过代理人实施民事法律行为。第2款规定应当由本人亲自实施的民事法律行为不得由他人代理。

【核心概念】

代理（行为）　狭义的代理是指代理人依据代理权以被代理人的名义，独立实施民事法律行为，行为的法律效果直接归属于被代理人。代理行为的概念有三个核心要点：第一，代理人依据自己的意思表示独立地为代理行为。这是代理区别于使者、代表等类似概念之处。第二，代理行为的法律后果直接归属于被代理人。这是代理行为区别于其他简单的双方民事法律行为之处。第三，代理人依据代理权以被代理人的名义实施民事法律行为。但是，需要注意，在不同的法律体系中代理的概念范围并不统一。广义的代理包括直接代理与间接代理；狭义的代理则仅指直接代理。所谓间接代理，是指代理人依据其与被代理人之间的约定，以代理人自己的名义为被代理人的利益计而为民事法律行为。[①] 英美法系多采广义的代理概念，大陆法系倾向于狭义的代理概念。依据代理行为发生的依据不同，代理还可以分为委托代理与法定代理等：委托代理是指代理人依据其与被代理人之间的约定而为代理行为。法定代理则指代理人依据法律的直接规定而为代理行为。

本人　本人也称被代理人，是指通过代理人为民事法律行为，使该民事法律行为的效力直接归属于自己的民事主体。在委托代理中，本人与代理人之间需要形成委托关系，因此该本人应当具有一定的民事行为能力。限制民事行为能力人得以委托他人从事的民事法律行为应该限于其民事行为能力范围之内。无民事行

---

① 需要注意，关于间接代理行为的法律后果是否直接对被代理人发生效力，需要依照各个法律体系中的具体规定而为判断。如果是直接对被代理人发生效力，则间接代理亦显属代理无疑。但如果是先对代理人发生效力，再依据代理人与被代理人之间的约定而使该效力转移至被代理人，则不宜认定为代理行为。王泽鉴．民法概要．2版．北京：北京大学出版社，2011：100.

为能力人不能成为“本人”。在法定代理中，代理权的发生基础是法律的直接规定，因此被代理人是否具有民事行为能力，在所不问。实际上，也正是因为被代理人不具有完全民事行为能力，法定代理这一制度才有建立的必要。

代理人 代理人是指以被代理人的名义为民事法律行为，使该民事法律行为的效力直接归属于被代理人的民事主体。不论是委托代理中还是在法定代理中，代理人原则上都应该是完全民事行为能力人。但是，需要注意，在委托代理中，当被代理人委托限制民事行为能力人从事与该代理人之民事行为能力相符的民事法律行为时，也应当认为代理行为有效。无民事行为能力人不能成为代理人。

§条文详解§

一、民事主体可以通过代理人实施民事法律行为

本条第1款规定民事主体可以通过代理人实施民事法律行为。代理可分为委托代理与法定代理，其制度基础略有差异。在法定代理，代理行为主要是为了补充被代理人的意思自治。在法定代理中，被代理人多为没有或欠缺完全的民事行为能力，因此其无法形成意思表示，也无法实施法律行为，如果没有他人的代理，则该被代理人势必不能获得正常的成长与发展。因此，民法设立了法定代理制度以保障该被代理人的利益，其中最为典型的就是监护制度。在委托代理，代理行为主要是为了更好地保障民事主体的意思自治。一个民事主体的精力与能力都是有限的，或分身乏术，无法多事兼顾；或缺乏专业技能，无法实施某些民事法律行为。因此，一个民事主体不可能从事所有的民事法律行为。委托代理制度的设立就是为了拓展民事主体从事民事法律行为的空间，更好地维护其民事权利，使其获取更大的民事利益。而且，随着经济社会的不断发展，社会分工越来越细，代理制度对民事主体的意义日益巨大。

二、不得代理的情形

本条第2款规定了三种应当由本人亲自实施民事法律行为的情况。

第一，法律规定应当由本人亲自实施的民事法律行为，不得代理。此处的法律应当理解为法律与行政法规，而不应当限定为狭义的法律，也不应拓展到其他规范性文件。因为代理行为在法律性质上属于民事法律行为，根据《民法典》关于民事法律行为之效力的规定，在行为人具有相应的民事行为能力且意思表示真实、不违背公序良俗的情况下，除违反法律、行政法规的强制性规定外，民事法律行为有效。依据我国《民法典》第1134条的规定，立遗嘱的自书遗嘱行为只能由本人实施，不得代理。依据我国《婚姻登记条例》第4条、第5条的规定，登记结婚的行为只能由本人亲自实施，他人不得代理。法律规定某些民事法律行为只能由本人亲自实施，该民事法律行为的性质是重要的考量因素。

第二，当事人之间约定只能由本人亲自实施的行为，不得代理。这主要是指委托代理中关于代理权范围的问题。在委托代理中，代理人的代理权来源于本人的授权，如果本人与代理人约定某些特定事项不得代理，则代理人自然无权实施这些行为。例如，在民事诉讼行为中，诉讼当事人可以委托他人作为诉讼代理人。在授权委托书记明的委托事项和权限内，诉讼代理人可以为代理行为；在记明的委托事项和权限外，则不得为代理行为。

第三，根据民事法律行为的性质只能由本人亲自实施的民事法律行为，不得代理。大部分的民事法律行为都可以进行代理，但是也有部分民事法律行为特别注重“人”的属性，因此依其行为的性质不得代理。这主要是指民法中的身份行为，例如结婚、离婚、立遗嘱、收养、监护等。其中有一些行为已经由法律、行政法规规定不得代理；有一些尚未由法律、行政法规作出规定，但是依其性质也不得代理。

第一百六十二条

代理人在代理权限内，以被代理人名义实施的民事法律行为，对被代理人发生效力。

【本条主旨】本条是关于代理权的规定。

【核心概念】

代理权 代理权是指代理人基于法律的直接规定或其与被代理人的约定而享有的以被代理人的名义实施民事法律行为，并使该民事法律行为的效果直接归属于被代理人的一种权能、资格或地位。关于代理权的法律性质，学界有不同观点。① 但是，需要指出，不论采何种学说，代理权的核心意涵在于，代理人在代理权范围内实施的代理行为以对被代理人发生效力为原则；而代理人在代理权范围外实施的民事法律行为以不对被代理人发生效力为原则。

代理关系 代理涉及三方主体，在其间形成三方法律关系。在代理人与被代理人之间，基于法律规定或当事人之间的约定，形成代理权关系；在代理人与第三人之间形成代理行为关系；在被代理人与第三人之间形成基于所代理之法律行为而产生的法律关系。②

---

① 具体有民事权利说、资格说、权力说、权限说等。王利明，杨立新，王轶，程啸．民法学．4版．北京：法律出版社，2015：117. 马俊驹，余延满．民法原论．4版．北京：法律出版社，2010：226-227.

② 关于三方主体相互间法律关系的称谓，学者间有不同表述，较不统一。王利明，杨立新，王轶，程啸．民法学．4版．北京：法律出版社，2015：109. 马俊驹，余延满．民法原论．4版．北京：法律出版社，2010：221. 王泽鉴．民法概论．2版．北京：北京大学出版社，2011：101.

直接代理 直接代理是指代理人以被代理人的名义在代理权的范围内实施代理行为，代理的效果直接归属于被代理人。与直接代理相对应的是间接代理。在间接代理中，代理人虽然也是替被代理人实施民事法律行为，但是代理人实施代理行为时是以自己的名义实施。因此，对于代理行为的相对方而言，在直接代理中，被代理人的名义是显现的；而在间接代理中，被代理人的名义是隐匿的。所以，直接代理也称为显名代理或显名主义，间接代理则称为隐名代理。在传统大陆法系国家，代理一般仅指直接代理（显名代理）。[①]

§条文详解§

一、代理权的本质属性

代理权，究其本质而言，就是指代理人得依此主张其代替被代理人实施的民事法律行为的效果直接归属于被代理人，而并不归属于代理人。在代理行为中，事实上作出意思表示、实施民事法律行为的是代理人，而根据民法上意思自治的原理，民事主体应当对其所作出的意思表示、所实施的民事法律行为负责，该意思表示、民事法律行为的效果应该归属于该作出之人，但是，由于存在代理权，该意思表示、民事法律行为的效果不归属于实际作出之人，而是直接归属于被代理人。不论这一效果最后产生的后果是有利还是不利，都由被代理人直接承担。在代理权限范围内，被代理人原则上不能主张不接受该法律效果，因此，在代理权范围内，以代理行为对被代理人发生效力为原则。若该代理人没有以被代理人的名义实施代理行为，代理行为的相对方（即第三人）也不知道代理人与被代理人之间存在代理关系，则代理行为直接对代理人产生效力。但是，在代理权限范围内，如果代理人是以被代理人的名义实施代理行为的，则第三人不会不知该代理关系的存在，因此，代理行为也就直接对被代理人产生效力。这就是本条所规定的内容。

相反，在代理权限范围之外实施民事法律行为的，由于没有代理权这一“转至”机制，根据意思自治原理，该民事法律行为应当对代理人产生效力，而不应约束名义上的被代理人。因此，在代理权限范围外，以代理行为不对被代理人发生效力为原则。例外情况是在构成表见代理时，为了维护交易安全与保护第三人信赖利益，该无权代理行为也对被代理人产生效力。

二、直接代理的构成要件

第一，代理人具有代理权。代理人没有代理权、超越代理权或者在代理权终止后实施的所谓代理行为，原则上不对被代理人发生效力。根据代理行为类型的

---

① 《法国民法典》第 1984 条，《德国民法典》第 164 条.

不同，代理权的来源也不相同。在法定代理中，代理权来源于法律的直接规定；在委托代理中，代理权则来源于代理人与被代理人之间的约定。

第二，代理人须以被代理人的名义实施民事法律行为。只有在代理人以被代理人的名义实施民事法律行为时，相对人才能知道其所为的民事法律行为的相对方是被代理人而非代理人，此时要求代理行为的法律效果直接约束被代理人与相对人才具有合理性，否则，对相对人的信赖预期是极大的破坏。对于相对人而言，其实施民事法律行为的现实的相对方是代理人，相对人是本着对代理人的认识、信任才实施该民事法律行为，相对人自然也有理由相信该行为的效力是直接约束代理人。这种信赖预期理应保护。此外，需要注意，代理人以被代理人的名义实施民事法律行为，既可以明示为之，也可以默示为之，并不要求一定出现“代理”的字样，只要依据社会一般认识与习惯，可以理解为代理人是以被代理人的名义实施即可。

第三，代理人须独立形成意思表示、实施民事法律行为。如果代理人仅仅是传达被代理人的意思表示或仅仅是代替被代理人从事事实行为等非民事法律行为，则都不属于本条所规定的直接代理行为。代理人必须自己独立形成意思表示、独立实施民事法律行为，这是代理制度区别于传达、代表等其他行为的地方。代理人实施的代理行为的法律性质是民事法律行为，因此，该代理行为需要符合民事法律行为的一般有效要件。

第一百六十三条

代理包括委托代理和法定代理。

委托代理人按照被代理人的委托行使代理权。法定代理人依照法律的规定行使代理权。

【本条主旨】本条有两款规定。第 1 款规定代理分为委托代理与法定代理。第 2 款规定了代理权行使的依据。

【核心概念】

委托代理　委托代理是指代理人按照被代理人的委托而取得代理权的代理。由于委托代理中，代理权的取得是基于被代理人的授权行为，因此，委托代理也称为意定代理或授权代理。但委托代理中的“委托”是广义的委托，并不特指委托合同。虽然委托合同是委托代理最常见的发生依据与基础关系，但是委托代理也可以基于其他基础关系，例如劳动合同关系、合伙关系、职务关系等而产生。

法定代理　法定代理是指代理人依照法律的规定而取得代理权的代理。法定代理主要表现为为无民事行为能力人与限制民事行为能力人设立法定代理人。无民事行为能力人、限制民事行为能力人的监护人是其法定代理人。《民法典·总则编》第二章第二节规定了监护制度。无民事行为能力人与限制民事行为能力人不具有完全民事行为能力，无法依据自己的意思表示实施民事法律行为，但其依然需要获得成长与发展，因此，民法设立了监护这一法定代理制度，以补足其意思表示的欠缺，保障其良好的成长与发展。此外，在比较法上，有观点认为夫妻家事代理权也属于法定代理的一种。

§条文详解§

一、代理的分类

依据不同的标准，代理可以作不同的分类，其中，本条规定的委托代理与法定代理是最为重要的类型划分。二者的划分标准十分明确，即代理权是依据被代理人委托而形成还是依据法律的规定而形成。《民法通则》第64条将代理划分为委托代理、法定代理和指定代理。本法对此作出了不同的规定，删去了“指定代理”这一类型。原因在于，从表面上看，指定代理中代理人的法定代理权来自法院（《民法典》第31条）、被监护人父母的遗嘱（《民法典》第29条）或居民委员会、村民委员会、民政部门（《民法典》第31条）的指定，但是，从实质上看，法院、遗嘱和其他机构指定法定代理人的权力依然来源于法律的直接规定。因此，指定代理在本质上仍然是一种法定代理。委托代理与法定代理的本质差异在于被代理人能否形成独立、完整、有效的请求代理人为代理行为的意思表示。在法定代理中，不论是基于法律的直接规定而享有法定代理权，还是经由法律规定的程序经指定获得法定代理权，被代理人都没有作出如同委托代理中那样的意思表示。也正是这一本质差异，使法定代理人与委托代理人在行使代理权时存在较大差异。

二、代理权的行使

不论是委托代理还是法定代理，代理人都应当在代理权限范围内实施代理行为。此外，代理人行使代理权还需要注意以下几点。

第一，代理人应当为被代理人的利益计而为代理行为。首先，这要求代理人必须勤勉、谨慎地实施代理行为。勤勉、谨慎的程度根据所代理行为的类型、代理人是否有偿从事代理行为等因素可能有所不同，但是，代理人都应该尽到具体情形下合理的、符合法律规定的勤勉和谨慎的义务。勤勉、谨慎义务体现在代理行为的全过程。例如，如果被代理人作出明示或默示的意思表示的，代理人不得故意违背或因重大过失而作出相反的意思表示；在代理过程中，代理人应当合理地向被代理人报告代理行为的进展等事项；当客观情形发生重大变化时，代理人应当及时报告被代理人；等等。其次，因为代理人应当为被代理人的利益计而实施代理行为，所以《民法典》原则上禁止自己代理行为与双方代理行为。不同的民事主体的利益各不相同，在自己代理与双方代理中，代理人自身的利益与被代理人的利益以及数个被代理人之间的利益极有可能发生冲突，而无法兼顾。最后，代理人发现所代理的行为违法时，应当主动通知被代理人并主动停止代理行为，否则需要承担法律责任，因为违法行为对各方民事主体带来的都是不利益。

第二，代理人原则上应当亲自实施代理行为。在委托代理，代理人与被代理人之间存在极强的人身信赖。被代理人之所以选择该代理人作为自己的代理人，是基于该代理人特定的技能、与被代理人之间的关系、具有相应资质等具体因素。因此，未经被代理人同意，原则上代理人不得再委托他人为代理行为，除非情况紧急且为被代理人利益计不得不再委托他人为代理行为。在法定代理，除非法律作出了规定或现实情况确有必要，否则法定代理人更是不能直接委托他人代为行使代理权，因为监护不仅是一项权利，也是一项义务。例如，现在社会中经常出现的"留守儿童"问题，从监护这一法定代理类型来看，根据《民法典》第27条的规定，父母是未成年人的监护人，除非父母死亡或者没有监护能力。父母的这一法定代理权原则上是不能转让的，也不能径行委托他人代为行使。因此，从法律上看，"留守儿童"的父母可能是没有尽到法定代理职责的。

第一百六十四条

代理人不履行或者不完全履行职责，造成被代理人损害的，应当承担民事责任。

代理人和相对人恶意串通，损害被代理人合法权益的，代理人和相对人应当承担连带责任。

【本条主旨】 本条有两款规定。第1款规定了代理人不履行或者不完全履行代理职责造成被代理人损害时的民事责任。第2款规定了代理人与相对人恶意串通，损害被代理人合法权益时的连带责任。

【核心概念】

代理关系中的相对人 代理关系中的相对人即代理关系中的第三人，是指代理人所实施的代理行为的相对人。民事法律行为可以基于单方的意思表示成立，也可以基于双方或多方的意思表示一致成立，因此，代理人既可以代理实施单方民事法律行为，也可以代理实施双方或多方民事法律行为。在代理人实施单方民事法律行为时，不存在相对人的问题；在代理人实施双方或多方民事法律行为时，作出了与代理人一致的意思表示、成为该双方或多方民事法律行为主体之一的其他民事主体就是代理关系中的相对人。相对人可以是一方，也可以是多方。在代理人实施单方民事法律行为时，法律关系较为简单，因此，代理制度的研究重点是存在相对人时的三方法律关系。

§条文详解§

一、代理人民事责任的构成要件

本条第1款规定了代理人的单独民事责任。代理人承担责任需要满足三个要件：第一，代理人不履行或者不完全履行代理职责；第二，被代理人遭受损害；第三，被代理人的损害与代理人的不适当履职行为存在因果关系。

代理人不履行或者不完全履行代理职责主要是指代理人违反《民法典》第163条第2款的规定行使代理权。被代理人遭受的损害包括人身损害和财产损害。关于损害的范围，在委托代理中，主要依据代理人与被代理人之间的基础委托关系中的约定以及合同编的有关规定确定损害的范围；在法定代理中，则主要依据法律的直接规定以及侵权责任编中的有关规定确定损害的范围。

代理人承担代理责任还要求被代理人的损害与代理人的不适当履职行为之间存在因果关系。如果虽然代理人没有适当地履行代理职责，但是这并不是造成被代理人损害的原因，而是其他原因造成了被代理人的损害，则代理人并不向被代理人承担民事责任。而且，代理人不适当履职的程度也会影响因果关系的比例：在代理人完全不履行代理职责时，其需要对被代理人因此遭受的损害完全负责；但是如果代理人仅仅是轻微疏忽，即使这也是被代理人遭受损害的原因之一，代理人也仅对其行为所占因果关系比例份额内的责任负责。

对于代理人的代理责任，还须注意以下几点。第一，代理人责任一般仅涉及代理人与被代理人双方，而与相对人无关。代理人与相对人之间的责任关系、被代理人与相对人之间的责任关系，依照其他法律条文的规定处理。第二，关于代理人的主观状态。在委托代理中，一般不考虑代理人主观上是否具有过错，只要存在不履行或不完全履行代理职责的事实，通常即可判定代理人责任成立。在法定代理中，更多的是从侵权责任的视角来考虑代理人的责任，因此可能需要考虑代理人是否具有过错。不过，在具体案件中，对于代理人的行为是否构成不履行或不完全履行，通常也会与一般社会认识进行比较，而对于侵权责任中的过错一般也采取客观标准（即一般理性人标准），因此二者的差异并没有初看上去的那样大。唯应指出，代理人的主观状态并非代理人责任的构成要件，而只是一个考量的因素。

二、代理人与相对人恶意串通时的连带责任

本条第2款规定了代理人与相对人恶意串通时的连带责任。这一连带责任需要满足三个要件：第一，代理人与相对人之间存在恶意串通的事实；第二，被代理人的合法权益遭受损害；第三，恶意串通的事实与被代理人的损害之间存在因果关系。

恶意串通是指代理人与第三人都表现为恶意的主观状态，且相互明了各方的

意图。恶意主要表现为主动追求损害被代理人之利益的恶劣意图。串通仅要求代理人与第三人之间互相明了各方意图，至于其是否进行了明示的沟通、讨论、策划，还是默示地以实际行动相互配合，都在所不问。

对此处的相对人应当作适当扩大的解释，并不仅仅指代理行为的相对方，而是泛指代理人与被代理人之外的所有民事主体。因为代理人完全可以与代理行为的相对方之外的人恶意串通，来侵害被代理人的合法权益，此时，代理行为的相对方可能知情也可能不知情，其可能是恶意串通的一方，也可能不是。总之，只要是与代理人恶意串通，造成被代理人的合法权益遭受损害的民事主体，都要和代理人一起承担连带责任。

第二节　委托代理

第一百六十五条

委托代理授权采用书面形式的，授权委托书应当载明代理人的姓名或者名称、代理事项、权限和期限，并由被代理人签名或者盖章。

【本条主旨】本条是关于授权委托书的规定。

【核心概念】

授权委托书　授权委托书[①]是指由被代理人出具的，向相对人证明代理人具有代理权的书面文件。授权委托书在被代理人签名或盖章之后生效。一般认为，授权委托书与委托合同不同。授权委托书的主要作用是向相对人证明代理权的存在及权限范围。委托合同则是代理人与被代理人之间约定委托事项的合意，主要作用在于约定双方之间的权利义务关系。授权委托书的实质是被代理人向相对人（不论该相对人是否特定）作出的代理人具有代理权的凭证。

§条文详解§

一、委托授权的形式

委托代理中的授权既可以采用书面形式，也可以采用其他形式。例如，被代

① 有学者也称之为代理证书。王利明．民法总则研究．2版．北京：中国人民大学出版社，2012：645.

理人可以向相对人口头告知对代理人的授权事项及权限、期限等。在委托代理授权采用书面形式时，体现为被代理人出具的授权委托书形式。被代理人出具的文件并不要求一定出现“授权委托书”字样，而应当考察文书的具体内容，确为规定授予代理人代理权的，不论文书标题为“委托书”“授权书”“代理证书”还是其他类似内容，都应当认定为属于被代理人出具的授权委托书。

委托代理中的授权采用何种形式，取决于当事人之间的约定以及法律的规定。当事人之间可以就委托代理的授权形式进行约定。不论授权采取何种形式，都应由被代理人作出。被代理人既可以以明示方式作出，也可以以默示方式作出。不论是由被代理人出具授权委托书，还是由被代理人向相对人口头告知代理人的代理事项、权限，都属于被代理人以明示方式作出授权。被代理人也可能以默示方式作出授权。例如，在被代理人、代理人、相对人均在场的情况下，代理人向相对人口头告知代理的事项和权限，被代理人不作否认的，可以理解为被代理人对此授权予以了默示同意。此外，关于对特定事项的代理，法律规定必须采取特定形式的，依照法律的规定。例如，我国《民事诉讼法》第59条规定，“委托他人代为诉讼，必须向人民法院提交由委托人签名或者盖章的授权委托书”。

二、授权委托书的内容

关于授权委托书的内容，本条规定，应当包括代理人的姓名或者名称、代理事项、权限和期限。需要考虑的问题是，当授权委托书欠缺其中某项内容的规定时，会导致何种效果。对此应当区分所欠缺内容的不同类型，讨论相应的后果。

第一，绝对必载事项的欠缺应导致授权委托书不成立。绝对必载事项包括代理人的姓名或者名称、代理的事项。代理人的姓名或者名称、代理的事项是授权委托书中最为重要的内容，如果授权委托书没有规定这些内容，相对人将根本无法依据授权委托书获知其面对的代理人是否具有代理权。相对人据此与该代理人从事民事法律行为的，除被代理人追认或同意的以外，不对被代理人产生效力。而且，没有记载代理人的姓名或名称、代理的事项的“授权委托书”，在法律性质上也不能被认定为授权委托书。因此，“授权委托书”欠缺绝对必载事项的，应认定为授权委托书不成立。

第二，相对应载事项的欠缺不影响授权委托书的效力，而影响对该授权委托书的解释。相对应载事项指代理的权限。授权委托书记载了代理人的姓名或名称以及代理的事项，经被代理人签名或者盖章后即成立且生效。如果授权委托书没有载明代理的权限，并不影响授权委托书的效力，而是导向如何解释未载事项这一问题。授权委托书没有规定代理的权限的，应当依据授权委托书的其他条款、交易习惯或者法律的规定确定代理权限。根据授权委托书的其他条款能够推导出代理的权限的，以此作为代理的权限；不能推导出的，则依据所代理事项的交易习惯确定代理权限。被代理人、代理人与第三人之间已经存在交易习惯的，首先适用该交易习惯确定代理权限；当事人之间不存在交易习惯的，则依据一般社会大众的交易习惯确定代理权限。此外，法律对于代理权的权限有特别规定的，依据法律的特别规定。例如，我国《民事诉讼法》第 59 条第 2 款中规定，“诉讼代理人代为承认、放弃、变更诉讼请求，进行和解，提起反诉或者上诉，必须有委托人的特别授权”。

第三，对于欠缺代理期限的讨论。欠缺代理期限将产生何种效果是一个较为复杂的问题。本书作者倾向于作如下处理：首先，如果根据授权委托书中代理事项、代理权限等其他条款的规定能够确定实际代理期限的，以此作为代理的期限。例如，诉讼当事人委托律师事务所代理诉讼某一案件，即使没有约定代理期限，依据代理诉讼该案件，是可以确定实际的代理期限的，即代理自该案件诉讼完结之时终止。其次，如果不能确定实际的代理期限，则该授权委托书无效。这主要是考虑到若没有期限限制，将严重影响交易秩序与安全。一方面，在第三人不确定的情况下，被代理人无从向第三人主张授权委托已终止；另一方面，如果采取由被代理人公告的方式宣告授权委托的终止，则不仅成本巨大，而且对于第三人确实获悉授权委托已终止的事实也并无太大实益。而直接认定该授权委托书无效，有利于防范交易风险、节约交易成本。

第一百六十六条

数人为同一代理事项的代理人的，应当共同行使代理权，但是当事人另有约定的除外。

【本条主旨】本条是关于共同代理的规定。

【核心概念】

共同代理 共同代理是指两个或者两个以上的代理人共同行使一个代理权的代理。在共同代理中，代理权平等地归属于数个代理人，数个代理人共同享有这一代理权，只有全体代理人共同同意，才能行使代理权，所代理的民事法律行为作为全体代理人的共同行为，由全部代理人对代理行为的后果负连带责任。共同代理不同于数人的分别代理。在数人的分别代理中，每个代理人可以单独行使代理权，在共同代理中则要求数个代理人共同行使代理权。[①]

---

① 马俊驹，余延满．民法原论．4 版．北京：法律出版社，2010：225．汉斯·布洛克斯，沃尔夫·迪特里希·瓦尔克．德国民法总论：第 33 版．张艳，译．杨大可，校．北京：中国人民大学出版社，2014：230.

§条文详解§

一、共同代理的构成要件

构成共同代理，需要满足两个要件：第一，代理人为数人；第二，该数个代理人就同一代理事项为代理行为，依据一个代理权进行代理。如果代理人仅有一个，则属于单独代理，只有代理人为数人时，才有可能构成共同代理。此外，只有该数个代理人是就同一代理事项依据同一代理权为代理行为，才能构成共同代理。如果被代理人委托数个代理人就不同事项实施民事法律行为，则并不属于此处所说的共同代理，每个代理人应当就各自的代理行为负责。在判断数个代理人是否就同一委托事项进行代理时，需要结合案件中授权委托书的具体情况加以判断。如果被代理人在授权委托书中对于各个代理人的代理权限范围都分别作了明确规定，则不论授权委托书是一份还是数份，都应视为数个单独代理；如果被代理人在授权证书中没有明确规定各个代理人的代理权限，而是笼统地授予数个代理人，则应当认为该代理权是由数个代理人共同行使的，成立共同代理。[①] 此外，在共同代理中，要求每个代理人对于存在数个代理人且数个代理人须共同代理同一事项这一事实是知悉的。因此，一般情况下，共同代理应当规定在一份授权委托书中。但是，如果虽然存在数个授权委托书，但是授权委托书中规定或者有证据证明数个代理人是就同一事项进行代理，且各代理人也知悉存在数个代理人、数个代理人须共同代理同一事项这一事实，此情形也应被认定为共同代理。

二、共同代理权的行使

共同代理中，数个代理人应当共同行使代理权。具体应该如何“共同行使”？本条没有作出明确规定。对此可以分为两个问题研讨：第一，代理行为的意思表示如何形成；第二，该意思表示如何对外进行表示。

第一，不论是代理行为意思表示的形成还是对外的表示，如果代理人与被代理人之间有明确约定的，则应当按照该约定共同行使代理权。如果代理人与被代理人之间并未就如何共同行使代理权作出约定，但是数个代理人之间对于如何共同行使代理权作出明确约定的，则应当按照代理人之间的约定行使代理权。

第二，在各方没有作出明确约定的情况下，应当依据以下方式形成代理行为的意思表示：首先，数个代理人之间应当进行协商，协商能够达成一致意见的，依照一致的共同代理意见行使代理权。其次，协商不成的，一般认为不能形成合格的意思表示，不得作出共同代理行为。对此，我国部分学者持不同观点，认为

---

① 马俊驹，余延满．民法原论．4版．北京：法律出版社，2010：225.

数个代理人应当按照多数决的方式形成共同代理意见，依照该意见行使代理权。[①] 关于这一问题目前暂时还没有形成权威、通行的观点。一方面，从比较法上考察，多数立法例及学说倾向于所有共同代理人一致形成共同代理意见。[②] 另一方面，我国法律中的“共同”用语，含义不尽相同。有时仅指“全体一致”，如我国《民法典·物权编》对于共同共有人对共有物的处分规则[③]，但有时也可以允许在“共同”管理中以多数决作出意思表示，如《民法典·物权编》关于业主建筑物区分所有权的有关规定。因此，对这一问题尚有待对司法实践的进一步观察。

第三，对于该共同代理意见的对外表示，经过其他代理人授权的代理人可以单独向相对人为意思表示；未经授权的，则应当由所有代理人一起向相对人为意思表示。

对于共同代理，当事人另有约定的，按照其约定。被代理人与代理人、代理人之间都可以就如何行使代理权、如何承担代理行为的责任等事项进行约定。例如，当事人之间可以约定代理事项得到半数代理人的同意即可实施，当事人之间也可以约定对代理事项表达否定意见的代理人是否需对该代理行为承担责任。

第一百六十七条

代理人知道或者应当知道代理事项违法仍然实施代理行为，或者被代理人知道或者应当知道代理人的代理行为违法未作反对表示的，被代理人和代理人应当承担连带责任。

【本条主旨】本条是关于代理违法事项之连带责任的规定。

【核心概念】

知道或者应当知道 知道即已知，是指当事人明了某一事实的心理状态，强调的是当事人的主观状态。应当知道是一种法律上的推定，即不管当事人实际上是否知道某一事实，只要客观上存在着知道的条件和较大可能性，而且依据一般社会认识在此情形下是理应知道的，即可认定当事人知道。应当知道强调的是存在理应知道的情形这一客观状态。知道或者应当知道体现了主、客观相结合的判

① 张俊浩．民法学原理：上册．北京：中国政法大学出版社，2000：315．杨立新．民法总则．北京：法律出版社，2013：503.

② 例如，德国法上的共同代理要求所有代理人共同协作才能行使共同代理权。迪特尔·施瓦布．民法导论．郑冲，译．北京：法律出版社，2006：538.

③ 《民法典》第301条规定，“处分共有的不动产或者动产以及对共有的不动产或者动产作重大修缮、变更性质或者用途的，应当经占份额三分之二以上的按份共有人或者全体共同共有人同意，但是共有人之间另有约定的除外”。

断方法。

§条文详解§

一、代理人与被代理人承担连带责任的两种情况

本条规定了委托代理中代理人与被代理人承担连带责任的两种情形。第一，代理人知道或者应当知道代理的事项违法仍然实施代理行为。委托代理的制度目的在于扩展意思自治的范围，因此被代理人可以委托代理人就特定事项为代理行为。但是，该事项不得违法。在所需代理的事项本身就是违法的情况下，由于该代理事项是由被代理人授权作出的，被代理人需要对此负责；同时，代理人知道或者应当知道代理的事项违法仍然实施代理行为，一方面是以行动表明代理人对该违法事项的默认、同意、支持，另一方面，在代理行为中代理人系独立自主地形成意思表示，因而即使被代理人委托代理的事项是违法的，是否对此进行代理的决定权仍然完全掌握在代理人手中。代理人对于违法事项仍然进行代理，这在性质上是代理人本身从事违法行为，其当然应当为此负责。因此，代理人与被代理人对于该违法事项均负有责任，二者对此承担连带责任。

第二，被代理人知道或者应当知道代理人的代理行为违法未作反对表示的。在这种情形下，所需代理的事项可能并不违法，但是，代理人为完成该代理事项，其实施的代理行为是违法的。此时，实际实施该违法的代理行为的代理人需要对此行为负责；同时，被代理人如果知道或应当知道这一违法的代理行为而未作反对表示的，仍然是以默示的方式表达了其对于该违法事项的默认、同意、支持。因此，二者须对此承担连带责任。在此情况下对被代理人科以“作反对表示”的义务，是因为在代理制度中，代理人是为被代理人的利益计而从事代理行为的，如果被代理人知道或者应当知道代理人的代理行为违法而不作反对表示，却仍然无须承担责任的话，会使被代理人仅仅享有利益而不承担相应的责任，而这显然违反正义观念。

此外，还需要讨论被代理人应当如何“作反对表示”。首先，这一反对表示应当以明示的方式作出。其次，违法事项仅导致民事责任的，被代理人应当向相对人作反对表示或者以公示方式作反对表示；如果该违法事项可能导致行政责任或者刑事责任的，被代理人还应当向有权机关作反对表示。

二、代理人与被代理人承担连带责任的责任性质

代理人与被代理人就违法的代理事项或者违法的代理行为承担连带责任。首先，这是一种民事责任。这一民事责任既可能是违约责任，也可能是侵权责任。代理人与被代理人应当向所有因其违法行为遭受损害的民事主体承担连带责任。在违约责任中，代理人与被代理人主要向相对人（合同相对方）承担连带责任。

例如，甲委托乙向丙销售一笔货物，甲明知乙以走私方式运输该批货物而不表示反对，后货物被海关查扣，甲与乙须向丙就违约责任承担连带责任。在侵权责任中，代理人与被代理人需要向所有受害人承担连带责任。例如，甲委托乙代理销售假药，丙购买了该假药，后丙与丁服用该假药致害。甲与乙须对丙和丁就侵权责任承担连带责任。

此外，这一连带责任还可能表现为行政责任或者刑事责任。代理事项违法或者代理行为违法，都有可能导致行政法上的责任，如果违法情节严重、构成犯罪的，还有可能导致刑法上的责任。如果该行政责任与刑事责任在性质上可以以连带的方式承担，例如，行政责任中的罚款、刑事责任中的罚金等，则代理人与被代理人对此应当承担连带责任。在性质上不宜以连带的方式承担的行政责任与刑事责任，例如，行政责任中的行政拘留、刑事责任中的徒刑等，不应属于本条规范的范畴。

由此，对于本条所称的"违法"，应当从两个方面进行理解：第一，在规范的效力层级上，应当理解为法律、行政法规，否则，可能对代理人或被代理人科以过重的责任。第二，在规范的性质类型上，不宜理解为仅指效力性强制性规范，而应当理解为包括效力性强制性规定与管理性强制性规定的全部强制性规定，因为违反管理性强制性规定同样会产生不利的法律后果，同样应当由代理人与被代理人承担连带责任。

第一百六十八条

代理人不得以被代理人的名义与自己实施民事法律行为，但是被代理人同意或者追认的除外。

代理人不得以被代理人的名义与自己同时代理的其他人实施民事法律行为，但是被代理的双方同意或者追认的除外。

【本条主旨】本条有两款。第1款是关于原则上禁止自己代理的规定。第2款是关于原则上禁止双方代理的规定。

【核心概念】

自己代理　自己代理是指代理人以被代理人的名义与自己实施民事法律行为。自己代理包括两种情形：一是代理人以被代理人的名义向自己发出要约并以自己的名义予以承诺，二是代理人以自己的名义向自己发出要约并以被代理人的名义予以承诺。自己代理行为既可能发生在法定代理中，也可能发生在委托代理中。对于自己代理行为，法律原则上持否定态度，但是也存在一些例外。法律之所以对自己代理持否定态度，是因为在双方或多方民事法律行为中，各方民事主体的利益往往并不相同，代理人在自己代理中极有可能出于维护自己利益的需要而损害被代理人的利益，违反代理制度为被代理人利益计这一宗旨。

双方代理 双方代理是指代理人同时代理本人和相对人实施同一民事法律行为。代理人只有同时得到双方被代理人的授权，且同时代理的是同一民事法律行为时，才构成双方代理。法律对于双方代理原则上同样持否定态度，原因同样在于在代理人同时为民事法律行为中的两方被代理人实施代理行为，在被代理的双方的利益冲突时，难以维护各被代理人的利益，有违代理制度的初衷。

§条文详解§

一、自己代理的构成要件

本条第1款规定了对自己代理的原则性禁止。构成自己代理需要满足两个要件：第一，在同一民事法律行为中，代理人以被代理人的名义作为一方主体；第二，在该民事法律行为中，代理人以自己的名义作为另一方主体。对此需要注意以下几点。

第一，自己代理的民事法律行为的类型。民事法律行为可以分为单方、双方和多方民事法律行为。在单方民事法律行为中，只有一方主体，自无自己代理的问题。双方民事法律行为是自己代理的典型样态。需要讨论的是，本条禁止的自己代理行为是否包括在多方民事法律行为中的自己代理。对此，《民法典》没有作出明确规定。根据本条的规定，对于多方民事法律行为中的自己代理行为，原则上也应该予以禁止，因为在双方民事法律行为中禁止自己代理的理由，在多方民事法律行为中同样存在。虽然多方民事法律行为中各民事主体的意思表示是一致的，且方向相同，但是其中对于各民事主体间利益的分配并不必然一致，因此，在多方民事法律行为中，原则上也应该禁止自己代理。

第二，对"自己"的理解。对于此处的"自己"，应当适当作扩大解释，既包括代理人本身，也包括与代理人的利益完全一致的民事主体。"与代理人的利益完全一致"主要包括两种情形：一是代理人在该民事主体中享有特殊利益，例如代理人是该公司的大股东、代理人是该一人公司的股东等。二是代理人与该民事主体具有特殊关系，例如代理人与其配偶等近亲属、代理人与其子公司或关联公司等。①

---

① 此外，对于"代理人选任的事前委托"，也应当比照自己代理的情形予以禁止。所谓"代理人选任的事前委托"，是指被代理人将委托代理人的权利授权给交易相对人行使。进而该交易相对人与其自己（依对被代理人的代理权）选定的代理人进行交易。这实质上也是一种"自己交易"。山本敬三．民法讲义：Ⅰ·总则．解亘，译．3版．北京：北京大学出版社，2012：293-294.

二、双方代理的构成要件

本条第2款规定了对双方代理的原则性禁止。要构成双方代理，需要满足以下要件：第一，代理人同时具有代理行为双方的委托代理授权；第二，代理人为不同的被代理人实施同一民事法律行为。对此需要注意以下几点。

第一，代理人就同一事项同时具有代理行为双方的委托代理授权，是指在实施该代理行为时，代理人对于代理行为的双方被代理人都具有代理权。"实施该代理行为时"包括从代理行为开始至代理行为结束的全过程。一种情况是代理人在代理行为开始时具有双方代理权，在代理行为过程中丧失一方代理权；另一种情况是代理人在代理行为开始时只具有一方代理权，但是在代理行为过程中取得双方代理权。这两种情况都构成双方代理。

第二，代理人基于双方代理权实施的是同一民事法律行为。如果代理人虽然具有双方代理权，但是代理的事项并不相同，则不宜认定为双方代理。[①]

第三，代理人就同一事项同时具有双方代理权，但是代理人以一方被代理人的名义与另一方被代理人实施同一民事法律行为的，也应当认定为双方代理。这是因为法律原则上禁止双方代理行为的理由在这种情形下都可以得到满足。而且，如果认为在此情形下不构成双方代理，进而认定代理行为有效，则代理人与另一方被代理人可以轻松规避法律对于双方代理的禁止，其他被代理人的利益根本无从保障。相反，如果认定此情形下同样构成双方代理，则在代理行为确实不损害被代理人之利益的情况下，该被代理人可以对此予以同意或追认即可补足该代理行为的瑕疵，对于各方之利益均可予以保障。

第四，多方民事法律行为中的多方代理应当参照双方代理的规定予以处理。由于本条第2款明确规定"双方同意"，因而在解释上难以将该款的规定直接适用于多方民事法律行为中的多方代理。所谓多方代理，是指在多方民事法律行为中，一个代理人为两个或两个以上的被代理人进行代理。但是，应当注意到，法律原则上禁止双方代理的理由在多方代理中也完全成立，因此，对于多方代理行为，也应当参照本条关于双方代理的规定予以处理。

三、法律原则上禁止自己代理与双方代理的理由

法律原则上禁止自己代理与双方代理，原因在于：不同民事主体的利益是不同的，代理人既然已经成为一方被代理人的代理人，就要为该被代理人的利益计而实施民事法律行为，代理人代表的是该被代理人的利益。但是，如果代理人自己同时成为代理行为的另一方，或者代理人同时是代理行为另一方的代理人，则于前者，代理人势必会首先维护其自身在代理行为中的利益，被代理人的利益就

① 王利明．民法总则研究．2版．北京：中国人民大学出版社，2012：662-663.

被放在了次要位置；于后者，代理人定不能同时兼顾双方代理人的利益，有一方被代理人的利益势必被置于不利的地位。因此，在自己代理与双方代理中，都存在着损害（一方）被代理人之利益的极大风险，而这与代理制度的宗旨背道而驰。

四、自己代理与双方代理行为例外有效的情况

例外主要存在于以下两种情况：被代理人同意、追认；自己代理或双方代理并不损害被代理人的利益。前一种为本条所明确规定，第二种为学理上普遍认同的观点。被代理人同意、追认表示被代理人认可代理人的这一行为，自然可以补足自己代理与双方代理的效力瑕疵。被代理人在自己代理行为或双方代理行为发生之前作出表示的，是为“同意”；被代理人在自己代理行为或双方代理行为发生之后作出同意的表示的，是为“追认”。对于被代理人的“追认”，应当设定一定的期限，以使民事法律行为的效力尽快处于确定状态。对于自己代理与双方代理产生的效果，一般认为相当于无权代理的效果。因此，依据《民法典》第171条的规定，相对人可以催告被代理人在30日内予以追认。被代理人未作表示的，视为拒绝追认。同时，因为在自己代理中的代理人（同时也是相对人）并非善意，所以其并不享有一般无权代理中善意相对人的撤销权。而在双方代理中，善意的被代理人应当享有撤销权。还需注意，在双方代理中，必须双方被代理人都予以同意或者追认才能认定双方代理行为有效。

在自己代理或双方代理并不损害被代理人的利益的情况下，代理行为应当有效。本条对此没有进行规定，但是学理上一般予以肯认。[①] 例如，甲委托乙代理购买彩票，乙本身是彩票销售商，在这种情况下，并不会损害甲的利益。因此，该代理行为即使构成了自己代理、双方代理，也应当是有效的。

第一百六十九条

代理人需要转委托第三人代理的，应当取得被代理人的同意或者追认。

转委托代理经被代理人同意或者追认的，被代理人可以就代理事务直接指示转委托的第三人，代理人仅就第三人的选任以及对第三人的指示承担责任。

---

① 从比较法上考察，有一些国家的立法例将某些不会损害被代理人之利益的自己代理的情形以法律的形式予以了规定。例如《日本民法典》第108条但书。山本敬三．民法讲义：Ⅰ·总则．解亘，译．3版．北京：北京大学出版社，2012：292－293．我国学者也多承认对于履行债务行为，可以自己代理或者双方代理。王利明．民法总则研究．2版．北京：中国人民大学出版社，2012：662－664．本书作者认为：履行债务行为在法律性质上并不属于民事法律行为，而是事实行为。但是代理行为仅指民事法律行为。因此，在涉及履行债务行为时，与自己代理或双方代理并无直接联系，也就更无须讨论其效力。

转委托代理未经被代理人同意或者追认的，代理人应当对转委托的第三人的行为承担责任；但是，在紧急情况下代理人为了维护被代理人的利益需要转委托第三人代理的除外。

【本条主旨】本条有三款。第1款规定转委托代理应当得到被代理人的同意或者追认。第2款规定转委托代理情况下被代理人的指示、代理人的指示与责任。第3款规定了未经被代理人同意或者追认的转委托代理。

【核心概念】

转委托代理 转委托代理也称复代理、再代理，是指代理人为了实施其代理权限范围内的行为，在取得被代理人的同意或者追认的情况下，以代理人自己的名义选定第三人担任被代理人的代理人的代理。其中，原代理人称为本代理人，转委托的第三人称为复代理人。在转委托代理中，三方主体关系如下：复代理人是被代理人的代理人，不是本代理人的代理人；复代理人实施的代理行为的效果直接归属于被代理人；复代理人须同时接受被代理人与本代理人的指示与监督。在转委托代理中，本代理人与复代理人之间并不形成共同代理关系。同时，本代理人也并非让与代理权，其仍然是被代理人的代理人。[①]

被代理人的指示 被代理人的指示是指被代理人向代理人所作的有关代理事项的指示性意见。在代理中，代理权限是由被代理人授予的，代理行为也是为被代理人利益计而实施的，因此，被代理人对于代理事项自然享有指示的权利。被代理人的指示既可以对本代理人作出，也可以对复代理人作出；既可以在代理行为实施之前作出，也可以在代理行为实施的过程中作出。需要注意，被代理人的指示不应当取代代理人自己的意思表示。在代理行为中，代理人有义务根据被代理人的指示实施代理行为，但是该代理行为仍然是基于代理人自己的意思表示而实施的，否则即变为代表、传达等，而与代理不同。

§条文详解§

一、转委托代理的条件

本条第1款规定了代理人的转委托代理。转委托代理需要满足以下要件：代理人将代理权限内的事项委托给第三人代理；代理人自己选任第三人；该转委托取得被代理人的同意或者追认。分述如下。

第一，本代理人只有将自己代理权限内的事项委托给第三人代理，才会形成被代理人—本代理人—复代理人的三方结构。如果本代理人将自己代理权限以外

---

① 近江幸治．民法讲义：Ⅰ·民法总则：第6版补订．渠涛，等译．渠涛，审校．北京：北京大学出版社，2015：243.

的事项委托给第三人代理，则直接成立本代理人与第三人之间的代理关系，第三人作为本代理人的代理人，而与原被代理人无关。

第二，只有在代理人自己选任第三人的情况下才成立转委托代理，否则，如果是被代理人选任第三人，则直接在第三人与被代理人之间成立另外一个本代理关系，而无所谓转委托代理。

第三，该转委托须得到被代理人的同意或者追认。这在学说上一般称为“复任权”。这主要是基于以下考虑：一方面，复代理的效果同样直接归属于被代理人，被代理人在此中具有重大利益关系；另一方面，代理具有很强的“个体属性”，被代理人选择代理人体现的是一种信任关系，同样，虽然复代理人不是由被代理人直接选任的，但其当然地需要得到被代理人的同意或者追认。

二、转委托代理中被代理人的指示、代理人的指示与责任

第一，被代理人对于复代理人享有直接指示的权利。在复代理中，一旦复代理人的选任得到了被代理人的同意或者追认，复代理人即具有被代理人的代理人的地位。就这一代理人的地位而言，复代理人与本代理人相同。在本代理中，被代理人可以就代理事项指示代理人，同样，在复代理中，被代理人也可以就代理事项指示复代理人。需要注意，被代理人直接指示复代理人是被代理人的一项权利，其可以选择是否行使。被代理人同样可以通过指示本代理人，再由本代理人指示复代理人的方式达到指示代理事项的目的。

第二，本代理人对于复代理人享有委托事项内指示的权利、负有监督的义务。复代理人的代理权限依托于本代理人的代理权限。在本代理人将部分或全部代理权限委托给复代理人之后，本代理人仍然可以就委托的事项对复代理人进行指示。需要注意，如果被代理人的指示与本代理人的指示发生冲突，原则上复代理人应当按照被代理人的指示实施代理行为。此外，虽然本条没有明确规定，但是学理上一般认为本代理人对于复代理人实施代理行为负有监督的义务，这是因为复代理人为本代理人所选任，同时本代理人对于被代理人负有勤勉、谨慎的义务。

第三，本代理人仅就第三人的选任以及对第三人的指示承担责任，对于被代理人对第三人的指示不负责任。在复代理中，由本代理人自己选任复代理人，基于其对被代理人的勤勉、谨慎义务，本代理人自然应该对这一选任行为负责。同时，在复代理人实施代理行为时，本代理人可以进行指示。对于本代理人自身所作的指示，本代理人同样需要负责。但是，对于被代理人向复代理人直接所作的指示，本代理人无须负责。因为在复代理的法律关系中，被代理人处于最高地位，其所作的指示复代理人应当遵守，本代理人对于被代理人所作的这一指示既无法拒绝也无法改变，所以，本代理人无须对此负责。

三、未经被代理人同意或者追认的复代理项下的责任承担

本条第3款规定了未经被代理人同意或者追认的复代理项下的责任承担。未经被代理人同意或者追认，在严格意义上不构成复代理，实际的法律关系结构如下：被代理人与本代理人之间成立代理关系，本代理人与第三人之间成立代理关系。在后一法律关系中，本代理人作为被代理人，第三人作为其代理人。因此，第三人所作行为的效果直接归属于本代理人，本代理人需要对第三人的行为负责。

同时，本款规定了一种特殊情况，即在紧急情况下代理人为了维护被代理人的利益需要转委托第三人代理的情形。“紧急情况”是指“由于急病、通讯联络中断等特殊原因，委托代理人自己不能办理代理事项，又不能与被代理人及时取得联系，如不及时转托他人代理，会给被代理人的利益造成损失或者扩大损失的”情况。

由上述关于复代理中各方责任分配的讨论，可以发现这一制度充分地体现了民法中意思自治、自己责任的原则。

第一百七十条

执行法人或者非法人组织工作任务的人员，就其职权范围内的事项，以法人或者非法人组织的名义实施的民事法律行为，对法人或者非法人组织发生效力。

法人或者非法人组织对执行其工作任务的人员职权范围的限制，不得对抗善意相对人。

【本条主旨】本条有两款，是关于执行法人和非法人组织工作任务的人员的职务行为之效力的规定。

【核心概念】

工作任务 工作任务是指法人或者非法人组织委派给相关人员执行的、与该人员的工作职责相关的事务。法人或者非法人组织是法律拟制的民事主体，其本身不能真正进行民事活动，因此，相关事务需要法人或者非法人组织的工作人员予以执行。其中，与该人员的工作职责相关的须执行的事务就是工作任务。这里的相关人员，既可以是法人或者非法人组织的正式职工，也可以是临时委派执行任务的人员。

职务行为 职务行为是指法人或者非法人组织的工作人员执行法人或者非法人组织委派的工作任务的行为。关于如何判断职务行为，在学说上有主观说、客观说和折中说等不同观点，通说为客观说。判断工作人员的行为是否属于职务行为可以从实施该行为的地点、时间，为何者的利益而实施、是否受法人或者非法

人组织控制等因素综合加以判断。需要注意，职务行为可以分为两种：第一种是对于法人或者非法人组织的意思表示的履行行为，第二种是在职权范围内代理实施民事法律行为的行为。

善意相对人　本条中的善意相对人是指善意的、代理行为的相对方。所谓善意，是指其有理由相信代理人具有代理权。“有理由”是按一个理性人的标准作出判断。所谓代理行为的相对方，是指代理人所实施的代理行为中的其他民事主体。与善意相对人相对应的是不善意相对人，即知道或者应当知道代理人没有代理权但仍然与其实施民事法律行为的相对人。

§条文详解§

一、法人或者非法人组织工作人员的职务行为直接对法人或者非法人组织发生效力

本条第1款规定了法人或者非法人组织工作人员的职务行为直接对法人或者非法人组织发生效力。关于法人和非法人组织的法律性质，在学说上有“拟制说”“否认说”“实在说”等不同观点，但是，不论采取何种学说，都不能否认法人和非法人组织本身不能真正地实施民事法律行为这一事实。法人和非法人组织进行民事活动，可以通过以下两种方式进行：第一种是由法人或者非法人组织根据法律、章程或其他文件的规定，依据一定的程序，形成法人和非法人组织自己的意思表示，然后由特定的工作人员实际履行这一意思表示。第二种是由法人或者非法人组织根据法律、章程或其他文件的规定，依据一定的程序，作出授权特定工作人员在一定职权范围内代理实施民事法律行为的决定，再由该工作人员为代理行为。在第一种情况下，意思表示直接由法人或者非法人组织本身形成，工作人员自己并不独立形成意思表示。只有在第二种情况下，工作人员才根据法人或者非法人组织的授权，在职权范围内独立形成意思表示，并以法人或者非法人组织的名义实施，这就构成了委托代理。因此，本条规定的职务行为应当仅指第二种情况。也正是在这一意义上，本条规定的职务行为与公法上的职务行为相区别。要构成本条规定的职务行为，需要满足以下要件：第一，工作人员在其职权范围内实施民事法律行为；第二，工作人员以法人或者非法人组织的名义实施民事法律行为。本条规定的职务行为与委托代理在法律性质上并无二致：工作人员的职权范围是由法人或者非法人组织授予的，在本质上相当于被代理人的授权行为。所以，第一个要件相当于代理人在代理权限范围内实施代理行为，第二个要件则相当于代理人以被代理人名义实施代理行为。因此，依据代理制度的原理，工作人员的这一职务行为直接对法人或者非法人组织发生效力。

二、法人或者非法人组织对职权范围所作限制的对外效力

本条第2款规定了对职权范围所作限制的对外效力。法人或者非法人组织对于其工作人员的职权范围可以进行限制，因为工作人员的职权本身就是来自法人或者非法人组织的授权。同时，该工作人员在代理实施民事法律行为时，同样需要向交易相对方证明其具有代理权。在一般的委托代理中，这一证明文件通常表现为授权委托书。在职务行为的情况下，证明的方式可能表现为授权委托书，也可能表现为其他方式。如果工作人员具有授权委托书，则可以完全依据一般委托代理的规则予以处理。在工作人员没有授权委托书时，交易相对人基于其他因素，例如该工作人员的职务，也可能有理由相信该工作人员具有代理权。此时，便有可能发生法人或者非法人组织内部为该工作人员设定的职权范围与该工作人员表现出来的所应当具有的职权范围并不相同的情况。在此情况下，本条第2款规定法人或者非法人组织内部对于工作职权范围的限定不得对抗善意相对人。

对此理解，要把握以下几点。

第一，不得对抗的是"善意相对人"。此处的"善意"，应当解释为该相对人有理由相信与其进行交易的人是在职权范围内实施民事法律行为，即有理由相信其具有代理权。对"善意"需要结合主、客观两方面来综合加以判断。所谓主观方面，是指该相对人确实相信该工作人员具有代理权的真实的心理状态。所谓客观方面，是指在该相对人所处的具体案情下，一般社会大众是否会有理由相信该工作人员具有代理权。当然，主观方面的证明同样需要客观证据。需要注意，对主观方面的证明往往是较直接的，如果确有证据证明该相对人是知道该工作人员并没有代理权的，即可判断该相对人并非善意。例如，如果法人一方以录音资料证明其曾去电相对人，说明该工作人员并无该事项的代理权，则即可判断该相对人并非善意。而客观方面的证明往往是较间接的，需要考量一般社会大众的标准，有时也有赖于法官的自由心证。例如，由一个公司的董事长来代理公司与相对人实施民事法律行为，法官可能会倾向于认为该相对人是善意的，即有理由相信该董事长具有代理权。但是如果是一个部门经理来代理公司与相对人实施事关该公司的重大民事法律行为，则法官就有可能认为该相对人并非善意。因为一般社会大众的一般认识并不认为一个部门经理可以代理公司的重大行为。

第二，不得对抗善意相对人的具体后果。在认定相对人为善意之后，产生如下法律后果：代理行为对法人或者非法人组织发生效力；对于由此给法人或者非法人组织造成的损失，善意相对人并不负责；法人与非法人组织与越权代理的工作人员之间的责任关系，按照双方之间的约定、内部的规定或者法律的相关规定处理。

第一百七十一条

行为人没有代理权、超越代理权或者代理权终止后，仍然实施代理行为，未经被代理人追认的，对被代理人不发生效力。

相对人可以催告被代理人自收到通知之日起三十日内予以追认。被代理人未作表示的，视为拒绝追认。行为人实施的行为被追认前，善意相对人有撤销的权利。撤销应当以通知的方式作出。

行为人实施的行为未被追认的，善意相对人有权请求行为人履行债务或者就其受到的损害请求行为人赔偿。但是，赔偿的范围不得超过被代理人追认时相对人所能获得的利益。

相对人知道或者应当知道行为人无权代理的，相对人和行为人按照各自的过错承担责任。

【本条主旨】本条有四款。第 1 款是关于无权代理的一般规定。第 2 款是关于相对人享有催告权、撤销权的规定。第 3 款是关于善意相对人享有损害赔偿请求权的规定。第 4 款是关于相对人和行为人之过错责任的规定。

【核心概念】

催告权 催告权是指根据法律的规定有权催告的民事主体享有的一种要求特定民事主体在一定期限内作出表示的权利。催告权的目的是让法律关系尽快稳定下来，不要长久地处于不确定的状态中。催告权产生的后果是被催告的民事主体必须在一定的期限范围内作出表示，否则，逾期的表示将不按照表示的内容产生效果，而是依据法律的直接规定发生效力。例如，法律规定逾期不表示的视为拒绝，则在该期限之后，即使被催告的当事人作出了追认的表示，对于相对人也不当然地发生效力，只要相对人不表示接受，即视为拒绝。但是，如果在期限内，则相对人必须作出撤销的意思表示才可以不受对方所作的追认的表示的约束。

§条文详解§

一、未经追认的无权代理行为对被代理人不发生效力

本条第 1 款规定了未经追认的无权代理行为对被代理人不发生效力。无权代理主要包括三种情形：第一，行为人根本没有代理权；第二，行为人虽然具有代理权，但是其所实施的代理行为超过了其代理权限；第三，行为人曾经具有代理权，但是在其实施民事代理行为时，代理权已经终止，此时行为人并不具有代理权。具有代理权是代理人实施代理行为并使该行为的效果直接归属于被代理人的前提条件。被代理人的追认可以补足行为人无权代理的效力瑕疵。在无权代理行

为未得到被代理人追认的情况下，其对被代理人不发生效力。需要注意，被代理人的追认，既可以向无权代理人作出，也可以直接向相对人作出。

二、相对人的催告权与善意相对人的撤销权

本条第 2 款规定了相对人的催告权以及善意相对人的撤销权。无权代理行为的相对人可以催告被代理人自收到通知之日起 30 日内予以追认。催告应当以通知的方式作出，催告期间的起算时间是被代理人收到通知之日，催告期间为 30 日。该催告期间为法定期间，相对人自己不能随意予以更改，既不能延长，也不能缩短。

相对人的催告发生以下法律效果：第一，在催告期间内，被代理人可以作出追认的表示，也可以作出不追认的表示。不论是追认还是不追认的表示，一旦到达相对人，催告期间即结束，无权代理行为或因追认而终局地有效，或因不予追认而终局地无效。被代理人此后再作出不追认或追认的表示的，视为被代理人直接向相对人作出的新的意思表示（要约）。[①]

第二，在催告期间内被代理人没有作出表示的，视为拒绝追认，自催告期间结束之日起无权代理行为终局地对被代理人不发生效力。需要注意，为保护交易秩序以及相对人的权益，此处“被代理人在催告期间内未作表示的”，应当理解为相对人在催告期间内没有收到被代理人的表示。即使被代理人在催告期间内作出了追认的表示，如果该表示在催告期间内并未到达相对人，则仍然发生无权代理行为终局地对被代理人不发生效力的法律效果。

第三，催告期间经过后，被代理人作出追认的表示的，并不当然地对相对人产生效果，而是作为一个新的意思表示（要约），对此是否承诺取决于相对人。相对人予以承诺的，则直接在相对人与被代理人之间成立法律关系，与原来的无权代理行为无关。

善意相对人撤销权的行使需满足以下要件：第一，撤销权只能由善意相对人享有。所谓善意是指相对人有理由相信行为人是具有代理权的。第二，撤销的表示应当在被代理人追认的表示到达善意相对人之前作出。如果被代理人追认的表示已经到达善意相对人，则无权代理行为已经终局地归于有效，善意相对人不能再行使撤销权。需要讨论的情况是，被代理人追认的意思已经发出，但尚未到达善意相对人时，善意相对人能否作出撤销的表示。本书作者认为，此时善意相对人可以作出撤销的表示。无权代理行为的最终效力取决于追认的表示与撤销的表示何者更早到达对方。如果追认的表示先到达善意相对人，则无权代理行为终局

---

① 催告、追认等本身并不属于意思表示。但是此处的被代理人再次向相对人作出的不追认或追认的表示，在性质上则可以认定为是意思表示。不追认可以认为是撤销原民事法律行为的要约，追认可以认为是实施新的民事法律行为的要约。

地归于有效；如果撤销的表示先到达被代理人，则无权代理行为终局地对被代理人不发生效力。第三，撤销应该在催告期间内作出。对于善意相对人撤销权的行使期间，本条并没有明确规定。但是，应当理解为善意相对人撤销的表示应当在催告期间内到达被代理人或者无权代理人。因为即使无权代理行为没有获得被代理人的追认，该行为也非完全无效，而是直接在相对人和无权代理人之间成立民事法律行为。如果允许善意相对人在催告期间经过后仍然具有撤销权，则对于无权代理人而言显然并不公平。第四，撤销的表示既可以向被代理人作出，也可以向无权代理人作出。第五，撤销应当以通知的方式作出，不能以行为、公告等方式作出。

善意相对人行使撤销权产生以下法律效果：第一，撤销的通知到达被代理人或无权代理人时，无权代理行为终局地归于无效。第二，撤销的通知到达被代理人或者无权代理人之后，善意相对人再作出其他表示的，视为新的意思表示（要约），是否承诺取决于被代理人或无权代理人。被代理人予以承诺的，在被代理人与善意相对人之间直接成立法律关系，而与原无权代理行为无关。无权代理人予以承诺的，直接在无权代理人和善意相对人之间成立民事法律行为，而与原被代理人无关。

三、善意相对人对无权代理人的请求权

本条第 3 款规定了无权代理行为未被追认后，善意相对人对于无权代理人的请求权。对此，需要注意以下几点。

第一，享有请求权的主体是善意相对人。只有该相对人是善意的，即其有理由相信无权代理人具有代理权，才享有本款规定的请求权。如果相对人是知道或者应当知道代理人无权代理的，则按照本条第 4 款的规定处理。

第二，善意相对人具体享有两种请求权：一是履行债务请求权，二是损害赔偿请求权。无权代理人实施无权代理行为，需要作出意思表示。不论是否以被代理人的名义作出，也不论是否被追认，都不影响该意思表示的存在。被代理人的追认可以使该意思表示直接对被代理人发生效力。但是当被代理人不予追认时，这一意思表示仍然具有效力，只不过其效力直接约束无权代理人本身。这是符合代理制度原理的，因为不论是有权代理还是无权代理，代理人都是自己独立形成意思表示，当这一意思表示无法依据代理制度"转至"被代理人时，代理人就需要对此意思表示负责。所以，善意相对人可以要求无权代理人履行债务。

此外，善意相对人还可以向无权代理人主张损害赔偿请求权。这一损害赔偿请求权可以是针对缔约过失责任，也可以是针对违约责任，还可以是针对侵权责任，对其分别按照相应的法律制度处理。对于善意相对人的损害赔偿的求偿范围，本款作出了限制，即"不得超过被代理人追认时相对人所能获得的利益"。

这体现的是法律中“任何人不能从他人的过错中获利”的法律理念。

四、相对人与行为人的过错责任

本条第 4 款规定了相对人与行为人的过错责任。相对人的过错体现在其知道或者应当知道行为人无权代理，仍然与其进行代理行为。行为人的过错体现为其明知自己没有代理权，依法不能实施代理行为，却仍然实施代理行为。“相对人和行为人按照各自的过错承担责任”，包括相对人和行为人向被代理人承担过错责任，也包括相对人和行为人按照各自过错的程度向对方承担过错责任。相对人和行为人承担的责任既有可能是按份责任，也有可能是连带责任；可以是缔约过失责任，也可以是违约责任，还有可能是侵权责任。

第一百七十二条

行为人没有代理权、超越代理权或者代理权终止后，仍然实施代理行为，相对人有理由相信行为人有代理权的，代理行为有效。

【本条主旨】本条是关于表见代理的规定。

【核心概念】

表见代理　表见代理是指行为人虽然没有代理权，但是相对人客观上有理由相信行为人具有代理权，进而与其进行民事法律行为，该代理行为有效，民事法律行为的效果直接归属于被代理人。表见代理是广义的无权代理的一种，但是由于在表见代理中，善意相对人有理由相信代理人具有代理权，因而其法律后果不同于一般的无权代理。在一般的无权代理中，只有在被代理人予以追认之后，该无权代理行为才对被代理人发生效力。但是在表见代理中，不论被代理人是否予以追认，该表见代理行为都对被代理人发生效力。

§条文详解§

一、表见代理的判断及表见代理行为有效的理由

本条规定在无权代理行为中，如果相对人有理由相信行为人有代理权的，则代理行为有效。相对人有理由相信无权代理的行为人具有代理权，是指在该具体案件情形下，一般社会大众都会相信该行为人具有代理权。具体的判断因素包括：特定的场所，即无权代理人是否在被代理人的场所实施无权代理行为；无权代理人与被代理人是否具有特殊的关系，例如夫妻关系、父母子女关系、雇佣关系等；无权代理人是否从事了与其职责相关的行为；本人对于无权代理行为的发生所起的作用，例如本人是否在代理权终止后收回授权委托书；无权代理人与相对人实施民事法律行为时宣称其具有代理权的凭证形式，例如仅仅是口头告知还是出具授权委托书；等等。[①] 对于上述因素应该综合考虑，同时结合具体案件中的其他事实加以判断。

对于表见代理行为是否应该规定为有效，学者间曾经有不同看法。有些学者认为，表见代理行为不应规定为有效。[②] 但是，表见代理行为有效既是世界民法立法的趋势，也为我国民法学通说所一直坚持。民法规定表见代理行为有效，在学说上有“交易安全说”“合理信赖利益保护说”“表见代理说”等理论说明。[③]

民法规定表见代理行为有效，是综合考量各种因素、多方权衡的结果。

第一，保护交易安全。如果在相对人有理由相信行为人具有代理权的情况下，仍然否定该表见代理行为的效力，将影响民事主体对于交易安全的预期，势必导致相对人在实施民事法律行为时过于谨慎，从而导致整个社会交易量的下降，这不利于经济社会发展。

第二，减少交易成本。这是认定表见代理行为有效的重要考量。诚然，如果不计成本，相对人到底还是有办法确认代理人是否具有代理权的。但是这一确认过程所产生的成本如果过高，则同样会导致交易量的下降，产生不利后果。

第三，对有过错方赋予不利益。在表见代理中，很多情况下出现与实际情况不同的代理权外观，被代理人是负有一定责任的。换言之，被代理人通常是具有一定过错的，因此，将法律上的不利益赋予有过错的一方，也就没有过多的值得指责之处。

第四，认定表见代理无效并不会产生较于有效更多的正义的后果。可以比较表见代理无效与有效的各自法律后果。若表见代理无效，无权代理行为对相对人与无权代理人发生效力；若表见代理有效，无权代理行为对相对人与被代理人发生效力，被代理人向无权代理人追偿。当无权代理人具有履行能力时，有效与无效并无重大差别，因被代理人可以追偿亦不会遭受损失。只有当无权代理人不具有履行能力时，若表见代理无效，这一履行不能的不利益由相对人承担；若表见代理有效，这一不利益由被代理人承担。但是，对于整个社会而言，不论是由谁承担，这一不利益总归是存在的。此外，由于对善意的理解与判断标准，即对有理由相信行为人具有代理权的判断标准，存在一定的弹性，因而肯认无权代理行为有效是合理的，因为在具体案件中，如果真的存在严重损害被代理人的利益的情形，完全可以通过否定“善意”来避免利益的过分失衡。

---

① 王利明．民法总则研究．2 版．北京：中国人民大学出版社，2012：681－682.

② 例如，德国著名法学家弗卢梅、拉伦茨教授均持此观点。王利明．民法总则研究．2 版．北京：中国人民大学出版社，2012：678.

③ 李永军．民法总论．3 版．北京：中国政法大学出版社，2015：270－271.

二、不构成表见代理的两种情形

在行为人无权代理，仍然实施代理行为的前提下，只有在相对人有理由相信行为人有代理权时，才构成表见代理；如果相对人并没有足够理由相信行为人具有代理权，即不属于表见代理，而是一般的无权代理。在实践中，以下两种情形下虽然也具有一定的代理权外观，但是一般认为不构成表见代理，不产生代理上的效力。

第一，行为人伪造他人的公章、合同书或者授权委托书等，假冒他人的名义实施民事法律行为的。在这种情况下，实际上根本不存在代理关系，也不存在实际的被代理人。如果肯认这种行为有效的话，将会导致所有民事主体陷入巨大的风险与恐慌中，因为任何一个被冒名的民事主体随时可能因为他人的违法行为而承担履行债务的责任。在这种情形下，被代理人对于自己可能被无权代理不具有任何预期可能性，因此法律对于被代理人也就不科以任何义务。而且，伪造他人公章、合同书或授权委托书的行为是十分恶劣的侵权行为，甚至是严重的犯罪行为。对制裁这一行为的考量已经超过保护相对人信赖利益的考量。此种情形下，不应认为相对人有理由相信行为人有代理权，因此不构成表见代理，继而代理行为不对被代理人发生效力。

第二，被代理人的公章、合同书或者授权委托书等遗失、被盗，或者与行为人特定的职务关系已经终止，被代理人对此已经以合理方式公告或者通知，相对人应当知悉的。与行为人伪造授权凭证不同，在遗失、被盗、职务关系终止的情况下，被代理人对于可能被无权代理是有一定的预期可能性的，因此法律对其科以公示的义务。公示包括两种具体公示方式，第一种是通知。在被代理人已经将行为人无权代理的事实通知相对人时，相对人就已经知悉或应当知悉这一事实，因此相对人此时实际上已经无法再行主张其有理由相信行为人具有代理权。表见代理事实上已经不能成立，因此无权代理行为也不能直接有效。第二种是被代理人以合理的方式公告行为人不具有代理权的事实。在此情形下，虽然相对人并不一定会知悉这一公告。但是，如果被代理人的公告方式是合理的，则可以推定相对人应当知悉，继而认定相对人没有理由相信行为人有代理权、表见代理不成立、该行为不产生代理上的效力。这有利于将被代理人排除交易风险的成本维持在合理范围内，不至于过高。所谓合理方式，需要根据具体案件综合判断。例如在一定范围的报纸上刊登公告，在被代理人自己的网站上予以公告等。

此外，还有一个问题需要注意，即被代理人的公示与无权代理行为完成的先后顺序问题。被代理人的公告和通知都不是意思表示。不过，公告的生效时间可以参照《民法典》第 139 条的规定①，认定为公告发布时生效。至于通知可以认

---

① 《民法典》第 139 条规定，“以公告方式作出的意思表示，公告发布时生效”。

定为通知到达相对人时生效。无权代理行为完成的判断应当以“意思表示达成一致”作为标准，意思表示达成一致，无权代理行为即完成。公告的发布时间以及通知的到达时间应当早于无权代理行为完成的时间，否则即可能构成表见代理。

第三节　代理终止

第一百七十三条

有下列情形之一的，委托代理终止：

（一）代理期限届满或者代理事务完成；

（二）被代理人取消委托或者代理人辞去委托；

（三）代理人丧失民事行为能力；

（四）代理人或者被代理人死亡；

（五）作为代理人或者被代理人的法人、非法人组织终止。

【本条主旨】本条是关于委托代理终止的规定。

【核心概念】

代理人丧失民事行为能力　代理人丧失民事行为能力是指代理人丧失了实施代理行为所需要的民事行为能力，具体包括两种情形。第一，代理人完全丧失民事行为能力，成为无民事行为能力人。在此情形下，代理人不能实施任何民事法律行为。第二，某一代理行为的实施需要具备一定的民事行为能力（完全或者限制），但是代理人丧失部分民事行为能力，导致其民事行为能力水平不能达到实施该代理行为所要求具备的程度。

§条文详解§

一、代理期限届满或者代理事务完成，委托代理终止

委托代理应当明确代理的期限与所需代理的事项。[①] 根据委托代理内容的不

① 这是民法意思自治原则的要求，民事主体应当独立自主地设计自己的生活。因此，民事制度虽然允许、鼓励代理行为，但是，代理必须具有一定的限度。在法定代理中，一旦被代理人取得或者恢复完全民事行为能力，法定代理即终止。在委托代理中，必须在一定程度上明确代理的期限与代理的事项，否则一个完全民事行为能力的民事主体将自己完全或过多地委托给其他民事主体，此为民法所不容许之现象。

同，有以下几种情形。

第一，仅明确约定代理的期限。此情形多为双方约定在一定期限内代理某一类型的事项，而非某一件具体的民事法律行为。例如，甲授权乙在一年内代理销售甲的红酒，则代理在“一年”这一代理期限届满后终止，至于在此期限内是否真的实施了代理行为，在所不问。

第二，仅明确约定代理的事项。此情形多为双方约定代理某一件具体的民事法律行为，直到这一代理事项完成，委托代理才终止。例如，诉讼当事人委托律师代理诉讼，直到诉讼完结之时，委托代理才终止。需要注意，如果代理的事项是持续性的，则自代理事项全部完成时委托代理才终止。

第三，同时约定代理的期限与代理的事项。在这一情形下，只要代理的期限届满或者代理的事项完成，委托代理即终止。此时，代理期限已届满但委托事项尚未完成的，或者代理期限尚未届满但委托事项已完成的，都发生委托代理终止的效果。

二、被代理人取消委托或者代理人辞去委托，委托代理终止

被代理人取消委托即撤回代理权，代理人辞去委托即放弃代理权，都可以发生委托代理终止的效果。委托代理中，代理人的代理权基于被代理人的授权而取得，被代理人原则上可以任意撤回代理权，代理人也可以随时放弃代理权。[①] 但是，需要注意，这并不意味着代理人与被代理人无须对此负担任何责任。应当指出，虽然代理人与被代理人可以随时终止代理权，但是由此导致的损失，同样应当由双方依照在基础关系（如委托合同等）中的约定或者法律的有关规定予以承担。此外，如果这一“取消”或“辞去”的行为仅在代理人与被代理人之间作出，构成表见代理的，则依据《民法典》第 172 条的规定处理。

三、代理人丧失民事行为能力，委托代理终止

代理行为是民事法律行为，代理人实施代理行为需要具备一定的民事行为能力。实施代理行为要求具备完全民事行为能力的，代理人应当具备完全民事行为能力；实施代理行为要求具备某一程度的限制民事行为能力的，代理人应当具备该程度的限制民事行为能力。因此，对“代理人丧失民事行为能力”应当从广义上进行理解，并不仅指代理人完全丧失民事行为能力。只要代理人丧失了实施原代理行为所需具备的某一程度的民事行为能力，委托代理即终止。代理人是否丧失所应具备的民事行为能力，应当结合代理人的智力、精神健康状况、所代理的行为的性质等因素综合判断。

需要讨论的问题是，代理人丧失民事行为能力之后，又重新取得相应的民事

---

① 王利明．民法总则研究．2 版．北京：中国人民大学出版社，2012：672.

行为能力的，代理人是否能直接重新享有原来的委托代理权。本书作者倾向于认为，原则上代理人不能直接重新享有原代理权。理由在于：首先，代理人丧失民事行为能力之后，委托代理即终止。所谓“终止”，意指终局地停止。终止不同于中止、中断。在委托代理终止后，被代理人如果仍然希望原代理人实施代理行为，则需要重新授予代理权。其次，代理关系十分关注代理人与被代理人双方之间的信任，而代理人在代理过程中曾丧失民事行为能力这一事实，势必大大影响被代理人对他的信任。如果认为代理人能够直接重新享有原代理权，对被代理人而言显然并不合理。最后，如果构成表见代理的，依据《民法典》第172条的规定处理。被代理人知悉代理人丧失民事行为能力的，应当尽相应的谨慎义务，例如收回授权委托书、发布相关公告或者通知相对人等，否则，要求其承担表见代理的后果并无不妥。

四、代理人或者被代理人死亡，委托代理终止

在《民法通则》第69条关于委托代理终止事由的规定中，仅规定了代理人的死亡，而没有规定被代理人的死亡。这主要是因为被代理人死亡导致委托代理终止存在一些例外情形。本条更为科学、合理地规定代理人或者被代理人死亡都可以发生委托代理终止的效果。从法律逻辑上进行分析，民事主体必须具备民事权利能力才能享有民事权利、承担民事义务。对自然人而言，民事权利能力始于出生，终于死亡。因此，在代理人或者被代理人死亡的情形中，其已经不再是民事主体，不再具有民事权利能力，存在于双方之间的委托代理自然终止。

此外，需要注意，代理人或者被代理人死亡，既包括实际的死亡，也包括宣告死亡。在宣告死亡的情况下，如果死亡宣告被撤销，基于与上述第三点论述中同样的理由，委托代理关系原则上并不自行恢复，原委托代理已经终局地停止。构成表见代理的，依据《民法典》第172条的规定处理。

五、作为代理人或者被代理人的法人、非法人组织终止，委托代理终止

法人、非法人组织的民事权利能力从法人、非法人组织成立时产生，到法人、非法人组织终止时消灭。基于与自然人同样的原因，在法人、非法人组织终止时，其参与的委托代理自然终止。

需要注意，本条规定的5项情形中，第1、2项适用于所有民事主体，第3、4项仅适用于自然人，第5项仅适用于法人、非法人组织。

第一百七十四条

被代理人死亡后，有下列情形之一的，委托代理人实施的代理行为有效：

（一）代理人不知道且不应当知道被代理人死亡；

（二）被代理人的继承人予以承认；

（三）授权中明确代理权在代理事务完成时终止；

（四）被代理人死亡前已经实施，为了被代理人的继承人的利益继续代理。

作为被代理人的法人、非法人组织终止的，参照适用前款规定。

【本条主旨】本条有两款。第1款是关于被代理人死亡后委托代理人的代理行为仍有效的情形的规定。第2款是关于作为被代理人的法人、非法人组织参照适用第1款之规定的规定。

【核心概念】

被代理人死亡　被代理人死亡包括被代理人实际死亡与被宣告死亡两种情形。在被代理人实际死亡时，依据《民法典》第15条的规定，死亡时间以死亡证明记载的时间为准；没有死亡证明的，以登记记载的时间为准；有其他证据足以推翻记载的死亡时间的，以该证据证明的时间为准。在被代理人被宣告死亡时，依据《民法典》第46条至第48条的规定处理。

§条文详解§

一、代理人不知道且不应当知道被代理人死亡的，代理行为仍然有效

代理人与被代理人不可能朝夕相处、随时联系，否则代理行为也无从展开。因此，在被代理人死亡之后，代理人很有可能并不知道其已经死亡而仍然实施代理行为。在代理人不知道并且不应当知道被代理人死亡的情形下，法律如果规定代理行为直接约束代理人，则对代理人显然并不公平，因为：一方面，代理人在此情形下实施代理行为并无过错；另一方面，代理行为是为被代理人的利益计而实施的，而非为代理人的利益计而实施的，由代理人来承受代理行为的法律效果很有可能对代理人是不利益的。判断代理人不知道并且不应当知道被代理人死亡，需要结合案件的具体情况综合考量。具体考量因素包括：代理人实施代理行为的地点，例如是否地处偏远、通信不便；代理人实施代理行为与被代理人死亡之间的时间间隔，如果时间间隔较短则可能偏向于认为不应当知道，如果间隔长久则一般不再认为不应当知道；所代理事项的性质，例如代理事项是否需要经常进行汇报；等等。此外，在被代理人死亡后，在知道存在代理人或代理事项的情况下，由其继承人或者近亲属进行通知，这一成本是十分低廉的。法律作此规定也有利于激励继承人或者近亲属为此通知，尽量尽早降低交易风险。

二、被代理人的继承人予以承认的，代理行为仍然有效

原则上，人身关系不得代理，因此，代理所产生的权利义务关系多为财产关

系。在被代理人死亡后，由其继承人对其财产进行继承，如果各继承人对该代理行为均予以承认，代理行为自然有效。需要讨论的问题是，如果仅有部分继承人予以承认，将产生何种法律后果。本书作者主张，对此应当区别不同情形分别加以判断。如果代理行为仅涉及部分遗产，则只要对该遗产享有继承权的继承人承认代理行为即可，其他继承人是否承认在所不问。如果代理行为涉及全部遗产的，则需要所有继承人均予以承认，代理行为方为有效。否则，依据本条规定的其他情形加以判断，若均不能满足的，则构成无权代理。

三、授权中明确代理权在代理事务完成时终止的，代理行为仍然有效

在委托代理中，如果授权中明确代理权在代理事务完成时终止的，则在被代理人死亡后代理人实施的代理行为仍然有效。对此情形的理解需要注意以下几点：第一，此情形中所代理的事务在性质上应当是持续性的。如果代理的事务不具有持续性，则即使授权中明确规定代理权在代理事务完成时终止，若代理人在事务完成前知道或者应当知道被代理人死亡的，委托代理同样终止。例如，甲授权乙代理购买一瓶红酒，现甲死亡，此为非持续性事务，如果乙在购买前知道或者应当知道甲死亡的，委托代理终止，乙此后仍然实施该购买行为的，应当构成无权代理。第二，该持续性事务在代理人知道或者应当知道被代理人死亡之前应该已经开始实施，只不过尚未全部完成。如果在代理人知道或者应当知道被代理人死亡时，代理人尚未开始实施该代理事务，则即使该代理事务是持续性的，同样不发生本条第 1 款第 3 项规定的效果。代理人在此后开始实施代理事务的，构成无权代理。法律作此规定主要是为了保护代理人的合理利益。如果一项持续性事务已经合法开始实施，但由于其间被代理人死亡，即认为此代理事务不对被代理人生效，而直接约束代理人，则对代理人而言显为不公。

四、被代理人死亡前已经实施，为了被代理人的继承人的利益继续代理的，代理行为仍然有效

本条第 1 款第 4 项规定的事务在性质上同样应当属于持续性事务。[①] 理解本项规定，需要注意以下几点：第一，该代理行为应当在被代理人死亡前已经开始实施。结合本条第 1 款第 1 项的规定，可以作如下解释：该代理行为在代理人知道或者应当知道被代理人死亡之前已经开始实施即可。第二，该已经开始实施的代理行为是为了被代理人之继承人的利益计，而需要继续完成的。换言之，这一代理行为如果不继续完成，将对被代理人的继承人产生不利益。此处所指继承人

① 如果代理事务不是持续性的，则在被代理人死亡前实施时，代理行为即已完成。之后的履行行为是事实行为，而非民事法律行为，并不在本条第 4 项的规定范畴之内。如果纯粹是履行有效的代理行为所产生的义务，则在被代理人死亡后，不论是否是为了被代理人继承人的利益，也不论继承人是否同意，都可以也应当继续履行代理行为所产生的义务。

的利益，是指被代理人所有的继承人的整体利益。如果各继承人之间的利益存在冲突的，则应当以被代理人的整体遗产为考量标准，判断代理行为的继续完成是否是为增加（包括增加积极财产与减少消极财产）被代理人的整体遗产所需要。

五、法人、非法人组织的参照适用

本条第 2 款规定，如果被代理人是法人或者非法人组织的，则在其终止后，参照适用本条第 1 款的规定。对于“参照适用”的理解，需要注意以下几点：第一，第 1 款中的第 1 项和第 3 项，可以直接类推适用于法人和非法人组织。第二，以下主体可以被视为第 1 款第 2 项和第 4 项中的“继承人”：法人被解散，原法人权利义务的承受者；法人被宣告破产，依法成立的债权人会议，以及债权人会议形成之前的管理人；非法人组织终止时，其权利、义务的承受者。

第一百七十五条

有下列情形之一的，法定代理终止：

（一）被代理人取得或者恢复完全民事行为能力；

（二）代理人丧失民事行为能力；

（三）代理人或者被代理人死亡；

（四）法律规定的其他情形。

【本条主旨】 本条是关于法定代理终止情形的规定。

【核心概念】

被代理人取得完全民事行为能力 被代理人取得完全民事行为能力是指被代理人未曾具备完全民事行为能力而获得完全民事行为能力。这主要包括两种情形：第一，未成年人成年，取得完全民事行为能力；第二，成年后一直未能获得完全民事行为能力的成年人取得完全民事行为能力。

被代理人恢复完全民事行为能力 被代理人恢复完全民事行为能力是指被代理人曾经具备完全民事行为能力，后丧失，又再次取得完全民事行为能力。这主要包括两种情形：第一，被代理人曾经具备完全民事行为能力，后丧失，成为限制民事行为能力人，又再次取得完全民事行为能力；第二，被代理人曾经具备完全民事行为能力，后丧失，成为无民事行为能力人，又再次取得完全民事行为能力。

§条文详解§

一、被代理人取得或者恢复完全民事行为能力的，法定代理终止

未成年人成年、原来不能辨认或不能完全辨认自己行为的成年人获得辨认自己行为的能力的，属于本条第1项所说的取得或者恢复完全民事行为能力。

二、代理人丧失民事行为能力的，法定代理终止

法定代理制度的旨趣在于补足被代理人欠缺的民事行为能力，因此要求法定代理人应当具有民事行为能力。在代理人丧失民事行为能力时，法定代理应当终止。需要讨论的是，此处法定代理人丧失民事行为能力，究竟仅指法定代理人完全丧失民事行为能力，成为无民事行为能力人的情形，还是也包括代理人丧失部分民事行为能力，成为限制民事行为能力人的情形。换言之，即对本条第2项的解释是否应当与对《民法典》第173条第3项的解释相同。对此，本书作者持否定意见。

本书作者主张，本条第2项中的"丧失民事行为能力"既包括完全丧失，也包括部分丧失。第一，本条第2项中的"代理人丧失民事行为能力"，主要是指监护人丧失监护能力，但是对于如何判断监护人是否具备监护能力，《民法典·总则编》第二章第二节没有明确予以规定。第二，法定代理在性质上是一种概括代理，即法定代理人对于被代理人在成长、康复过程中所涉及的所有需要代理的民事法律行为均予以代理。这与委托代理在性质上是不同的。在委托代理中，代理事项是确定的，因而可以根据代理事项的性质判断进行该代理行为需要何种程度的民事行为能力；但是在法定代理中，代理事项的概括性使得对于被代理人需要具备何种程度的民事行为能力无从判断。因此，从保护被代理人的利益出发，应当要求法定代理人具有完全民事行为能力。第三，成年的"限制民事行为能力人"的代理人与未成年的"限制民事行为能力人"的代理人具有一定的差别。于前者，其在智力、精神健康状况上是确实地、实际地存在缺陷的，这是一种实然状态；于后者，仅仅是法律的一种拟制，其未必在智力、精神健康状况上确实地、实际地存在缺陷。在委托代理中，代理人可能是成年人，也有可能是未成年人；但是，在法定代理中，法定代理人原则上是成年人。因此，为被代理人的利益计，在法定代理中应当否认限制民事行为能力的成年人作为法定代理人的资格。

三、代理人或者被代理人死亡的，法定代理终止

代理人或者被代理人死亡，法定代理关系中的一方主体已经不存在，法定代理当然终止。同样，这里的死亡也包括实际死亡与宣告死亡两种情形。需要注意，与委托代理中的情形不同，在法定代理中，如果代理人或者被代理人被宣告死亡，死亡宣告被撤销后，法定代理人与被代理人之间的法定代理关系原则上即刻恢复。[①] 第一，法定代理无须被代理人授权，而是基于法律的规定直接形成。

① 也存在一些例外情况，例如甲与乙为配偶，甲为限制民事行为能力人，乙被宣告死亡。后甲康复，成为完全民事行为能力人，并与丙结婚，又重新成为限制民事行为能力人。后乙重新出现，死亡宣告被撤销。此时，由于甲与乙的配偶关系已经不再存在，因而，乙与甲之间已经终止的法定代理关系不再自行恢复。

法律通常规定具有一定特殊关系的民事主体之间形成法定代理。在死亡宣告被撤销后，只要这一特殊关系仍然存在，法定代理关系依旧形成。第二，在法定代理中，被代理人需要更为严密的保护。规定法定代理关系即刻恢复，显然可以使对被代理人的保护更为周全。第三，从法律逻辑上讲，将这一法定代理关系的恢复理解为原法定代理关系的延续，还是形成新的法定代理关系，没有作区分的必要，因此跳跃“终止”这一逻辑障碍并不困难，因为所有的法定代理的代理内容都是一样的，并无不同。

四、法律规定的其他终止情形

法定代理主要指监护。监护通常基于监护人与被监护人之间的特别关系，例如父母子女关系、配偶关系等产生。如果这一特殊关系不复存在，则法定代理一般也会终止。法律规定的其他导致法定代理终止的情形主要就是这种情形。例如，继父或继母与受其抚养、教育的未成年子女成立法定代理关系，在该继父或继母与该未成年子女的生母或生父离婚后，该法定代理关系终止。

第八章　民事责任

本章提要

本章从第176条到第187条共计12个条文，专门规定民事责任。《民法通则》以专章（第六章）规定民事责任，其主要内容是关于民事责任的一般规定、违反合同的民事责任和侵权的民事责任，以及承担民事责任的方式。《民法典》基本上延续了《民法通则》的立法体例，对于民事责任的一般规则作出了规定，但是没有对违反合同的违约责任和侵权的民事责任作出具体规定。这主要是考虑到对于这两类民事责任合同编和侵权责任编已经分别有专门和具体的规定。由于我国《民法典》在整体设计上没有关于债法总则的章节，《民法典·总则编》第五章关于债权的若干条文以及本章的多数规定，实际上能够起到债法总则的作用，比如，第176条关于民事义务与民事责任的规定、第177条关于按份责任的规定和第178条关于连带责任的规定。

换个角度看，按份责任也可以理解为"按份债务"，连带责任也可以理解为"连带债务"。本章的一个亮点是，第184条对紧急救助人造成的损害之责任承担规则作出了专门规定，采纳了"好人法"的规则。这有利于鼓励人们见义勇为，在危难情况下救助他人。第185条关于侵犯英雄烈士的姓名、肖像、名誉、荣誉要承担侵权责任的规定，是在2017年全国人民代表大会审议期间增加的条文，编入《民法典》后没有进行修改。

第一百七十六条

民事主体依照法律规定或者按照当事人约定，履行民事义务，承担民事责任。

【本条主旨】本条规定民事主体依照法律规定和当事人约定履行民事义务、承担民事责任。

【核心概念】

民事责任 民事责任是指义务人不履行或者不完全履行民事义务，依照法律规定或者当事人的约定，应当承担的不利后果。民事责任基于不履行或者不完全履行法定或者约定的民事义务而产生，具有法律上的强制力；民事责任的方式及有关的数额等，由义务人不履行民事义务或不完全履行民事义务的情形、法定或者约定的具体内容确定。民事责任在民法理论上可以分为：预防损害的责任与填补损害的责任；违约责任与侵权责任；人身性质的责任与财产性质的责任等。

§条文详解§

一、民事主体依照法律规定和当事人约定履行民事义务

民事主体（义务人）的民事义务依据法律规定产生或者按照当事人的约定产生。前者称为法定义务，如在所有权关系中，义务主体的不作为义务就是法律直接加以规定的；后者称为约定义务，如在合同关系中，当事人的义务就是由双方当事人约定产生的。无论是法定义务还是约定义务，当事人都应当依法或者依照约定履行。义务具有法律上的强制力。

二、民事主体不履行或者不完全履行民事义务应当依法承担民事责任

违反民事义务有两种形式，即民事主体不履行民事义务和不完全履行民事义务。无论是不履行民事义务还是不完全履行民事义务，义务人都应当依法承担民事责任。这里的“民事责任”，既包括法律直接规定的民事责任，也包括当事人约定的并为法律所认可的民事责任。前者如侵权所产生的赔偿损失的责任，后者如合同当事人在合同中约定的违反合同（不履行或者不适当履行合同）的违约责任。

第一百七十七条

二人以上依法承担按份责任，能够确定责任大小的，各自承担相应的责任；

难以确定责任大小的，平均承担责任。

【本条主旨】 本条是关于按份责任的规定。

【核心概念】

按份责任　按份责任是指两个以上的民事主体承担民事责任，按照一定的份额或者说一定的比例承担责任。按份责任体现了“自己责任原则”或者“责任自负原则”，即责任人只对自己应当承担的份额承担责任，不对他人应当承担的责任份额承担责任。在按份责任的情形，权利人只能对数个责任主体分别就其应当承担的责任份额提出请求，不能对任何一个责任主体提出超过其责任份额的请求。任何一个责任主体对其责任份额的责任之承担，不代替其他责任主体承担的责任份额。

§条文详解§

一、按份责任的构成要件与法律效果

法律规定按份责任，是过错责任原则以及自己责任原则的体现。在二人以上对同一后果承担民事责任的情形，如果立法没有规定其他责任形态（如连带责任、补充责任）、当事人没有约定连带责任等责任形态，则只承担按份责任。

按份责任的构成要件和法律效果是：(1) 承担责任的民事主体为二人以上；(2) 二人以上对同一后果的民事责任进行分担，如数个侵权人对侵权案件中的同一损害后果承担按份的赔偿责任，数个债务人对同一不履行合同的违反义务行为承担按份的违约责任；(3) 承担责任的民事主体，各自对其应当承担的责任份额负责，互不牵连、互不替代、互不追偿；(4) 权利人放弃、免除部分责任人的民事责任，对其他责任人不发生效力。

二、按份责任的责任份额确定

对于确定各承担责任主体的责任份额，法律规定了两种情况：(1) 能够确定责任大小的，各自承担相应的责任；(2) 难以确定责任大小的，平均承担责任。

《民法典》第 1172 条有类似规定：“二人以上分别实施侵权行为造成同一损害，能够确定责任大小的，各自承担相应的责任；难以确定责任大小的，平均承担赔偿责任。”以什么标准或者依据来确定各责任主体之间的责任份额呢？有人认为“可以综合各个行为人的过错程度、各个侵权行为与损害后果因果关系的紧密程度、公平原则以及政策考量等因素”[①] 来确定各自应当承担的责任。有的学者认为：应当考虑过错和原因力。原因力是指在构成损害结果的数个共同原因

---

① 王胜明．中华人民共和国侵权责任法解读．北京：中国法制出版社，2010：56.

中，每一个原因对于损害结果发生或者扩大所发挥的作用力，根据作用力的大小确定各自应当承担的责任。[①] 如果无法通过比较过错和原因力确定责任大小，则依据本条后段处理，即“难以确定责任大小的，平均承担责任”。

第一百七十八条

二人以上依法承担连带责任的，权利人有权请求部分或者全部连带责任人承担责任。

连带责任人的责任份额根据各自责任大小确定；难以确定责任大小的，平均承担责任。实际承担责任超过自己责任份额的连带责任人，有权向其他连带责任人追偿。

连带责任，由法律规定或者当事人约定。

【本条主旨】 本条有三款。第 1 款是关于在连带责任的情况下权利人如何行使权利的规定。第 2 款是关于如何确定连带责任人内部的各自责任份额以及追偿权的规定。第 3 款是关于连带责任须由法律加以规定或当事人约定的规定。

【核心概念】

连带责任 连带责任是指两个以上的责任人作为一个整体对权利人共同承担全部民事责任，而且其中任何一个责任人都必须对权利人承担全部民事责任。部分责任人对权利人承担责任，属于全部责任人承担的责任；权利人对部分责任人的责任免除，是对全部责任人的责任免除。在承担了对权利人的责任之后，各责任人之间对于自己应当承担的责任份额进行分配，实际承担责任超出自己应当承担份额的，有权向其他责任人追偿。

连带责任包括两层关系：(1) 外部关系。权利人与责任人之间的关系，两个以上的责任人作为一个整体对权利人承担全部责任，同时每一个责任人也对权利人承担全部责任。(2) 内部关系。责任人相互之间的关系，即对两个以上的责任人之间的责任份额进行划分和可能的追偿权之行使。

§条文详解§

一、连带责任的意义

民法规定，在某些情况下两个以上的责任人承担连带责任，从利益衡量的角度看，无疑是有利于权利人的权利（如损害赔偿请求权）得以实现，同时加重了责任人一方的负担：有的责任人可能要超出自己应当承担的份额向权利人承担责

---

① 张新宝，明俊．侵权法上的原因力理论研究．中国法学，2005（2）．

任，乃至承担全部责任。尽管法律规定了此种情况下的追偿权，但是如果被追偿的其他责任人无力偿还，则该追偿权人处于“追偿不能”或者“追偿困难”的风险之中。这样的制度安排，是将权利保护的天平向权利人一方作出了一定的倾斜。

二、依法承担连带责任的情况

正是由于连带责任可能使部分责任人处于超出应当承担的份额承担责任之不利境地，加重了此等责任人的负担，所以法律对连带责任的适用范围有严格限定。本条规定，只有在“依法承担连带责任”的情况下，权利人才有权请求部分或者全部连带责任人承担责任。“依法承担连带责任”主要包括以下几种情况：(1) 法律对承担连带责任作出了明确规定的具体情形（如《广告法》第 56 条，《产品质量法》第 57 条、第 58 条）；(2) 二人以上共同实施侵权行为，造成他人损害的，应当承担连带责任（《民法典》第 1168 条）；(3) 教唆、帮助他人实施侵权行为的，应当与行为人承担连带责任（《民法典》第 1169 条）；(4) 共同危险行为人承担连带责任（《民法典》第 1170 条）；(5) 二人以上分别实施侵权行为造成同一损害，每个人的侵权行为都足以造成全部损害的，行为人承担连带责任（《民法典》第 1171 条）；(6) 保证合同中的保证人依法应当承担的连带责任；(7) 当事人约定承担连带责任的情形。在法律没有规定两个以上责任人承担连带责任，而且没有当事人约定承担连带责任的情形，权利人不得主张本条规定的连带责任，法官也不得依裁量权作出承担连带责任的判决。

三、连带责任的具体适用

1. 正确处理连带责任的外部关系与内部关系

理解本条规定的连带责任，需要正确处理好第 1 款和第 2 款的关系。在连带责任中，外部关系即权利人与两个以上的连带责任人之间的外部关系，是主要的，具有决定意义。法律规定连带责任制，主要是为了保护权利人，使其权利更容易实现。而内部关系即数个连带责任人之间的份额确定以及追偿权等，不影响外部关系的处理，即不影响权利人“有权请求部分或者全部连带责任人承担责任”。

2. 关于权利人放弃对部分责任人的请求权

权利人可否明确放弃对部分责任人的请求权，或者免除部分责任人的责任？对此，民法理论认为，权利人不得放弃对部分责任人的请求权，也不得免除部分责任人的责任。但是司法解释有不同规定。[①] 基于连带责任的立法旨趣，本书作者认为，权利人虽然可以向部分责任人请求承担全部民事责任，但是不得明确放

---

① 《最高人民法院关于审理人身损害赔偿案件适用法律若干问题的解释》（法释〔2003〕20 号）第 5 条.

弃对部分责任人的请求权，也不得免除部分责任人的责任，否则，将导致连带责任的解体。

3. 连带责任内部数个连带责任人之间责任份额的确定

关于本条第 2 款规定的数个连带责任人之间份额的确定，可以参照《民法典》第 177 条的相关解释。在案件的具体处理中，权利人向部分责任人请求承担全部责任，被请求的义务人应依法就被请求的数额进行清偿。这就会出现部分责任人实际承担的责任超过自己的责任份额的情况。"实际承担责任超过自己责任份额的连带责任人，有权向其他责任人追偿"。该追偿权为一般债权请求权，适用民法关于债权和诉讼时效的规定。

四、连带责任由法律规定或者当事人约定

责任人承担连带责任，加重了其赔偿负担，部分责任人实际上可能要超出其份额承担赔偿责任，乃至承担全部赔偿责任，但又难以实现追偿权。因此，对于连带责任的适用，应予以必要的限制，以实现各方的利益平衡。因此，连带责任的适用，应有法律的直接规定（如共同侵权的连带责任）或者当事人之间的约定（如保证人的担保责任）。

第一百七十九条

承担民事责任的方式主要有：

（一）停止侵害；

（二）排除妨碍；

（三）消除危险；

（四）返还财产；

（五）恢复原状；

（六）修理、重作、更换；

（七）继续履行；

（八）赔偿损失；

（九）支付违约金；

（十）消除影响、恢复名誉；

（十一）赔礼道歉。

法律规定惩罚性赔偿的，依照其规定。

本条规定的承担民事责任的方式，可以单独适用，也可以合并适用。

【本条主旨】本条有三款。第 1 款是关于承担民事责任的方式的规定。第 2 款是关于惩罚性赔偿的指引性规定。第 3 款是关于各种承担民事责任的方式可以单独适用也可以合并适用的规定。

【核心概念】

停止侵害　停止侵害是预防损害发生或防止损害扩大的民事责任承担方式之一。权利人（主要指绝对权人）得请求侵害人（或者请求法院判令侵害人）停止正在实施的侵害行为。被请求人依权利人的请求或者法院的判决，应当停止正在实施的侵害行为。

排除妨碍　排除妨碍也称为“排除妨害”，是预防损害发生或防止损害扩大的民事责任承担方式之一。权利人得请求妨碍实施者（或者请求人民法院判令妨碍实施者）以积极行为除去构成妨碍的物件或者其他事项，以确保权利人行使权利不受妨碍。被请求人依权利人的请求或者法院的判决，应当以积极行为排除妨碍。

消除危险　消除危险，是预防损害发生或防止损害扩大的民事责任承担方式之一。在权利人的人身或者财产受到现实威胁的情况下，权利人得请求造成此等危险者（或者请求人民法院判令造成此等危险者）消除危险状况。被请求人依权利人的请求或者法院的判决，应当以积极行为消除此等危险。

返还财产　返还财产，是使不当变动的财产关系恢复到变动前的状况的一种民事责任承担方式。在侵占他人财产或者没有合法理由占有他人财产的情况下（均为不法占有），该财产的权利人得请求不法占有者（或者请求法院判令不法占有者）返还该向财产。不法占有者依权利人的请求或者法院的判决，应当返还财产，使其回归权利人的支配之下。于物权法，返还财产为返还原物；于合同法或者侵权责任法，返还财产可能是返还原物，也可能是返还价值相当的种类物或者金钱。恢复原状恢复原状，是填补损害，使受到毁损的财产等在物理性能或价值等方面恢复到受损害前状态的一种民事责任承担方式。财产受到损害的权利人得请求侵害人（或者请求法院判令侵害人）将其受损害的财产恢复到损害前的状况，侵害人依权利人的请求或者法院的判决，应当恢复财产的原状。狭义的“恢复原状”仅指财产损害情况下的恢复原状；广义的“恢复原状”还包括救济人格权的承担民事责任的方式，如赔礼道歉、消除影响、恢复名誉等。

修理、重作、更换　狭义的修理是指对交付的标的物进行修理去除瑕疵，以使其达到约定的质量要求；广义的修理还包括对侵权致损物的修理。重作通常是指在承揽合同中，承揽人重新制作标的物，以达到约定的要求。更换则发生在买卖合同等交付标的物的合同关系中，出卖人提供新的标的物替换已经交付但是存在或者可能存在瑕疵的标的物。修理、重作和更换，通常属于违反合同的当事人应当承担的违约责任。

继续履行　继续履行也称为“强制的继续履行”或者“强制的实际履行”，

是违反合同的民事责任承担方式之一。在合同关系中，一方当事人不履行合同或者不完全履行合同义务，权利人得请求违约方（或者请求人民法院判令违约方）继续履行合同项下的全部义务或者合同项下剩余的全部义务，此谓“继续履行”的民事责任。依据法律的规定或者当事人的约定，赔偿损失等民事责任承担方式与继续履行互不排斥。

赔偿损失 赔偿损失是填补损害的民事责任承担方式之一，指责任人以支付一定数额的金钱救济权利人损害的一种民事责任承担方式。对于财产损失、人身损害和精神损害，均适用赔偿损失的民事责任承担方式。无论是对于违反合同还是对于侵权行为，赔偿损失的民事责任承担方式都是适用的。用金钱赔偿的方式来填补损害，是民法上最常见和最有效的民事责任承担方式。

支付违约金 支付违约金是违反合同的民事责任承担方式之一。合同双方可以在订立合同时对违约金的数额、计算方式和支付条件等作出约定。出现违约情况时，违约方应当按照约定支付违约金。支付违约金民事责任承担方式的适用，以当事人之间存在有效的合同关系为前提，以一方不履行或者不适当履行合同构成违约为事实要件。违约金与违约损害赔偿往往不排斥。在违约金不足赔偿损失时，权利人还可以请求赔偿损失。当事人对违约金的数额约定过高时，人民法院得依据《合同法》的有关规定，予以必要调整。

消除影响、恢复名誉、赔礼道歉 消除影响、恢复名誉是指权利人请求侵权人（或者请求人民法院判令侵权人）在一定范围内采取适当方式消除对权利人名誉等的不利影响，使其名誉特别是社会评价得到回复的一种民事责任承担方式。赔礼道歉是指权利人请求侵权人（或者请求人民法院判令侵权人）通过口头或者书面等方式向权利人道歉，以取得权利人谅解的一种民事责任承担方式。消除影响、恢复名誉、赔礼道歉的民事责任承担方式，属于“人身性质的民事责任承担方式”，适用于侵害名誉权等人身权益的侵权案件①，但是在消费者权益保护类案件中也有适用的空间。

惩罚性赔偿 惩罚性赔偿是指超过受害人人身损害、财产损失和精神损害范围之外的金钱赔偿，其制度意义主要在于惩罚责任人而不是救济受到损害的一方。② 承担惩罚性赔偿的民事责任，一般要求有法律的专门规定。法律规定承担惩罚性赔偿责任的，一般要求责任人主观方面的要件如故意（欺诈）、重大过失、明知等，同时要求受害人客观方面的要件如损害的严重程度。

---

① 关于这些民事责任承担方式的具体适用，参见《最高人民法院关于审理名誉权案件若干问题的解答》（法发〔1993〕15号）。

② 张新宝．侵权责任法．4版．北京：中国人民大学出版社，2016：89－90．关于惩罚性赔偿的详细讨论，参见张新宝，李倩．惩罚性赔偿的立法选择．清华法学，2009（4）．

§条文详解§

一、本条集中规定了11种民事责任承担方式

自《民法通则》以来，我国民法形成了集中规定民事责任承担方式的立法惯例。本条规定了11种民事责任承担方式，学理上可以作如下的划分：（1）预防和防止损害扩大的民事责任承担方式与填补损害的民事责任承担方式；（2）侵权的民事责任承担方式与违反合同的民事责任承担方式；（3）救济人身损害的民事责任承担方式与救济财产损害的民事责任承担方式。

有些民事责任承担方式只适用于救济人身损害，有些民事责任承担方式只适用于对财产权益的救济，前者如消除影响、恢复名誉和赔礼道歉，后者如返还财产。有些民事责任承担方式仅仅适用于违约责任，有些民事责任承担方式仅仅适用于侵权责任，前者如支付违约金、继续履行，后者如停止侵害。还有一些民事责任承担方式，如赔偿损失，则适用范围十分广泛，几乎适用于对所有民事权益的救济。这11种民事责任承担方式如何具体适用，有赖于合同编、侵权责任编等作出规定。

二、关于惩罚性赔偿的指引性规定

本条第2款是对惩罚性赔偿的指引性规定："法律规定惩罚性赔偿的，依照其规定。"《民法典》第1185条、第1207条、第1232条等条文规定了惩罚性赔偿的具体适用。目前其他法律和司法解释对惩罚性赔偿有如下规定：（1）《消费者权益保护法》第55条；（2）《食品安全法》第148条。此外，最高人民法院的司法解释规定了几种惩罚性赔偿，例如，最高人民法院《关于审理商品房买卖合同纠纷案件适用法律若干问题的解释》（法释〔2003〕7号）第8条、第9条的规定。

三、各种民事责任承担方式的单独适用与合并适用

本条规定，以上11种民事责任承担方式可以单独适用，也可以合并适用。在具体案件中是单独适用还是合并适用，以及如何合并适用，由合同编、侵权责任编等作出规定。

第一百八十条

因不可抗力不能履行民事义务的，不承担民事责任。法律另有规定的，依照其规定。

不可抗力是不能预见、不能避免且不能克服的客观情况。

【本条主旨】本条有两款。第1款是关于不可抗力导致不能履行民事义务不承担

民事责任的原则性规定。第 2 款是对不可抗力概念的立法界定。

【核心概念】

不可抗力 不可抗力是指不能预见、不能避免并不能克服的客观情况。本条第 2 款对不可抗力概念的立法界定采用了“折中说”，既承认不可抗力是一种客观的外在力量，也强调这种客观外在力量对于一般人（即民法上的“理性人”）的不可预见性和不可避免性。

§条文详解§

一、关于“不可抗力”本质属性的学说与立法例

在学理和立法例上，对不可抗力概念的界定有三种学说，即主观说、客观说和折中说。主观说以义务人的预见能力和抗御能力作为判断标准，如果义务人尽到了自己的最大注意仍然不能防止损害后果的发生，即认定为不可抗力。客观说主张以客观事件的性质及其外部特征为标准，凡属于一般人无法抗御的重大外来力量即为不可抗力。我国民法理论采用如上所述的“折中说”界定不可抗力，使作为不承担民事责任的法定事由之不可抗力的概念更加准确。本条第 2 款也是从主观和客观两个方面来界定不可抗力的。

二、不可抗力的法律效果

不可抗力被作为不承担民事责任的法定事由得到确认。但是法律另有规定的，依照其规定。从法律用语上解释，“法律另有规定”至少包含两种情况：(1) 特别法律规定，即使是不可抗力，义务人也应当承担民事责任；(2) 特别法律对不可抗力的类型、强度等作出了具体规定的，应当依照其规定，确定是否应当承担民事责任以及承担何种方式的民事责任。比如，对某些不可抗力（自然灾害）的保险，保险人在出现相关的损害时当然应当依法承担赔付责任。在民用核设施发生核事故造成损害的情形中，经营者只有能够证明损害是因战争、武装冲突、敌对行动或暴乱引起的，或者是受害人故意造成的，才能主张免责。因不可抗力的自然灾害造成损害的，经营者不能免责。[①]

不可抗力作为不能履行民事义务的免责事由，属于“外来原因的抗辩”，即不能履行义务是外来的原因（不可抗力）造成的。法律规定“因不可抗力不能履行民事义务的，不承担民事责任”，在规则的适用上需要特别注意一个“因”字，即因果关系：只有在不可抗力是不能履行民事义务的原因时，义务人才能不承担民事责任；即使在履行义务的期间发生了不可抗力的客观情况，如果“不能履行

---

① 王胜明．中华人民共和国侵权责任法解读．北京：中国法制出版社，2010：137－138.

民事义务”并不是不可抗力所致，则义务人仍然应当承担责任。同样的道理：如果不可抗力只是“不能履行民事义务”的部分原因，则义务人只能部分免除责任。

在合同关系中，发生不可抗力，导致义务人不能履行义务的，义务人应当及时通知权利人。尽管不可抗力导致义务人不能履行民事义务，但是义务人仍然有义务尽量避免损害扩大。如果没有尽到避免损害扩大的义务，义务人仍然要对扩大的损害部分承担民事责任。[①] 此外，合同的当事人可以对不可抗力的种类、强度要求以及免除履行义务的范围等作出约定，但当事人的约定不得违反本条以及涉及不可抗力的其他法律规定。

三、不可抗力的分类

学理上有人认为，不可抗力可以分为“自然原因的不可抗力”“社会原因的不可抗力”“国家原因的不可抗力”[②]。对于某些具有较高强度的自然灾害作为不可抗力，学说上和立法例上没有争议。但是，对于社会原因（如罢工）、国家原因（如战争、国家城市规划的重大变化）的某些客观情况是否属于“不可抗力”，则存在不同看法。有人认为，《海洋环境保护法》第 91 条规定战争和不可抗拒的自然灾害作为不承担责任的事由，表明“战争”是不承担民事责任的事由，但是战争不是不可抗力。这种观点值得商榷：它将“不可抗拒的自然灾害”与不可抗力画等号，然后将战争划在这个等号之外。而本书作者对《海洋环境保护法》第 91 条的解释是，该条没有使用不可抗力的概念，或者不是从不可抗力的角度规定不承担民事责任，或者是将不可抗力具体化为两种形态：不可抗拒的自然灾害和战争。任何文义解释都无法得出自然灾害等于不可抗力的结论。

第一百八十一条

因正当防卫造成损害的，不承担民事责任。

正当防卫超过必要的限度，造成不应有的损害的，正当防卫人应当承担适当的民事责任。

【本条主旨】本条有两款。第 1 款是关于正当防卫造成损害不承担民事责任的规定。第 2 款是关于正当防卫超过必要限度造成不应有损害，正当防卫人应当承担

---

① 《民法典》第 590 条第 1 款规定：“当事人一方因不可抗力不能履行合同的……应当及时通知对方，以减轻可能给对方造成的损失，并应当在合理期限内提供证明。”第 591 条第 1 款规定：“当事人一方违约后，对方应当采取适当措施防止损失的扩大；没有采取适当措施致使损失扩大的，不得就扩大的损失要求赔偿。”

② 张新宝．侵权责任法．4 版．北京：中国人民大学出版社，2016：71.

适当民事责任的规定。

【核心概念】

正当防卫 正当防卫是指行为人为了保护自己的、他人的合法权益或者社会公共利益，对于正在实施的不法侵害行为所采取的必要限度内的防卫措施。

§条文详解§

一、正当防卫的构成要件

正当防卫的构成要件包括对象条件、目的条件、时间条件和限度条件：（1）正当防卫的对象条件是指正当防卫行为所针对的是不法侵害防卫人、他人的合法权益或者侵害社会公共利益的行为，是对不法行为的实施者进行防卫。（2）正当防卫的目的条件是指正当防卫行为的目的是保护正当防卫人本人、他人的合法权益或者社会公共利益。（3）正当防卫的时间条件是指正当防卫行为必须在正确的时间进行，即对正在实施不法行为的加害人进行防卫，不是“事先防卫”，也不是“事后防卫”。（4）正当防卫的限度条件是指正当防卫的方式和程度的适当性。只有同时符合这四个构成要件，防卫人的防卫行为才能被认定为正当防卫。[①] 不符合四个要件之一，则不构成正当防卫，尤其是不具备防卫的正当性本质特征的。正当防卫超过必要限度的，其实施者也应当依法承担适当的民事责任。

二、正当防卫的法律效果

正当防卫作为传统民法所认可的“正当理由的抗辩事由”，其法理在于防卫行为的正当性。这个正当性从两个方面体现出来：一是防卫行为所针对的是不法侵害行为，二是防卫行为所保护的是合法权益。这个“正当性”使防卫行为不具有违法性，构成所谓的“违法性阻却”，进而防卫人对由此造成的损害不承担民事责任，尽管防卫行为与被防卫人遭受的损害之间存在因果关系。在大陆法系民法中，正当防卫一般只适用于侵权责任，是侵权责任法所确认的不承担民事责任的抗辩事由之一。

正当防卫也是刑法上的不承担刑事责任的抗辩事由，其构成要件和适用，与民法上的基本相同。[②] 刑法上的正当防卫需要满足以下要件：必须有实际的不法

---

① 张新宝．侵权责任法．4版．北京：中国人民大学出版社，2016：65－66．陈聪富．民法总则．台北：元照出版有限公司，2014：444．

② 《刑法》第20条规定：为了使国家、公共利益、本人或者他人的人身、财产和其他权利免受正在进行的不法侵害，而采取的制止不法侵害的行为，对不法侵害人造成损害的，属于正当防卫，不负刑事责任。正当防卫明显超过必要限度造成重大损害的，应当负刑事责任，但是应当减轻或者免除处罚。对正在进行行凶、杀人、抢劫、强奸、绑架以及其他严重危及人身安全的暴力犯罪，采取防卫行为，造成不法侵害人伤亡的，不属于防卫过当，不负刑事责任。

侵害存在；不法侵害正在进行；防卫行为必须针对不法侵害人进行；必须是为了使国家、公共利益、本人或者他人的人身、财产和其他权利免受不法侵害，即有正当的防卫意图；防卫行为没有明显超过必要限度，造成重大损害。①

在必要限度内进行正当防卫，即使给被防卫人造成损害，正当防卫人也依法不承担民事责任。如果防卫行为超过必要限度，造成不应有的损害，则正当防卫人应当承担适当的民事责任。正当防卫超过必要限度，也称为“防卫过当”，是指正当防卫人实施的范围行为虽然符合正当防卫的对象条件、目的条件和时间条件，但是不完全符合正当防卫的限度条件，或者是选择的防卫方式不正确，或者是防卫使用的力量过度，造成被防卫人过重或其他不应有的人身损害或者财产损失。“符合必要限度”与“超过必要限度”的界限是，足以制止被防卫人正在实施的加害行为。达到足以制止被防卫人正在实施加害行为的防卫强度，就是符合必要限度的，否则就是超过必要限度的正当防卫。

三、超过必要限度的正当防卫

本条规定正当防卫超过必要限度造成不应有的损害的，正当防卫人应当承担适当的民事责任。之所以规定承担“适当责任”，是因为超过必要的限度意味着正当防卫人有一定的过错，存在疏忽大意或者轻信某些主、客观条件的过失，对于正当防卫可能造成的不应有后果，或者没有预估到，或者预估到了但是轻信可以避免。

这里的“不应有的损害”，既包括被防卫人遭受的损害，也包括任何第三人因正当防卫行为遭受的损害。损害是“应有的”还是“不应有的”，取决于正当防卫是否符合必要的限度。正当防卫人应当承担的“适当的民事责任”，应当被理解为一种减轻或者从轻的民事责任。在轻重两种责任都可以选择适用时，选择适用轻者；在承担赔偿损失等财产责任时，应当扣除正当防卫在必要限度内可能造成的损失部分，然后确认“适当”的赔偿数额。②

第一百八十二条

因紧急避险造成损害的，由引起险情发生的人承担民事责任。

危险由自然原因引起的，紧急避险人不承担民事责任，可以给予适当补偿。

紧急避险采取措施不当或者超过必要的限度，造成不应有的损害的，紧急避险人应当承担适当的民事责任。

① 王作富．刑法．5版．北京：中国人民大学出版社，2011：96-97.

② 张新宝．侵权责任法．4版．北京：中国人民大学出版社，2016：66.

【本条主旨】 本条有三款。第1款规定引起险情的人对紧急避险造成的损害承担民事责任。第2款规定自然原因引起险情时，紧急避险人不承担民事责任，可以给予适当补偿。第3款规定措施不当或者超过必要限度造成不应有损害情况下紧急避险人承担适当的民事责任。

【核心概念】

紧急避险 紧急避险是指紧急避险人为了使本人或者第三人的人身、财产或公共利益免受正在发生的、实际存在的危险而不得已采取的一种加害于他人之人身或财产的行为。紧急避险属于“正当理由”的不承担民事责任的事由。

§条文详解§

一、紧急避险的构成要件

紧急避险构成不承担民事责任的“正当理由”，需要符合如下要件：（1）目的条件。紧急避险的目的是使紧急避险人本人或者第三人的人身、财产或公共利益免受危险所致的损害。（2）情势条件：紧急避险是在情势紧急的情况下实施的避险行为。所谓情势紧急是指“危险”具有紧迫性和现实性，是正在发生的危险，是紧迫危险。[①] 紧急避险行为所要保护的往往是生命、健康和财产权益，不包括名誉、隐私等非物质性人格权益。（3）方法和限度条件。紧急避险人应当采用适当的方法在必要限度内实施避险行为，而不是选用不当的方法或者超过必要限度导致不应有的损害。

二、紧急避险的法律效果

紧急避险之所以被法律确认为不承担民事责任的抗辩事由，其理由在于行为的正当性：紧急避险人的避险行为虽然造成他人的人身或者财产损害（二者之间存在因果关系），但是它是以牺牲一个较小的利益来保护一个较大的利益，从利益衡量的角度来看是合理的和“经济的”。同时，紧急避险的正当性还表现在“情势紧急”，相关的加害行为是不得已而为之。这表明紧急避险人在主观上没有过错，不应承担民事责任。紧急避险行为在客观上的正当性和紧急避险人在主观上的“没有过错”，构成大陆法系民法上的“违法阻却”，因而紧急避险人无须承担民事责任。同样的道理：如果紧急避险超过必要限度造成不应有的损害，这个“不应有的损害”部分就是不合理的、不经济的，需要有人对此承担责任。而“超过必要限度”，往往也是因为紧急避险人没有尽到应有的注意，表明紧急避险人有过错，需要对过错造成损害的部分承担责任。

---

① 陈聪富．民法总则．台北：元照出版有限公司，2014：445.

依据本条规定，紧急避险行为造成损害，按照三种情形处理。

第一种情形是，因紧急避险造成损害的，由引起险情发生的人承担民事责任。引起险情的人可能是故意或者过失实施某种行为导致险情发生，也可能是由其负有责任的物（动物、建筑物等）或法定被监护人引起险情的。

第二种情形是，危险是由自然原因引起的，紧急避险人不承担责任，但可以给予适当补偿。引起险情的自然原因包括雷电、风暴、洪水、地震、海啸等。在这种情况下，紧急避险人不承担民事责任，但是可能发生补偿。到底由谁补偿，法律没有明确规定出来。由受益人（因为紧急避险行为而使其免于遭受损害的人）予以补偿是合理的。受益人既可能是紧急避险行为人，也可能是第三人。“适当补偿”，即对于受害人的财产损失，一般以受益人的受益为限；对于受害人的人身损害或者受益人受益是在生命健康方面的，则应当按照一般理性人的价值标准和当地的经济发展状况、当事人之间的经济情况等作出判断。“补偿”包括“适当补偿”，这不是民事责任，而是损害后果的公平分担，是一种由法律明确规定的支付一定数额金钱的法定义务，可以理解为“道义义务的法律化”[①]。

第三种情形是，紧急避险采取措施不当或者超过必要限度，造成不应有的损害的，紧急避险人应当承担适当的民事责任。造成不应有的损害，或者是因为采取的紧急避险措施不当，或者是因为采取的措施虽然适当但是超过了必要限度。“不应有的损害”是指：（1）造成的损害大于紧急避险行为所保护的利益；（2）一般理性人所认为不应当发生或者不应当扩大的损害。依据本条规定，紧急避险人对不应有的损害部分承担适当的民事责任。关于对“适当的民事责任”的理解，可以参考本书对前条的相关解释。

第一百八十三条

因保护他人民事权益使自己受到损害的，由侵权人承担民事责任，受益人可以给予适当补偿。没有侵权人、侵权人逃逸或者无力承担民事责任，受害人请求补偿的，受益人应当给予适当补偿。

【本条主旨】本条是关于对见义勇为人受到损害的赔偿、补偿的规定。

【核心概念】

见义勇为行为　见义勇为行为是指不负有法定职责和特定义务的公民，为保护国家利益、社会公共利益或他人的人身、财产安全，制止正在发生的违法犯罪

---

① 张新宝．侵权责任法．4版．北京：中国人民大学出版社，2016：79.

或抢险、救灾、救人，表现突出的行为。[①]

§条文详解§

一、见义勇为的构成要件

我国许多省、自治区和直辖市都制定了“鼓励公民见义勇为条例”。这些条例对见义勇为行为进行了界定。从这些条例的规定来看，构成“见义勇为”需要符合如下要件：(1) 见义勇为人不负有法定职责和特定义务（如约定的义务）实施见义勇为行为。消防队员的救火行为虽然很英勇，但是由于其负有法定职责，不能归入见义勇为行为。(2) 见义勇为人实施见义勇为行为是为了保护他人的合法权益、国家利益或者社会公共利益，而不是为了保护自己的合法权益。保护自己近亲属的合法权益所为的勇敢行为，一般也不宜被认定为见义勇为行为，因为近亲属与行为人之间存在共同的利益，对其利益予以保护，也是直接或间接保护行为人的利益。(3) 见义勇为行为的方式通常是制止正在发生的违法犯罪行为或者抢险、救灾、救人。(4) 见义勇为行为在“义”和“勇”的性质上应当是表现突出的行为，往往是一般人不敢、不愿或者不能实施的善良高尚的利他行为。不需要特别的勇气、特别的利他精神，举手之劳即可完成的轻微或者一般助人为乐的行为，不宜被界定为见义勇为行为。

二、见义勇为人自身遭受损害应当得到救济

见义勇为人为了保护他人的合法权益或者国家、社会公共利益而使自己受到损害，应当获得法律上的救济。本条规定，在有侵权人的情况下，侵权人应当承担民事责任，受益人可以予以适当补偿。这里的“可以予以适当补偿”是新增加的规范，对见义勇为人予以更充分的保护。鉴于侵权人的赔偿已经到位或者基本到位，对见义勇为人的损害填补不依赖于受益人的补偿。在此等情况下，法官得酌定是否补偿以及补偿的数额，正确适用“可以予以适当补偿”的规定。

在没有侵权人、侵权人逃逸或者无力承担民事责任的情况下，遭受损害的见义勇为人有权请求受益人补偿，受益人应当依法予以“适当补偿”。此等情况下的“适当补偿”是法定的、强制性的，“适当补偿”的数额应当综合考虑见义勇为人遭受的损失大小、受益人的受益大小以及补偿能力、侵权人（如果存在）承担民事责任的能力等因素确定。

见义勇为人还可以依据有关“鼓励公民见义勇为条例”（或者“公民见义勇为奖励条例”）获得政府奖励和补助等，也可以依法获得社会捐助。如果见义勇

---

① 《重庆市鼓励公民见义勇为条例》(2000年通过，2005年修订) 第3条。其他省、自治区、直辖市的见义勇为条例对“见义勇为”作出的界定与此基本相同。

为行为的受益人为国家或者见义勇为人保护的是社会公共利益，则其遭受损害时，也应当通过政府奖励、补助等获得救济。

第一百八十四条

因自愿实施紧急救助行为造成受助人损害的，救助人不承担民事责任。

【本条主旨】 本条是关于因自愿实施紧急救助造成受助人损害的，救助人不承担责任的规定。

【核心概念】

好人法　“好人法”也称为“好撒马利亚人法”(Good Samaritan Law)。在美国和加拿大，它是给伤者、病人的自愿救助者免除责任的法律，目的在于使人做好事时无后顾之忧，不用担心因过失造成损害而遭到追究，从而鼓励旁观者对伤病人士施以帮助。

§条文详解§

一、“好人法”概述

本条是中国版的“好人法”，其基本含义是：一个行为人（救助者）出于高尚善良的目的对处于危难中的他人实施紧急救助行为，即使给被救助者造成一定损害也要豁免其责任。在本条法律的形成过程中，曾有人主张实施紧急救助行为者在有重大过失的情况下，应当承担相应的民事责任；如果是故意的，则不构成“高尚善良的目的”，自然应当承担民事责任。但是最后通过的法律没有采纳这一意见。

二、紧急救助的构成要件

理解与适用本条，需要把握“紧急救助”的构成要件：(1) 实施紧急救助的行为，为行为人的自愿行为，而不是负有救助义务的行为；(2) 被救助人处于危难状态，这种危难通常是比较重大、常人难以自我克服而需要他人帮助的情形；(3) 救助此等处于危难状态的人具有急迫性，如救助正在被抢劫的被害人、救助正在遭受暴力侵害的受害人等；(4) 救助者是出于善意，救助的目的是保护被救助者的合法人身或财产权益。

第一百八十五条

侵害英雄烈士等的姓名、肖像、名誉、荣誉，损害社会公共利益的，应当承担民事责任。

【本条主旨】 本条是关于侵害英雄烈士等的人格权益应当承担民事责任的规定。

【核心概念】

英雄 “英雄”作名词时，是指无私忘我，不畏艰险，为了人民利益而英勇斗争，令人钦敬的人。在我国法律中，英雄的概念范围要广于烈士的概念范围。英雄并不要求牺牲，只要是作出了显著成绩和特殊贡献的，都可以称为“英雄”①。烈士则必须是因特定情形牺牲的公民。但是英雄和烈士的核心内涵是一致的，都要求其行为、贡献堪为楷模。② 作形容词时，“英雄”是指“具有无私忘我、不畏艰险，为了人民利益而英勇斗争的品质的”。本条中的“英雄”应该理解为形容词，用以修饰“烈士”。

烈士 烈士是指在保卫祖国和社会主义建设事业中因特定情形牺牲的，依照《烈士褒扬条例》与《军人抚恤优待条例》被依法认定为烈士的公民。一般公民牺牲符合下列情形之一的，评定为烈士：在依法查处违法犯罪行为、执行国家安全工作任务、执行反恐怖任务和处置突发事件中牺牲的；抢险救灾或者其他为了抢救、保护国家财产、集体财产、公民生命财产牺牲的；在执行外交任务或者国家派遣的对外援助、维持国际和平任务中牺牲的；在执行武器装备科研试验任务中牺牲的；其他牺牲情节特别突出，堪为楷模的。③ 现役军人牺牲，符合下列情形之一的，批准为烈士：对敌作战死亡，或者对敌作战负伤在医疗终结前因伤死亡的；因执行任务遭敌人或者犯罪分子杀害，或者被俘、被捕后不屈遭敌人杀害或者被折磨致死的；为抢救和保护国家财产、人民生命财产或者执行反恐怖任务和处置突发事件死亡的；因执行军事演习、战备航行飞行、空降和导弹发射训练、试航试飞任务以及参加武器装备科研实验死亡的；在执行外交任务或者国家派遣的对外援助、维持国际和平任务中牺牲的；其他死难情节特别突出，堪为楷模的。现役军人在执行对敌作战、边海防执勤或者抢险救灾任务中失踪，经法定程序宣告死亡的，按照烈士对待。因参战伤亡的民兵、民工，因参加军事演习、军事训练和执行军事勤务伤亡的预备役人员、民兵、民工以及其他人员，参照现役军人的情形评定为烈士。④

---

① 例如，《公安机关组织管理条例》第32条关于授予全国公安系统一级、二级英雄模范称号的规定。

② 例如，《全国人民代表大会常务委员会关于设立烈士纪念日的决定》（2014年8月31日第十二届全国人民代表大会常务委员会第十次会议通过）中，就同时使用了“英雄”“烈士”的表述。

③ 《烈士褒扬条例》第8条.

④ 《军人抚恤优待条例》第8条、第52条第2款.

§条文详解§

一、对英雄烈士等的人格权益进行特别保护的意义

第一，对英雄烈士等的人格权益进行特别保护具有鲜明的政治意义。本条是《民法总则（草案）》提交第十二届全国人民代表大会第五次会议审议后，在大会审议阶段新增加的一个条文。本条规定体现了《民法典》鲜明的政治导向，也是弘扬社会主义核心价值观的具体体现。近代以来，为了争取民族独立和人民自由幸福，为了国家繁荣富强，无数的英雄献出了生命，烈士的功勋彪炳史册，烈士的精神永垂不朽。《民法典》在本条特别规定对英雄烈士之人格权益的保护，有利于弘扬烈士精神，缅怀烈士功绩，培养公民的爱国主义、集体主义精神和社会主义道德风尚，培育和践行社会主义核心价值观，增强中华民族的凝聚力，激发实现中华民族伟大复兴中国梦的强大精神力量。[①] 此外，近一个时期以来，侵害英雄烈士之人格权益的案件时有发生，诋毁革命领袖的思潮有所抬头，在全社会造成了极为恶劣的影响。[②] 在此社会现实下，对于英雄烈士等的人格权益予以特别保护尤具现实意义。

第二，现行法及司法解释的规定具有一定的缺陷。2018 年 4 月 27 日，立法机关通过《中华人民共和国英雄烈士保护法》，该法从 2018 年 5 月 1 日起施行。司法解释中对于死者之人格利益保护有零星规定。《最高人民法院关于确定民事侵权精神损害赔偿责任若干问题的解释》（法释〔2001〕7 号）第 3 条规定，自然人死亡后，其近亲属因下列侵权行为遭受精神痛苦，向人民法院起诉请求赔偿精神损害的，人民法院应当依法予以受理：（1）以侮辱、诽谤、贬损、丑化或者违反社会公共利益、社会公德的其他方式，侵害死者姓名、肖像、名誉、荣誉；（2）非法披露、利用死者隐私，或者以违反社会公共利益、社会公德的其他方式侵害死者隐私；（3）非法利用、损害遗体、遗骨，或者以违反社会公共利益、社会公德的其他方式侵害遗体、遗骨。这一司法解释对于保护英雄烈士的人格权益起到了一定的积极作用，但是也具有一定的缺陷，因为该条规定中将起诉的主体限定为死者的近亲属。然而，对于英雄烈士而言：其一，由于年代较为久远，可能已经没有近亲属在世。其二，英雄烈士不同于一般的自然人，其已经成为民族

---

① 《全国人民代表大会常务委员会关于设立烈士纪念日的决定》（2014 年 8 月 31 日第十二届全国人民代表大会常务委员会第十次会议通过）.

② 面对现实社会的这一突出问题，司法实践已经做出了积极的回应。在“狼牙山五壮士”名誉权纠纷案、邱少云名誉权纠纷案等具有较大社会影响力的案件中，人民法院都依法作出了判决，维护了民族英雄和革命先烈的合法权益，维护了社会公共利益，制裁了加害人的侵权行为。《最高人民法院公布四起“狼牙山五壮士”等保护英雄人物人格权益典型案例》（2016 年 10 月 19 日）.

精神的重要组成部分，对每一个我国公民而言都具有极强的情感价值，因此对其人格权益的侵害导致的受害主体已经不再局限于近亲属的范围。其三，对英雄烈士等的人格权益的侵害往往会构成对社会公共利益的损害。因此，《民法典》本条的规定有利于为人民法院审判此类案件提供更为直接、有力、明确的裁判依据，更为有效地维护英雄烈士等的人格权益，更好地维护社会公共利益。

二、本条中“英雄烈士等”的范围

理解本条中规定的“英雄烈士等”，要把握以下几点。

第一，“英雄烈士等”原则上指已经牺牲的“英雄烈士等”。如前所述，“英雄”既可以作名词理解，也可以作形容词理解。在本条规定的“英雄烈士等”中，英雄应该理解为是形容词，用以修饰“烈士”，指具有英雄品质的烈士。原因在于，如果该英雄人物尚在人世，则在其人格权益被侵害但尚未达到损害社会公共利益的程度时，应当由其自主决定是否要求侵权人承担民事责任。这是民法尊重意思自治的基本要求。只有在英雄烈士已经牺牲，其在事实上已经无法要求侵权人承担民事责任时，才需要本条特别规定该侵权人仍然需要承担民事责任。

第二，“英雄烈士等”中的“等”的含义。这里的“等”具有特定指向，是指在我国近现代历史上，为争取民族独立和人民自由幸福、国家繁荣富强作出了突出贡献的楷模，例如我国近现代史上的伟人、革命领袖等。只要是能够作为民族精神的代表、民族文化的旗帜的人，都可以被纳入本条保护的主体范围。

三、侵害英雄烈士等的人格权益的民事责任的构成

本条虽然规定了“损害社会公共利益的”，但是需要注意，侵权人依据本条承担民事责任不以“损害社会公共利益”为必要。对此说明如下。

第一，只要是侵害了英雄烈士等的姓名、肖像、名誉、荣誉的，即应承担民事责任。是否构成对姓名、肖像、名誉、荣誉的损害，依据侵权责任法的规定判断。在判断加害人的侵权行为是否侵害了英雄烈士等的姓名、肖像、名誉、荣誉时，判断标准与侵害一般自然人的相同，都应该按照侵权责任法的规定予以判断。法律对于所有民事主体（包括已经去世的英雄烈士等）的人格权益的保护标准，都是相同的。这是民法平等原则的体现。最后，承担何种民事责任应当依据具体案件情形予以判断。《民法典》第179条规定了承担民事责任的主要方式，人民法院可以依据具体案情的不同，判决加害人承担“停止侵害、赔偿损失、消除影响、恢复名誉、赔礼道歉”等民事责任。

第二，侵害英雄烈士等的姓名、肖像、名誉、荣誉，损害社会公共利益的，国家公权力机关可以介入，提起民事公益诉讼，要求加害人承担民事责任。当侵害英雄烈士等的人格权益已经严重到损害社会公共利益时，国家公权力机关为了维护社会公共利益，可以也应当提起民事公益诉讼。在没有民事主体对此依法提起诉讼时，国家公权力机关更应该主动介入。目前，有权提起民事公益诉讼的国家公权力机关主要是人民检察院，提起公益诉讼的范围主要是生态环境和资源保护、国有资产保护、国有土地使用权出让、食品药品安全等领域。[①] 应当将本条规定的损害社会公共利益的情形解释到"等领域"之中。

第一百八十六条

因当事人一方的违约行为，损害对方人身权益、财产权益的，受损害方有权选择请求其承担违约责任或者侵权责任。

【本条主旨】本条是关于违约责任与侵权责任竞合情况下选择请求权的规定。

【核心概念】

民事责任竞合　行为人实施的某一行为符合多种民事责任的构成要件，从而在法律规范上导致构成多个民事责任。这是民事法律规范相互之间交叉及效力边缘不清晰所致。对于这种现象，有的国家法律允许受到损害的一方将所有请求都提交给法院（如美国），由法院最终判决其中之一胜诉；有的只许可受到损害的一方将其中的一个特定请求（如违约的损害赔偿请求）提交到法院（如法国），不允许选择请求权，更不允许将多个相互排斥的请求提交给法院；有的则允许受到损害的一方在几个请求之间进行选择，将其中一个请求提交到法院（如德国）。

这种允许受害一方在几个请求之间进行选择并只能将其中之一提交到法院的制度，即"民事责任竞合"或"责任竞合"制度。

在具有合同关系的双方当事人之间，一方的违约行为既构成违约责任又构成侵权责任，对方当事人在法律规范上具有违约责任请求权和侵权责任请求权。对此，我国民事法律规定了责任竞合制度：受害方有权选择其中一个请求权，或者是请求违约方承担违约责任，或者是请求其承担侵权责任。受害方只能将选中的一个请求提交给人民法院。

§条文详解§

一、民事责任竞合的发生原因与构成要件

一般认为，基于合同产生的权利为约定的权利（如请求出卖人交付标的物的

---

① 《全国人大常委会关于授权最高人民检察院在部分地区开展公益诉讼试点工作的决定》（2015 年 7 月 1 日第十二届全国人民代表大会常务委员会第十五次会议通过）、《人民检察院提起公益诉讼试点工作实施办法》（高检发释字〔2015〕6 号）.

权利，请求运输合同的运送人将货物按时运输到指定地点的权利），基于法律规定产生的权利为法定权利（如生命权、健康权）。在多数情况下二者的区别是明确的。但是，履行诸如旅客运送合同、货物运送合同、美容合同、诊疗合同等涉及权利人一方的法定权利的合同时，如果义务人不适当履行约定义务，则不仅构成违约责任，也往往构成侵害对方人身、财产权益的侵权责任。

民事责任之竞合，多发生于合同关系中一方的“加害给付”：履行合同的行为不适当，构成违约责任；同时，该行为又侵害了对方的人身或者财产权益，构成侵权责任。民事责任的竞合需要满足以下构成要件：(1) 行为人实施了一个不法行为，而不是实施了多个不法行为；(2) 同一不法行为违反两个或两个以上的民事法律规范，构成两个或两个以上的民事责任；(3) 两个或者两个以上的民事责任相互冲突，如果其中之一实现，另一个就不能存在。数个民事责任的相互排斥性质，将民事责任竞合与责任聚合区别开来。

二、请求权竞合规则

我国法律针对上述一方当事人的数个民事责任并存，或者说对方（受害人一方）数个请求权并存但是又相互排斥的情况，规定了请求权竞合规则：受害人一方有权在数个请求权之间选择一个提起诉讼，也只能选择其中之一提起诉讼。

三、民事责任竞合规则的适用

在本条的适用中，还有两个问题需要注意：(1) 人民法院是否可以对当事人一方有选择权以及如何行使选择权进行释明（参见本书对《民法典》第 193 条关于法院释明的解释）；(2) 法律已经对某些案件的请求权行使作出了规定的，可否仍由受害方行使选择权。对于第一个问题，本书作者认为，人民法院可以释明当事人的选择权以及选择权的行使方式，但是不宜预判选择某一请求权可能的审判结果。对于第二个问题，本书作者认为，如果法律对某些情形规定了唯一的请求权，受害人就不再有选择权。以医疗损害为例：对于患者一方遭受的人身损害，既然法律规定了受到损害的患者一方在侵权责任方面的请求权，那么其就不宜再享有基于诊疗合同的违约责任请求权。

第一百八十七条

民事主体因同一行为应当承担民事责任、行政责任和刑事责任的，承担行政责任或者刑事责任不影响承担民事责任；民事主体的财产不足以支付的，优先用于承担民事责任。

【本条主旨】 本条是关于承担民事责任与承担行政责任、刑事责任之相互关系的规定。

【核心概念】

责任聚合　责任聚合也称为法律责任聚合，是指责任人的同一行为违反两个或者两个以上不同性质的法律规范，符合两个或者两个以上的法律责任之构成要件，依法应当承担多种性质的法律责任的情况。责任聚合主要是近代以来法律部门划分导致法律责任被分别规定在不同法律文件中这一原因造成的。在责任聚合的情况下，责任主体要承担全部种类的法律责任，各种责任（民事责任、行政责任和刑事责任）不相互替代，也不相互影响。自《民法通则》（第 110 条）以来，我国民事立法一直确认法律责任聚合的规则（《侵权责任法》第 4 条第 1 款）。

民事责任优先　民事责任优先是指在上述责任聚合的情况下，民事主体（责任人）依法既要承担财产性质的民事责任（赔偿损失等），也要承担行政法上的财产性质的责任（如罚款、罚金）、刑法上财产性质的责任（如罚金、没收非法所得、没收个人财产）等，如果其财产不足以同时支付以上各种财产责任，则以其个人财产优先支付赔偿损失等民事责任。

§条文详解§

一、多种法律责任聚合

本条前半段是关于责任聚合规则的规定。这里的“民事主体”，是指其行为构成多重法律责任的责任人。这里的民事责任主要指财产性质的民事责任，如赔偿损失。民事责任与行政责任、刑事责任聚合，具有以下特征：（1）责任人只实施了一个行为；（2）该行为具有多重违法性；（3）该违法行为符合多个法律责任的构成要件；（4）该行为的实施者应当依法承担多个法律责任，如民事责任、行政责任和刑事责任，承担行政责任和刑事责任不影响民事责任的承担。在实践中，某些做法如在刑事附带民事的案件中拒绝非物质性损害（如精神损害）的赔偿，限制人身损害（如死亡赔偿金、残疾赔偿金）的赔偿，与本条规定的精神不相符。[①] 法律规定民事主体因同一行为应当承担民事责任、行政责任和刑事责任的，承担行政责任、刑事责任不影响承担民事责任。这是因为各种法律责任所保护的客体是不相同的。比如，责任人承担罚款的行政责任和罚金的刑事责任，无法救济被害人的财产损失，所以该责任人还需要依法承担损害赔偿等民事责任。

---

① 《最高人民法院关于适用〈中华人民共和国刑事诉讼法〉的解释》（法释〔2012〕21 号）第 138 条第 2 款规定，因受到犯罪侵犯，提起附带民事诉讼或者单独提起民事诉讼要求赔偿精神损失的，人民法院不予受理。第 155 条第 2 款规定，犯罪行为造成被害人人身损害的，应当赔偿医疗费、护理费、交通费等为治疗和康复支付的合理费用，以及因误工减少的收入。造成被害人残疾的，还应当赔偿残疾生活辅助具费等费用；造成被害人死亡的，还应当赔偿丧葬费等费用。详细的讨论可参见张新宝，郭明龙．论侵权死亡的精神损害赔偿．法学杂志，2009（1）。

侵害他人生命的犯罪人，被判处刑罚（死刑、无期徒刑等），这对于救济被害人的近亲属并无实质意义，被扶养人的生活费等仍然需要民事责任（如死亡赔偿金）来解决。

二、民事责任（赔偿等）优先

本条后半段是关于民事责任优先的规定。这里的“财产不足以支付”，是指责任人的个人全部财产不足以支付承担各种法律责任所要求的金钱数额之总和。法律之所以规定民事责任优先，是因为相应数额的金钱赔偿对于民事上的被侵权人（权利人）具有重大利益，是对其损害的填补；但是行政罚款或者刑法罚金对于国库收入而言意义甚微。将有限的资源（责任人可以用于承担法律责任的财产）配置到最需要的地方，体现了国家法律保护人权和公民的个人财产权、立法为民和司法为民、构建和谐社会的理念。

第九章　诉讼时效

本章提要

本章从第 188 条到第 199 条共计 12 个条文，是关于诉讼时效的规定，涉及诉讼时效的期间，诉讼时效期间的起算时间，人民法院不得主动适用诉讼时效的规定，诉讼时效的中止、中断以及不适用诉讼时效之规定的各种情况。诉讼时效制度是从苏俄民法移植到我国的一项民法制度，大致相当于大陆法系国家（地区）民法总则中的“消灭时效”制度。从《民法通则》确立诉讼时效制度，经由最高人民法院的司法解释，到《民法典·总则编》第九章的规定，该制度在我国得到全面建立和完善并且形成了比较鲜明的中国特色。《最高人民法院关于审理民事案件适用诉讼时效制度若干问题的规定》（2008 年 8 月 11 日最高人民法院审判委员会第 1450 次会议通过）［法释〔2008〕11 号］对诉讼时效作出了较全面的规定，本章吸收了该司法解释的大部分条款。

第一百八十八条

向人民法院请求保护民事权利的诉讼时效期间为三年。法律另有规定的，依照其规定。

诉讼时效期间自权利人知道或者应当知道权利受到损害以及义务人之日起计算。法律另有规定的，依照其规定。但是，自权利受到损害之日起超过二十年的，人民法院不予保护，有特殊情况的，人民法院可以根据权利人的申请决定延长。

【本条主旨】本条有两款。第 1 款是关于诉讼时效期间的规定。第 2 款是关于诉讼时效期间起算时间以及受到损害的民事权利最长时效保护期间的规定。

【核心概念】

时效 时效是指一定的事实状态持续经过一定期间即产生一定法律后果的一项民事法律制度。时效制度有两个基本要素：一是一定的事实状态持续存在，二是这种“持续存在”达到法定的期间。当两个要素都具备时，就产生一定的法律后果，即发生民事权利义务的变动。民法设定时效制度在于谋求民事法律关系的稳定，同时促使权利人及时行使权利，并为及时处理民事纠纷提供方便。

取得时效 传统民法上，时效主要分为取得时效和消灭时效。取得时效是指权利人之外的第三人以行使某种权利的意思持续行使该权利经过一定期间，该第三人取得权利人权利的制度。取得时效主要发生在物权法领域。尽管在《民法通则》《物权法》《民法典》制定过程中，学界一直有人呼吁在立法上确认取得时效制度，但是我国民法没有作出相应的规定。

消灭时效 消灭时效是指权利人不行使权利的事实状态持续经过一定期间后，导致其权利消灭的制度。消灭时效一般适用于请求权。在民法理论和立法例上，对于消灭时效到底消灭的是何种权利有分歧，有起诉权消灭说、实体权消灭说、胜诉权消灭说等。

诉讼时效 诉讼时效一般是指权利人知道或者应当知道权利受到损害的事实状态持续经过一定期间而未行使权利，义务人即产生不履行义务的抗辩权的一项制度。① 我国民法规定的诉讼时效大致类似于传统民法上的消灭时效，适用于请

---

① 《最高人民法院关于审理民事案件适用诉讼时效制度若干问题的规定》（2008 年 8 月 11 日最高人民法院审判委员会第 1450 次会议通过，法释〔2008〕11 号，以下简称《诉讼时效规定》）第 1 条规定，当事人可以对债权请求权提出诉讼时效抗辩，但对下列债权请求权提出诉讼时效抗辩的，人民法院不予支持。第 3 条规定：当事人未提出诉讼时效抗辩，人民法院不应对诉讼时效问题进行释明及主动适用诉讼时效的规定进行裁判。可见，最高人民法院对于诉讼时效的本质属性，采用了“抗辩权发生说”。

求权，导致的后果是义务人不履行义务的抗辩权之产生。

§条文详解§

一、普通诉讼时效期间

本条第1款前半段规定，一般情况下诉讼时效期间为3年，即权利人在知道或者应当知道自己的权利受到损害的3年期间内不行使权利，义务人就产生不履行义务的抗辩权。本条规定的普通诉讼时效期间为3年，比《民法通则》规定（第135条）的2年增加了1年，也没有对人身损害赔偿等案件的诉讼时效期间作出特别规定（《民法通则》第136条）。这一变化，反映了立法强化保护权利人权利的旨趣。这一规定与《德国民法典》和《欧洲示范民法典草案》规定的3年普通诉讼时效期间相同。

该款后半段是一项指引性规定，即法律对诉讼时效另有规定的，依照其规定。目前仍然有效的其他法律关于诉讼时效的规定主要有《产品质量法》第45条关于产品质量损害赔偿案件诉讼时效期间的规定。

二、诉讼时效期间的起算时间

诉讼时效期间，从“权利人知道或者应当知道权利受到损害”而且知道或者应当知道义务人之日起计算。起算的时间要同时满足两个条件：（1）权利人知道或者应当知道自己的权利受到损害；（2）知道或者应当知道具体的确定的义务人。“知道”是指权利人实际上知道权利受到损害的事实以及确定的义务人。“应当知道”是依据常理，按照一个一般理性人的判断，权利人可以对自己的权利受到损害和义务人作出判断。“应当知道”是依据常理作出的推断。

三、法律对诉讼时效期间的起算时间另有规定的依照其规定

法律对诉讼时效期间的起算时间另有规定的，则依照其规定。比如，《民法典》第191条就规定，“未成年人遭受性侵害的损害赔偿请求权的诉讼时效期间，自受害人年满十八周岁之日起计算”。《民法典》第190条的规定，也应当理解为法律对诉讼时效的起算时间之“另有规定”。

四、受到损害的民事权利最长诉讼时效保护期限为20年的规定

根据这一规定，民事权利（主要是指请求权）自受到损害之日（而不是权利人知道或者应当知道权利受到损害之日）起超过20年的，不管权利人在何时以及是否知道或者应当知道受到损害这一事实，原则上不再受到保护。这一规定延续了《民法通则》第137条的规定，同时赋予人民法院在特殊情况下延长的自由裁量权。由于20年是一个很长的期间，因而宜慎用这一裁量权，对“特殊情况”应当作较为严格的限制性解释。人民法院只有在权利人提出延长申请的情况下，

方可根据具体情况决定延长或者不延长。

第一百八十九条

当事人约定同一债务分期履行的，诉讼时效期间自最后一期履行期限届满之日起计算。

【本条主旨】 本条是关于约定的分期履行债务的诉讼时效期间的起算时间的规定。

【核心概念】

分期履行的债务 债务根据产生的依据不同，可以分为法定的债务与约定的债务。当事人之间经过协商确定的债务为约定的债务。在约定的债务中，一方或者双方需要分数次履行其义务的，为分期履行的债务。常见的分期履行的债务有分期付款买卖合同、融资租赁合同、按揭贷款合同等。分期履行的债务是一个整体债务即“同一债务”，各期履行的义务内容具有不可分的性质，没有独立的法律意义。

§条文详解§

一、分期履行的债务诉讼时效期间自最后一期履行期限届满之日起

本条规定，对于约定的分期履行的债务，诉讼时效期间自最后一期履行期限届满之日起计算。这旨在保护权利人的利益，避免因为义务人不按时履行义务导致权利人时效利益受损。在约定的分期履行的债务中，由于义务人的原因数期履行义务不能按期履行或者不履行，义务人应当承担所有各期的履行义务和违约责任等，而不能因其不履行或者不适当履行义务的行为而获得时效利益。

约定的分期履行的债务，需要符合以下构成要件：（1）债务因当事人的约定而产生，而非法定之债；（2）债务是一个整体或者说“同一债务”，而不是相同当事人之间的数个债务的集合；（3）约定义务人履行义务，至少分为二期，而不是一次履行全部义务；（4）义务人履行每期义务的时间，一般都有明确的约定。在日常生活中，分期付款的买卖合同（如分期付款购买乘用汽车的合同）和购房按揭贷款合同，是比较典型的分期履行的债务，符合上述构成要件。在这样的分期履行的债务中，义务人数次不履行或者不适当履行义务，诉讼时效期间从最后一期履行期限届满之日起计算。

二、分期履行的同一债务的诉讼时效期间一体计算

在约定的分期履行的债务中，如果权利人已经知道或者应当知道义务人某次在先的不履行行为或不适当履行行为已经超过诉讼时效期限，义务人发生再次不履行或者不适当履行，在先的已经超过诉讼时效期限的“旧账”是否也可以与“新账”一起，其诉讼时效期间自最后一期履行期限届满之日起计算？法律没有作出明确规定。考虑到本条的立法主旨，本书认为应当“旧账”和“新账”一起算，诉讼时效期间自最后一期履行期限届满之日起计算。

第一百九十条

无民事行为能力人或者限制民事行为能力人对其法定代理人的请求权的诉讼时效期间，自该法定代理终止之日起计算。

【本条主旨】本条是关于无民事行为能力人和限制民事行为能力人对其法定代理人的请求权的诉讼时效期间的起算时间的特别规定。

【核心概念】

法定代理终止 法定代理终止是指基于监护权产生的法定代理关系的终止。法定代理因被代理人取得或者恢复民事行为能力、代理人丧失民事行为能力、代理人或者被代理人死亡以及法律规定的其他原因（如人民法院依法撤销监护人资格）导致法定代理关系终止。法定代理终止，原法定代理人不再以被代理人的名义进行民事活动，原被代理人进行民事活动也无须获得前者的同意、追认等。

§条文详解§

一、对未成年人针对法定代理人诉讼请求的特殊时效保护

本条是对《民法典》第188条第2款规定的一般规则“诉讼时效期间自权利人知道或者应当知道权利受到损害以及义务人之日起计算”所作的“法律另有规定”。依据本条规定，无民事行为能力或者限制行为能力人对法定代理人的请求权的诉讼时效期间，不是从其知道或者应当知道权利受到损害以及义务人之日起计算，而是自该法定代理终止之日起计算，诉讼时效期间仍然是3年。

设定本条规定，旨在保护未成年人和其他原因致民事行为能力受到限制者的合法权益。在法定代理关系存续期间，被代理人因为没有民事行为能力或者仅仅具有限制的民事行为能力，缺乏足够的认知能力，而无法“知道”自身的权利受到损害的事实与性质；也不应该对此等无民事行为能力或者限制民事行为能力人作出“应当知道”的判断，因为其受制于自身的认识能力，与其年龄、智力和精神健康状况相当的人也往往是无法“知道”的。即使是被代理人在法定代理关系存续期间认识到自己的权利受到法定代理人的损害，也往往因为受到后者在监护方面的管束和在亲权方面的限制以及生活抚养等方面的顾虑，而不能按照自己的

真实意愿对法定代理人行使损害赔偿等方面的请求权。而法定代理关系解除往往是因为被代理人获得完全民事行为能力或者有了区隔于在先法定代理利害关系的新的法定代理人，故被代理人有机会对原法定代理人行使请求权。

二、对本条“请求权”的理解

这里的“请求权”通常是损害赔偿请求权、返还财产请求权等。

依据本条行使对原法定代理人的请求权，诉讼时效期间从法定代理关系终止之日起计算。这种情况是否也受到《民法典》第188条第2款规定的“但是，自权利受到损害之日起超过二十年的，人民法院不予保护”的限制呢？法律条文没有作出明确规定，考虑到本条保护无民事行为能力人和限制民事行为能力人的利益的立法主旨，本书作者认为对此类案件宜按照“有特殊情况的，人民法院可以根据权利人的申请决定延长”的规定处理。

第一百九十一条

未成年人遭受性侵害的损害赔偿请求权的诉讼时效期间，自受害人年满十八周岁之日起计算。

【本条主旨】本条是关于未成年人遭受性侵害的损害赔偿请求权的诉讼时效期间的起算时间的特别规定。

【核心概念】

未成年人遭受性侵害　未成年遭受性侵害在许多国家和地区都是一个普遍和严重的社会问题、人权问题、犯罪问题和民事侵权问题。通常认为，性侵害是指加害者以威胁、权力或暴力控制、金钱或甜言蜜语等为手段，引诱、胁迫或者强迫他人与其性交，或者实施类似的以他人身体为侵害对象、以性欲满足为目的的行为，并在性方面造成受害人的身体、精神（心理）损害。未成年人因体力和智力发育不成熟，认知能力、辨别能力及反抗能力都比较差，有的甚至缺乏有效的监护，容易受到伤害。这应当受到社会的关注。再者，没有对未成年人的不良行为予以及时关注和矫正，也是导致未成年人受到伤害的深层次原因。在未成年人遭受性侵害案件中，受害人一方为未成年人，加害人一方可以是成年人，也可以是未成年人；可以是同性别人，也可以是不同性别者。未成年人遭受性侵害，损害后果往往是身体损害和精神损害并存，有的还伴有财产损失，且此类精神损害具有迁延、持久的特征。

§条文详解§

一、对未成年人遭受性侵害产生的请求权予以特殊时效规则保护

本条是对《民法典》第188条第2款规定的一般规则“诉讼时效期间自权利人知道或者应当知道权利受到损害以及义务人之日起计算”所作的“法律另有规定”。依据本条规定，未成年人遭受性侵害的损害赔偿请求权的诉讼时效期间，不是从其知道或者应当知道权利受到损害以及义务人之日起计算，而是自其年满18周岁之日起计算，到其年满21周岁之日届满。

法律对此作出专门规定，体现了保护未成年人、强化性侵害损害赔偿责任的立法政策。本条是在《民法总则（草案）》第二次审议稿中增加的。本条草案发布后，引起社会强烈反响，有支持的意见，也有反对的意见。反对者认为：对特殊群体的特殊保护无须在《民法典·总则编》中作出规定，而可以在相关的特别法中作出规定。而通过对《民法典》第188条中的“知道或者应当知道”进行科学解释，可以解决在时效制度上强化对未成年人的保护的问题。这一观点没有被采纳。《德国民法典》第208条也有类似规定。①

二、未成年人遭受性侵害的损害赔偿责任构成要件

未成年人遭受性侵害的损害赔偿责任构成要件包括：(1) 受害人为未成年人；(2) 加害人引诱、胁迫或者强迫受害人与其性交，或者实施类似的以受害人身体为侵害对象的行为；(3) 加害人以性欲满足为目的。本条的适用，应该严格限定在“未成年人遭受性侵害”的案件中。类似的案件，如侮辱、诽谤未成年人的刑事案件以及其他违法、违反道德规范、侵权行为侵害未成年人的案件，并不适用本条的规定。本条所称的损害赔偿请求权包括三种：人身（健康、身体）损害赔偿请求权、财产损失损害赔偿请求权和精神损害赔偿请求权。

第一百九十二条

诉讼时效期间届满的，义务人可以提出不履行义务的抗辩。

诉讼时效期间届满后，义务人同意履行的，不得以诉讼时效期间届满为由抗

---

① 《德国民法典》规定了因侵害性的自主决定而发生的请求权的消灭时效停止。其第208条规定，到债权人满21岁时为止，因侵害性的自主决定而发生的请求权的消灭时效停止。因侵害性的自主决定而发生的请求权的债权人，在消灭时效开始时与债务人在家庭共同关系中生活的，到家庭共同关系终止时为止，消灭时效也停止。

辩；义务人已自愿履行的，不得请求返还。

【本条主旨】本条有两款。第1款是关于义务人基于诉讼时效期间届满产生不履行义务的抗辩权的规定。第2款是关于义务人在诉讼时效期间届满后同意履行或已自愿履行义务的，不得反悔（进行时效抗辩或者请求返还）的规定。

【核心概念】

抗辩权发生说 民法理论依据民事权利的作用与功能，将其分为支配权、请求权、形成权和抗辩权。抗辩权是阻止、对抗请求权的权利。义务人因为享有抗辩权，对权利人提出的请求可以拒绝，阻止其权利的实现。

关于诉讼时效期间届满产生何种法律效力，学理上有实体权利消灭说、起诉权消灭说、胜诉权消灭说及抗辩权发生说（抗辩权发生主义）。所谓“抗辩权发生说”，是指诉讼时效期间届满，在义务人一方发生不履行相关义务的抗辩权，可以对抗权利人的请求，阻止其权利的实现。

自然债务 自然债务是指缺乏法律强制力保护的债务。在自然债务情况下，权利人可以请求义务人履行义务，但是如果义务人不履行义务，权利人也无法得到国家强制力的保护，保障其权利得到实现。另外，义务人如果履行了债务，也不得以债务是自然债务或者说债务不具有强制力而翻悔（请求返还）。传统民法一般认为赌债和消灭时效（诉讼时效）期间届满后的债务为自然债务。[①] 但是在我国，赌博为非法行为，不具有任何效力，故在我国，自然债务仅限于诉讼时效期间届满后的债务。

§条文详解§

一、第1款采纳了“抗辩权发生说”

本条第1款采纳了“抗辩权发生说”，确认诉讼时效期间届满，义务主体一方发生不履行义务的抗辩权。我国民法教材过去大多主张“胜诉权消灭说”，认为诉讼时效期间届满的法律效力是权利人的胜诉权消灭。[②] 2008年司法解释首次采纳了“抗辩权发生说”，确认诉讼时效期间届满在义务主体一方发生不履行义务的抗辩权。[③]《民法典》接受了该司法解释的成果，将在义务人一方发生抗辩权作为诉讼时效期间届满的法律效力加以规定。基于这一理论和法律规定，诉讼时效期间届满后权利人提起诉讼的，人民法院仍然应当受理案件并进行实体审理，诉讼中义务人可以以诉讼时效期间届满为理由进行抗辩，阻止权利人请求权

---

① 陈聪富．民法总则．台北：元照出版有限公司，2014：423.

② 也有人对此现象提出批评，而主张“抗辩权发生说”。江平．民法学．北京：中国政法大学出版社，2007：252.

③《诉讼时效规定》第1条．

的实现。[①]

二、第 2 款按照自然债务的理论处理诉讼时效期间届满后义务人自愿履行行为的效力问题

本条第 2 款按照自然债务的理论对诉讼时效期间届满后义务人自愿履行行为的效力作出了规定：人民法院不得强制自然债务的履行，但是义务人同意履行或已自愿履行的，不得以诉讼时效期间届满为由抗辩或者请求返还。义务人也不得以“不知道诉讼时效期间届满”“不知道诉讼时效的规定”等相似理由否认其自愿履行的自愿性质。但是，受到欺诈、胁迫等情况下为的履行行为应当不属于“自愿履行”。

第一百九十三条

人民法院不得主动适用诉讼时效的规定。

【本条主旨】本条是关于人民法院不得主动适用诉讼时效规定的规定。

【核心概念】

司法中立　司法中立是指法院在法律实施过程中，要以中立的身份和地位，依公正、科学的司法程序，居中解决诉讼双方的纠纷。[②]

司法公正　“公正”包括公平和正义，是我国社会主义核心价值观的重要组成部分，“公平原则”也是我国民法的基本原则之一（《民法典》第 6 条）。司法公正是司法的核心价值，“让人民群众在每一个司法案件中都感受到公平正义”[③]是司法的终极目标。而实现司法公正，一个重要的制度保障就是“司法中立”。这里的司法中立不是指司法权力与其他国家权力（如立法权、行政权）之间的配置关系，是指人民法院在审理具体民事案件的诉讼活动中与当事人“等距相处、居中裁判”，无论是在程序上还是在实体上，都不偏向任何一方，在严格的程序下查明事实、正确适用法律作出裁判。因此，法官不得“拉偏架”，不得明示或者暗示一方，“指导”其进行诉讼，不得私下会见一方当事人及其代理人，法官与当事人有利害关系的应当回避。为了保障司法中立，民事诉讼法作出了一系列制度安排，法官的职业道德准则在很大程度上也是服务于这一目的的。[④]

---

① 我国台湾地区“民法”第 144 条规定：“时效完成后，债务人得拒绝给付。”这也是采取了“抗辩权发生说”。

② 曹源．实现司法中立性和被动性的几点设想．人民司法，2005（9）．

③ 习近平：努力让人民群众在每一个司法案件中都感受到公平正义．（2013－02－23）．[2016－12－28]．新华网，http：//news. xinhuanet. com/politics/201302/24/c _ 114782198. htm.

④ 《中华人民共和国法官职业道德基本准则》（法发〔2010〕53 号）第 2 条规定，法官职业道德的核心是公正、廉洁、为民。基本要求是忠诚司法事业、保证司法公正、确保司法廉洁、坚持司法为民、维护司法形象。

法院释明　法院释明也称为法官释明或裁判释明，通常是指在民事诉讼中，法官向当事人一方提示和说明有关的事项，特别是涉及当事人选择、放弃某项诉讼权利可能导致的法律后果，如释明权利人放弃对部分连带义务人的请求权可能导致该请求权整体或者部分受到损失[①]；在请求权竞合的情况下，选择一个请求权就意味着对其他请求权的放弃；等等。

法官释明到底是一种权力（如称为“释明权”）还是一种职责？对此学理上有不同的认识。[②] 哪些情况下法官应当进行释明以及释明哪些具体事项和内容，由法律或者司法解释作出规定，也遵循法院在审理案件中形成的惯例。法官在具体案件的审理中，也可能依据职权释明某些事项。在本质上，法院释明是为了避免理解法律规定偏差和错误导致诉讼结果不公正。因此，对于法院释明，有法律和司法解释明确规定的，应当依据规定为之；没有明确规定的，法官应当遵循公正司法的原则，居中裁判。

§条文详解§

一、法院不得主动适用诉讼时效的规定

本条明确规定，法院不得主动适用诉讼时效的规定。这里的“不得主动适用”包括不得在诉讼进行中主动提出有关诉讼时效事项的事实调查，不得主动发起有关诉讼时效事项的法律辩论，不得主动援引有关诉讼时效的法律规定（本章的有关规定以及特别法中关于诉讼时效期间的规定）作出裁判。

法律明确“法院不得主动适用诉讼时效的规定”，旨在避免人民法院（法官）陷入当事人之间的利益纠纷，确保司法中立和裁判结果的公正性，因为一旦法官主动适用诉讼时效的规定，权利人败诉几乎是肯定的，没有任何争辩的机会。而诉讼时效制度的设置，并非出于这样的目的，而是为了促使权利人及时行使权利和维护既有民事法律关系的稳定。法律采用多种技术手段（如诉讼时效期间的中断、终止，20年“长期时效”等），确保当事人权利、义务的平衡。

二、法院不宜主动“释明”诉讼时效

在相关民事诉讼中，法官可否向一方或者双方当事人释明诉讼时效期间规定的存在以及可能存在的相关事实呢？虽然《民法典》没有直接规定，但是从本条的立法主旨来看，法官也是不得就诉讼时效期间相关事项向当事人释明的。对

---

① 例如，《最高人民法院关于审理人身损害赔偿案件适用法律若干问题的解释》（法释〔2003〕20号）第5条。

② 杨钧，秦嬿．论释明制度．法学，2003（9）．熊跃敏．民事诉讼中法院释明的实证分析——以释明范围为中心的考察．中国法学，2010（5）．

此，司法解释作出了明确规定：当事人未提出诉讼时效抗辩，人民法院不应对诉讼时效问题进行释明及主动适用诉讼时效的规定进行裁判。[①]

三、二审和再审中当事人提出诉讼时效抗辩的处理规则

在二审和再审程序中，法院如何处理义务人提出的基于时效的抗辩？司法解释规定：当事人在一审期间未提出诉讼时效抗辩，在二审期间提出的，人民法院不予支持，但其基于新的证据能够证明对方当事人的请求权已过诉讼时效期间的情形除外。当事人未按照前款规定提出诉讼时效抗辩，以诉讼时效期间届满为由申请再审或者提出再审抗辩的，人民法院不予支持。[②] 这一解释尽管发布在《民法典》之前，但是符合本条的立法精神。

第一百九十四条

在诉讼时效期间的最后六个月内，因下列障碍，不能行使请求权的，诉讼时效中止：

（一）不可抗力；

（二）无民事行为能力人或者限制民事行为能力人没有法定代理人，或者法定代理人死亡、丧失民事行为能力、丧失代理权；

（三）继承开始后未确定继承人或者遗产管理人；

（四）权利人被义务人或者其他人控制；

（五）其他导致权利人不能行使请求权的障碍。

自中止时效的原因消除之日起满六个月，诉讼时效期间届满。

【本条主旨】本条有两款规定。第1款是关于诉讼时效中止发生的期间以及诉讼时效发生中止的五种障碍（原因）的规定。第2款是关于自诉讼时效中止原因消除之日起满6个月，诉讼时效期间届满的规定。

【核心概念】

诉讼时效中止　诉讼时效中止是指在诉讼时效期间的最后6个月内，发生法律规定的阻碍权利人行使请求权的原因，诉讼时效期间的计算“在中途暂停下来”，自中止诉讼时效的原因消除之日起满6个月，诉讼时效期间届满的一项制度。

① 《诉讼时效规定》第3条.

② 《诉讼时效规定》第4条.

§条文详解§

一、诉讼时效中止的意义、要件和效果

民法设诉讼时效制度的目的之一，在于促使权利人及时行使权利而不是“躺在权利上睡大觉”。“有权不用过期作废”（义务人产生不履行义务的抗辩权），只适用于不及时行使权利的“懒汉”。法律规定诉讼时效中止制度，在于保护权利人的利益，使权利人不致因为不能归咎于权利人的原因而丧失时效利益。因此，法律规定的五种中止原因都是不能够归咎于权利人的客观情况，不属于权利人怠于行使权利的情况。

本条详细规定了诉讼时效中止的要件和效果：(1) 权利人不能行使请求权仅发生在诉讼时效期间的最后 6 个月内；(2) 权利人不能行使权利的原因符合法律规定的五种障碍情形之一；(3) 自中止时效的原因消除之日起满 6 个月，诉讼时效期间届满。

二、诉讼时效中止发生的时间

只有在诉讼时效期间的最后 6 个月里，才发生诉讼时效中止的问题。如果阻碍权利人行使请求权的障碍不是发生在这一期间而是发生在更早的时间，障碍原因消除之后仍然还有超过 6 个月的时间，权利人可以在这段时间里行使请求权，那么规定诉讼时效中止对于权利人并无实际意义，也不利于诉讼时效制度的正确适用。

本条规定的五种导致权利人不能行使请求权的障碍，都属于不能归咎于权利人的事由，如不可抗力、适格的法定代理人阙如、继承开始后未确定继承人或者遗产管理人、权利人被义务人或者他人控制，以及其他导致权利人不能行使请求权的障碍。《民法通则》仅规定“不可抗力和其他障碍”作为诉讼时效中止的理由，相关司法解释对“其他障碍”进行了细化的明确规定。本条采纳了司法解释的成果。①

自中止时效的原因消除之日起，继续计算诉讼时效期间的时间长度是 6 个月。也即不管中止原因的发生是在诉讼时效届满前 6 个月、5 个月、4 个月，还是届满前 3 个月、2 个月，抑或是届满前一天，中止时效的原因消除后继续计算的时间都是6 个月。

三、诉讼时效中止的原因消除

“诉讼时效中止的原因消除”是指法律规定的阻碍权利人行使请求权的障碍

---

① 《民法通则》第 139 条，《诉讼时效规定》第 20 条.

不再存在或者不再作为阻碍权利人行使请求权的障碍存在，如不可抗力的影响结束、权利人获得完全民事行为能力或者有了适格的法定代理人、确定了继承人或者遗产管理人、权利人被义务人控制或者被他人控制的情况解除等。

法律没有对重复出现中止时效的原因之情形作出规定。从立法精神上看，只要是在诉讼时效期间的最后 6 个月内，重复出现阻碍权利人行使请求权的障碍(原因)，均应分别按照本条规定处理，即诉讼时效中止而不受出现障碍的次数和障碍种类的限制。

第一百九十五条

有下列情形之一的，诉讼时效中断，从中断、有关程序终结时起，诉讼时效期间重新计算：

（一）权利人向义务人提出履行请求；

（二）义务人同意履行义务；

（三）权利人提起诉讼或者申请仲裁；

（四）与提起诉讼或者申请仲裁具有同等效力的其他情形。

【本条主旨】 本条是关于诉讼时效中断的规定。

【核心概念】

诉讼时效中断 诉讼时效中断是指在计算诉讼时效的期间发生法律规定的特定事由，已经计算的诉讼时效期间中断，诉讼时效期间从其中断或者有关程序终结之时起重新计算。

§条文详解§

一、诉讼时效中断的意义、特征和效果

法律规定诉讼时效中断，是确认权利人行使权利（包括提出履行请求和提起诉讼、申请仲裁等）和义务人同意履行义务在时效上的效力：已经计算的时效期间“中断”，即“归零”，诉讼时效期间从中断时起或者从有关程序终结时起重新计算。因为无论是权利人行使权利还是义务人同意履行义务，都达到了促使义务人及时履行义务、维护现存民事关系的目的，已经计算的诉讼时效期间没有继续发生效力的必要。

本条规定的“中断”与《民法典》第 194 条规定的“中止”有本质区别：(1) 发生的时间不一样。中止发生在诉讼时效期间的最后 6 个月，中断发生在诉讼时效期间的任何时间。(2) 发生的原因不一样。中止的发生是基于不能归咎于权利人的障碍，中断的发生则缘于权利人行使请求权或者义务人同意履行。

(3) 效果不一样。时效中止的原因消除之日起满 6 个月诉讼时效期间届满，时效中断后已经计算的时效期间“归零”，诉讼时效期间从中断之时或者有关程序结束时起重新计算。

关于“重新计算”：对于适用普通诉讼时效期间的案件，重新计算的诉讼时效期间为 3 年；对于适用特别诉讼时效期间的案件，重新计算的诉讼时效期间的长度取决于特别法的规定。

在权利人向义务人提出履行请求和义务人同意履行义务的情况下，其意思表示生效时，中断即发生，诉讼时效期间从中断时起重新计算。在权利人提起诉讼或申请仲裁，或者作出与提起诉讼或申请仲裁具有同等效力的其他行为时，已经计算的诉讼时效期间中断，但是要等到诉讼、仲裁等程序终结时才重新计算诉讼时效期间。

二、相关司法解释对诉讼时效中断的若干规定

相关司法解释对起诉等导致诉讼时效中断的情况作出了规定，并对“与提起诉讼或者申请仲裁具有同等效力的其他情形”作出了详细规定。[①] 司法解释的这些规定，对于我们理解《民法典》第 195 条的相关内容具有重要参考价值。

其一，有下列事项之一，人民法院应当认定与提起诉讼具有同等诉讼时效中断的效力：(1) 申请仲裁；(2) 申请支付令；(3) 申请破产、申报破产债权；(4) 为主张权利而申请宣告义务人失踪或死亡；(5) 申请诉前财产保全、诉前临时禁令等诉前措施；(6) 申请强制执行；(7) 申请追加当事人或者被通知参加诉讼；(8) 在诉讼中主张抵销；(9) 其他与提起诉讼具有同等诉讼时效中断效力的事项。

其二，权利人向人民调解委员会以及其他依法有权解决相关民事纠纷的国家机关、事业单位、社会团体等社会组织提出保护相应民事权利的请求，诉讼时效从提出请求之日起中断。

其三，权利人向公安机关、人民检察院、人民法院报案或者控告，请求保护其民事权利的，诉讼时效从其报案或者控告之日起中断。上述机关决定不立案、撤销案件、不起诉的，诉讼时效期间从权利人知道或者应当知道不立案、撤销案件或者不起诉之日起重新计算；刑事案件进入审理阶段的，诉讼时效期间从刑事裁判文书生效之日起重新计算。

此外，相关司法解释还确认：义务人作出分期履行、部分履行、提供担保、请求延期履行、制定清偿债务计划等承诺或者行为的，应当认定为“同意履行义务”。

---

① 《诉讼时效规定》第 13～16 条.

第一百九十六条

下列请求权不适用诉讼时效的规定：

（一）请求停止侵害、排除妨碍、消除危险；

（二）不动产物权和登记的动产物权的权利人请求返还财产；

（三）请求支付抚养费、赡养费或者扶养费；

（四）依法不适用诉讼时效的其他请求权。

【本条主旨】本条是关于不适用诉讼时效制度的各种请求权的规定。

【核心概念】

债权请求权　债权请求权是指在债权关系中债权人请求债务人履行债务（为一定的行为或者不为一定的行为）的权利，包括请求履行合同义务的权利、请求支付侵权赔偿金额的请求权、请求返还不当得利的请求权、请求支付无因管理费用的请求权等。由于债权在主体、效力等方面具有相对性，因而适用诉讼时效（或消灭时效）的规定，权利人不依法及时行使权利，经过一定期间，产生权利消灭、权利减等、义务人获得不履行义务的抗辩权等后果。

物权请求权　物权请求权是指物权权利人享有的以物权为基础、以保护物权为目的的请求他人停止侵害、排除妨害、消除危险以及返还财产（返还原物）的权利。这一请求权不是依据当事人之间的约定产生的，而是基于物权的绝对权性质派生出来的。民法理论和立法例一般认为物权请求权不适用诉讼时效的规定。

§条文详解§

一、不适用诉讼时效的请求权概述

本条列举规定了“不适用诉讼时效的规定”的四种请求权。所谓“不适用诉讼时效的规定”，就是在权利人行使这些请求权时，不管其在何时行使，也不管其取得权利已经有多长时间、有多久没有行使，义务人不得主张诉讼时效届满其获得不履行义务的抗辩权。尽管立法没有直接使用“物权请求权”（绝对权请求权）和“债权请求权”的划分来确定诉讼时效的适用对象，但是从本条规定以及最高人民法院的司法解释来看，仍然是以二者的划分作为适用与不适用诉讼时效的规定之基本依据：债权性质的请求权原则上适用诉讼时效的规定；物权请求权和其他绝对权性质的请求权原则上不适用诉讼时效的规定。

二、停止侵害、排除妨碍、消除危险的请求不适用诉讼时效的规定

本条规定的第一种情形是权利人请求停止侵害、排除妨碍、消除危险。这样

的请求权一般是基于物权的，或者是基于人身权等绝对权的，故非债权性质的请求权不应受到诉讼时效的制约。同时，其所针对的也往往是正在进行的侵害或妨碍，以及正面临的危险，故不可能发生超过诉讼时效期间的问题。

三、不动产物权和登记的动产物权的权利人请求返还财产不适用诉讼时效的规定

本条规定的第二种情形是不动产物权和登记的动产物权的权利人请求返还财产。基于物权的绝对性，返还财产（一般认为是返还原物）的请求权是所有权等物权性质的权利派生出来的请求权，不是债权性质的请求权，故不适用诉讼时效的规定。这一规则适用于不动产物权权利人的返还财产的请求权，也适用于登记的动产物权权利人的返还财产请求权。登记的动产常包括登记的航空器、船舶、机动车等。

四、支付抚养费、赡养费、扶养费的请求权不适用诉讼时效的规定

本条规定的第三种情形是请求支付抚养费、赡养费、扶养费。这三种请求权的内容尽管都是为一定数额的金钱给付，是债权性质的请求权，但是具有强烈的人身性质和具有养老育幼、保护家庭弱势成员、稳定社会的功能，故将其规定为不适用诉讼时效的请求权。

五、关于不适用诉讼时效规定的兜底条款

本条第 4 项是一个兜底性质的规定：依法不适用诉讼时效的其他请求权，也不适用诉讼时效的有关规定。一般认为，支付存款本金及利息请求权、兑付国债和金融债券以及向不特定对象发行的企业债券本息请求权、基于投资关系产生的缴付出资请求权不适用诉讼时效的规定。这些请求权尽管都具有债权请求权的性质，但是权利人对权利的存续及保障具有极大的信赖，而且不及时行使权利不仅不会导致民事关系不稳定，还可能让义务人受益，故司法解释认为这些债权性质的请求权也不受诉讼时效期限的限制，不适用诉讼时效的规定。法律没有对司法解释的这一主张作出肯定或否定的表态，有待未来在法律实践中观察其效力。

第一百九十七条

诉讼时效的期间、计算方法以及中止、中断的事由由法律规定，当事人约定无效。

当事人对诉讼时效利益的预先放弃无效。

【本条主旨】 本条有两款规定。第 1 款是关于当事人对诉讼时效制度相关事项之约定无效的规定。第 2 款是关于当事人预先放弃诉讼时效利益无效的规定。

【核心概念】

民法中的强制性规范 民法通常被认为是“任意法”，或者说多数民法规范是具有任意性的，并非强制在当事人之间发生效力；在当事人有约定时，往往优先适用当事人的约定来调整他们之间的权利义务关系。只有在当事人没有约定、约定不明确或者约定无法生效时，才适用相关的民法规范。这样的民法规范被称为“任意性规范”。这是民法的“自愿原则”（意思自治）在民法规范配置上的体现。在合同法中，这种情况尤其突出。

在民法中，强制性规定也是存在的。所谓民法中的强制性规定，是指存在于民法条文中，民事主体进行民事活动以及民事审判（仲裁）必须遵循的规范。于不涉及相对人的情形，此等强制性规定直接发生效力，违反强制性规定的行为无效。在存在相对人的情形，当事人之间不得通过意思表示协商部分或者全部违反、变通此等强制性规定，否则其民事法律行为无效。前者如民法关于无民事行为能力、限制民事行为能力和成年的年龄规定，后者如民法关于诉讼时效期间的计算方法以及中止、中断事由等的规定。在学理上，对强制性规定的分类也是比较复杂的，程序性强制性规定、管理性强制性规定和效力性强制性规定是较为通常的分类。

民法在规范配置上设部分强制性规定，是为了维护社会公共利益和社会稳定，确保法律适用的统一性，以及在较重大事项上平衡当事人之间的权利义务关系，实现民法公平原则的理念与精神。

诉讼时效利益　诉讼时效期间届满，会产生一定的法律效果。这一效果涉及权利人和义务人之间权利义务关系的变动，出现权利和义务以及其所包含的利益此消彼长的情形。义务人因诉讼时效期间届满产生不履行义务的抗辩权，获得利益。权利人因诉讼时效期间届满，即其所享有的权利“减等”为“自然之债”中的“权利”，不再受到法律强制力的保护，其实现为实在的利益的前景变得渺茫。诉讼时效期间届满使义务人因时效制度而获利，同样使权利人因时效期间届满而丧失利益。这就是“诉讼时效利益”。

§条文详解§

一、法律关于诉讼时效的规定为强制性规定

本条第1款规定，有关诉讼时效期间、计算方法以及中止、中断的事由是由民法规定的强制性规定，具有排他的强制力，当事人对其进行的约定无效。这是一款涉及民事法律行为效力的“效力性强制性规定”。因为“时效规定，涉及公益”[①]，

---

① 陈聪富．民法总则．台北：元照出版有限公司，2014：426. 我国台湾地区“民法”第147条规定：“时效期间不得以法律行为加长或缩短之，并不得预先抛弃时效之利益。”《诉讼时效规定》第2条规定：当事人违反法律规定，约定延长或者缩短诉讼时效期间、预先放弃诉讼时效利益的，人民法院不予认可。

法律设定此等强制性规定，以确保民事法律秩序的统一和稳定。已有的司法解释对于当事人延长或者缩短诉讼时效期间的协议无效作出了规定。本条将无效扩展到当事人对诉讼时效全部规定进行约定的情形。这既是对司法解释经验的总结，又体现了立法拓展强制性规定的适用范围的旨趣。

二、当事人预先放弃诉讼时效利益无效

本条第 2 款是关于当事人对诉讼时效利益预先放弃无效的规定。这也是一款涉及民事法律行为之效力的效力性强制性规定。法律作出此等强制性规定，目的在于平衡当事人的利益，避免一方当事人因紧急需求而放弃未来的正当利益，导致民事法律关系的失衡，违反民法的公平原则（《民法典》第 6 条）。诉讼时效利益的预先放弃需要符合以下构成要件：（1）当事人一方以意思表示预先放弃时效利益或者通过协商的方式约定一方或者双方放弃诉讼时效利益；（2）“预先放弃”的时间可以是合同的订立时间，也可以是在诉讼时效期间届满前的任何时间，但是诉讼时效期间届满后的“放弃”不属于“预先放弃”。

诉讼时效期间届满后放弃诉讼时效利益，属于当事人正常行使处分权的行为，不为法律所禁止。关于其所产生的法律效果，适用《民法典》第 192 条第 2 款的规定处理。

第一百九十八条

法律对仲裁时效有规定的，依照其规定；没有规定的，适用诉讼时效的规定。

【本条主旨】本条是关于仲裁时效制度的规定。

【核心概念】

仲裁 仲裁一般是当事人根据他们之间订立的仲裁协议，自愿将其争议提交由非司法机构的仲裁员组成的仲裁庭进行裁判，并受该裁判约束的一种制度。仲裁活动和法院的审判活动一样，关乎当事人的实体权益，是解决民事争议的方式之一。我国的仲裁主要有民商事仲裁和劳动仲裁。民商事仲裁实行“一裁终局”制度，没有上诉和审判监督类似的程序。选择仲裁的争议，不得起诉到法院，实行所谓“或裁或审”的原则。依据《仲裁法》的规定，仲裁委员会是独立于行政机关的专门进行民商事案件仲裁的机构。仲裁委员会之间也没有隶属关系。有关劳动仲裁的事项，由《劳动争议调解仲裁法》调整。不服劳动争议仲裁的，当事人可以在法定时间内向人民法院提起诉讼。

§条文详解§

一、特别法关于时效的规定优先适用

本条是关于特别法规范优先适用的规定。如果其他法律对仲裁时效有特别规定的，适用法律的特别规定；如果法律对仲裁时效没有作出规定，则在仲裁程序中裁决民事案件仍然适用诉讼时效的规定。

二、《仲裁法》对时效尚无特别规定

本来时效规定应当一体适用于所有涉及权利人请求权的案件，但是《民法典》使用“诉讼时效”的概念，在字面上可能会产生歧义，误以为仅适用于诉讼而不适用于仲裁。实则不然，所以《民法典》设专门条文规定有关诉讼时效的规定也是适用于仲裁的，只是法律有特别规定的适用特别规定。

现行《仲裁法》并不存在关于民商事案件仲裁时效的特别规定。就实体法而言，一国的民事关系应当适用统一的法律调整，以维护法律秩序的稳定和裁判结果的公正。时效规定属于实体法规范而不属于程序法规范，因此原则上不宜在诉讼时效制度之外规定一些仅仅适用于民商事仲裁程序的仲裁时效规范。

三、《劳动争议调解仲裁法》对时效期间有特别规定

《劳动争议调解仲裁法》第27条对劳动争议的仲裁时效作出了特别规定：“劳动争议申请仲裁的时效期间为一年。仲裁时效期间从当事人知道或者应当知道其权利被侵害之日起计算。前款规定的仲裁时效，因当事人一方向对方当事人主张权利，或者向有关部门请求权利救济，或者对方当事人同意履行义务而中断。从中断时起，仲裁时效期间重新计算。”

四、仲裁委员会章程及相关程序规则不能对时效事项作出规定

“因不可抗力或者有其他正当理由，当事人不能在本条第一款规定的仲裁时效期间申请仲裁的，仲裁时效中止。从中止时效的原因消除之日起，仲裁时效期间继续计算。”

“劳动关系存续期间因拖欠劳动报酬发生争议的，劳动者申请仲裁不受本条第一款规定的仲裁时效期间的限制；但是，劳动关系终止的，应当自劳动关系终止之日起一年内提出。”

我国的各种（或各地）仲裁委员会可否在自己的章程或者仲裁程序规则中对时效事项作出规定呢？本书作者认为，仲裁委员会章程以及相关的程序规则不能对时效事项作出规定；如果作出规定，该规定也应当被确认为无效。理由是：诉讼时效涉及社会公共利益和社会关系的稳定，民法对诉讼时效的规定属于效力性强制性规定，对于确保民法公平原则的贯彻、当事人利益的平衡以及法治的统一具有重要意义，仲裁委员会不得也无须在自己的章程或者仲裁程序规则中对诉讼时效事项作出规定，而应当适用诉讼时效的有关规定。

第一百九十九条

法律规定或者当事人约定的撤销权、解除权等权利的存续期间，除法律另有规定外，自权利人知道或者应当知道权利产生之日起计算，不适用有关诉讼时效中止、中断和延长的规定。存续期间届满，撤销权、解除权等权利消灭。

【本条主旨】本条是关于撤销权、解除权等权利的存续期原则上不适用中止、中断和延长规则的规定。

【核心概念】

除斥期间 除斥期间是指法律规定某种权利具有一定存续的期间，权利人在此期间不行使权利，该期间届满便可发生该权利消灭的法律后果。虽然都以一定期间的时间经过这一法律事实为构成要件，但是与诉讼时效期间的适用客体限定于请求权不一样，除斥期间的适用客体为撤销权、解除权、追认权等形成权。二者在起算时间、计算方法以及法律效果等方面存在本质的区别。除斥期间的起算时间是“自权利人知道或者应当知道权利产生之日起计算”，不适用中止、中断、延长的计算方法，除斥期间届满则发生相关形成权消灭的效果。

形成权 民事权利依据其功能可以被划分为支配权、请求权、形成权和抗辩权。通说认为，权利主体一方采取行动不需要另外一方的参与（意思表示），仅以其行为就能导致民事权利义务关系变动的权利，为形成权。[①] 形成权包括使民事法律关系发生的形成权，如追认权、同意权、确定权；使民事权利义务关系变更的形成权，如基于重大误解请求变更部分合同内容的权利（变更权）；使民事法律关系消灭的形成权，如抵销权、撤销权、解除权和终止权等。[②]

§条文详解§

一、本条在《民法典·总则编》起草过程中形成的情况

在《民法典·总则编》起草初期，本章的章名为“诉讼时效和除斥期间”，其中第一节规定“诉讼时效”，第二节以三个条文规定“除斥期间”（全国人大常委会第一次审议稿）。后来有人认为“除斥期间”的概念过于学理化，能否使用更通俗的概念。修改的结果是将两节法律合并为一节，将有关除斥期间的三个条文集

---

① 迪特尔·梅迪斯库．德国民法总论．邵建东，译．北京：法律出版社，2001：74.

② 江平．民法学．北京：中国政法大学出版社，2007：46－47.

中压缩在本条中。

二、"除斥期间"相关规则的理解与适用

本条是关于撤销权、解除权等权利排除适用有关诉讼时效中止、中断和延长的规定之规定。同时，本条还规定，除斥期间届满，相关的形成权归于消灭。撤销权、解除权属于"形成权"，相同性质的形成权如追认权、同意权、确定权、变更权、抵销权、终止权等，也适用本条的规定。

一般认为，法律规定除斥期间相关制度的目的有三：一是促使权利人及时纠正自己意思表示中的瑕疵（撤销权），二是促使有关当事人及时作出意思表示以辅助效力待定的民事法律行为发生确定的效力（追认权），三是促使权利人对自己的民事权利及时加以救济（解除权）。[①] 由于形成权之行使，仅有权利人自己单方的意思表示即可实现，因而不需要通过期间的延长、中止和中断来对权利人予以特殊的保护。

依据本条规定，除斥期间适用于撤销权、解除权等形成权而不适用于请求权，或者说仅仅形成权适用除斥期间的规定，而请求权不适用除斥期间的规定。关于除斥期间的长度，《民法典》第152条规定了不同情形下撤销权消灭的时间，其中的1年、90日、5年都属于除斥期间。除斥期间从权利人知道或者应当知道权利产生之日起计算，不适用有关中止、中断和延长的规定。除斥期间届满的后果是相关的形成权归于消灭，而不是权利减等或者导致义务人抗辩权的产生。

---

① 王卫国．民法．北京：中国政法大学出版社，2007：180.

第十章　期间计算

本章提要

本章从第200条到第204条共计5个条文，是关于民法上的期间如何进行计算的规定。本章的主要内容继受了《民法通则》第154条的规定，但是有一些发展，突出表现在增加了“终期”的计算方法（第202条和第203条），确认了当事人约定期间计算方法的自由决定权（第204条）。

第二百条

民法所称的期间按照公历年、月、日、小时计算。

【本条主旨】 本条是关于我国民法上的期间按照公历的年、月、日、小时进行计算的规定。

【核心概念】

公历　公历是一种源于西方社会的纪年方法，最初是由意大利医生兼哲学家 Aloysius Lilius 对儒略历加以改革而制成的一种历法。1582 年，罗马教皇格利高利十三世批准颁行。它以耶稣诞生年作为纪年的开始。在儒略历与格里高利历中，在耶稣诞生之后的日期，称为主的年份，而在耶稣诞生之前，称为主前。现代学者为了淡化其宗教色彩以及避免非基督徒的反感而改用公元（Common Era，缩写为 C. E.）与公元前（Before the Common Era，缩写为 B. C. E.）的说法。我国辛亥革命爆发后的次年（1912 年），当时的中华民国政府决定采用公历作为国历。1949 年 9 月 27 日，经过中国人民政治协商会议第一届全体会议通过，新成立的中华人民共和国使用国际社会上大多数国家通用的公历和公元作为历法与纪年。

农历　农历是我国传统历法，又称为阴历、华历、夏历、汉历、国历等，是一种阴阳历，取月相的变化周期即朔望月为月的长度，参考太阳回归年为年的长度。通过设置闰月以使平均历年与回归年相适应。以华夏始祖轩辕黄帝登基年份为元年。自 20 世纪民国初以来，我国法定历法采公历，但各地区以及少数民族地区的传统节日仍以农历计算。至今汉字文化圈的国家和民族大多仍遵循农历传统节日，如春节、清明节、端午节、七夕节、中秋节等。

§条文详解§

一、确定采用公历计算期间的理由

法律规定以公历作为计算民法上期间的时间标准，有以下主要理由：(1) 公历是自新中国成立以来就确认的法定历法；(2) 完全继受了《民法通则》第 154 条第 1 款的规定；(3) 符合普遍的民事习惯；(4) 与世界绝大多数国家和地区的历法及期间计算标准相一致。

二、公历计算期间的普遍适用性

本条确定，民法上的期间，即具体的时间长度，按照公历的年、月、日、小时计算。这一规定，不仅适用于对民法大量制度和规范的理解与正确解释，也适

用于对民事主体实施民事法律行为时涉及的期间之解释和确定。裁判机关处理民事案件时对期间的确定与解释，也适用本条的规定。

第二百零一条

按照年、月、日计算期间的，开始的当日不计入，自下一日开始计算。

按照小时计算期间的，自法律规定或者当事人约定的时间开始计算。

【本条主旨】本条有两款规定。第1款规定按照年、月、日计算期间的起算时间。第2款规定按照小时计算的期间的起算时间。

【核心概念】

期间的起算时间 期间的起算时间也称为“始期”，是指开始计算期间的时间点。法律对按照年、月、日计算期间和按照小时计算期间的，分别规定了期间的起算时间。

§条文详解§

一、继受《民法通则》的规定

《民法通则》第154条第2款规定：“规定按照小时计算期间的，从规定时开始计算。规定按照日、月、年计算期间的，开始的当天不算入，从下一天开始计算。”本条基本上继受了《民法通则》的这一规定，只是在时间表达顺序上进行了技术性调整，以使其更符合中文的表达习惯。

二、增加“或者当事人约定的”情形

本条增加了“或者当事人约定”的情形，使本条规定更为周延，调整的范围更为准确。

第二百零二条

按照年、月计算期间的，到期月的对应日为期间的最后一日；没有对应日的，月末日为期间的最后一日。

【本条主旨】本条是关于以年、月计算期间的，确定期间最后一日的规定。

【核心概念】

期间的最后一日 期间的最后一日，也称为“终期”，是指期间届满的日期，适用于以年、月为单位计算期间的情况。

公历的12个月的天数与最后一日 公历每年分为12个月，1月、3月、5

月、7 月、8 月、10 月、12 月有 31 天，4 月、6 月、9 月、11 月只有 30 天；而 2 月有的年份只有 28 天，有的年份有 29 天。因此，在按照月、年计算期间的情况下，到期月对应日如果是“31 日”，则这在 2 月、4 月、6 月、9 月、11 月不存在（有些年份 2 月没有 29 日，所有的 2 月都没有 30 日、31 日），法律将该月的末日规定为“期间的最后一日”。

§条文详解§

一、关于“期间的最后一日”新增规定

《民法通则》没有就如何确定期间的最后一日作出规定，本条为新增加的条文。增加本条规定，对于帮助民事主体正确理解和适用民法上关于期间的规定，以及当事人正确解释和适用有关期间的约定具有重要意义。

二、自然计算法与历法计算法综合适用

在理论上，“期间的最后一日”的计算方法有所谓自然计算法和历法计算法两种计算方法。自然计算法是指按照实际时间精确计算期间的最后时刻。所谓历法计算法，是指按照日历所定之日、星期、月、年进行计算的方法。本条规定的按照年、月计算期间的到期日的计算方法采用了历法计算法。《民法典》对于按照小时、日计算期间的，“终期”如何确定，没有作出规定。依照学理，可以采用自然计算法进行计算和确定。

第二百零三条

期间的最后一日是法定休假日的，以法定休假日结束的次日为期间的最后一日。

期间的最后一日的截止时间为二十四时；有业务时间的，停止业务活动的时间为截止时间。

【本条主旨】本条有两款规定。第 1 款是关于期间最后一日是法定休假日的如何确定期间的最后一日的规定。第 2 款是关于最后一日截止时间的规定。

【核心概念】

法定休假日　法定休假日包括周末例行休息日和法定节假日。我国自 1995 年 5 月开始实行每周 5 天工作制，原则上每周星期六和星期日为周末例行休息日，但是法律或者法规另有规定者除外。法定节假日是指根据各国（民族）的风俗习惯或纪念要求，由国家法律统一规定的用以进行庆祝及度假的休息时间。1949 年颁布的《全国年节及纪念日放假办法》到 2013 年经过了三次修订。《劳

动法》第40条规定：用人单位在元旦、春节、国际劳动节、国庆节、法律、法规规定的其他休假节日，应当依法安排劳动者休假。根据国务院发布的《全国年节及纪念日放假办法》（国务院令第644号）规定，我国节假日包括三类，其中有两类为法定节假日。

业务时间　业务时间也称为“上班时间”，是指某个对外办理业务的自然人、法人、非法人组织正式“开门营业”办理日常事务的时间。机关法人等办理业务的时间，由有关的政令规定。银行等金融机构的业务时间也通常由有关管理机构批准或认可。其他民事主体的业务时间，依照其自由意思确定并以一定方式公告公示。民事主体业务时间的确定，应当尊重交易习惯，遵守诚信原则，保护相对人合理的信赖利益。

§条文详解§

一、对《民法通则》有关规定的继受

本条第1款和第2款分别继受了《民法通则》第154条第3款和第4款的规定。此等规定，符合大众的生活认知和民事主体的交易习惯。

二、分别规定有无业务时间的情况

本条第2款区别了“有业务时间的”和“没有业务时间的”。一般说来，不从事经营活动或不对外提供社会服务的自然人，属于没有业务时间的，其期间的最后一日之截止时间为24点。法人、非法人组织以及从事经营活动（如个体工商户等）、提供社会服务的自然人等，一般有“业务时间”，其期间的最后一日截止时间为停止业务活动的时间。存在“业务时间”以及业务时间的具体起止时间，由主张有业务时间的当事人承担举证责任。

第二百零四条

期间的计算方法依照本法的规定，但是法律另有规定或者当事人另有约定的除外。

【本条主旨】本条规定期间计算方法原则上依据《民法典》，同时也承认法律另有规定和当事人另有约定的例外情况。

【核心概念】

当事人另有约定　当事人另有约定是指当事人对期间的计算方法，包括“始期”和“终期”的计算方法等，作出与《民法典·总则编》第十章不一样的约定。

§条文详解§

一、尊重当事人意思自治的"另有约定"

本条规定了两种例外情况：一是法律对期间的计算另有规定的除外，二是当事人对期间的计算另有约定的除外。前者体现了特别法优于一般法的原则，当特别法对该事项另有规定时适用特别法的规定而不适用本章的相关规定。后者体现了民法的意思自治原则，表明有关期间计算属于"任意性规定"，当事人可以作出不同的约定，排除任意性规定的适用。

二、当事人需慎重"另行约定"

尽管本条将本章的规定界定为"任意性规定"，当事人得以不同的约定内容排除其适用，但是由于期间的计算技术性比较强，本章规定是常识和历法规律之体现，所以若无特殊必要且成熟的考虑，不建议当事人对期间的计算作出另外的约定，以避免在未来发生纠纷时出现解释上的歧义。

核心概念索引

图书在版编目(CIP)数据

《中华人民共和国民法典·总则》释义/张新宝著.--北京：中国人民大学出版社，2020.7
ISBN 978-7-300-28240-4

Ⅰ.①中… Ⅱ.①张… Ⅲ.①民法-法典-法律解释-中国 ②民法-总则-法律解释-中国
Ⅳ.①D923.05

中国版本图书馆 CIP 数据核字（2020）第 111865 号

《中华人民共和国民法典·总则》释义
张新宝 著
《Zhonghua Renmin Gongheguo Minfadian·Zongze》Shiyi

出版发行	中国人民大学出版社				
社　　址	北京中关村大街 31 号		**邮政编码**	100080	
电　　话	010－62511242（总编室）			010－62511770（质管部）	
	010－82501766（邮购部）			010－62514148（门市部）	
	010－62515195（发行公司）			010－62515275（盗版举报）	
网　　址	http://www.crup.com.cn				
经　　销	新华书店				
印　　刷	北京昌联印刷有限公司				
规　　格	170 mm×240 mm　16 开本		**版　　次**	2020 年 7 月第 1 版	
印　　张	28 插页 2		**印　　次**	2020 年 11 月第 2 次印刷	
字　　数	543 000		**定　　价**	88.00 元	